U0111473

大展好書　好書大展
品嘗好書　冠群可期

大展好書　好書大展
品嘗好書　冠群可期

武術特輯
87

中國當代太極拳精論集

余功保　主編

大展出版社有限公司

太極拳的全面科學發展觀
（代前言）

余功保

太極拳是什麼？

我始終堅定地認爲，無論人類社會如何發展，在古代和現代，在各個時期之間，總有互相貫通的靈魂性的東西。這些東西一定是負載了人類精華的智慧成果，它的價值不隨時間、空間的變化而消退。因爲它體現的是人類發自內心深處的自然需求。太極拳是這種靈魂性的東西之一。

一百多個國家的傳播範圍，上億的鍛鍊人群，已足以說明太極拳的魅力。

越是如此，在推廣、研究太極拳的過程中，也就越應注重方式、方法，也應該體現、落實全面科學的發展觀。只有如此，才能讓太極拳的發展越來越興旺，發揮出更大的價值。

要實現太極拳全面科學的發展，首先要全面深刻地認識太極拳的內涵。

太極拳首先是一種武術。它產生的直接土壤是中國傳統武術，是在中國武術發展到一定階段後衍化的精華產品。所以「武」是它先天的屬性，在它的一切理論與技術中時時處處保持著技擊的本色。這是在認識太極拳中不可偏廢的。

其次，太極拳還是一種養生方法，我們考察整個太極拳體系，可以看到它和中國其他傳統養生術之間千絲萬縷的聯

繫，不僅有理論上的同源，在實踐上也一脈相承。正是因爲太極拳的這種功能，才使它能在衆多中國武術拳種流派中脫穎而出，在現代社會廣爲流行。

第三，太極拳是一種修養術。不僅對於身體，對於心靈也有溫養、洗滌作用。太極拳的核心思想之一是講究「和諧」，讓人能夠盡量擺脫繁重的心理桎梏，尋找一種寧靜的歸屬感，所以，有人說「練太極拳有一種回家的感覺」。

第四，太極拳是一種文化載體。肢體運動是一種符號，形式背後表達的是深邃廣袤的文化信息。許多人因爲學習太極拳對中國文化有了充分的認識，並且這種認識是如此之生動，它透過流動的畫卷，使你切實地感受，讓你不由驚嘆：「傳統，原來是如此的鮮活。」可以說，練習太極拳是學習、把握中國傳統文化精髓最爲簡捷、有效的途徑之一。

深入挖掘太極拳的這幾方面內涵，並且「不偏不倚」，才能全面深刻把握太極拳。

要實現太極拳全面科學的發展，還要解決好繼承和創新的關係問題。

一切傳統的優秀遺產，繼承是前提。重視傳統是太極拳發展中不可動搖的理念。繼承什麼？

一要「精」，繼承那些經過千錘百煉流傳下來的精華，不管有多難，多複雜，都要繼承。有些明白的要繼承，有些暫時還不太明白的也要繼承，在繼承中不斷研究，搞清楚。

二要「全」，就是在繼承中不能顧此失彼，應該全面、系統，特別是越稀有的、傳播範圍越少的，越應該多下工夫。繼承也應採用多種形式，傳承練習、文字記錄、圖書、音像等，這需要全社會的共同努力。當然，傳統留存下來的

也不一定都是精華，對於那些屬於糟粕的東西要大膽摒棄。

創新是在繼承的基礎上的發展。沒有創新，太極拳就不可能發展。其實，一部太極拳的歷史就是一部創新史。從傳播上來看，陳長興將太極拳傳給外姓，楊露禪、陳發科把太極拳從鄉村帶到京城，就是創新。

從拳架的演變來看，太極拳的一些老架、新架、大架、小架的逐步改造也是創新。從理論上來看，王宗岳、陳鑫、武禹襄、李亦畬等人都在創新。從流派來看，各派太極拳的創立，也是創新的產物。

新中國成立後，國家武術管理部門組織全國有關專家在傳統套路基礎上編定了一系列的簡化推廣套路，特別是24式簡化太極拳，對世界性的太極拳運動發展起到了重要作用。這就是創新的生命力。

創新不是洪水猛獸，當然也不是隨心所欲。真正的創新是在把握了傳統的內核之後在歷史的軌道運轉中一種延續活力的真誠傳遞。

我們只有把握了創新的真諦，才會以寬容的心態看待變化。比如太極拳的配樂問題、太極拳的服裝問題、太極拳器械的各種練法問題、太極拳的套路問題等等。

要實現太極拳全面科學的發展，還必須以現代化的思維來看待它。

每個時代有自身的特點，一切事物的發展在特定時期中也必然呈現時代性。太極拳的發展沒有現代化的眼光就會淪為「老古董」，對很多人來講就可能產生只可「遠觀焉」的心理距離。

現代化的思維就是要把最先進的時代元素和太極拳發展

緊密結合在一起。比如網絡化的技術，比如產業化的視角，比如多媒體的傳播方式等等。甚至於，時尚化的感覺。不能因爲它的傳統性就忽視、回避其時尚性。我們應理直氣壯地重視時尚性。

什麼是時尚？時尚就是緊貼時代前沿的精神感受與物質表現高度統一的形態。不僅是時裝有時尚，飲食、讀書、影視、音樂都有時尚，太極拳也應該有時尚，傳統從來不應該排斥時尚，現在的時尚可能就變成未來的傳統。

發展太極拳，不僅要有歷史的視野，還要有現代的眼光，以及未來的眼光。

要實現太極拳全面科學的發展，還要進行客觀、有效的宣傳。

應該說，太極拳的發展取得了很大成效，但還沒有達到它應該達到的影響力。要不斷發展，要保持增長速度，宣傳是一個重要的影響因素。不斷加強宣傳力度，不斷改進宣傳方法，是使太極拳「再上層樓」的「階梯」之一。

如何使太極拳的宣傳更具有長期性、戰略性和系統性？如何使太極拳的宣傳更具有衝擊力？如何使太極拳的宣傳更具有親切感，更能貼近人心？都是值得研究的內容。其中有「四戒」是應特別加以重視的：

一戒虛妄。就是不要把不存在的東西往太極拳上貼、靠，把神鬼、玄學的東西硬加進來，那樣不僅不能給太極拳增加光彩，還會毀了太極拳的「清白」；

二戒空談。空對空，沒有實踐，憑空想像，想當然隨意曲解太極拳的有關問題，特別是有關實踐的一些關鍵性問題。沒練到，敢想到。自己不明白卻要信口亂講。太極拳是

關乎人們身心健康的事情，不可馬虎。

三戒誇大。誇大功夫，誤人也誤己。有的人盲目誇大，大得沒邊，把自己的功夫變成空中樓閣，失去了基礎。

四戒杜撰。杜撰師承，杜撰來歷，甚至杜撰流派。

科學地宣傳，是保持太極拳純潔性的關鍵，實事求是是科學精神的靈魂。

全面科學地發展離不開腳踏實地的研究工作。客觀地說，武術研究長期以來是武術發展的相對薄弱環節，這是不僅要進步，而是要飛躍的領域。研究什麼？如何研究？都需要認真對待。

研究既要考慮系統，有規劃，同時要考慮主次，考慮先後，首先應該研究那些對發展有當務之急的課題，研究那些與實踐緊密相關的課題，研究與健康相關的，研究一些涉及太極拳本質性的。對於一些具有很複雜的歷史因素，暫時搞不清楚的，又對現實發展沒有重大影響的學術問題，不一定急於下結論，可以先放一放，逐步理清。

研究不能帶有功利性，不能先設定一個結果，再帶有主觀有色眼鏡去找佐證。太極拳的研究工作應提高研究境界，這有賴於研究者生存境界和工作境界的提升。應提倡良好的研究風尚，還應科學地規劃研究課題，運用科學的研究方法，善於借鑒其他領域的研究成果。

要全面科學發展太極拳，還要堅持提高和普及相結合，國際化和國內發展相結合，自我完善和對外學習相結合，傳統交流和現代競技相結合，多元化發展和規範相結合等等，還有很多的問題需要逐一解決，應該說，太極拳的全面科學發展觀是一個大課題，一個具有現實意義的大課題，一個關

乎千百萬人的健康實踐的大課題。

可以相信，太極拳健康、全面、科學地發展，能夠也必將爲創建現代社會主義的和諧社會發揮巨大作用，也必將爲全人類的幸福貢獻其應有的價值。

目　錄

功 技 篇

拳 論 解 析 篇

技擊篇

目

錄

理法篇

雖變化萬端
而理為一貫

腳踏實地練太極

余功保

　　腳踏實地就是「明理」。

　　不明理就是飄飄忽忽地練，就不踏實。

　　太極拳主張「其根在腳」，「理法」就是太極拳的「腳」。從理法起，形於拳架。

　　太極拳是一種文化感很強的運動。文化感的一方面就是「講理」，不講道理就不成方圓。很多運動，你只需要懂得如何動就可以了，太極拳卻要明白「動」之外的很多東西，例如「靜」，所以它的「理法」有更廣闊的含義。比如，忽然一下，從拳技就到了人生的理法，到了做事情的理法，這就是文化的導致。

　　太極拳的理法要有根據，這個根據最重要的是兩點：

　　一是以傳統為根據，以傳統拳論為根據。這是太極拳養料之所在。

　　另一個根據是以實踐為根據，這是太極拳進步發展的依靠。

　　理論不能憑空杜撰、捏造。有的人沒有經過實踐，憑想像寫理論，不行，站不住腳。所以，不是什麼人都可以講理法，只有明理法的人才可以說，明理法的人兩個基本條件就是得真傳、有實踐。

　　以傳統為依據就要重視繼承。繼承是一種動態的繼承觀，不能用僵硬的、停止的視覺去看待傳統，不是簡單照搬，不能懷疑地死套，不能把古董扛起來就走。繼承一定要和研究結合。

　　研究之一，鑒別真偽。過去留下的話、傳下的套路，有金子，也有沙子。不能一味沉溺在「博大精深」，還要由博返約，精益求精。

　　研究之二，回復原貌。由於過去記錄方法的特點所致，傳遞過程中有走形，力爭恢復原貌，這裏面理法就成了尺度。

　　研究之三，剝去迷霧，特別是一些人為的迷霧。讓太極拳清清爽爽。

　　太極拳是中國哲學的形踐，但不是簡單的哲學語言，或把哲學動作化，如木偶般對應，這不對。是一種深層的暗合關係。不是通讀了中國古典哲學就能從事太極拳研究的，如果那樣，所有古文化專家都可以成太極拳理論家了。必須要有實際體驗，太極拳是一門實驗科學，沒有實踐就沒有發言權，這是我們在太極拳理法研究中尤其應該注意的。這是避免太極拳玄虛的重要一關。

　　我們提倡，中國的古文化學者都應學點太極拳，我們也呼籲，練習太極拳的朋友都應多學點傳統文化。如此，太極拳理法體系將大大豐富。

論太極拳的動靜開合

阮紀正

太極拳是透過身體動作去協調人的身心關係的。從客體的角度來看，它表現為動靜開合；從主體的角度來看，它表現為形神體用。本文根據前人及時賢的有關論述，結合個人練拳體會，試從客體的角度對太極拳的動靜開合作綜合的簡要分析。

一、關於動靜

動靜是標示事物存在方式和基本屬性的一對矛盾，用以描述事物在時空運動中的總體特徵。在中國文化中，動靜範疇是指事物的運動和靜止，並具有多層次和多側面的實際內涵。

首先，動靜作為事物存在的兩種形式或屬性，是相依相分、不即不離的對立統一。動是指事物自身所具有的能動變化性；靜則是指事物自身所具有的質的穩定性。

其次，動靜又指事物的變化和寂靜狀態，變化是指事物在運動過程中突破了原有規定性，或在向這種突破推進；寂靜則是指事物「寂然不動」地維持其自身規定性，事物只有由寂靜才能呈現自身形態和特性，因而變化應表現於它的反面，亦即寂靜之中。

最後，動靜還指事物的進程與歸宿。動是表現事物發

展歷程中過去、現在、未來的時態推演，靜則表現這種時態推進中的終止間歇。

在中文裏，「動」的本意是動作。《說文》曰：「動，作也。」引申為發、為行、為感等義。而「靜」的本意則是不爭，協調不爭而心平性和，便是靜的意思。《說文》訓靜為審也。《玉篇》訓謀也，《廣韻》訓安也、和也，都是靜的引申義。古書每以靜與靖通用。靖，《說文》：「立，靖也。」靖，亭安也，義近。

體育運動首先表現為外在的人體動作空間位移以及內在的生理機能之間的協調配合活動。這種以人的生理組織結構為基礎的人體各生理組織結構之間的協調活動，其本質特點當然是動。太極拳中的基本功、盤架子、器械和推手、散手等等，也無一不是動。但這種動又不是別的什麼「動」，而是人體各生理組織結構間協調一致的動；而這協調一致，從哲學上來講便是一種平衡狀態，亦即相對的靜。這相對的靜同樣是體育運動不可缺少的方面。如果沒有各種各樣的平衡協調，任何體育運動都無法進行。而且，任何體育運動的身體動作，又都有起止始終和間歇斷續，不可能按原樣永無休止地持續下去。

從這方面來說，靜也是必要的。所以，任何體育運動都是動和靜的統一體，都是「動中有靜、靜中有動」的。從空間角度說，有的是整體「動」、局部「靜」，也有的是這一部分器官「動」，那一部分器官「靜」；從時間角度說，有的是此一時「動」，彼一時「靜」，有的則是此一時「靜」、彼一時「動」；從表現形式說，還有的是「似靜猶動」，有的是「似動猶靜」。

19

理法篇

總之，動和靜的各種形式的組合、連續與統一，構成了多種多樣的體育運動動作、手段。在體育運動中，動和靜的地位是不相同的。從總體上講，動是絕對的、主導的，而靜則是相對的、從屬的。但就每種運動的具體形態來說，其動靜方式並不一致。所以從其外在特徵上講，有的體育運動手段以「動」為主，有的則以「靜」為主。由此使得體育運動動作有動力型和靜力型之分。例如跑步、跳躍、球類等就屬動力型；而外靜內動的氣功、樁功或各種平衡造型就屬靜力型。研究動和靜的對立統一，恰當地組合動和靜並使之優化，是體育運動技術的重要內容。

太極拳是種「鬆靜為本」「動靜相兼」「以靜禦動」「動中求靜」的身體運動。它一方面區別於外家拳術和體操一類追求外壯的動力型運動，另一方面又區別於「靜中求動」的靜坐、樁功等強調內強靜力型運動。太極拳在行功走架表現動靜關係時，起碼有這樣兩個層次：

第一，它強調動靜的相分不雜。《太極拳論》一開始就以太極為「動靜之機、陰陽之母」，描述它怎樣從陰陽判分、動分靜合地進入「一氣流行」的給定運動狀態。據此盤架子時，先是強調無極預備勢的那種「心無所思、意無所動、目無所視，手足無舞蹈、身體無動作，陰陽未判、清濁未分、混混噩噩、一氣渾然者也」的「混沌一體」「寂然不動」的狀態；然後神意一領，「感而遂通」「丹田內轉」「水火交泰」（「心火與腎水」相交）、「清氣上升、濁氣下沉」（即「神往上升，氣往下沉」，操作上表現為「虛靈頂勁，氣沉丹田」的上頂下沉、身肢放長，形成「頂天立地」之感），以及前後「領勁點」和

「發勁點」的分化和兩端拉開、對拉拔長，由起勢由靜到動、動分靜合地進入「一氣流行」的演練狀態。在整個盤架子過程中，又動靜相繼，循環往復，十分講究「勢有區別」和「勢勢相承」，各個招式動作「往復須有折迭、進退須有轉換」；定勢和過渡動作之間的起止間歇，一定要乾淨俐落地交代清楚，千萬不要「拖泥帶水」地糾纏在一起，但又要行雲流水般連貫起來，不要形成凸凹斷裂，表現出一種「動靜循環，豈有向哉」的平穩節奏感，使整個運動過程產生出一種「靜如山岳，動若江河」「一動無有不動，一靜無有不靜」的美學特徵。最後收勢時，又氣收丹田、萬籟俱寂、返本還原、復歸無極。

第二，它又強調動靜的相依不離。整個行功過程中，不但要注意「靜極生動，動極生靜」的動靜互相轉化，而且還注意「動中有靜，靜中有動」的相濟互補。它的最高境界是「動中求靜」的祥和肅穆。在演練過程中，它強調「上下相隨，前後相連，左右相照，內外相合」，表現出鬆、穩、慢、圓、柔的整體協調、均勻、和諧的運動特性。即使有些太極拳派主張盤架子時要快慢相間，是有快有慢的非勻速運動，但其動作及節奏組合也都要求協調平衡，錯落有致，而不能倚輕倚重，雜亂無章。這就相當鮮明地體現了中國藝術的那種「以動寓靜」和「以靜寓動」的美學特點。

從太極拳防身護體的應敵原則角度看，其動靜則有「靜以含機、動以變化」的功能性關係，因而在操作上也就有「靜尚勢，動尚法」的基本原則。

由於太極的變化是無端的，所以，太極拳的「靜」絕

不是無所事事，而是積蓄力量和尋找機勢；太極拳的
「動」也不是沒完沒了地消耗體力，而是物來順應、適可
而止地改變自身狀態，以求「我順人背」。所以，拳論中
有「靜中觸動動猶靜，因敵變化示神奇」的說法，強調動
靜在敵我關係中的相通和轉化。太極拳是種「以靜禦動」
「後發制人」「捨己從人」「借力打力」的技擊技術，深
得古典兵法攻守進退、主客奇正的神髓，無論動靜都因敵
變化、權宜使用、相生相濟、出奇制勝。孫臏云：「靜為
動奇。」以靜制動在兵法上就是「出奇制勝」。《兵壘》
云：「兵，武事也，而以靜為主。靜則無形，動則有形。
動而有形，必為所擒……是故聖人貴靜，靜則不躁，而後
能應躁。彼有死形，因而制之。」《尉繚子》曰：「『兵
以靜勝』，甚哉，兵之不可輕動也，況妄動乎？」個人對
抗跟戰爭一樣，不動時要像山岳，使人難以窺測，動起來
要像江河，一瀉不可擋。

　　與此同時，還要以自己的嚴整等待敵人的混亂，用自
己的冷靜來等待敵人的輕躁。孫子云：「故策之而知得失
之計，作之而知動靜之理。」太極拳透過沉著冷靜的問勁
和聽勁來因應知機，並由此而形成自身動靜之勢，用《周
易》的話來說，這就是要「動靜不失其時」，一切「見機
而作」也。

　　從操作狀態的角度來看，太極拳的動靜關係也是多層
次的。就人體從肌肉到內臟的整個組織結構來說，它表現
為鬆弛與緊張的相互作用與轉化。就人體大腦神經系統來
說，它則表現為興奮與抑制的相互作用與轉化。而這兩個
方面，又是互為因果地緊密耦合在一起的。所以，太極拳

在行動時，特別講究「意動神隨」「精神領先」「手眼相應」「節節鬆開、節節貫串」，亦即「以心行氣，以氣運身」「意到氣到，氣到勁到」。這就是說，太極拳的動不僅是簡單的外在形態的動，而且首先是內在所謂「意動」「氣動」「勁動」的緊密結合和有序展開。

所謂「一動無有不動」，不能簡單地理解為身體外部各個部分都在動（這種動的效果是渙散的、無威力的），而應理解在意氣統領下，內勁由外形表現出來的內外協調、節節貫通的「整體運動」。同樣，太極拳的靜也不能單純地理解為身體外形的靜止，而應該認識到這種靜是在精神高度集中下的鎮靜，是保持高度警惕、隨時準備根據外來信號做出反應的冷靜。

所謂「一靜無有不靜」，應理解為全身處處調整好了，達到渾然一氣、周身一家、蓄勢待發的狀態。也只有這種靜，才能產生使對方不戰自怯的威懾力量。

由此可見，太極拳在這裏所強調的是人對動靜的調節控制而不是動靜形態本身。這種對身體動作加速或制動的動是有節制的動，亦即靜中之動或以動求靜。它在本質上是傾向於靜而不是傾向於動的。人們常說太極拳行動時要「心靜體鬆」或「神舒體靜」，這在事實上都是一回事，亦即都是強調行動時的身心自我調控，只不過前者強調意念調控，後者強調動作調控，或者說前者強調操作方式，後者強調綜合效果罷了。

最後，從價值取向即追求目標來看，太極拳講究鬆靜為本，返璞歸真，動中求靜，復歸無極。太極拳最後且最高的追求就是「求虛靜」。在這裏，動是因，靜是果，動

23

理法篇

是手段，靜是目的。拳諺云：「拳無拳，意無意，無意之中是真意。」又云：「技到無心十分真。」在心理上，太極拳「默識揣摩」，所追求的是一種古人所謂「虛壹而靜」的「大清明」境界。這是一種區別於西方激烈型「迷狂」的東方寧靜式「沉醉」狀態。

太極拳從「用意」開始而終到「無意」結束。有人認為，這是回復到先天的本能。但在事實上，它卻是進入到後天經驗積澱而形成的「無意識」。這種「無意識」，看似毫無感情，其實只是沒有感情的選擇性，而把感情擴散到整個空間，而因是一種最為幽微廣遠的感情；這種「無意識」，看似毫無意識，其實只是沒有意識的局限性，而把意識開放到無微不至、無廣不容的程度，因而是一種最為清明透徹的意識。

中國道家理論認為，只有這樣的精神狀態，才能體驗到作為宇宙本體的「道」，亦即所謂「得道」。至此，太極拳外在招式勁力跟內在的性情志趣完全融為一體，呈現出「一派生機」得心應手的自然流行。

太極拳這種貴柔主靜的價值追求，是跟它所本的道家宇宙模型是一致的。老子云：「夫物芸芸，各復歸其根。歸根曰靜，是曰復命。」在中國文化中，宇宙模型跟人體模型是同質同構的。所以，後來的氣功養生家和太極拳家也就借用了這套理論，並在這個基礎上構築起自己的整個操作體系，引申出一整套區別於西方體育運動的身心協調技術。這套技術的機理當然仍然有待於科學的進一步探討，但實踐已經證明，它確是一套極高明的養生和自衛技術。

二、關於開合

開合亦稱分合，這是用以標示事物運動基本狀態的一對範疇，是我們前述動靜範疇的直接體現和運用。在人的身體動作中，它表現為由肌肉的收縮和舒張而形成的肢體空間位移。這是一種以自身為中心的肢體空間位移。《太極拳論》說：「動之則分，靜之則合。」指出開合是動靜的結果和表現，同時也說明動靜開合的形態特徵和相應的組合原則。從理論上看，這對範疇跟「太極」模型陰陽相推、剛柔相蕩、消息盈虛、闔闢成變、往來不窮、生生不已的運動模式聯繫在一起的。在中國文化中，氣有聚散，人有離合，物有成毀，兵可分合，一直到整個「天下大勢」，亦是「合久必分，分久必合」的，乃至整個世界都是如此，人體也不能例外。

中國文化中的「太極」模型分陰陽，而開合則概括了「太極」中那陰陽和合、循環往復的基本運動狀態。太極圖形取圓，其平面是圓、立體是球；在這有限的運動演化過程中，陰動外向為開，陰靜內向為合。根據「天人合一」的原則，它同樣可以用來描述太極拳身體空間運動體伸勢開和體縮勢合兩種基本狀態。

太極拳的開合可以有多重的含義，因而是多層次和多角度的。例如，就其淺表和最基本的層次來看，開合是指身體動作時空運動的屈伸、起落、進退、往來以及相應的節奏連貫；而其內在和核心的層次，則是指整個陰陽虛實變換的分化和統一。從另一方面來看，則是在體稱開合，在性為陰陽，在養生則逆順，在呼吸是吐納，在神意謂舒

25

理
法
篇

斂，在技擊叫蓄發。或從其整體功能來看，外向應敵也可稱之為開，內向自養也可稱之為合等等。

其操作要領，用徐震（哲東）的話來說，就是：「動靜在心，分合在形。心能宰制其形，則一心主政，百骸從今。作止蓄發，無不如志。」由此產生太極拳動作的形神體用等主體特徵。在這裏，徐震準確地說明了動靜所強調的是人在動作中對加速和制動的調控，而開合所強調的則是受人體機能調節的人體動作形態特徵。

從形態的角度來看，任何拳術所產生的效應，皆賴外形動作的屈伸、進退、俯仰、起落、往來、反覆等空間變化而實現。一般地說，所謂開，是指肢體和內勁向外伸展擴大；所謂合，則是指肢體和內勁向內收斂縮小。而這肢體形態的開合，又有賴於整個人體生理生化和生物物理各方面運動的整合，是「內不動、外不發」的。由於人們在探討太極拳的開合時，注重的方面（外形、內勁、纏絲、呼吸等等）各自不同，區分開合的標準也各有所異，自然會有各種不同的說法。但總體來說，又都從不同的方面來描述太極拳運動狀態。從功能的角度來看，太極拳有體有用，其體是以開合吐故納新、疏通經絡、調和血氣、平秘陰陽；其用則是以開合蓄我之勢、解彼之力，發我之勁、還彼之身。開合充之於拳的始末，貫之於拳的體用。所以陳鑫說：「一動一靜、一開一合，足盡拳術之妙。」「太極拳之道，開合二字盡之。」

基於人體活動的基本規律，身體形態各個方面的開合，是相互依存和相互轉化的。太極拳既是身體活動，肢體就不能只伸不屈。也不能只屈不伸；內氣就不能只放不

收，也不能只收不放；呼吸就不能只呼不吸。總之，任何一個方面都不能離開自己的對立面而孤立存在，任何一個方面都要向自己的對立面轉化。在操作實踐上，開合的轉換有如下這些特點：

首先，在同一層次中，開合的轉換是互根化生的。這就是陳鑫說的「一開連一合，開合互相承」。太極拳動作由無數個弧形和圓圈所組成。如以手為例而論，倘若弧或上半圈為伸為開，則下弧或下半圈為屈為合。反之亦相應反轉。總之，開合二者不雜不離，相生相繼、逐步推開。

其次，在不同層次、方面中，各層次、方面間的開合要互相配合協調。一般地說，拳勢手足的屈伸與內氣的收放通常是一致的。這就是說，肢體由屈而伸時，內氣通常是由丹田向外發至手足四梢；肢體由伸而屈，內氣通常是由手足四梢收歸丹田。但某些情況下，身肢的屈伸和內氣的收放又可以互相交錯，手足伸展而內氣收聚，或手足屈回而內氣發放。勁路的纏絲走向也是如此。通常情況下，總是順纏開勁引化，逆纏合勁擊發，但在某些情況下，也可以順纏開勁擊發。但無論哪種情況，都要在意氣推動下配合協調、自然順暢。陳鑫說：「全體之一開一合，實陰陽自然之闔闢，不假強為。」此之謂也。

第三，就開合本身內部而言，開合又是互寓包容的。陳鑫對此舉例說明道：「攬擦衣勢，襠勁開開，又要合住，是合勁寓於開勁之中。非是開是開、合是合，開合看成兩股勁。」「此著（摟膝拗步）合上勢（白鵝亮翅）論，則合為合。合則合四肢之神，不但既成之形也。既成之形，右手在前，左手在後，左足與右足相去幾尺，似乎

不專謂合。然合者其形與神，不合者其四肢之位置。不如此，則下勢（初收）之收無來蘆矣。且名之為收，不放則何以收？此謂合中有開，合為開中之合也。」

第四，就敵我技擊雙方運動來看，開合要有對應並服從技擊總體目標。其內在機制，則是敵我雙方力量分散與集中對應組合而形成的力學結構。其基本特點，則是「捨己從人，因應知機，沾連黏隨，引進落空」，最後是「得實即發」。例如，在推手過程中，為了「知人」和不被「人知」，在由合到開的過程中，有時突然做一小圈合勁，而後繼續外開，是謂「開之再開」；在由開到合的過程中，有時突然做一小圈開勁，而後繼續內合，是謂「合之再合」；由此而造成對方「仰之則彌高，俯之則彌深，進之則愈長，退之則愈促」以及「無所適從」的感覺。兵法上所謂「兵不厭詐」是也。所以陳鑫說：「開合原無定、屈伸勢相連。」此之謂也。

正如太極拳的動靜是跟其戰略選擇的奇正聯繫在一起一樣，太極拳的開合還跟其勁路運轉的曲直聯繫在一起。太極拳的動作多走圓形、弧線或螺旋形運轉，基本都屬曲線。那麼，是否太極拳中就沒有直勁呢？是有直勁的，且曲直是相互變化的。

一般地說，動作合時蓄勁走曲線，動作開時發勁走直線。所謂「曲中求直、蓄而後發」的技術要領，就含有這開合曲直的辯證法。通常以射箭為喻，太極拳「蓄勁如張弓、發勁如放箭」，沒有弓的曲圓蓄力，箭就不能直射而出。當然，這裏的直是相對而不是絕對的。太極拳推手中往往是在曲蓄的運轉中將自己周身「安排妥當」，對方背

勢時如落點、方向和時機均選擇恰當，筆直發勁，則能應手而出。當然，推手時筆直發力的方向要因具體情況而定，並且筆直中兼有螺旋和轉動。反之，對方直力打來，用曲橫之力化解或同時以「閃戰」身法配合又是小力勝大力，變被動為主動的關鍵所在。因而，動作中手臂上的接觸著力點時時變換，如一中心點已過，即改用他點，這樣節節是曲線、節節是直線，處處是黏勁、處處是放勁，給人「周身柔軟若無骨，忽然撒開都是手」的感覺。在這攻守迴旋轉化中，雙方沿圓的任何點都有可能變成為直線而發或被人發出。若只有圓勁而無直勁，則只能化而不能發；若只有直勁而無圓勁，則遇有化勁者必落空，且對方攻來也無法化解。所以這裏的曲直也是相反相成、相生相剋、互相依賴、互相轉化的。如果把這開合曲直的空間變化轉換為時態過程，太極拳則還有「先求開展、後求緊湊」的練功方式，亦即所謂在動作上要「由大圈到小圈，再由小圈到無圈」是也。這「無圈」的功夫是「其大無外、其小無內」的。它是由無數個常人難以覺察的微圈組成的直線，是曲與直的辯證統一。它是高度緊湊（合）的產物，但同時又表現為「充塞宇宙」的透空大開展。這也就是人們常說的練功中要「明規矩而守規矩，守規矩而脫規矩，脫規矩而合規矩」。總之，處處「捨己從人」順應自然而又「從心所欲不逾矩」。

　　由此看來，太極拳在時間和空間這兩個系列上的開合曲直，都同樣明顯地表現出一種「反者道之動、弱者道之用」和「無為而無不為」的中國式智慧。

太 極 拳 品

洪均生

序

詩有品，書亦有品。古人嘗品之而著為文章，拳可無品乎？因仿司空聖表詩品體例，戲成陳式太極拳品。拳品高低，實以人品為準。

（一）端 嚴

太極拳雖屬傳統運動項目，而理精法密，具有完美的藝術形式，又是增強人民體質的適宜方法。學者應在鍛鍊中，從嚴從難，細找規律，首先以端嚴為主。

　　拳雖小技，能強身體。眼身步手，規矩莫失。
　　動靜開合，剛柔曲直。螺旋協調，對立統一。

（二）圓 和

練此拳雖應嚴守規律，但又忌拘束，須從端嚴之中，注意圓轉和諧。

　　太極運動，不離方圓。上下相隨，首在螺旋；
　　弧線轉換，內外循環。虛實互換，奇正經權；
　　千變萬化，重心無偏。意會形合，庶幾近焉。

（三）輕　靈

圓和是解拘束的方法，輕靈是圓和的效果。

能圓則輕，能和則靈。回風燕子，點水蜻蜓。
將往復還，寓送於迎。速非剽迫，遲不停留。
翩若驚鴻，宛如游龍。圓轉如意，中有權衡。

（四）沉　著

輕靈而不沉著，久恐失之飄浮，繼以沉著。法以頂勁領起，重心隨遇平衡。眼法注視目標，保持動中之靜。

車輪飛轉，中不離軸。沉著輕靈，以剛濟柔。
剛勁非頂，柔亦不丟。重心旋沉，襠膝中求。
乘風破浪，萬噸之舟。全在舵手，操縱自由。

（五）雄　渾

沉著在內勁，雄渾在氣勢，二者互相表裏，然非規矩之至用力之久，不能臻此境界。

山崩海嘯，虎視鷹瞵。狂飆千里，雷霆萬鈞。
壯我聲勢，蔑視敵人。此非矯作，中自有眞。
行健不息，中氣彌純。威而不猛，是謂雄渾。

（六）超　逸

偏於雄渾，或近粗野，濟以超逸。

謙虛謹愼，不躁不驕。意能中和，形自超逸。
流水潺緩，行雲飄飄。淺底魚翔，微風柳搖。
遂使觀者，矜躁都消。爐火純青，百練功高。

31

理法篇

(七)縝 密

超逸而不失規矩，必須過細揣摩，達到縝密。

天衣無縫，針線泯跡。規矩之至，動必如式。
螺旋萬轉，無往不利。一羽難加，敏感至疾。
飛蟲難落，變化莫測。收放無間，動靜合一。

(八)纏 綿

縝密又緊湊，調節纏綿，保持對立統一法則。

源泉混混，江河濤濤。來脈既充，其流乃遙。
春蠶吐絲，繭成而巢。往復纏綿，旋轉萬遭。
遲留賞會，迅疾高超。法不離圓，旁求徒勞。

(九)精 神

外體的運轉，既縝密而纏綿，精神的表現，應嚴肅而活潑。

習之既精，自然得神。傳神在目，非喜非嗔。
驊騮嘶風，鷹隼出塵。伺鼠烏圜，躍水錦鱗。
花好初放，秋月常新。形身瀟灑，永葆青春。

(十)含 蓄

精神過分外露，也是一病，還應含蓄。

內勁充實，外無矯飾。千斤之弓，四兩之矢。
引而不發，躍如中的。山雨欲來，好風將起。
譬彼兵法，守如處女。一觸即發，淺嘗輒止。

(十一) 雍 容

含蓄不是拘謹，而要落落大方，氣度雍容。

> 輕裘緩帶，叔子之風。以暇禦整，起度雍容。
> 號令萬軍，旗幟鮮明。滄海旭日，泰山蒼松。
> 秋雲舒捲，春水溶溶。疏密成文，河漢列星。

(十二) 雋 永

拳經揣摩，有景有情，玩味無窮。

> 拳中有景，即景生情。山重水複，柳暗花明。
> 良友優游，其樂難名。景與情會，趣味無窮。
> 如烹鮮鯽，既腴且清。淡妝西子，出水芙蓉。

(十三) 自 然

「同自然之妙，有非力運之能成」。《書譜》讚語，
移狀拳法。

> 嚴守規矩，潛化默通。心手兩望，自合準繩。
> 運力大匠，解牛庖丁。不著痕跡，純以神行。
> 妙造自然，源於苦功。自強不息，精益求精。

陰陽相濟論
——關於陳式太極拳的十大關係

馬　虹

「陰陽相濟，方為懂勁。」太極拳的全部拳理拳法，統而言之，一陰一陽而已。陰陽相濟（互濟、交濟、互根、互孕、對稱、平衡等）的辯證關係，體現在太極拳的一系列運動，乃至一些細微的動作之中。為此，打好這套拳的關鍵，在於如何把握住這一系列的陰陽之間的微妙關係。

先師陳照奎先生傳拳，特別是在分析太極拳的勁路時，處處都涉及陰陽關係，今擇其要者闡述上下、內外、左右、前後、先後、虛實、開合、剛柔、順逆、快慢十個方面的關係。

(一)上下關係

上下關係，主要體現輕沉兼備的拳理，即逢上必下，逢下必上；有上有下，有升有沉；升中有沉，沉中有升。從整體上把握，只要有上升的部位，必然有下沉的部位，絕對不許升皆升，沉皆沉，一切都是為了穩定重心，維護平衡。例如「金剛搗碓」動作一，雙手螺旋上提，而胸腰螺旋下沉，屈膝塌腰。同一隻手臂，手腕上升，而手指、上臂、肘關節則下沉。「金剛搗碓」動作五，右拳、右膝

理法篇

上提，而左手、左腿下沉。「金雞獨立」勢，右手上托，右膝上提，而左手下按，左腿再屈，重心再下沉。如此等等，都是升中有沉，沉中有升，輕沉兼備。即便是有些動作四肢皆上升，雙腳騰空，而軀體部分，特別是腰、襠部，仍要求相對下沉（如二路「搬攔肘」式動作一）。

打拳的整個過程中，時刻都要注意，上有虛領頂勁，下有氣沉丹田和五趾抓地。即便是非常細微的動作，也要堅持輕沉兼備。如許多揚指坐腕（舒指塌腕）動作中，也是要求有輕有沉，有上有下；手指上揚，掌根下塌。從內氣、內勁看，也往往是要求四成上升，六成下沉；對拉拔長，上下對稱，升沉統一。

從技擊上看，則要求上下相隨，上驚下取，上引下擊；甚至是上、中、下三盤同時並取，但支撐軀體的一條腿仍要屈膝下沉，以穩定重心（如「金剛搗碓」動作五）。因此，打拳切忌有上無下（飄）、有下無上（失去領勁）等病。時刻注意做到上盤輕靈、下盤沉穩；四肢輕靈、腰下沉等等規律的要求。

（二）內外關係

內外關係比較複雜。首先要求內外一體的整體勁，其中最重要的又是內動帶外動，即內不動，外不動；腰不動，手不發；大小動作均要求丹田帶動。同時，外形動作的熟練，又促使內部（丹田）運動。正如《內經·陰陽應象大論篇》所云：「陰在內，陽之守也；陽在外，陰之使也。」內外互濟、互用。其次是要求做到呼吸與動作相濟，內呼吸（丹田）與外呼吸（肺部）相濟，做到內氣、

內勁與外形動作相協調、順遂，內氣的周天開合與肢體的動作開合要一致，切忌內動外不動或外動內不動。內外關係，還有一個意與形的關係。有的拳種重意不重形，甚至要意不要形。

而陳式太極拳則是既重意又重形，要求形神兼備，要求意、氣、力、精、氣、神高度統一。從更高的境界要求，太極拳應該把肌體鍛鍊與性格、氣質修練統一起來，使身心得到全面鍛鍊。因此，打拳時還要注意眼神所向，注重意念力的培養，使精、氣、神完美統一。

（三）左右關係

「拳者，權也」（陳鑫），打拳過程中要使自己身體像一臺秤，隨時保持左右平衡。其方法就是「左發右塌，右發左塌」「沉左臂翻右臂，沉右臂翻左臂」。凡是右手臂發下沉採勁時，則重心必須偏左；左手臂發下沉採勁時，則重心必偏右。左手往前發勁，右肘要後稱；右手向前發勁，左肘必然後稱（如「掩手肱捶」最後發勁）。雙手同時向右發勁（如「六封四閉」動作三），左臂必須下沉；雙手同時向左發勁時，右臂必然下沉（如「第二金剛搗碓」動作二）。總之，逢左必右，逢右必左，以隨時維持自身平衡。切忌一頭沉，跟頭棍；切忌左右歪斜，左右搖擺。

此外，在左右關係中，還有一個左右與中間的關係問題。即不論向左向右運勁、發勁都要保證不失中，保持中盤中正安舒，維護「大本營」的穩定。像下棋一樣，老帥不能輕易離位，因此，左右手常常是有一隻在中線（胸

前、腹前、眼前，或兩膝前中線），就是為了不失中。

再次，發勁時還有左右一體之要求，即右拳向右前發勁，左拳（肘）必然向左後稱勁，這時開胸合背，左稱之勁通過脊背傳導至右拳，使左右在螺旋中發勁整體若一（如「掩手肱捶」動作五）。

(四) 前後關係

「前去之中必有後撐。」前發後塌，逢前必後。同樣，後退之中必有前進（如「倒捲肱」，二路之退步「獸頭勢」），做到退中有進、前後兼顧。一般後退之步要以腳頓地發勁（勁傳導至前手），又是一個前後一體，即後撤頓步所發之勁力（反彈力）與前手發勁既對稱又合一。同時，後撤之腳還可以套擊、扣套敵人之前腿。這樣，一退一進，邊退邊進，下退上擊，後退之中有前擊，又是一個「前後相濟」。

又如「左沖、右沖」勢，有前有後，八面支撐，以保持重心穩定，自身平衡。因此，打拳切忌前俯後仰，切忌彎腰、挺胸、蹶臀、跪膝（膝蓋超出腳尖）。打拳還講求「耳聽身後」，也是為了打前防後，前後兼顧。

(五) 先後關係

或稱「往復關係」。《拳論》有云：「往復有折疊。」折疊者，即從反面入手的一種來回勁，欲左先右，欲右先左；欲前先後，欲後先前；欲上先下，欲下先上；欲收先放，欲發先蓄；欲要先給，欲給先要等等。技擊中的「聲東擊西」，先化後發，先引後擊，「引進落空合即

出」等要領，都是這種往復折疊勁的運用。所以，太極拳架中許多動作的組合，都是忽左忽右、一上一下、一引一進、一反一正、一捲一放等等。尤其發勁之後，必須有一個「接勁」，接勁實質上就是這種欲左先右的折疊勁。例如「懶紮衣」結束之後，接「六封四閉」，右手一定先向右掤一下之後再向裏收。「前螳」接「第二斜行」，也是右手先向外掤一下再走下弧裏收。其技擊含義就是「欲要先給」，先給對方一點掤勁，從而加大對方向外的反彈勁，以便更有利於「引進落空」。「兵不厭詐」，就是這種先後關係在拳法上的體現。

拳法中還有「後發先至」一說。如何解釋？我認為其中有兩層含義：一是我不主動進攻別人，我處於應擊者的地位，但一旦對方出手，與我交手，我即神速擊之；二是我不先發勁，讓對方先發勁，我對來力先引化之，化其實，探其虛，即先沾連黏隨，從不丟不頂中討消息，然後快速擊其要害，破其根節而取勝，故「後發先至」還含有「後發先勝」之意。

(六)虛實關係

不倒翁為什麼不倒？一是它只有一個重心，二是它的重心總是偏下，三是它的底都是圓形的，四是它上虛下實、上輕下沉。人，卻有兩隻腳，如何掌握這種「不倒翁」的本領？重要的方法之一，就是虛實互換，虛實互根，並且注意重心下移，在倒換重心時襠走下弧（為了在倒換重心時仍能保持下盤沉穩），以維護自身的動態平衡（又稱為隨遇平衡）。那麼全身在複雜的運動中，各個部

位，特別是四肢，如何和諧地相互配合，來達到這種平衡？這裏要把握三種虛實關係：

一是重心虛實的調整，二是發勁時的虛實關係，三是手足虛實的搭配關係。

整套太極拳在行功過程中，重心不是偏左就是偏右，兩腳在虛實倒換中以維持身體平衡。陳式太極拳兩腳虛實比例一般是四六開，也有三七、二八開的動作（如虛步、仆步等）。發勁時，發勁之足為實，另一足為虛（與重心虛實是兩碼事）。上肢發勁與下肢配合問題，按陳照奎老師教拳，左手向前偏下，或向下發勁，左腳必然為虛。但是，左手如果是向前偏上，或向上發勁，則左腳也可以是實。這與那種強調「凡左手發勁左足必虛」的機械虛實論大不相同。

（七）開合關係

把握開合關係，要注意四點：1. 欲開先合，欲合先開，即逢開必合，逢合必開；2. 開合相寓，即開中有合，合中有開。如「白鶴亮翅」定勢，雙臂展開而兩足相合、足合而膝襠開，兩臂開而兩手相合。而且先是兩手虎口相合，最後又變作兩手掌根相合。又如「初收」動作一，兩手相合（上搓勁），而兩肘卻要掤開（為加大搓合勁）。「懶紮衣」動作三，則是上合下開，總是開中有合，合中有開；3. 掌握處處都有一個開合，例如胸開背合，背開胸含。就是一隻手中也有開合，如大小魚際合、拇指與小指合等等；4. 要講求外形開合與丹田開合相配合，動作開合與內呼吸開合相配合，從而做到內氣鼓蕩，外形飽滿。

　　陳照奎老師講：「推手時誰能合誰能贏。」他不僅要求手與手合、手與腳合、肘與膝合等等，而且要求有時左肘與右膝合、右肘與左膝合等等，要求把周身的勁合到一個著力點上，合到對方的重心線上。開也是為了合，欲發勁，必先求勁合。「引進落空合即出」，就是強調一個合字。

(八)剛柔關係

　　剛柔相濟，剛柔互補、互孕，是太極拳的主要特徵之一。剛柔相濟的勁力，是整體性的（剛與柔不可分）、螺旋式的、輕沉兼備的一種彈性勁。不論勁大、勁小，不論動作快慢，不論是蓄、是發，其勁力都是剛柔交濟，即陳鑫所云「五陰五陽稱妙手」。太極拳的「掤」勁即是這種剛柔相濟勁的總概括。

　　掤字，有向外支撐、膨脹之意，如氣球、輪胎、彈簧、鐘錶發條等等，都是這種掤勁的形象化。《拳論》云「筋骨要鬆，皮毛要攻」，也是這個含義。又如農民趕牲口的鞭子，鞭杆是柔的、鞭梢是柔的，但是發抽打勁力時，則是非常有力的非剛非柔、又剛又柔的彈性勁。陳鑫云：「是藝也，不可謂之柔，亦不可謂之剛，只可名之為太極。太極者，剛柔兼至而渾於無跡之謂也。」

(九)順逆關係

　　陳式太極拳以順逆纏絲為其精華。非順即逆，處處皆講螺旋式的纏絲勁，不論是開合、虛實、剛柔、快慢變化，都要走纏絲勁。順與逆的變化，是根據著力點的變化

而變換。因此雙手、雙臂、雙腿，都是一順一逆，或雙順雙逆的折疊變化，其變化的依據往往是根據敵人力點的變更而變化。有人認為手臂可以雙順雙逆，腿部只能一順一逆，不能有雙順雙逆。認為雙順必後仰，雙逆必前俯。

陳照奎老師則認為不能絕對化。例如「倒捲肱」退步時，撤退之步裏扣，兩膝裏合，就有一個短暫的雙逆過程。從技擊上看，這時雙腿裏合，正是用膝擊或足套對方腿的時機。

太極拳推手中的沾連黏隨，化打結合，都是靠順逆交替變換，不斷變更著力點，以達到化實擊虛之目的。所以，馮志強老師說：「推手的訣竅，一順一逆而已。」此外，為了在順逆變化時避免飄浮之病，還必須注意在手的順逆變換時要坐腕（塌腕），以腕為軸。同時，要注意垂肘、鬆肩。注意不論梢節、根節，順逆變化都要走腰勁。

(十)快慢關係

事物都是波浪式前進的，為了體現太極拳的節奏感，打拳速度要快慢相間，即有快有慢，忽快忽慢。不僅一套拳有快有慢、有高潮，而且一個拳勢，甚至一個動作，也要有快有慢。例如走一個圈，下半圈慢（蓄勢或引化），上半圈快（發勁），這樣打拳既不累，不平板，又易引起興趣，做到活潑潑地汗流而不氣喘。

從技擊上看，這種快慢相間的鍛鍊方法，利於增強發放彈抖勁過程中的緩衝力與爆發力的結合，並且有利於迷惑敵人。正如陳鑫所云：「虛攏詐誘，只為一轉。」當然，在學習和練拳過程中，快慢可以由練拳人自行調節。

41

理法篇

例如：一路拳比二路拳要慢；習拳時慢，發勁時快；練套路時慢，練單式時快。習拳時必須慢，慢方可動作到位、勁力到位、處處規矩。練單式則必須快，快方可練速度、練力量、以增功力。練功時慢，表演時快。而且要注意慢中有快、快中有慢。做到慢而不呆滯、快而不丟，快而不亂，快而不丟纏絲勁，不丟動作，不忘輕沉兼備；快而不失沉著，慢而不可間斷。

我想，打拳時能處理好這十個關係，其拳的功力和神韻就可觀了。

以上我主要是根據陰陽相濟的拳理，闡述了自身維持平衡的一些重要措施。此外，在應敵實戰之中，還要運用陰陽相濟的原理，千方百計破壞敵人的平衡。運用纏絲法，設法以我之陽擊敵之陰，以我之陰化敵之陽。並且要千方百計使敵陽之更陽，陰之更陰（如推手中之打空、打回、打直等等戰術），使他陰陽不能互濟，使他陰陽離決，從而失去平衡。只要他失去了平衡，如何擊打和發放，就都好辦了。《內經》有云：「陰平陽秘，精神乃治，陰陽離決，精氣乃絕。」運用到技擊之中，就是千方百計使我本身陰陽互濟，而使敵人陰陽離決。按《老子》的說法，這叫「以正治國，以奇用兵」。

理法篇

楊式太極拳的性質、作法和練法

楊振鐸

　　我主要講兩個部分：一是堅持練太極拳的作用；二是怎樣練好太極拳。

第一部分　堅持練太極拳的作用

　　首先，談談楊式太極拳的性質、特點和前景。楊式太極拳代表著我國古老的傳統文化。在武術當中它好像先鋒一樣，總是走在前面。它的適應面廣，參加習練的人也很多。過去在山西省習練太極拳的人較少，現在就多了，社會上到處可見。楊式太極拳總的特點是：緩慢柔和，式式均勻，姿勢舒展，勁在內涵，一般人都能接受。

　　太極拳過去屬於武術項目，在歷史上主要用於攻防。現在武器越來越發展了，過去只憑拳、腳、腿，刀、槍器械這類武器是近代發展起來的，相對武術的作用比較小了，但是還有用處，比如，部隊近距離的戰鬥，公安部門對敵人的擒拿格鬥，還用得著武術。太極拳屬於武術範疇，「武術」就是勁加技巧，有攻有防。有人稱太極拳為「太極拳武術」，既是武術，如果沒有攻防的內容，就像沒有生命、沒有靈魂一樣。

　　太極拳屬於武術，它的一舉拳，一抬足，都包含著攻

43

理法篇

與防，講究手眼身法步。楊式太極拳是一項多功能的活動，它不只局限於武術，它隨著社會的發展，除攻防作用外，還具有健身、養生、醫病、益智、陶冶情操、調節生活、創造健康的心理、優雅的氣質、高尚的追求等作用，以達到修身養性、延年益壽的目的。因為它的架子舒展、外形優美，一般拿它作為美學來欣賞，所以其發展前景是不可估量的。

有人說楊式太極拳就是氣功，我認為它不是一般的氣功。氣功要求意守丹田，而楊式太極拳則要求氣沉丹田，兩者是有區別的。在動作上，武術要窺測對方動向，要看對方動靜，你來我往，和意守丹田不同。由於氣功本身的特點決定它沒有這個內容，精氣神表達不出來，練太極拳應該是兩目炯炯有神，否則神情表達不出來，神情是內在的，是太極拳最基本的內容，講究勁的內涵，所以楊式太極拳講究內涵，不是不使勁的。有些同學練了太極拳體質增強了，而且感到力的增長，這就是太極拳的養生內容。

其次，談談堅持練太極拳的作用。

(一)太極拳有養生作用，亦稱養生學

有許多同好透由太極拳的活動鍛鍊，慢性疾病無形中消失了。這也是一種醫療治病的手段。上世紀 60 年代我去上海，上海的醫生在給慢性病人開處方時，就建議打太極拳。因為打針吃藥效果不明顯，然而經由練拳效果很好。現在醫生也採用這種方法，藥物和鍛鍊相結合。

山西於 1982 年成立了楊氏太極拳協會，至今已有 13 年了。那時會員只有 200 多人，現在發展到近 2 萬人，有

60多個分會。其中有不少慢性病患者，如半身不遂的、神經衰弱的、心臟不好的、冠心病的等等。透過太極拳活動，病情逐漸消失，體格日益健壯。有些同好不但自己受益，而且希望別人受益，有些慢性病患者，現在成了太極拳協會的老師，是楊氏太極拳協會的骨幹力量。在太極拳開展活動中做了很多工作，為人類造福做出了貢獻。這方面的事例舉不勝舉。

練楊式太極拳就像寫工筆楷書一樣，一筆一畫地寫。它講究一招一式，清清楚楚，要求每式要有定勢。所以它的架子出來比較端正，姿勢舒展，再加勁的內涵，練出來它的形象在武術項目中比較優美。不僅中國人愛好，許多外國人都說它是「東方舞蹈」「東方文化的瑰寶」，能強身健體，修心治病，是西方體育無法相比的。

(二) 太極拳有陶冶情操的作用

太極拳要求動靜結合。在習練過程中，要思想集中，處於平靜狀態。一般人們透過活動，都感覺良好。

太極拳如果現在只侷限於二人搏鬥，就不會發展到今天這麼大的適應面。它隨著時代的發展需要，由單純的武術發展為多功能的活動專案，參與的人越來越多，老少皆宜，不分性別，不分老幼，不分腦體勞動，它的適應性強。現在很多體力勞動者也參加這項活動，因為它能起到調節的作用。一般的勞動是局部勞動，精神系統沒有得到調節。參加太極拳活動，不論體力勞動還是腦力勞動都能達到體內平衡。「平衡」是中國太極拳的精髓，它能使身體內部疏通經絡，促進血液循環和新陳代謝等。

楊式太極拳最顯著的特點就是動作平穩緩和、式式均勻。比如心臟病患者，其心臟很脆弱，還有肝炎，都需要新鮮血液，凡是運動都能促進血液循環。但是，激烈的運動對他們不適宜，接受不了。比如有心臟病的人，不能練武術中的長拳，它的動作比較激烈，勁形於外，一般的人接受不了。而練太極拳可以，它的動作緩慢、柔和、均勻，他們都能接受。只要堅持活動鍛鍊效果就明顯，「流水不腐，戶樞不蠹」，意思是流動的水不會臭，經常轉動的門軸不會被蟲蛀，就是這個道理。

不少同好有神經衰弱症狀。主要是大腦過度興奮，不能自我抑制，經常失眠，越想睡越睡不著，就越興奮，在醫學上叫植物神經紊亂，失調不平衡。練太極拳能使紊亂的神經協調、平衡。因為太極拳要求「靜」，思想集中，精神貫注，排除雜念，只想練拳，思想處於高度集中，另一方面活動增加了體力疲勞，逐漸睡眠就正常了。如果在睡前練上一趟，信號來得更快。很多人的神經衰弱就是由規律性的活動好了的。

練太極拳不僅神經衰弱能痊癒，對高血壓也起作用。一般高血壓都伴隨著心臟病，屬於循環系統。此病大部分由精神因素所致。因為精神、情緒是人的一種心理變化，心情愉快時脈搏、呼吸、血壓、消化液的分泌、新陳代謝等都處於平衡、協調狀態。反之，情緒不好，生點氣，馬上血壓就增高。如果能經常保持精神愉快，心胸開闊，情緒穩定，血壓就會正常。這種「精神因素」從藥物中難於索取，但在練拳活動中卻能夠獲得。

這種病要求「心靜」，環境「安靜」，同樣練拳也要

求「心靜」「體鬆」，環境「清靜」，二者統一在「靜」中，在「靜」中進行活動。思想集中，氣沉丹田，氣沉下去，大腦感到清新。

一般說靜著順，氣血暢，感覺舒服，反之，氣血上湧，就感到頭昏、心煩，血壓就起變化了。如果氣沉丹田，氣血比較舒暢，大腦就很清楚。特別是頭正頸直，身體各部位自然舒展，在心理上始終保持安靜狀態，練拳後就感到很輕鬆愉快，血壓也就穩定了。這就希望老年朋友們既要練功法，又要練功德，即修心養性，陶冶情操，要心胸開闊，豁達樂觀。美國哲學家斯奧塞有句名言：「生命的潮汐因快樂而升，因痛苦而降。」

練太極拳，貴在堅持。「堅持」，說著容易，做著難。比如，國家規定的工間操，都知道是好事，有利於工作，有利於身心健康，但堅持下來卻很不容易。雖是法定的時間，但堅持的單位並不多，慢慢就自流了。

現在開展的全民健身計畫，所有的人都要參加體育運動，選擇哪項活動，要有正確的認識。根據大部分人的愛好，是不習慣那種激烈有刺激的活動項目，比如足球，它能牽動億萬人的心弦，但參與活動的僅有幾十個人。所以，有些活動觀賞可以，親自參與不容易，這就需要考慮，哪項運動適合自己。

我認為太極拳就很好，老幼皆宜，場地簡單，器材簡便，受益較快，易於推廣。初練時有些艱苦，但能把你的生活練甜，把你的體格練美，即使年老了舉首投足也是很美的。

有人說楊式太極拳就是適合中老年人。當然是中老年

人練比較好。但是年紀輕的人練也很好，不僅青年，少年都可參與這項活動。副會長程相雲先生在太原市西羊市小學就教了一部分小學生。我去過新加坡，新加坡每兩年舉行一屆全國太極拳賽，也有少年學生參加。將來我國的全民健身計畫，從小學生開始起參加太極拳鍛鍊，其好處是從小學到中學、大學，以至參加工作，到老。現在生活條件好了，八九十歲的老人練拳的很多。

有的項目到了一定年齡做不了。比如長拳，有的全國或世界武術冠軍，年輕時體力好時拿冠軍，但一過鼎盛時期，到一定年齡，體力一差就不行了，很多人身上還留下傷病，就難以像以前那樣練習了。而太極拳平平穩穩，年齡大了更適合，比較容易接受。

有人說太極拳太難，不好學，其實並不難。我們不管做什麼事，總得動動腦子，思索考慮，尤其上了年紀，事情不多，動動腦子也不難。練拳動腦筋和工作崗位動腦筋不一樣，練拳動腦筋相對來說就是休息。休息對神經衰弱有好處，氣沉丹田，相對來說就是大腦得到休息。稍微動動腦筋還是有好處的。年齡大了，拿出一點時間來練拳，今天練一兩式，明天練一兩式，總能學會。動作開始不好看，慢慢就好看了，熟能生巧。

太極拳不僅是武術，它還是健身術、養生術，尤其在醫術上作為醫療手段很起作用。但也不是絕對的，不是練拳治百病，長生不老。前面講過，對某些慢性疾病是有一定療效的。它的好處只有長期練拳者才能體會到、享受到。正因為這樣，練拳的人越來越多，國外練拳的人也很多，比如美洲、歐洲練的人比較多，亞洲是日本，他們學

的東西都要切磋，很認真。希望我們今後練拳都要認真、規範。

第二部分　怎樣練好太極拳

常言道，不管做什麼事，不以規矩不能成方圓。太極拳前人給我們留下許多寶貴文獻，如文字、圖像、照片。現在又有電影、錄影，更方便。這裏，主要根據《太極拳十要》中的十個要領講述。歸納為五個方面：

(一) 對頭部要求

頭部要虛領頂勁。虛是空的，領是向上引的意思，頂是往上頂，勁就是有力量。總的含義是要求頭顱正直，頭上是虛的起來，頭正頸也就直了。頸直，站著顯得很精神，不這樣就提不起精神。如果兩眼閉著，塌蒙眼也不行，講究精氣神，二目炯炯有神。要求做到頭正頸直，經絡順了，氣血也暢了，練起拳來感到很舒服。頭表現出來要具體形象。所謂「正」，就是不低、不仰、不偏、不依，儘量做到這些要求。

1.眼睛　要有神，正前平視，應隨出手的方向，隨動作的要求轉動而轉動，跟動作協調起來，也可往上，也可向下。

2.嘴　似閉非閉，似開非開。一般說口呼鼻吸，實際生活中不是這樣。閉不是繃著嘴，也不是開著，要符合人的生理自然。要求舌頭抵上腭時自然形成，不要硬頂。似閉非閉，活動能使口內生津，不至於口乾舌燥。如果張著嘴練拳，就上不來氣了。

49

理法篇

3.**氣** 氣是一門科學，現在氣功很盛行，有專門研究氣功的。一般稱太極拳為自然氣功，要求氣沉丹田，呼吸自然，以我之靜窺測對方動向，或你來我往。太極拳的氣沉丹田「臍」下小腹部位，不論坐著、站著，氣沉在丹田就會感到非常舒適。保持這個狀態，氣就沉到丹田了。這個「氣」，分先天之氣與後天之氣，先天之氣指元氣，後天之氣就是呼吸。先天之氣要穩，後天之氣宜順，二者是結合的。一個沉到底下穩穩的，一個比較順。先天之氣是固有的、本能的，摸不著，看不到，而在日常生活中會感覺到，如果人沒有氣也就完了。

4.**呼吸** 練拳過程中呼吸怎樣配合動作，要求自然配合，能配合多少配合多少，不要勉強。因為套路跟單勢練法、散打不同，套路是按預先設想編排、按順序做的，散打就不一樣了，有對立面，來自剎那之間，說來就來，不一定從上面來還是下面來，也不一定是拳還是腳，或者其他部位，時間很快，很短。比如擊掌，一般配合動作，不能吸氣，不能呼氣。套路系統要做到呼吸都配合，很不容易。套路不只是一開一合，它還有銜接的地方，有過渡，能配合多少就配合多少，保持呼吸自然、氣沉丹田就行了。開始可能出現氣短，慢慢適應了，呼吸就長了，有節奏了，有力了。

(二)對上肢要求

練拳中的放鬆目的是把肩、肘、腕內在地連接起來，具體到手上要求：掌微伸，指微屈，指縫稍離，手型要美，不要硬邦邦的；肩要沉，肘要墜，腕要坐，指要伸，

這樣就能有機地連接起來，看著是給他一掌，其實不是光掌、光手，而是全身。如摟膝拗步，不光是兩隻手，而是全身，由腳而腿而腰。其根在腳，發於腿，主宰於腰，形於手指。由腳而腿而腰上下必須連貫。

太極拳的「掤」是主要內容，如兩人在一起，對方不太禮貌，給我一拳，我一抬手，一轉變擋住他，一轉彎手一翻，就採住他了。不管上，不管下都可以，給肘也行，膀子抗他也行，講究手採肘靠。

平常練就是練太極十三勢，掤、攦、擠、按、前進、後退、左顧、右盼、鬆勁，通俗講就是手、眼、身法、步的配合。整個做的時候要的就是這個「勁」。一抬手一舉足都有它的基本內容在裏頭。剛才的「掤」，如果沒有那個意思就不好看了，所以得養成那個意識。比如唱戲，不管生、旦、淨、末、丑，之所以能吸引觀眾，是因為表演得深刻帶有感情，比較真實。我們練拳也有那個內容，看著就精神，如果沒有那個內容，看著就不真實，就不太好。所以牛桂英、丁果仙她們能夠吸引人就是表演深刻真實。練太極拳也如此。

1.掌　前面講過手型，主要是對掌的要求。一般是側面掌，掌宜微伸。

2.拳　對拳的要求。拇指放在四指外沿，虛虛攏住握實，不要死握而又僵又硬，拳面要平。

3.吊手　要求五指下垂，虛虛攏住就行了。

4.手腕　要坐腕，不能僵硬，手腕上下不能有勁的感覺，勁是貫輸到全身的，肩、肘、腕、指都要連接到上肢，不能出現僵硬。

上肢放鬆必須透過沉肩墜肘，坐腕舒指，放展它，鬆開它，越鬆越有勁。慢功夫，功夫就是時間，按照要領練，練到一定時間，自然就會有勁。勁的形成，只要按要領做，不用練勁就有勁。太極拳是富有哲理性的拳種。它的臂要求伸直，直裏帶有曲。開與合都有辯證關係。開裏有合，合裏寓開。臂不能直挺挺的。

5.**單鞭** 單鞭的右臂要直，因手（吊手）是朝下的，根據人體的構造和拳法的要求，必須這麼做，這樣做是順的。如果做成彎的就不合適了。

對上肢的要求，基本上由「放鬆」，肘拽肩，手腕拽肘，要有自我感覺。在練拳時注意，不練則已，練就得找點東西，使精神上有所寄託，便於提高。今天找點，明天找點，練拳不是一朝一夕，每天練每天找，日久天長，慢慢就找著了，還能控制指揮它。

(三)對軀幹要求

軀幹就是身體，胸要含，背才能拔，能含胸才能拔背，能拔背才能力由脊發。它的位置正好在人體中部，腰動自會帶動腹部蠕動功能，由活動得到鍛鍊。所以，腰至關重要。含胸怎麼「含」，開國大典，首長檢閱部隊，戰士胸脯挺著很精神。但這是檢閱，作戰不行，受限制。

「含」區別於挺與彎腰，以自然為原則。本身就帶有含，所以能含胸才能拔背，拔背以腰為界線，由腰開始鬆腰鬆胯。這樣一往上一往下形成對拉，突出腰的主宰作用，使軀幹形成整體，區別於連根拔。以腰為主，命意源頭在腰隙。腰為主宰，使它能帶動上下動，可以一動無不

動，只要動就有意識地帶動上下動。如雲手，走時轉身，左右兩側各 45°，中間 90°，都是腰帶著走，右邊左邊一定要含胸拔背，以腰帶，否則出不來勁。

這個「勁」是自然形成的，不是僵勁、猛勁，很自然很舒服。希望做時弄清楚，含胸拔背，鬆腰勁胯，「放鬆」內勁就貫穿，意念就集中。

(四)對下肢要求

下肢要撐住上肢、軀幹整個力量，虛實與重心要掌握好。

1.馬步 拉開馬步，兩腳直前，實在八字步上，虛在丁字步上。虛實掌握好，就能掌握重心，注意膝關節與腳的方向要相符，否則就不合理。只要分出虛實、找出重心就可以了。在變的過程中要求式式均勻，綿綿不斷。每個勢子要做清楚，中間不能停留。

2.弓步 弓步拉開後，它的虛腿的蹬，實腿的撐，在邁步時要按照規律走，重心向前移，腳板踩平，五指抓地（有抓意）而後膝蓋往前挺，由虛腿變實腿，實腿蹬，虛腿撐。走時固然以腰為主，但必須有四肢的配合。如果只是腰，四肢不配合也不行。一定要掌握「蹬撐弓接」整體協調。一下做不到，每天練，每天找，由點到面，上下相隨就協調了。內在必須連接，跟寫字差不多，寫到一定時候和練拳一樣。感到不好了，這是要求高了。這個高反覆不斷出現，說明真正提高了。太極拳是一個無止境的活動，練到老，沒有一個覺得很完滿。

（五）對步法要求

1.馬步　在練中要求踩成馬步，馬步要求與肩同寬。

2.虛實步　習慣叫「丁八步」，斜的叫八字步，直的叫丁字步。但在做的過程中以至擺了定勢後與虛實步又不太一樣。成弓步的邁步要直著往前擱，中間要有個幅度，就是與肩同寬。

怎麼出去呢？邁步要直著往前放，後蹬前撐就穩了。還要左右支撐，如果步子邁得太小了。擠在一塊兒，就不穩，它沒有左右支撐。必須前後蹬撐才能左右支撐。在練的過程中虛的這邊胯要鬆垂，這邊鬆垂和那邊一樣，就直接出去了，在鬆的時候，兩邊一塊鬆，保持它們中間的幅度，弓腿出去，就比較順了，前後順了，左右也順了，左右也支撐了，就是前撐後蹬，左右支撐。

而虛實步，它是以後坐腿在八字步上，跟前面那個成弓步的不一樣。那個腿弓出去，這個不弓，這主要重心坐在八字步上的這隻腳。要保持與肩同寬，以八字步為主，要求一條中心線，左右兩側分，左腳在左邊，右腳在右邊，相互之間不能越過，中間不要幅度。如「白鶴亮翅」「手揮琵琶」，腳掌著地，腳跟著地，都是這樣，不要拉開。在整個過程中要求一氣呵成。初練時，如預備式，做起勢，它的步幅的大小決定下肢力量的強與弱。屈腿蹲了，第一步走，勁有多大。低了，步子就大了；高了，步子就小了。所以，第一步就決定了姿勢的高低。往後所有的勢子都應以此為準。它的步幅大小，決定下腳力量的強與弱。要一氣呵成，練下來一趟，練三趟，練幾趟，都可

以，均應在一個水平線上進行運動。

　　單鞭下不去，舒腿坐到什麼程度。比如，右手勾吊手，左臂翻向裏，掌心朝外成掤式，上身不動，提左腿向正東伸出，置右腳左側。當左腳著地後，左腿同時向前弓出，成弓步，左腿弓，右腿撐，身子儘量下坐就行了。如果沒坐下去，還很高，是步子邁得不大。步大不能太大，否則重心前移時不能穩穩提起來，會出現起伏。

　　定勢，即標準式。如「搬攔捶」，由轉換重心移動，兩臂環起，提腿邁步，重心移動，坐好腿以後拉開，每個動作都應該清清楚楚地做出來，擺夠數，不能不夠數就往下邊走。再如「轉身撇身捶」，轉身握拳，坐回來，撇拳，清楚了再往下走。做到似停非停，把定勢做出來，非常好看，自己也感到很舒服。在動作中包括上下相隨，內外相合。所謂內外相合，就是肢體動作和思想意識兩者相結合。再比如「斜飛式」，不管那個動作往哪裡走，意識得跟著走。不能手往右邊，眼睛、意識卻往左邊看，往右邊想，這不行。必須手往上走，就往上看；肢體往下走，就往下看。使之內外相合。

　　初學練拳不能要求這麼高，這麼難。先練輪廓，即粗粗地練。一般分粗練、細練、精練三個階段。開始能粗粗比畫下來，知道基本要點，動作做不好，但心裏知道，慢慢就能結合起來了，也就細了。最後是精，精要求高了。沒有規矩不能成方圓，一定要把「要領」弄清楚，只有把要領弄清楚，才能為練好楊式太極拳打下良好的基礎。

55

理法篇

陳式太極拳十三勢解

蔣家駿

　　推手在先前叫做「揭手」或「打手」。這是太極拳在單人練架比較純熟後實習技擊的手段。這種方法必須兩人共同練習，既可以運動身體，又可以由推手考驗雙方練架子的功夫是否正確，從而相互幫助共同提高技術水準。

　　這種推手運動從內氣來講，是讓氣的循環處處順遂，促使血液循環新陳代謝機能平衡。在外形和技術來講，則是透過不同的變化形式，保持個人身體重心平衡，並同時使對方重心失去平衡。根據這種原理，以實踐中得到的規律就是太極拳中的十三勢。

　　推手時的科學態度，就是任何動作都要符合十三勢的規律「用意不用力」，也就是用合理的方法，而不是用拙力來進行推手研究。

什麼是十三勢？

　　全套陳式太極拳的式子有七十餘勢（指老架，不包括二路炮捶），著法有數百個，全是十三勢組成的。十三勢就是：掤、攦、擠、按、採、挒、肘、靠和前進、後退、左顧、右盼、中定。

　　掤、攦、擠、按、採、挒、肘、靠屬於手法；前進、後退屬於步法；左顧、右盼屬於眼法；中定則屬於身法。

這些基本的動作雖可分屬手、身、眼、步。實則是互相關聯，而不是孤立的。處處有矛盾和對立統一，它是互相依靠、互相推動，而且互相制約的，現分別介紹如下：

掤

掤的意義，是從「掤」的作用發展而來的，用木材搭個棚子，可以籠罩物體，用手搭個棚子，可以掩護身體。它的作用有兩點：

一是講內勁。練太極拳必須由螺旋形的運動形勢，逐漸練出一種似鬆非鬆，也剛也柔的勁來，也就是「纏絲勁」（也稱掤勁），俗稱內勁，不但手上有這種勁，全身都要有這種勁，而且抱、擠、按等手法全要用這種勁來進行鍛鍊。

二是講著法。掤的手法，一般是一隻手用順纏接對方的腕部外側，另一隻手用逆纏管住對方的肘關節外上側。掤法也分幾種：一是正掤法，如金剛搗碓第一動作；二是退步正掤法，如初收第一動作；三是進步正掤法，如肘底看捶第二動作；四是退步反掤法，如二起腳下邊進行護心拳的第二動作。

正掤法的下一個動作，一般是用採、挒、肘。反掤法的下一個動作，一般用肘，靠法。

例一：金剛搗碓第一動作是對方在我正前方；用右手攻擊我的胸部，我用右手順纏接他的右腕外側，左手管住他的右肘；第二個動作用的是採法。

例二：初收是對方在我左前方雙手按我左臂，因為來勢較猛，所以用退步掤，下一個式子為斜行拗步，就是左

57

理
法
篇

轉身捋法（挪對方的左臂）。

例三：肘底看捶，當對方從我正面進右腿，雙手猛按我的左臂時，我因對方來勢過猛，被迫而退左腿，同時用左手順纏住對方左腕，用右手前臂順纏壓在對方左肘關節外上側，發出挪法。

例四：護心拳第二動作是對方在我右前方進左腿，猛按我右臂，迫使我向左後斜角，雙手同時收肘順纏隨同步法退出，因為對方右手在我右手上，壓力較大，所以就形成反挪法，下一動作必須採用右進步靠法。

攦

攦是引進對方來手的一種方法。它和採、挒同一性質，都是向自身方面順勢引進而使其落空。攦和採、挒的區別，攦走中盤勁，採走上盤勁。挒走下盤勁。從外形上觀察，攦是中等的圈子，在胸前環繞，採走大圈，手指高與眉齊；挒走小圈，前手與肚臍相齊，後手齊腰。

攦的方法：

左手按左手，右手按右手（如果對方用左手進攻我就用左手順纏接其手腕，而以右手搭在他的左肘關節外上側；如果對方用右手進攻，我用右手腕順纏接其手腕，左手順纏制其肘）接住手腕時走順纏，貼進自己的腰部旋轉，搭在對方肘關節的手要鬆肩墜肘，下塌外碾，必須這樣，才能一方面引進，一方面使對方的勁落空（在互相試驗攦法時要把搭在對方肘關節外上側的手放在對方肘裏側，防止旋轉時挫傷對方的肘關節）。

攦的方法有定步，如六封四閉第三動作（左攦）。定

步右攦如閃手臂第二動作，轉身攦如閃通臂第四動作，第二高探馬第三動作，進步轉身攦如雙手推手第三動作。

例一：六封四閉第三動作。當對方左腿在前，用左手從我右側進攻時，我用左手順纏引進，貼住腰向左旋轉（小腹轉的多，胸口斜對著對方），同時用右手壓在對方的肘關節外上側，用下塌外碾勁，撥轉對方來勁，使其落空。左腿屈膝下塌，右腿膝關節放鬆，步法不變。

例二：閃通臂第四動作，是對方在被攦後，右腿跟進，用右手向我胸部發出擠勁。我用搭在對方右肘關節的左手順纏接住他擠勁的線路向左轉腰，提轉左腿，同時用右手制住對方右肘關節上側順纏，撥轉來勁。

例三：第一高探馬第三動作與例二同，都是左轉身攦，但對方的進攻方向是從我右前方來。

例四：雙推手第三動作，這個攦法和六封四閉第三動作的前半截作用相同，但是對方因被攦時進左步，向我靠來，我不得不隨勢向左轉多些，使對方的靠勁落空，同時應用右腿挑起對方的左腿，使其難以掌握平衡。

一般攦法，在攦的下一著法，常是擠法（短勁）、按法隨勢而來（長勁）。攦字在字典上查不到，其他拳種有捋法，作用近似，攦字可能是捋的轉音，成為太極拳拳種專用術語。

擠

擠法是破採、攦的著法，凡是手背向著對方的都屬擠法，擠分以下幾種：

單手逆纏擠。如金剛搗碓的第三動作的左手，抱手推

手的第三動作的右手。

單手順纏擠，如抱頭推手的第二動作的左手。

雙手裏纏擠，如再收後前蹚拗步的第二動作。

雙手外纏擠，如左插腳第一動作。

例一：金剛搗碓第三動作。是在對方向我左前方，右腿在前，用右手按我的左肘，左手引我左臂時，我用左臂逆纏，從對方腹部向胸前隨我腰的左轉逆纏擠出，此時左腿不動，右膝下墜。

例二：抱頭推山動作，是對方在我對面，雙手纏拿我兩肘關節。對方左手拿我右肘，右手拿我左肘，我隨勢向左轉身左手逆纏擠，引開對方的右手，同時右手逆纏擠對方的小腹。

例三：抱頭推山第二動作，是對方在我身後，左腿在前，緊貼我右腿外側，雙手推我肩臂。我向後轉身應接，此時，我右肘順纏下沉，化掉來勁，左手順纏，手指高與眉齊，搭在右腕上邊，一方面轉身掩護自己的頭部，一方面向對方頭部發出擠勁，同時左腳裏扣，屈膝塌勁，右腿收回，撥轉對方的右腿，起掃的作用，成為右虛步。

例四：再收後的前蹚拗步第二動作，是對方在我左前側，右腿在前，右手被我退步攔住，重心失去平衡，想要後退，調整姿勢。我隨勢向左轉身，進左步，雙手逆纏，發出擠勁。此時應注意右腿不可蹬直，相反地右膝蓋向下沉，成為左側面馬步。

例五：左插腳第一動作，是對方在我右前側，左腿在前，雙手按我肋部（因為此時使用插腳時，雙手上開正好露出右肋，所以對方乘機來攻）。我向右轉身，右腳外

擺，落在對方左腿裏側，雙手外纏，以開變合，鬆肩沉肘，壓在對方兩臂彎的上邊，雙手向對方胸部擠去。此時步為右盤坐步，擠、肘、靠在拳法裏是經常連環而用的。因為從肩到手指是一整體，運用起來是一整圈。也可以用靠，當對方撥化靠勁後，接著變肘變擠，擠是用梢節，肘是用中節，肩是根節。三節可以互相轉換。

按

按法一般是破擠、肘、靠的著法，凡是手心向著對方的都叫按。大致可分以下幾種：

雙手裏纏（逆纏）平按，如抱頭推山第四動作。

單手外纏（順纏）平按，如金剛搗碓第三動作。

單手裏纏（逆纏）平按，如小擒打第三動作。

退步上採下按，如白鵝亮翅第四動作。

例一：抱頭推山第四動作，是對方在我對面，我兩臂裏住對方雙臂後進右腿，足尖踏勁，腰向後轉，雙手逆纏，平按對方胸部（我兩臂肘仍壓住對方雙臂），成為右側馬步，左膝下沉。

例二：金剛搗碓第三動作，是對方在我右前方，右腿在前，用右臂擠我時。我把採拿對方右腕的右手由逆纏變順纏，把對方的手封住，在對方腹部左側發按。同時腰向左轉，壓在對方右肘關節的左手，由順纏變逆纏向對方擠出，以助右手按勁。此時我胸部只能向左轉為側式，不可能轉正，右膝蓋須下沉。

例三：小擒打第三動作，是對方在我前方，當我上一式（演手紅拳）發右拳時，他用右手按我右腕向前引進。

61

理法篇

我用隨身法，身向左略轉，右臂鬆肩沉肘，同時左腳外擺，右腳隨進，立刻身向右轉，翻腕逆纏，採住對方右腕向我右後上斜角引進，同時上左步，踏在對方右腿外側，左手裏纏（逆纏）向對方右肋下發出按勁。

例四：白鵝亮翅第四動作，是對方在我左前側，右步在前，右手腕被我右手採住時，意欲進步靠我。我一方面向右轉身，把右手向右前上斜角再多引一點，同時左手下按，按在對方左胯。

太極拳的一切著法，都是連環的，差不多都是左右手和腿法結合在一起的。

採

採是對方進攻的手向上略偏，所以我隨勢向右（左）上斜角引進，雖然也是一手引對方腕部，一手管住對方肘部外上側，但引手腕的纏法須用逆纏，管手部的手須走順纏。

這種引進法大約為我的手（雙手）和對方的來手走十分之七的合勁，只是對方的肘部引到我胸前時，管肘的手才用下塌外碾的撥法成合勁。採法略舉例如下：

進步雙採法，如金剛搗碓第三動作。

退步上採下按法，如白鵝亮翅動作四。

進步上採下按法，如小擒打動作三。

轉身右採左按，或轉身左採右按法，如雲手。

轉身上採下靠法，如第一閃通臂第七動作。

例一：金剛搗碓十二、十三動作，是對方在我正前方，右腿在前，用右手擊我胸部。我用右手順纏接住對方

的右腕，左手逆纏管住對方右肘關節上側，身向右轉，右
腿順纏，屈膝踏勁，左腿逆纏，進在對方右腿外側（最好
是用左腳鉤住對方右腳跟裏側，最大限度進到對方的右膝
外側）。當此同時，右手鬆肩沉肘，走逆纏，向我右後上
斜角引進，左手鬆肩沉肘，走順纏，撥轉對方的來勁，使
他向其左後外斜角失去平衡。

採法是走的大圈，發勁比較緩和，在推手中，凡是應
用法一般都用採法。

例二：說明見前，以右手為主。

例三：同上。

例四：雲手是對方在我右側，左腳在前，雙手按我右
臂，左手接肘，右手接腕。由於左腿在前，左手發勁必然
重於右手，所以我的方向左轉，右腿進到對方左腿裏側，
右臂鬆肩沉肘，順纏先用靠法。對方必然用左手向左撥轉
我右肘，右手加重按我胸部。我隨來勢右轉，左膝下沉，
塌好襠勁，右手指向上挑，手腕領勁，變成逆纏，手指勾
住對方右腕，成為右轉身採法，同時用左手順纏，按在對
方右肘關節上側向對方發勁（如對方在我左側，一切動作
相反）。

例五：第一閃通臂第七動作，是對方在我對面，左腿
在前，雙方的右腕都用順纏法接觸，我的左腿已經插在對
方襠中，對方想用雙手攻我胸部，我隨來勢右轉身，左腿
尖向裏扣，左膝下沉，塌好襠勁，右手變為逆纏，採住對
方右腕，將對方右臂纏到我的胸部前，同時用左肩（也可
以把左腿先向前進一些，轉身用臀部貼住對方的腋下，則
發勁變為猛烈）靠住對方右肘關節或右腋下，成為轉身上

63

理
法
篇

採下靠法。

挒

挒走是小圈、退步或者轉身進退步的引進法。在引進時纏住對方手腕的那隻手走順纏，勁路與對方是合一的，但是，壓制對方肘部的手（用前臂不用手腕）一開始就用鬆肩沉肘、下塌外碾的順纏方法，兩手形成擰轉撕裂的動作，此時前手一定要向下沉，後手向上轉提。挒法可分以下幾種：

退步挒法，如倒捲肱第一、二動作。

轉身退步挒法如第一閃通臂第四動作、第二高探馬第四動作、左轉身搗碓第三動作。

轉身進步挒法，如二路拳（抱挒）斬手。

左轉身搗碓第三動作。

例一：倒捲肱的第一、二動作是對方在我正前方，右腿插進我的襠部，雙手猛按我的左手和肘部。我被迫後退，應當左轉身，左手順纏引進對方左腕，我的右手鬆肩沉肘，下塌外碾，用前臂中段處壓在對方肘關節，向前方下沉發勁，發勁時要同後腳跟踏勁時同一動作。

凡是挒法的手引進對方，手要纏得緊密，迫使對方肘關節向上反轉，我乘勢用壓制對方肘部手下沉。這種方法很易折，防對方的肘關節，不可輕易試驗。

以上是倒捲肱第一動作，如果對方左腿在前，我就先退右腿，手法左右轉換（如倒捲肱第二動作），這樣才能做到我順人背的形勢。

例二：第一個閃通臂第四動作是對方在我左前方，右

手被我右抱時，想沉肘反攻。這時他的左手必然搭在右肘彎裏面，防我攻擊他的臉部。我乘勢向左轉身退左腿（右腿要塌好勁，以腳跟為軸，隨身向左略轉），同時我用左手順纏，引進對方左腕用右前臂鬆肩沉肘，下塌外碾，向右前方發挒勁。

例三：第二高探馬第四動作是對方在我右前方，左腿在前用左手拿我左腕。我的左腕外纏反拿他的左腕，對方想乘勢進左腿，我向左轉身，退左腿，動作和方向、效果同閃通臂第四動作。

例四：二路拳斬手是對方在我左側，右腿在前，雙手按我左手腕和肘。我先左轉身，雙手逆纏稍合，化去來勁。接著向左轉身雙手順纏，左上右下，解脫對方左手拿勁。同時身向左轉，左腳尖外擺，左手外纏反拿對方左腕，右手從上向下鬆肩墜肘，下塌外碾，猛壓對方肘關節，並進腿沉勁下踏，幫助兩手發勁。

肘

肘是雙方軀幹更為接近時用肘部發勁的一種著法（有寬面、有側面）。擠、肘、靠可以循環應用，在擠法被化後，接著用肘法，肘法被化後接著用肩靠，也可以靠先後肘、再擠。總之一圈之中包括靠肘擠。肘的用法大致可分如下幾種：

順攔肘，如二路拳（抱捶）順攔肘第一動作。

拗攔肘，如二路拳拗攔肘。

例一：如二路炮捶的順攔肘，是對方在我右側，左腿在前，雙手按我右肩肘，勁往上偏。我身左轉，左腿塌

勁，右腿向右進步，插在對方左腿內側（但也可以右腿略退再進，如練拳的動作），我的右手先走順纏，鬆肩沉肘向我左前方斜角引進，當右腿已插進對方左腿內側時，右手變逆纏，屈肘向右下轉，肘尖（屬於側面）正對對方胸部，所以也稱穿心肘。左手的動作或者同右手一起向左引進（左手逆纏如二路炮捶順攔肘第一動作）。或者雙手都走順纏，同時合在胸前高與口齊（退步壓肘）。但發勁時都一左一右地同時發勁，手心都以心口為界，因發勁時右手、右腿方向相同，所以叫順攔肘。

例二：二路拳拗攔肘是對方在我左後側，右腿在前，用雙手拿我的左腕和肘部。我先向右轉身，雙手順纏分開，立刻用左手反拿對方的左腕，同時向左轉身，左腳尖向左外擺，屈膝塌勁，左手向左下方引進，右肘順纏鬆肩沉肘，下塌外碾，攻擊對方左肘關節外上側，同時右腿進步向下塌勁，以助發勁（寬面）。

靠

陳式靠法用於雙方極為接近之際，有肩靠、背靠、胯靠、臀靠等法。

肩靠又分肩部裏側、外側，它和肘、手之節連環而發的。可由擠、肘變靠，也可以由靠變肘、擠。七寸靠用肩部上方攻擊對方小腹，因早期陳式老架動作係右腿貼地而進，肩部隨腰的彎度向右前下轉，經右膝內側離地只有七寸而取的式名，今很少人能練。在此提出，只為說明陳式太極拳對腰腿功夫不是不講求的。

背靠有人從背後摟腰時用之，背折靠也是如此。

胯靠在進步為襯法時常用於破壞對方的平衡。

臀靠如第三閃通臂第六動作將對方背起轉跌於面前，如撲地雞（又名雀地龍），用右腿及臀部壓制從背後摟腰的腿部。靠法大致可分以下幾種：

右進步靠法，如攬擦衣第三動作。

左進步靠法，或摟膝拗步第二動作。

胯靠的著法，凡是進步插到對方襠中的步法都有胯靠的作用。

例一：攬擦衣第三動作是對方在我右前側，右腿在前，左手按我右肘部，右手按我的右腕，來勁向下。我身左轉，左腿塌好襠勁，右腿前進，插在對方右腿裏側（這就是胯靠），同時右手鬆肩沉肘，下塌外碾，一方面把對方的按勁向我左前方引化，一方面用右肩靠對方左肋，這就是低來高打的靠法。

例二：摟膝拗步（又名斜行）第二動作，是對方在我左前側，右腿在前，用右手按我左肘，左手按我右腕勁向上發。我身右轉，右腿屈膝，塌好襠勁，左腿進在對方右腿外側，同時左手順纏，鬆肩沉肘，引進對方的按勁，使其落空，用左肩靠對方的左肋，這是高來低打的靠法。

這兩著靠法應注意，手部的圈子大小應當和步法大小相稱，即二腳的寬度前面加上半圓弧線，手的中指要在弧線的偏裏一些，我的重心才能穩定。如手指超過弧線，重心必然前傾，成為丟勁。如手指距離弧線不夠數，太靠裏側，重心必然後仰成為頂勁。

理法篇

前進和後退

前進、後退，主要屬於步法，但眼法、身法和手法也都有前進和後退。全部的後退，有時是一致的，如金剛搗碓第一動作，眼向前看，雙手同時前進，第三動作雙手從後向前轉，眼的方向仍向前，這是一致的。第二動作雙手向右後斜角退轉，但眼法不變，左腿向眼看的方向前進，這樣，手法、眼法及左腿的方向，則是有後退的，有前進的。

再如，護心拳第三動作，身向左轉，雙手和右腿都向左後斜角退出，但是眼仍然注視右前斜角，這是不一致的。

從這些例子看來，眼法只有前進，沒有後退。又如，倒捲肱一式的眼法一直看正前方，儘管左手隨左腿後退，或右腿和右手後退，不但眼法不變，而且前手總是向著前方下塌外碾，這也是和後退對立而又統一的。

左顧、右盼

左顧、右盼───主要是屬於眼法的，但身體的左右旋轉和手腿的前進後退，同樣也有左右變化。眼法的主要作用是觀察對方的動靜而隨勢變化。它的規律是哪條腿往哪個方向移動就注視哪個方向，如攬擦衣一式是向右進右腿的，所以儘管進退時，腰往左轉，眼還是以右前斜角為主。

從上看來，左顧、右盼的變化是隨對方所在的方向變化為主要方向。變化最明顯的是單鞭一式的前兩個動作，以右前斜角為主要方向，當第二動作左手收到胸口時，已

經準備進左腿，迎接左方的對手，所以，眼法以右盼轉為左顧。

特別要注意的是，眼看的方向應當是臉，而不是點。這個臉是身體前方的扇形面，眼的注意力，前手占七成後手占三成。以從後眼角裏能自然看到後手為度，所以雙手在開式時也要向裏遙遙相合，與脊背配合成半圓形。否則只能看到前手看不到後手。

在左顧右盼的變化過程中，是眼隨身轉，而不是單獨地扭轉項部。

中　定

中定———主要屬於身法，腿法、眼法也各有中定。身法的中定是在運動中的中定，而不是在靜止中的中定，最要緊的就是要求重心始終保持平衡，不管步法、手法如何變化，重心都是隨遇平衡。

關鍵在於腰部旋轉時，尾骨（長強穴）略往後上翻，小腹下部往裏收，襠部的兩條大筋要隨腰肩的轉動一鬆一緊，膝蓋也同時一提一落。即腰部向右轉身時，右邊襠筋收緊，右膝蓋要上提轉，同時左襠筋放鬆，左膝蓋要向下沉轉（左轉時相反），這樣重心就自然穩定了。

眼法中定要始終注意一定的目標。手法中定就是在逆纏時，轉手腕不讓肘部擺動。順纏時鬆肩沉肘手部不丟勁。腿部的中定膝蓋是關鍵，在任何變化時，膝蓋只有提轉落，不許左右擺動。實腿的腳跟到大趾要用力踏地，虛腿的大趾也要如同紮在地上一樣。

在推手中常常提到懂勁的問題，怎樣才能懂勁？

　　懂勁就是懂得怎樣隨著對方的著法勁路而適時地變化自己的手眼身法步的方向。總以鬆圓為主，又要將拳式中的每個動作練到十分正確，十分純熟，自然得心應手。陳鑫先生說：「周身上下都是拳，挨著住何處何處擊。」又說：「我亦不知玄又玄。」也正是王宗岳所說：「由著熟而漸悟懂勁。」

　　我認為：應當在學拳式子時，首先講明某一動作是什麼著法，並瞭解到它為什麼這樣轉變。做到「練拳時無人若有人」，才能在交手時「有人若無人」。總的說來，懂勁主要在於懂的時間與方向的配合之無過不及。

「氣」與「靈」乃太極拳之本

陳固安

　　武式太極拳首創於清末永年人武禹襄，至三世郝為真先生始廣傳於世。武式太極拳是太極拳術各派中一個重要流派，它對太極拳運動的發展起著重大的推進作用。特別是在拳理及技擊兩方面，直到今天仍起著指導作用。本文謹就「氣」與「靈」這兩個太極拳術的根本大法，根據前輩遺訓，稍作闡述。

　　首先談談「氣」的練法和作用。太極拳是一種「柔」性拳術，技擊戰略強調「以靜待動，後發先至」「化而後發」。化的來勢，造成我順人背之勢，再乘機出擊，制服對手。如欲掌握這一技巧，首先要透過盤架子練成一種「綿裏藏針」的內勁。

　　如何練好內勁呢？武禹襄先生在《十三勢行功心解》中明確提出：「以心行氣，務令沉著，乃能收斂入骨，以氣運身，務令順遂，乃能便利從心。」所謂「以心行氣」，就是意到氣亦到，心動意生，意動氣隨，心與意合，意與氣合，氣與力合的內三合。這裏要注意的是「以心行氣」時，必須「務令沉著」，才能「收斂入骨」，以氣運身氣動身亦動。

　　武氏又說：「氣以直養而無害。」說明「養氣」要順乎自然，「以氣運身，務令順遂」，順遂就是順乎自然。

能夠做到以心行氣，以氣運身，才能逐漸化盡後天之力，使先天之內勁自然增長，變動往來，無不從心所欲，毫無阻礙停滯之處。練習內勁應循序漸進，不可急於求成。

故武氏又說：先在心、後在身，切記一動無有不動，一靜無有不靜，牽動往來氣貼背，而斂入脊骨。投架子要平心靜氣，精神貫注，姿勢順遂，法術分明，以形為體，以意為用，如此則越練越精。「行氣如九曲珠，無微不至；運勁如百煉鋼，何堅不摧」。動勢輕鬆圓活，內氣流動長行不息，有隙貫通，雖微空而必至，能達四梢，可通九竅。內勁能如百煉鋼，未發則蘊於內，既發突於外，似槍彈脫口之迅猛，無堅不摧。

其次再說「靈」。任何拳派在使用上都把靈作為上乘要求，「精敏神巧全在於靈」。太極拳也是如此。

武式太極拳如幹枝老梅，樸實無華，不論盤架子還是推手，一貫主張「輕靈鬆軟、外柔內剛」。剛而不滯，柔而不散，動靜作勢，時陰時陽。如環無端、活潑無拘。尤其在推手時，力求鬆靜輕柔、氣斂神凝，以期做到「身推動，心貴靜，氣須斂，神宜舒」。循此漸進，自然進入沉著鬆靜，輕靈柔化之境地。能輕靈，自能黏去動變，運用自如。要想探求輕靈之妙，還需掌握動度的大小。拳論說：「動貴短，意貴遠，勁貴長。」動短則一觸即發，彼不及走化而已跌出。意遠勁長，則放人彌遠，功純藝精，動之至微，引之至長，發之至，務要控彼之三節，使彼不得活變，我才能得機得勢。

孫子《虛實篇》云：「微乎微，至於無形，神乎神，至於無聲。故能為敵之司命。」說明動度小，發放走化則

不露其形，運用精妙簡便，化中寓發，發中寓化，迅猛隱蔽，蘊於內，而不形於外，與人黏著，人不至我、我獨至人、彼實我則虛、彼虛我則實，反覆無端，應感而動，使人莫感高深。

「氣」與「靈」，是太極拳術的兩個大法。氣是根本基礎，不能明心引氣，以氣運身，內勁則無從產生增長，與人黏著則無威懾主力。靈是體現，是應用，臨敵不能隨意變化，何顯太極技擊之神奇？二者相輔相承，相因相用，實為學習太極拳之本，初學者切勿忽視。

理
法
篇

怎樣練好吳式太極拳

吳英華　馬岳梁

　　吳式太極拳對心理（思想）上的要求可概括為「五字訣」：靜、輕、靈、切、恒。

　　靜　思想要高度集中，不能有雜念。人的思維是複雜的，要使中樞神經高度集中，實在不易。怎樣才能使思想集中呢？最簡單的方法就是把注意力集中在如何使自己的動作儘量做得正確上。換句話說，就是動中求靜，這樣比較容易見效。久而久之，即可「由著熟漸悟懂勁，由懂勁而階及神明」的境界。

　　輕　太極拳中的「輕」，不能單純以用力大小的程度來衡量。輕是相對重而言的。太極經中說：「左重側左虛，右重側右虛。」輕就是不能用「爆發力」，其次是避免雙重。「輕」也可以解釋為柔，「極柔軟然後極堅剛」。這就是說，輕是有力不用。所以說「似鬆非鬆、將展未展」為「太極勁」。懂得這個勁，則是練太極拳的最高階段。只有在長期鍛鍊中「默識揣摩」，才能「從心所欲」。

　　靈　練習吳式太極拳最重要的是靈活。靈是神足，而神為一身主宰，神充氣足，自然舉止靈活。

　　要輕靈變化、圓活自如，應該注意四相的特點：①頓挫相間；②剛柔相濟；③快慢相合；④前後相連。

74

理法篇

「頓」是暫停，「挫」是轉折。在練習快拳中，「中定勁」即「頓」的表現，跳躍的動作是「挫」的應用。

剛勁用於堅強的發勁，柔則用於溫和的動作，即剛勁後繼之溫和。轉換動作要快，所謂快中有轉換，慢裏有舒展。功架要大，整套拳架在開始時要大方前行，收勢要安靜，不可馬虎，這就是前後相連，也就是說吳式太極拳也需要一氣完成。

切 即認真的意思。練習太極拳要切切實實地下工夫，不可草率行事，無論哪個招式，都要做到準確。虛實要分清楚，動作避免欠缺，立身須中立安舒，發勁須沉著鬆靜，揖除雜念，即可落實功夫的真諦矣。

「切」的另一個意思是研究。練後要回憶，哪個拳式練錯了，再練時要更正，這就是切磋、琢磨，只有如此下工夫，進步才快矣。

恒 有雙重的含意，即定時定量。首先是持之以恆，無論嚴寒酷暑都不能間斷。其次是定量，根據個人體質和時間，制定相宜的運動時間和運動量。時間和運動量均需循序漸進，逐漸增加。

總之，「靜、輕、靈、切、恒」五個字要求，是互相制約、相輔相成的，在練習吳式太極快拳時，必須並存，不能偏廢。

吳式太極快拳對生理上和身體上的要求有以下五點：

1.虛領頂勁（又稱頂頭懸）

《十三勢行功心解》中說：「精神能提得起，則無遲重之虞，所謂頂頭懸也。」說明虛領頂勁的重要性。方法是頭部正直，但不能用力；下頜稍向內收，也要輕鬆；頸

理法篇

部要靈活，但不能晃動。這三項要領構成「虛領頂勁」。無論身體如何轉動，這個姿勢必須保持。

2.含胸拔背

練習太極拳功架無論快或慢，最忌挺胸，挺胸易導致軀幹僵直，影響氣的上升，壓胸易使氣閉，此兩者皆不合太極拳的練氣法。「含」是微包的意思，含胸是胸微微下沉，肺則向下開張，肺活量自然加大，氣則沉於丹田。「拔」是上提的意思，拔是用頭將背微微提起，有了「虛領頂勁」，背部自然提起，使脊柱垂直，則中樞神經安定。所以「含胸拔背」是互相關連的，做好「含胸拔背」則渾身顯得輕利。

3.沉肩墜肘

「沉肩墜肘」與「含胸拔背」也是互相關聯的。肩不沉，則胸廓以上皆受束縛。肘不墜，動作遲滯，力不能長出，兩肋失去保護。

4.鬆腰垂臀

練太極拳，腰部是最重要的，故有「命意源頭在腰隙」之說。鬆腰是要求腰要輕鬆，使身體動作運轉輕靈。因為太極拳運動變化皆繫於腰。鬆腰關係到下部著力，不致有頭重腳輕之弊。垂臀就是臀部不能凸出，凸臀會造成鬆腰的障礙。鬆腰垂臀即是尾閭中正。

5.裹襠含腚

裹是包起之意，裹襠是大腿肌肉由裏面向外面包裹；臀部不翹，肛門自然上提，稱為含腚，則氣不外泄矣。

太極功夫三層九段論

姜　智

　　太極拳《拳論》說：「理不明，延明師；路不通，訪良友。」在我見到的太極拳武館、武校中，有一大批曾拿過國家級、省級比賽冠軍、亞軍的太極拳修練者，他們基本上現在都是教練員，有的還任館長、校長等職。但是，由於理不明、路不清，不知太極較高境界，所以當在比賽中拿到名次後，惰於練拳，給人有「苗青壯而未結穗」的感覺。

　　睹此情景，實為惋惜。於是我夜讀前輩太極拳大師的經典，並身體力行，堅持研練，多次向我的老師———陳正雷大師請教，現將我學習領悟到的點滴體會公之於眾，以便共同研練、共同提高。

　　習練太極拳如同學生上學，可分成小學、中學、大學三階段；又如同上樓梯，不經過一樓就上不了二樓，必得一步一個腳印，由淺入深，循序漸進。每層功夫都有一定的驗證、標誌，表示功夫的現有水準。

　　從體用技擊意義方面而言，可分為用技（懂勁）、用氣（化勁、太極境）、用神（靈勁、無極境）三個層次；從練拳步驟和方法而言，可分為九段。

　　第一層功夫，從體用技擊意義上來看，由開始沒有內氣到引得內氣，進而由內氣漸足，再到通周天這個階段。

擊技較微，但可用四正四隅即「掤、擺、擠、按、採、挒、肘、靠」等功技去取勝於人，所以可概括成用技階段。練拳時，從身體直接感覺而言，這個階段如在水中，兩足踏地，周身與手足動作如有水之阻力。從練拳與方法而言，可經歷以下六個階段。

一、熟套路、明姿勢

套路是太極拳的整套架式，姿勢是整個架式的動作結構。初學時主要側重於套路熟練，方位正確，同時適當注意姿勢的規範。經過一段時間練習後，套路已熟練，這時就必須讓「明」師去正架，側重於姿勢的正確，只有這樣才能牽動內氣。因為太極拳是動中求靜，以外有的動作去牽引體內的先天真氣。所以，練拳時必須排除雜念，保持頭腦清靜，只有這樣才有利於收斂內氣，引得真氣、先天之氣在體內鼓蕩。

《拳論》說：「靜養靈根氣養神。」所謂養根的「根」就是根本，即腎臟先天混元之真氣，也就是下丹氣、命根元氣，是人體的「發電機」，一切拳法，氣功都從此處進行開發。怎樣才能引動內氣（真氣、元氣）？要求必須「靜」。怎樣才能「靜」？要求必須「鬆」。這就是儒家所謂的「鬆而後可靜」。

這一階段如同學生寫字，只要求寫成橫平、豎直、點勾等筆畫，組成方塊就行，讓人一看，你打的是太極拳，有這個味就行。

身法上只要求頭部自然端正，立身保持中正，做到不偏不倚，步法上只要求做好弓步、虛步、開步和收步，知

道方位即可。

至於不可避免的毛病，像挑肩架肘、橫氣填胸、呼吸發喘、手足顫抖等現象，不宜深究，但運動方位、角度、順序必須絕對正確，力爭做到姿勢柔軟、大方順遂，如每天能練 10 遍拳左右，兩個月就可熟練套路。

二、全放鬆、調身法

在熟套路之後，這一階段主要糾正第一階段表現出來的毛病。為什麼出現這種毛病？對「放鬆」理解不夠，腿的支撐力不足造成難以放鬆。所以解決這一問題的關鍵，就是要早、晚堅持練樁功。

陳式太極拳老前輩們講：欲求高功夫，必須多站樁，站樁為換勁之根，習而久之，能使弱者變強，拙者化靈。所以，拳諺有「練拳不練樁，等於瞎晃蕩」「樁功是個寶，健身技擊不能少」「拳法無樁步，房屋無樑柱」。藉由練《陳式太極養生功》（陳正雷著・大展出版社）中的無極渾圓樁，一可增加腿部力量的支撐力，二可體會到放鬆的感覺，三可迅速增加內氣。

《拳論》說：「身必以端正為體，以周身自然為妙。」也就是說套路架式的練習，身法上要以立身中正為根本。「端正」可理解為身軀四肢與頭的位置中正，即身體不偏不倚之意，也可理解成在不正斜情況下的曲中求直，保持相對平衡之意。

如老架一路中的「斜行」動作，就是講曲中求直。只有下盤穩固，才能放鬆。為做到這一要求，要多練拳，多站樁，注意鬆胯、屈膝、圓襠，保持立身中正。隨腿部力

79

理法篇

量增長，方法的放鬆，可使胸、腎、腹部位及膈肌自然下沉，體內的氣機升降協調（鼻吸體內先天氣，真氣提升，外氣從鼻孔出而上升，舊稱「辟」。此時百脈也都張開，上位與下命又相會，舊稱「翕」），呼吸自然，肺活量增，第一階段諸毛病就消除。

這一階段需 3～4 個月。身法已得到調整，姿勢已基本正確，已有內氣活動感覺，一開一合，雙手掌心勞宮穴及雙腳足心湧泉穴會出現發熱、發麻、發涼、發脹感，腹部發熱並有「雷鳴」（即腸鳴音）。此外，身體還可出現大、小、輕、重、光亮、癢、跳等感覺。

以上這些感觸現象，在練拳中出現其中之一，我們便稱之為「得氣感」，已引動了內氣。如有的人在練「金剛搗碓」握拳舉右手時，胳膊、肘會自動往上跑，屬得氣感現象。

三、疏經絡、引內氣

經絡遍佈周身，內連臟腑，外繫肌表，溝通人體上下表裏，是調節機體和內氣運行的通道。俗語說「人活一口氣」，氣分為稟賦於父母的先天元氣（真氣），與飲食物化生的水穀之精氣，稱為內氣。還有口鼻吸入的大自然之氣，稱外氣。

《拳論》說：「氣者，生之本，經者，氣之路，經不通則氣不行。」又說：「以吾身自有之元氣，運氣吾身。」「以氣運氣，一氣貫通。」

以有形的動作，具體的一招一式，通過放鬆、入靜等手段，配合意念與呼氣，由外氣（鼻呼鼻入）引動下丹田

腎臟之真氣，日積月久內氣充足後沖貫百脈，使經絡暢通無阻。一開一合，內氣上下鼓盪，達一氣貫通。何謂「一氣貫通」？即氣通大小周天之謂。

在第二階段的後期，體內已有內氣流動之感覺，練拳也有興趣，但這個感覺如波浪起伏，時有時無，時隱時現，經過一段時間，甚至會全然無有，這是經絡之氣通流不暢，機氣運行不利，內氣引動不力之故。為解決這個問題，在第三階段一定要注意意念導引，即一舉一動先要意到，意到才能氣到，氣到才能勁到。在大腦意識的指揮下，以意運形，使內氣節節貫穿。練拳有時會出現不順、自覺彆扭等現象，可自行調整最佳身法，以得勁為準。

練拳速度應慢不應快，做到一招一式精力專注，活潑無滯，達外形儘量與內氣、意識保持一致。即開內氣散佈於四肢；合內氣下沉，氣沉丹田。

這樣進一步練習一段時間，內氣就會自然暢通，僵勁、拙力也會慢慢克服，逐漸達到周身相隨，連綿不斷。自己按拳勢要求練拳時，明顯會覺得隨動作開合，內氣上下鼓盪有節奏，有規律地運行。

到此階段，達到以外形引內氣的階段，由著熟而漸悟懂勁，這時的功夫在技擊方面是很有限的。內氣僅有感覺，動作中會出現斷勁、丟勁、頂勁的凹凸缺陷，不能一氣貫通，即未通任、督二脈，沒有通大小周天。

發出來的勁，不是起於腳跟行於腿，主宰於腰，而是一節飛躍到另一節的零斷勁。有的動作中內氣明顯，有的動作中內氣似無，所以適應不了技擊，如與不會練武者較量，尚有一定靈活性，雖可用，但不巧。

有時偶然也會把對方發出，自己卻難以保持身體的平衡，《拳論》稱此為「一陰九陽跟頭棍」，剛多柔少，陰陽不平衡，不能做到剛柔相濟，運用自如。所以在此時，不要急於求成，性急難吃熱豆腐，飯要一口一口吃，隨天長日久該有的會自然而來，一切順其自然。

四、形合氣、環無端

形是拳架動作的外表，氣是內氣與外氣統稱。《拳論》說：「以心行氣，務令沉著，及能收斂入骨。」又說：「以氣運身，務令順遂。」這就要求招勢都要注意以心意引氣，以氣運身，意到氣到，氣催外形。

此階段要求形、氣結合。用氣的方式是由鼻呼鼻入外氣，加強意念，由動作引動內氣，但呼吸要絕對保持自然，透過拳架動作的開合，使內氣周而復始，如環無端地在體內運行。

引階段開始注重六合的要求，外形在內氣催動下，做到一動周身無有不動，一靜周身無有不靜。動靜開合，起落旋轉，無不順其自然，諺語說：「手到身不到，擊敵不得妙，手到身也到，擊敵如摧草。」說明形氣結合、身肢順遂的重要性。

這一階段有肌膚發脹、發亮、光滑，手指特別發麻，足跟發重，周身與手足動作如有水之阻力等現象出現。

五、達六合、通周天

如果說第四階段後期是六合的進行時的話，此階段則是六合的完成時。何謂六合？六合是內合與外合的總稱：

內合———心與意合、氣與力合、筋與骨合；外合———
手與足合、肘與膝合、肩與髖合。

經過前四階段的練習，外三合的矛盾透過調整身法的
辦法以解決，使姿勢相隨，內氣貫通。而這一階段內三合
就不許可用調整身法的辦法去解決。

如在前面幾個階段只做到了外三合的話，這一階段一
定要做到六合。要求周身相隨，內外一致，完全做到以內
氣催外形。氣不到，外形寂然不動；氣一到，外形隨意而
動。以心（意）行氣，以氣運身，每招每勢，氣由丹田發
起，內走五臟百骸，外行肌膚毫毛，運行周身而復歸丹
田。動作以纏絲勁為核心，以內氣為統馭，形成一個完整
的運動體系———纏繞往來、周轉自如。

「纏絲勁」發源於腎，起於下丹田，遍佈全身，處處
有之，無時不然，衍溢散佈於四體之內，浸潤於百骸之
間，達四梢通九竅（四梢手、腳，九竅上丹田、中丹田、
下丹田、會陰、尾閭、命門、大脊、玉枕、百會）。

這一階段已通經絡周天，「纏絲勁」實為經絡周天通
後的內氣在周身的散佈。纏絲勁是陳式太極拳之精華，一
氣貫通，實為通經絡周天，此時可稱練拳已懂勁，才入陳
式太極之門道。

經過前面幾個階段，由鬆、靜後以形領內氣出現，至
內氣較充足，自覺在吸氣時腹部有輕微的發熱感，發熱的
部位因人而異，同時腹部出現「咕咕」的腸鳴音，矢氣增
多。慢慢腹部發熱的面積逐漸加大，在肌膚之間有似小蟲
在爬行的景況，這稱「癢觸」，尤以頭頂下至額顱、面
頰、兩鬢、鼻旁、唇口一帶感覺特別靈敏。如出現以上諸

種感覺，精力要專注，用心意去打拳，千萬不要用手去搔抓癢處，以防氣機散亂。

隨著練拳時間增長，小腹內發熱似溫水流動樣，全身有溫暖的舒適感，口中唾液增多，背部有螞蟻上爬之感。

到這一階段時氣力大增，小腹部發熱感更甚，有時還可出現小腹部輕重的跳動感，部分練拳者腹部還可出現氣團感，有人稱這種現象為「火燒丹田」。它是初具纏絲勁的重要標誌。

在這一階段後期，因長期練拳，以形代念，形、意結合時，達到明鏡止水，晶瑩澄澈，如入恍惚杳冥之中，手、腳有時忽覺空空如也，便可感到有一股強而有力的氣自會陰穴沿脊柱上沖頭頂而下行進入丹田，這就是所謂的「一氣貫通」。

因會陰部道家稱為「子」，頭部稱為「午」，故在氣功書中將氣通任督稱之「通子午」。在通周天時印堂穴內會出現耀眼明亮的光，這是正常現象，不必驚恐，皆屬自然現象。

周天一通先天元氣（體內真氣）蒸氣更盛，雖閉口鼻，元氣自然能出入於全身各個毛孔，而且深綿細長，一分鐘呼吸一至兩次可矣。氣入無積聚，出無分散，一身酥軟如綿，美快無比。真息沖融，真氣從之，流注於全身上下，油然而上騰，勃然而下降。其氣息之薰蒸，如春暖天氣熟睡方醒，其軀體四肢之暢快恬適，確實難以言語來形容個中之妙味。

第五階段功夫初期的技擊表現與前四階段的技擊表現一樣，應用價值不大。第五階段末期，進入三層功夫的第

一層功夫，尚有一定的技擊作用，但技擊時主要用十三法，所以只能算技巧，才完成陳式太極拳第一層的功夫。

為何如此說？因為第一層功夫的後期，即前面所講第五階段的後期是求內外六合，調整身法，尋求內氣貫通，達到節節貫穿的階段。而調整身法的過程就是妄動，因而在推手還無法應用如意，對方會找這些薄弱環節，或者故意誘使你產生頂、偏、丟、抗的毛病而出奇制勝。

因為推手時對方的進攻不會給你調整身法的時間，而是利用你的缺陷，乘隙而入，使你受力失重，或被迫退步，勉強地化去來力。當然，如果對方進攻速度較慢，勁力短，進逼不緊，給了調整身法的餘地，你也能比較理想地化掉對方的進攻。

總之，第一層功夫期間，不管進攻和走化都是勉強的，往往是先下手為強，後下手遭殃。此時尚未完全達到捨己從人，隨機應變，雖能走化，但不屬技巧勁，還會出現丟偏和頂抗等毛病。所以《拳論》說「二陰八陽是散手」。

第二層次，從體用技擊意義上來看，主要用內氣，懂得整走，聽勁，靈勁，化勁功夫；從軀體感覺而言，軀體手足動作，練拳時如身在水中而兩足已浮起不著地，如長泅者浮游其間，一切皆自如。

要想拳練好，必把圈練小，練習陳式太極拳的步驟，即由大圈到中圈，中圈到小圈，小圈到無圈。所謂「圈」，並非指手腳運行的軌跡，而指內氣疏通。這一階段是由大圈至中圈的階段。

六、充內氣、實其腹

為穩固根基，充實內氣，要在上一階段的基礎上更進一步紮穩下盤，以促使內氣的充實飽滿。

《拳論》說：「根本固而枝葉榮。」「培其根則枝葉自茂，潤其源則流脈自長。」這裏所指的「根」實意為下盤，指下體之腿而言。枝葉為上肢，「源」實為人體發電機───下丹田，下丹田所生元氣實為諸氣之本，根源於腎通於丹田，稟賦於先天。

此階段較前大不相同的是呼吸方式。前面五階段練拳時均採用自然呼吸，即順呼吸法，至此為增加內氣，每招每勢採用逆腹式呼吸。

何為逆腹式呼吸？吸氣時逐漸收縮腹肌而腹部凹陷，呼氣時腹肌自然放鬆而腹部逐漸凸起。

在呼吸配合一致以後，除正常的套路練習外，還要加練輔助功，如《陳式太極養生功》中講到的靜坐養氣法，渾元至極。採用大馬步、弓步、丁步都行。練拳前後，堅持1～2小時的樁功，逆腹式呼吸行氣，發展力量和耐力。用後尾直徑6～8公分、長3公尺的白蠟木杆，每天用攔、拿、紮的方法抖100下，將拳架內的單勢發勁抽出來單獨練習，以增加在根基穩固、內氣充實情況下的蓄發力。這樣練習兩年可進入第七階段的功夫。

從技擊而言，到此時功夫雖然內氣貫通，動作比較協調，在不受外界干擾、自己練習的情況下，內外也能夠合，但內氣還是比較薄懈。

因此，在對抗性推手和技擊時，遇到一般比較輕緩的

進攻尚能夠捨己從人，隨機應變，因勢利導，引進落空，避實擊虛，運化自如；而一遇勁敵，就會感到　勁不足，有欲將身法壓偏之意，有可能要破壞不倚不偏、八面支撐立於不敗之地的身法，還不能隨心所欲，不能「出手不見手，見手不能走」，引進和發出對方，較生硬和勉強，這就是「三陰七陽猶覺硬」。

七、覺靈敏、知己彼

　　此階段是由中圈而至小圈階段，功夫已顯高深造詣，接近成功。對具體練習的方法、動作要領、逐勢的技擊含意、內氣運行、注意事項、呼吸與動作的配合都已完全掌握。但練習中還應注意伸手、邁步有身臨萬丈高崖之感，眼神如捕鼠之貓，動作如翱翔之鷹，身形輕靈矯健，意識反應及皮膚觸覺十分靈敏。

　　這一階段主要是練習全身空靈，身體皮膚感覺的靈敏性，就是接受資訊傳遞、採取行動的應急反射。練習太極拳的人，隨功夫的加倍，這個應急反射過程隨之加強，直至接受資訊傳遞如閃電，應急反射如射箭。

　　這一階段仍應按前段練習套路和輔助功，經常練習推手，鍛鍊聽勁、靈勁。練拳時，功應內收，氣行於外的表現和纏絲勁的外形動作也應內收縮小。練好這階段功夫的要求，必須以充實的內氣做後盾，使內氣充盈丹田，貫注全身，內至臟腑經絡，外至肌膚毫髮，全身各部位如電充身，觸覺極其靈敏。練拳時「無人如有人」，真遇對手交手，要做到膽愈大，心愈細，「有人如無人」，一舉一動，如在水中兩足已浮起不著地。一般練習三年時間可至

下一階段的練習。

在技擊方面，與上階段功夫差別很大。第六階段是化勁，即化掉對方進攻的力，解除本身的矛盾，使自己主動對方被動。而這一階段則可連化帶發，其原因是內勁（內氣）已非常充足，意氣已換得靈勁，周身組成的體系比較鞏固，格鬥時已具備「動急則急就，動緩則緩隨」「彼微動，己先動，後發先至」的功力。

推手時，對方的進攻威脅已不大，觸著即自然變換身法，能易如反掌地將其來力化解。處處意在先，動作小，發勁乾脆，落點威力大，所以說「四陰六陽類好手」。

八、圈欲小、得機勢

「圈欲小」意指由中圈到小圈的時期。內勁在體內的表現，像是一股熱流發於丹田，隨意識引導，由根到梢，由內到外，綿綿不斷地遍佈全身，每時每刻都有肌膚發脹、手指發麻、腳跟發重、頭頂發懸、丹田發沉、膀胱發熱的感覺。

拳練到此階段，每練一趟拳，到停勢時，立正心中，神氣一定，都覺得下部（陰矯穴處）像有一物在萌動。起初不太經意，每天練拳有的時候內氣動，也有不動的時候。時間一長，動起來有很長時間，有的時候也不動。

慢慢練拳在停勢時，心中一定，像有遺泄之感，這時與練氣功修道中所說的真陽發動相同。練靜坐是靜中求動，但練太極拳是動中求靜，靜極也動。隨著練拳日久，周身有發空景象，真陽有發動欲泄的情形，自己覺得身子一絲不敢動，有一動就要泄的感覺。

　　這個時候練拳，意想氣沉丹田，下邊用虛靈之感，提住穀道，即意想提肛縮腎、意守丹田。當意守丹田時，陽物即收縮，萌動者上移到丹田處，這個時候全身暖暖融融，真氣綿綿不斷。

　　每遇到這種情況，先意想丹田，再進行練拳架，內外總是一氣，緩緩悠悠，平平穩穩，覺得四肢融融，綿綿不絕。如果在睡熟時，忽然覺得四肢空空，全身融融和和，像沐浴的景象時，可意守丹田，配合外呼氣，這樣可化欲泄之物。

　　從體用而言，到此階段，功夫可達得機得勢、捨己從人的階段。能隨順化解，不頂不抗，對方控制住我的手（梢節），我以肘肩來化解；控制住肘肩，我以胸腰來化解；控制住胸腰，我以襠勁與手臂採化解。此時練拳時以聽勁、靈勁為主導思想，交手時以化勁為主，全以至柔。至剛內氣為主，十三用法已成輔。大道至簡，大道至易，愈向高級愈簡單，愈往高級愈自然。

九、圈變無、成太極

　　功夫至此是由小圈而至無圈、有形歸無跡階段。拳論中說：「一氣運來志不停，乾坤還氣運鴻蒙，運到有形歸無跡，方知玄妙在天工。」在技擊方面表現為：全身無處不是拳，挨著何處何處擊，身如火藥，一動即發。所以說：「惟有五陰併五陽，陰陽不偏稱妙手；妙手一運一太極，太極一運化烏有。」此時人體像充滿氣的皮球一樣，用力越大，反彈力越強，將球拍得越重，它跳得愈高，「遭到何處何處擊，我也不知玄又玄」。

第三層次，從體用而言，功夫已由五陽併五陰的太極歸於無極，進而成神化層次。與對方交手，不見其形，只用神意控制對方。一切都在神意中，寂然不動可降千軍萬馬。

從身體直感而言，到這層功夫時，身體愈加輕靈，兩足如在水面上行，到此情景時心中戰戰兢兢，如臨深淵，如履薄冰，心中不敢有一毫放肆之意，神氣稍為一散亂，即恐身體下沉。《拳經》說：「神氣四肢，總要完整，一不完整，身必散亂，必至偏倚而不能有靈活之妙用。」

變化無窮，神鬼莫測，是對爐火純青，登峰造極境界的形容。功夫至此，運動變化及技擊表現從外表難以看出，難以臆測，玄奧淵博畢在其中，人不知我，我獨知人。為何如此？因內氣已達皮膚之外，形成功力氣場，功夫愈高，氣場愈大，外力雖未接觸皮膚，動觸毫毛即有感覺，隨即化勁發擊，威力無窮。

陳鑫有詩說：「神穆穆，貌皇皇，氣象混沌，虛靈具一心，萬象五蘊，縮然不動若愚人，誰知陰陽結合在此身；任憑他四面八方人難近，縱有那勇犯過人，突然來侵，傾者傾，跌者跌，莫測其神，且更有，去難去，進難進，如站在圓石頭上立不穩。實在險峻，後悔難免隕，豈有別法門，只要功夫絕，全憑一開一合，一意橫掃千人軍。」

和式太極拳技理概述

和有祿

　　發祥於溫縣趙堡的和式太極拳，除具有一般太極拳的要點外，在理論、技術技法、強身養生方面有獨特之處。

　　和式太極拳又稱代理架。拳技與理論完美融合，體用一致，拳架自然柔活，順遂渾圓以理體內中和之氣，二氣陰陽和合而達於外。故稱「代理」。

　　和式太極拳以「太極」之理為拳理來規範指導拳架。象其形，取其義，用其理。太極圖是《周易》哲學思想的形象化表述。太極圖外呈環圓，環呈無端之象。在和式太極拳中體現為勢勢手畫圓，身行圓，步走圓，身體各部位的公轉、自轉協調和諧，形成大圈套小圈，小圈套大圈，渾身都是圈，圓轉連貫，一氣呵成。

　　太極圖一圓之中有陰陽合聚，既對立又統一，相互轉化，顯示事物發展的螺旋週期規律，體現了自然界陰陽之間的運行消長與轉化，即一陰一陽謂之道。和式太極拳以陰陽之理貫串於拳勢之中，比附人體。

　　太極是宇宙萬物的本源。《易·繫辭》曰：「是故易有太極，是生兩儀，兩儀生四象，四象生八卦。」拳理曰：「一圓即太極，上下分兩儀，進退呈四象，開合是乾坤，出入綜坎離，領落錯震巽，迎抵推艮兌。」圓、上下、進退、開合、出入、領落、迎抵與太極、兩儀、四

理
法
篇

象、八卦相對應，合之為十三，又稱十三式。

十三式是指導太極拳圓活自然、陰陽相濟之要訣。以人身比太極，練拳之前，心靜體鬆，混混沌沌，陰陽未分，渾元一氣是為無極。氣動而太極生，每勢練夠一圓、二儀、四象，八卦。即由陰陽未分到陰陽具備，陰陽運轉，陰陽相濟。身體各部位左右對稱，上下相隨，內外相合。動作以圓及弧線的形態表現上下、進退、開合、出入、領落、迎抵每一對陰陽的轉換變易，由身法、手法、步法及屈伸蓄發的協調運轉，使拳架動作緊湊圓轉，處處順遂。和式太極拳以太極陰陽之理，指導規範拳架圓轉柔順，動作運轉符合陰陽運行之理。

在練法上要求由外五行帶動內五行，而後由內五行之氣而達於外。五行者，金、木、水、火、土，相生相剋。人之五臟歸屬五行。人得五臟以成形，即由五臟而生氣，五臟實為生命之源，生氣之本，而名心、肝、脾、肺、腎也。和式太極拳由五行之氣合而為一，以心行之，統乎全身，氣到勢隨，形到氣力至。即由外帶內，周身順遂圓轉，由內達外，陰陽變易莫測。

和式太極拳的行功走架又叫「耍拳」，是和式太極拳的獨特之處。一個「耍」字，將孩童玩耍時自然之態展現眼前。走架時著勢自然圓活，神意活潑自然，呼吸自然順暢。《道德經二十五章》曰：「人法地，地法天，天法道，道法自然。」和式太極拳本乎天道，不尚用力，以無極自然之運行，陰陽自然之運轉體現太極拳之技法。

先父諱士英常曰：「耍拳要知規矩，合規矩，懂規矩，脫規矩，舉手投足自然而合法度，拳打十萬遍，不打

自轉，自然而然，技到無心，臨敵致用才可以隨心所欲，應物自然。」

練習時要求人體合乎自然。人出生後，先天的自然行為不斷喪失，違背自然的後天行為不斷增加，常導致疾病產生。在拳法中表現為形、意、氣、力配合無序，甚至不知配合，尚後天之力，動作僵滯。

和式太極拳以後天之法，引先天之形氣。例如，嬰兒出生時，脊柱並無彎曲，直立行走後，長年累月使脊椎負重，在沒有其他骨骼支撐的頸椎與腰椎部位形成彎曲，使脊椎關節間隙受損破壞，加之違背自然的後天不良行為的不斷增加，致使常有頸椎、腰椎疾病發生。

和式太極拳的要領要求虛領頂勁，沉肩墜肘，含胸收腹，鬆胯裹臀，使脊椎彎曲減小或消失，回歸先天之自然狀態。按照拳法要領，正確鍛鍊，可使脊椎功能增加，亦可引丹田先天之氣，使脊椎成為勁力之源泉。身體中正，脊椎正直，動作不貪不欠，輕靈圓活，形成身似活蛇，腰如反弓。

和兆元所創「代理架」，拳架與實用相一致。拳架中無纏繞繁瑣，拳架、推手、散手融為一體，三者互可檢驗印證。推手可檢驗拳架是否正確實用，推手又是太極拳走向散手的過渡階段，是練習沾連黏隨、過勁借力的有效方法。拳架的正確練習是推手、散手技法的本源。

和式太極拳以自然柔活體現化剛為柔、積柔成剛、剛柔相濟的特色，以陰陽運轉形成技法的圓活精妙。和式太極拳又稱「尺寸架」，身體的運行狀態要用「尺寸」來衡量，手足的起、行、止要規矩端正。

93

理法篇

身法規矩是練好和式太極拳的基礎。身體中正，不偏不倚，不貪不欠。要求中，守中，起中，攻中。進退、仰俯能守於中，起於中，不犯抽扯，一進必至，路徑最近，實為技擊之捷徑。遵循身體中正諸要領，則可氣沉丹田，能練丹田先天之氣，也是太極拳健身養生之道。身體正直則脊柱垂直貫串，勁力上下通達，氣血順暢。切不可翻臀塌腰，坐胯撐腰及前俯後仰，違太極拳自然之理。

步活圈圓是和式太極拳又一顯著特點。步有運載身體之功能。步要靈活，著勢運行隨身體陰陽虛實的轉換，步運身行，身隨步換，則能周身一家。

身到，手到，步到，上下相隨，手足相合。一動兩腿要分清虛實，步有騰挪之勢、欲動之意。虛非全然無力，實非全然占煞，立足穩當，得機而動，進步必跟，退步必隨，輕巧敏捷，八面支撐。

和式太極拳的著勢運行以圓為宗。形動求圓，內勁圓轉，在意念支配下，周身協調配合，肩、肘、手、胯、足、身都做圓或弧形的轉動和滾動，使著勢之運轉無凸凹，無缺陷，無斷續，身體成為自然虛靈之體。

太極拳輕靈圓活的運動方式形成了四兩撥千斤、以柔克剛的技擊效果。如白鶴亮翅，設對方雙手搭我右臂，進步進身猛力擠按，我則左手守勢，右手臂向下、向左畫圓（公轉），同時右手內旋（自轉），左胯鬆沉，身體左側，使對方之力沿我圓的切線方向滑過，使其勁力落空。我若沾其手臂，接入彼勁，恰到好處，鬆胯旋腰，對方必定在離心力的作用下仆倒於地。即為借力打人，四兩撥千斤。若對方勁力落空欲退，我雙手走圓滾進，明修棧道，

陰陽變轉，沾隨引化，同時步運身進，暗渡陳倉，以奪其中，對方重心必失。對方失重之際，我趁勢勁發丹田，將對方擲出。一圓之中八門勁力俱全，圓是化打合一的最佳運轉形式。練勁圓轉，技精路捷。

太極拳化力之妙，借力之神，實為力學原理。若能得真傳，功夫足，丹田氣轉，內外合一，即成渾圓一漾而貫其身，虛感之物而寓靈動，擊左左空，擊右右空，如充氣而圓，無處受力。使簧機受壓，反彈隨勢，壓之重而彈愈強，力之沉而空愈深。挨到何處何處擊，周身無處不太極。

和式太極拳注重心法、意念的修練。練習要求心與意合。心即本心，是大腦的思維活動，是人的本意真意，在沒有任何外界干擾下的自然流露。意即意識、意念。前者為體，後者為用。故曰：「心為令，氣為旗，神為主帥，身為驅駛。」凝神靜心，排除雜念，回復自然，是本心與意念抱元守一，達到意自心出，拳隨意發，意動形隨，意到勁到的技擊效果。

耍拳以自然為準則，拳架為意念之載體。行功走架，用意只在檢查身體是否規矩，練勁是否圓轉自然，不要心存如何打人之念。心貴靜，意守中，是意念的自然狀態。若意不能守中，在形則有貪欠偏倚之弊，在用則有呆滯不活之病。自然而然練就之技法，用時才可達到應物自然之無意識狀態。

和式太極拳以自然為準則。以圓弧為運動形式，以陰陽變化之法，使身體處處分出陰陽。以輕靈圓活、柔中求剛為原則。視練者體質階段不同，速度可快可慢，但均勻

適宜，架式可大可小，以自然舒展為度，拳架、推手、散手合而為一，樸實無華，簡捷流暢。

和兆元通曉醫學，所創新架與中醫治病健身理法相一致。中醫理論體現了天人合一的整體觀。把人看成是自然界的一部分，人的生理病理變化時，不能僅僅孤立地著眼於人的身體本身，而應看到人與自然存在著的有機聯繫。

和式太極拳的拳架功理，圓活緊湊，進退開合都求陰陽相濟。一氣運行陰陽，即是太極。一氣為腹中中和之氣，亦為人之元氣，它漾溢於四體之中，浸潤於百骸之內，流行不息。拳架功法全借後天之形，不用後天之力，動靜開合純任自然。舒展筋骨，調和氣血，以收勞而不極、搖而穀氣消、血脈通暢、祛除疾病、益壽延年之功效。

和式太極拳練功時辰順應天時，合乎自然規律。拳理曰：「寅時面南，鬆身凝神，吐納自然，撮抵橋通，陰陽和合，攢簇五行，子午卯酉，朔望漾應，慎而密之，久行功成。」行功順應天時，使自然陰陽與人體陰陽、先天陰陽與後天陰陽互補，天人一體，收行功最佳效果。

「陰平陽秘，精神乃治」。人體正常的生命現象和生理功能，是陰陽兩方面保持平衡的結果，人體陰平陽秘的相對平衡遭到破壞，出現了偏盛偏衰即發生疾病。正如中醫理論認為：「人生之理，以陰陽二氣養百骸。易者，易也，具陰陽動靜之妙。醫者，意也，合陰陽消長之機。」（張景岳《醫易義》）身體的氣血、臟腑、經絡失衡是疾病發生發展的根本原因。

和式太極拳之理正是導源於《周易》。在拳架著勢中

處處無過不及，不貪不欠，陰陽無偏，由外形的陰陽動態平衡，帶動內在氣血、臟腑、經絡的陰陽平衡，從而達到健身、療病、養生之目的。

中醫用五行相互生剋規律指導疾病的診斷治療。認為內臟的生理、病理相互聯繫、相互影響，以此制定了培土生金，益火生土，培土制水，抑木扶土等治療原則和防治措施。和式太極拳根據「有諸內，必形諸外」的理論，拳架練法由外帶內，周身順遂渾圓，由內達外，陰陽變易莫測。拳架著勢圓轉自然，緊湊柔活，上下相隨，內外合一，並用五行生剋之理指導拳架的步法、技法，使身體靈活而穩健。

和式太極拳用人體結構理論指導拳架功法。拳架有三直、四順、六合、三節、四梢等要求，不能坐腕、折腕、塌腰、翻臀等規矩。這些要求和規矩符合人體結構的順遂自然狀態，再通過拳架的正確鍛鍊，進一步調理人體結構及生理機制。和式太極拳教學時的「捏架」就是對人體各骨節位置狀態的有序擺放，及認筋識穴，使身體處於一種順遂自然的最佳狀態，久練使人體潛能釋放，自可強身健體，自衛防身。

和式太極拳以深厚的傳統文化底蘊，以輕靈圓活、舒展自然的演練風格，已越來越受到人們的喜愛。當前已走向全國，傳及海外。讓和式太極拳為促進全民健身運動發揮其應有的作用。

理法篇

太極拳精義

李雅軒

　　未隨出勢，先將腦筋靜下來，摒除雜念，身心放鬆，去掉拘束，如這樣子才能恢復人在未被事物纏繞之前的自然穩靜及天生具有的靈感。穩靜之後而後出動，並要在動時仍保持其穩靜，不可因動將身心的穩靜分散了，這是需要注意的。

　　按人身體，本有天然賦予的健康功能，所以，未能人人健康者，是因未能鍛鍊身體，以培養這種天生的健康，而且被些事物纏繞，將這些自然健康功能給摧毀了，所以不能人人身體健康。

　　今要達到健康，就必須先將身心放鬆，靜下腦筋來，以恢復身心的自然，恢復自然之後，也自然會有天生的健康功能。不能只是一味地操練身體的外形，也不能像和尚道士之只修練內部靜坐養神，必須動靜參半、身心兼修、內外並練而後可。

　　太極拳的練法，最重要的是身勢放鬆，穩靜心性，修養腦力，清醒智慧，深長呼吸，氣沉丹田等。這些規矩，每練時要想著這些，日久才能起到健康身體和治養疾病的作用。假如練時動作散漫，氣意上浮，那就對身體無甚補益。所以，太極拳的功夫對氣沉丹田這一規則是很重要的。

　　然而太極之氣沉丹田怎樣可以做到呢？那就必須先鬆心，後鬆身，心身俱鬆之後，其意氣便可自然地沉到丹田了，而不是使硬力將氣意壓到丹田去的。如是用硬力將氣意壓下去，那就會弄得周身不舒服，甚至身體發生疾病，這是一件很重要的事，學者應當多加注意。

　　此外，尚須平時注意精神上的修養，以作為功夫的輔助則更好。在練時，先將全身放鬆，尤其是兩臂，要鬆得如繩拴在肩上的一樣，不可稍有拘束之力。如此當稍待，以俟身心穩靜下來而後出動。

　　出動時，仍用一點點思想上的意思鬆鬆地將兩臂掤挑起來，以腰脊之力牽動兩臂，穩靜地出動，將一趟拳演變出來，非四肢之自動也。每見練者，不知本此意思用功，渾身零零斷斷，浮浮漂漂地局部亂動，以為這是太極拳。這是大錯，以致長時間練不出一點太極拳味來，未免可惜。練拳時當細細體會，找它的要領。找著要領之後，經常練習，不數月兩臂便有鬆沉的感覺，兩肩有些酸痛的情形，這倒是很自然的，以後拳意就會達到手上來了。

　　如再有明師指點，對太極拳的道理也就會一點一點地領悟，身上的靈覺也將會慢慢地充實，如此則不但在修身方面有顯著的功效，即在應用方面也會有巧妙的動作，這全是由於在鬆軟的基礎上著手練功做出來的。如果只是散漫飄浮的練法是不行的。

　　太極拳在初練時，是感覺不出什麼味道來的。但是只要有耐心，有恒心，細細地體會，時間久了，便會感覺趣味濃厚，使人百練不厭，愈研究愈有味道，愈體會愈有興趣，甚至形成一種癖好，一輩子離不開它，其終身健康也

就在不知不覺之中得到了。

為了功夫的增進，要經常不斷地思悟其中的道理。每練功進，如何才有虛無的氣勢，如何才有鬆軟沉穩的情形，如何才有丹田之沉勁，如何才能有綿綿不斷的味道，如何用意不用力，如何讓身勢經常保持中正，如何有滿身輕利頂頭懸的意思，如何才有入裏透內之勁道，如何打鬆淨之勁，如何以心意之去，如何以神經之動，如何能來之不知、去之不覺，打人於不知不覺之中。如這樣練下去，以後就有好的進步了。

平時要在出動時，心裏應如何作想，如何形態，如何神氣，如何出手若無所為而又有包羅萬象無所不為之氣勢，這也是很要緊的。假若是出手有所為，心裏先有一個主觀的定見，那就恐顧此失彼，掛一漏萬，流於外功之明勁，成了多著多法之硬功拳的情形了，此理不可不知。

在練時，穩靜安舒，心神泰然，反聽觀內以審身心之合，這才是練太極拳功夫的態度，否則雖表面似太極拳，實則非太極拳功夫也。

太極拳功夫，不外乎是動靜開合而已，但一切要在穩靜的基礎上做，不可有慌張冒失的現象。它雖是靜，但靜中藏動機，雖是動，但動中存靜意。一動一靜，互為其根，此太極拳之道理也。其健身方面，全憑呼吸深長，氣血暢通，頭腦安閒，心神穩靜。其應用方面，全憑虛無的氣勢，沾黏跟隨，在幾跟幾隨之中，我之身勢早已吃進彼身，一切的機會自送上手來，在這個時候，我的神氣一動，早已如觸電樣將其打出矣。

在練功時，要以神走，以氣化，以腰領，以意去，內

外一體，心神合一，神氣貫串，上下一致，久而久之，便會養出非常的靈覺來，以這種靈覺用之於推手，體會對方之來勁，是百無一疾的。

既已知道對方之來勁，便可順其來勢，隨其方向，而做跟隨沾黏之動作，他身上之缺點，便會自然的發現出來，我趁勢擊之，則自無不中之理也。

練體以固精，練精以化氣，練氣以化神，練神以還虛，這是太極拳的四步功夫。學者宜本此方向細細體會，才能練到妙處。人身之靈機，最為寶貴。凡一切處事接物，皆全賴於此，不獨打拳推手也。

但靈機是出於大腦神經，所以太極拳的功夫，首要在穩靜的基礎上練功，以養其大腦中樞神經。但所謂穩靜者，是心神泰然之後，自然之中出來的真穩靜，而不是強制著不動作出來的表面上的穩靜，這種強制著身體不動，表面上是穩靜，而心性方面仍是不靜的。如果這樣，就不是真靜，不是真靜，就不能養大腦中樞神經，也就出不來特殊的靈感，此理又不可不知。

練太極拳的功夫，在預備勢時，就一定要使身心穩靜下來，真穩靜下來之後再行出動。尤須注意的，是在動的時候，更要保持其穩靜，不要將穩靜的情形分散了，這更是最重要的一回事。切記切記。

在動時，要以心行氣，以氣運身，以腰脊率領，牽動四肢，綿綿軟軟，鬆鬆沉沉，勢如行雲流水，抽絲掛線，綿綿不斷，又如長江大河滔滔不絕。將一趟太極拳形容出來，不是四肢局部之動，練後有甜液生於口中，便是練之得法處，身心已感泰然。如此可堅持日日按時練功，不要

間斷，以後就會有顯著的進步。假如練後口中沒有甜液發現，這便是練之不得法，心神未靜下來，在這種情形下，就不必按時練功了，當速請太極拳明師指正了，否則毛病暗出，則更不易改正。

在呼吸方面，務須深長，使呼吸趁著緩和的動作鼓蕩，又要使緩和的動作趁著呼吸的鼓蕩開合，並須要做得自然而順隨，這才是正確的練法。穩靜安舒可以蓄神，呼吸深長可以養氣，久而久之，則神氣自能充實，身體健康也自然增進。

太極拳所講的柔軟，是指的周身均勻，配合一致合度。在生理上、在健康上、在技擊上所需要的柔軟，而不是腳翹得特別高，腰折得特別彎，這樣失掉了靈感性，不合生理的局部的特殊的柔軟。因為這些不合生理的柔軟，只是好看而已，但在技擊和健身方面，都沒有什麼好處。

在太極拳的功夫方面，只是有些軟活柔動還是不夠的，需要在這些軟活柔動中做到均勻、有沉著的心勁和雄偉的氣勢才夠味。

以上這些情況，是要在練拳日子久了，功夫有了基礎之後，再經老師詳細的口傳面授，說些比喻，做些示範，形容其氣勢，慢慢地悟會才會有的，而不是一言兩語可以了事的，也非筆墨所能描繪。這種雄偉的氣勢及沉拳的心勁，是在身勢氣魄之內含而不露的，不是擺在外面的。

以上這些情況，要有真的太極拳傳授而又有功夫的人，才能鑒別出來的，那些毛手毛腳的太極拳家是看不出來的。如他們看了，反以為是不好，或出些反對的言語，如說什麼太慢了，或說架子太大了，或說太神化，太迷信

了云云。所以說，凡是對某一項學識設有研究的人，就會發言不當。

練剛柔不如練柔勁，練柔勁不如練鬆軟，練鬆軟不如練輕靈，練輕靈又不如虛無。虛無的氣勢，才是太極拳最上層的功夫。

其主要的練法，是以心行氣，以氣運身，以意貫指，日積月累，內勁自通，拳意方能上手。四肢是外梢，不可自動，胯為底盤，務須中正，以思想命令於腰脊，以腰脊領動於四肢，尚須以神氣相配，上下相隨，完整一氣，否則非太極拳功夫。鬆軟沉穩的形勢，如載重之船，沉沉穩穩地蕩於江河之中，既沉重而又有軟彈之力。

凡是一舉一動，是以意為主使，以氣來牽引，無論伸縮開合，或收放來去，吞吐含化，皆是由意氣的牽引為主動，由腰脊來領動，此是太極拳與他種拳不同之處。如一勢之開，不但四肢開，而心意胸脊必先為之開；如一勢之合，不但四肢合，而心意胸部必先為之合，凡一切動作必須由內達外，所以稱為內功。

找上下相隨，是初步之練法。找輕靈綿軟，是中乘之功夫。找虛無所有，才是最後的研究。蓋輕靈仍有物也，如到虛無則無物也，則一切無不從心所欲，以達通玄通妙之境界。太極拳之虛無氣勢在技擊方面，其變化作用，奧妙無窮。如遇剛勁來犯，可以使其捕風捉影；遇柔勁來犯，可以化之於無形，使對方找不著實地，摸不著重心，英雄無用武之地。

太極拳在清朝咸豐時代，有些人稱它為神拳。余以為這個名稱很有道理。稱神拳者，並非指神怪之神，而是神

經之神，神氣之神。

　　一者是因在練功時不是用力，而是用意，用神用氣；二者是在對手時，其動不是專靠肌肉的伸縮為主，而是以神經之動為主，其變化運用巧妙神奇，有令人不可測度之處，故稱之為神拳。

　　每練功夫，要細細地體會功夫中的精微奧妙。這種精微奧妙，是在思想之內心而不在手勢之外面，所以太極拳的功夫，只靠操練還不行，需要用悟。用悟就必須緩慢，必須穩靜，如不緩慢穩靜，就悟不出去，悟不進去，就找不著太極拳的味道。學者須特別注意。

　　澄甫先師每做推手發勁時，只見其眼神一看，對方便覺驚心動魄，有頃刻生死之感。此乃體態與精神合一，能在極短之時，將全身之力量集中而發，能起在突然之間，迅雷不及掩耳，令人不可抵禦，亦無從抵禦故耳。

　　平時練功所以穩靜緩慢者，正為蓄養此精氣神，即內外各部配合之妙用也。如練時太快，非但不能蓄神養氣，即內外各部之配合亦必難做到恰到好處，故發勁不充實，氣勢亦不驚人。

　　周身鬆開，上下完整，是太極拳必須之條件。我過去練功夫的經驗，只要周身鬆開了，氣自會沉下去，日久則內勁自生，腳下也會沉穩。如動作不整，整而不鬆，或只兩肩鬆而腰、腹、胯、背不知如何為鬆，或肘、腕、指節等處不知如何為鬆，或練後掌心無鼓脹之意，此皆因無正宗老師傳授，內勁則永遠不會有，愈練愈離太極拳遠矣。

　　太極拳的功夫是走輕靈虛無、穩靜鬆軟的勁，其他拳門多是講神氣活現、剛柔相濟的勁，太極拳是神意內斂，

外家拳是精神外露，內外功之區別也就在於此。

「剛柔相濟」並不是說不對，而要看是怎麼一個剛柔相濟法。太極拳之剛柔相濟是說在技擊中有忽剛忽柔，要輕則百無所有，要重則可以無堅不摧，這是虛實變化、剛柔輕重互化的意思。

吾輩練拳，以全心全意地去想鬆而尚不能將身勢鬆得乾淨，如在練功時，心中先存著一個剛柔相濟的思想，哪裡還能將身勢鬆得乾淨，而沒有一點拘滯彆扭之力呢？如這樣子的剛柔相濟的練法，我相信一輩子也難以將身體鬆純粹了。

如這樣又剛又柔的剛柔相濟的練法，日子久了，會將身體練成一種僵力，在筋骨肌肉之間也起了一種僵肉的「胚胎」，有了這種「胚胎」，就一輩子去不掉了。有了這種情形，他的神經感應也必然非常遲鈍。

練太極拳全憑神經感應靈敏，如靈機性少了，那太極拳還練什麼！靈機是出於神經，神經的靈敏是人身上之至寶，所以，太極拳練法在未出勢之前，預備勢中就先要鬆身心、靜思想，以養神經上的虛靈為第一要著。

練拳應本王宗岳拳論用功，又要本著我教你們的情形去思悟，就不會走錯了路，如心下時常思想些他們的功夫，違背太極拳的原理，那與功夫是有很大的影響的。

要聯絡些有真太極拳功夫的人為友，互相切磋，對提高功夫很有益處，否則是不會進步的。過去把太極拳稱為「神拳」，意義有二：

其一是太極拳在練時是用神用意，於藏而不露之中，其主要是用神，所以稱為神拳；其二是太極拳在對手時變

理法篇

化神奇、冷快絕倫，能打人於不知不覺之中，有時神氣一動對方就驚心動魄不知所措，所以稱之為神拳。

早先，楊祿禪稱神拳「楊無敵」，就是這個道理。一般學術家多在筋骨肌肉上練些剛柔伸縮的動作，而不是以神、以氣、以意為主。如練太極拳只是用這種筋骨伸縮動作為主，那功夫就練不好。如定要兼練些其他的功夫，那勢必將身體弄成混濁僵肉的勁道，那麼，在輕重虛實變化上就感應不靈了。

太極門中拳、刀、槍、劍皆有，可以健身，亦有技擊上的作用。將太極拳的東西練好就不容易了，如再兼練他門的功夫，難免藝多了不精。太極拳是聰明人練的拳，一要有真功的太極拳老師傳授，又要捨得下苦功學習，尤須要有聰明智慧，不然就成不了好手。王宗岳拳論云：「非有夙慧不能悟也。」又云：「先師不肯妄傳，非獨擇人，亦恐枉費功夫耳。」

「揣思摩像」，我也常有之，一想起楊老師打拳推手的神氣，便覺功夫有進步，如長久不見老師了，練拳就找不到味道了。今有人竟不知思念教者的意思，肯定是不對的。

對太極拳的體會：鬆腰塌胯，虛實分明，一吐隨起，一納即伏，手領神到，意氣佈滿，一動全身隨，真氣內鼓盈，身如輕舟走，腳與地面通等等皆對。不過在練架子時，身勢應如載重之船行於江河之中，又有動盪之形勢；又非常的沉穩。起，不離水的托力，下沉，不能觸到河底，船身始終是由水的浮力托著的。

亦就是說人練拳的身體，是在腳腿上之彈動力托著

的，既不能浮起，又不能生到硬根上。如只說如輕舟走，怕不懂悟解的人，把意思錯解，將身體氣勢練浮起來，胯以下應以氣使其下沉，腰以上、背項、頂部分應是以神往上提起的，往下去的是全身重量落於腳底，與地面過電打通。如這樣子一沉一拔，將胯以上拉成一個整體，再與腳腿通，然後以神領動，並且以氣鼓蕩著、使身體做拳勢的一些動作，這叫作用神用意不用力。

如專用筋骨肌肉有形之體做動作，那就恐怕忽略了神、意與氣勢在練拳上的作用，只是一個肉體在湧動，那有什麼味道之可言呢？關於這點要注意，切切。

在練拳時，身體如火車的車廂，腳腿如火車廂下之大盤絲簧，車廂是托在盤簧上的，不使車廂上起離開盤簧，也不使車廂下觸著硬地鐵輪，如這樣我以為才對；功夫之鍛鍊因個人之身心性格不同，所以找的道理也不一樣。

我練功夫的方向，是找大鬆大軟，是找虛無的氣勢，是找神明的感應，是找莫測的變化，不停留於筋骨肌肉的初步鍛鍊過程中。我以為，這種大鬆大軟、神明感應、莫測變化妙處無窮。

順是太極拳道境界修練提高的基本途徑

鄭琛

「順」者，道也。順道而行而至道也。道者，自然也。順自然之道行，謂順乎自然也。自然之道謂之規律也，能順乎自然變化而變化，乃得自然之道也。順應自然變化而變化，乃合天地之德也。凡事與物，順者則昌，逆者則亡，得道多助，失道寡助。可見，順者順乎其意大矣。

「順」者，理也。《說文》曰：「順，理也。理者，治玉也。玉得其治之方謂之理。凡物得其治之方皆謂之理。理之而後天理見焉。」雕琢美玉，須順玉之紋理而雕，順玉之紋理而琢。順理而雕琢，玉成器而天理見，巧奪天工，乃為順之理也。可見，順而能治，弗順不治，治弗治，取決順之理也。琢玉如此，治理天下亦如此矣。

「順」者，治也。古往今來，得天下者，無不順也。其順乎天時、地利、人和，順而能治，故《易‧豫》曰「聖人以順動」，孔穎達疏：「若聖人和順而動，合天地之德。」因順，天下大治，國泰民安。因順，風調雨順，五穀豐登。用順而治，「治大國如烹小鮮」，一順百順，無有不順也。順而達治，治而必順也，無有不順而治者矣。

「順」者，通也。萬事之通達也。人際交往，不順難以交往，不交往則不達，不達而事弗成也。管理者，管理機構體制與機制，都需順而通達，不順而管，則不能運轉，或運轉中生出抵牾，而空耗其功效，謂之內耗也。順則通達，運轉圓轉靈敏，功效自顯。

醫生治病，開方下藥，無不順理而治，表裏通達，升發宣洩，活絡疏筋，氣血運行，無不取其通達之順。機器運轉，吻合緊密，減小摩擦，潤滑便利，無不因順而通達所致。人之身體能順應自然，按四時變化，寒冷暑熱，加減衣服，順時飲食，作息有節，呼吸吐納，調節通達，自然身心健康。以上種種，乃順者通達之效也。萬事萬物，以通為順也。

太極拳道之順，乃取順之道、順之理、順之治、順之通。取其一順無有不順之理，順理成章。「順」貫穿於整個修練之中。故而，「順」是太極拳道境界不斷提高追求的根本途徑也。上有道、理、治、通之順，下有形、氣、意、心之順。以形、氣、意、心之順，而達道、理、治、通之順，乃為拳道之順之主流也。

形要順，四肢百骸、五臟六腑、皮膚腠理、筋腱血脈都要順其生理之順，不順則疾病生，何談養生，何談練功和技擊。形順則有傳遞之功，傳遞是能量之傳遞，無管道則不行，傳遞先要管道通，管道通就是形體通，傳遞能量要能通，形之順就是疏通管道也，疏通管道之過程，乃為修渠，乃為練形，練形順，管道自通矣。

氣要順，氣為無形之能量也。是磁、是電、是生物波，或是資訊等等，或是真元之氣，來自於先天父母之精

109

理法篇

血，來自於後天攝食物和天地之精微，合而為之，為元氣也。氣，有營有衛，營則在內，五臟六腑之氣循環互補養育全身。衛則在外，流動於肌膚腠理，衛護身之週邊，防禦內感外邪之侵入。氣在形之中，形中有氣行。氣行非順不可，不順難行。故而形順是氣順之基礎，氣順形不順，氣也順不了。形順了，氣也好順。氣要順，內氣外氣都要順，有人說，「病由氣生」，順則氣不生，不生氣，則病不生。內氣不順則內感，外氣不順則外邪，故不能生氣，要順氣，「順氣是大補丸」。順氣，順真元之氣，真元之氣，隨形而順，通達便利，上下傳遞，內外迴圈，往返無端，溫養全身，與養生，與技擊，之用大矣。

意要順。意順是氣順形順的前提。意是念頭、意念、意識，意想要順，就會要求形體往順著去，往順著調整，不順就想辦法讓形順。意順又要求氣順，氣不得不順，不順則意氣不能合，氣不順時，意則不能達。故先有意順，迫使氣順，氣順在形順的基礎上很容易達到，並非難事。意要順，其用可見，是主觀之要求，由修練而來，日積月累，「冰凍三尺，非一日之寒」，逐漸在意念的指導下，使氣順形順。

意順要有意的順乎外物之順，尤其推手、散手要順乎其對方變化而變化，乃為順。順乎外物之順，乃是順乎外界環境變化而變化。久而習之，由有意要順，而達無意之順。無意之順，乃可進入應物自然之神明境界。順者之用，可謂大矣。

心要順，心者，本心也。心順乃謂本心要順。意則為心之思，心有所思，意則會有所念。隨心所欲，則為心意

相合，意順心思而動也。心有所動，意有所動。心動而驅使意動，意隨心動而為順心也。若心動，意不動，或因受外界之影響，違心而動意，乃為心不順。不能體現本心所思，則不順，不順則違心也。平時，違心之事甚多，拳道之修練必須克服之大關。

　　故而修練高功夫，輕易不與人之比手，通常難達心意相合，顧忌甚多，於修練無益也。故而修練越高深，心意愈相合，相合之久，自能意隨心使，不違本心，乃為心意相合，心心相印。心順則意順，意順則心順，則無有不順之理也。心意相順，合德而近道。心無心，意無意，心意皆無，空空如也，乃能合道為一也。心順乃修練高功夫之無上心法，修道至妙之法門。

　　故而「順」乃為太極拳道境界修練之提高的必由之路矣。

太極拳的輕重浮沉

劉晚蒼

太極拳技擊從某種意義上來說，就是保持自己的平衡並破壞對方平衡的拳術運動。因此，在打手過程中，對平衡極為重視。影響平衡的因素，從自己主觀方面來看，主要是勁力分配的輕重和呼吸鼓蕩的浮沉。《太極輕重浮沉解》將勁力輕重以上、下肢的左右相比較，分為雙、半、偏三種情況；將呼吸對丹田吐納的深淺也分為雙、半、偏三種情況，並說明如下：

「雙重為病，失於填實，與沉不同也。雙沉不為病，自爾騰虛，與重不同也。雙浮為病，只如飄渺，與輕不例也。雙輕不為病，天然輕靈，與浮不等也。半輕半重不為病，偏輕偏重為病。半者，半有著落也，所以不為病。偏者，偏無著落也，所以為病。偏無著落，不失方圓。半有著落，豈出方圓。半浮半沉為病，失於不及也。偏浮偏沉，失於太過也。半重偏重，滯而不正也。半輕偏輕，靈而不圓也。半沉偏沉，虛而不正也。半浮偏浮，茫而不圓也。夫雙輕不近於浮，則為輕靈。雙沉不近於重，則為離虛。故曰上手輕重，半有著落，則為平手。除此三者之外，皆為病手。蓋內之虛靈不昧，能致於如氣之清明，流行乎肢體也。若不窮研輕重浮沉之手，徒勞掘井不及井之歎耳。然有方圓四正之手，表裏粗精無不到，已極大成，

又何云四隅出方圓矣。所謂方而圓，圓而方，超乎群外，得其環中之上手也」。

這裏將輕重浮沉分為十二種情況。其中關於輕重的有六種，即全輕、偏輕、半輕、半重、偏重、全重。雙重指的是兩手使用了全部勁力，兩腳又平均支撐全身重量，從而只有實沒有虛，不能做任何轉換變化；偏輕偏重，左右相差較大，自身難於平衡；半輕半重，既未使用全部勁力，左右距離又較接近，有利於平衡，也有利於變化；半重偏輕和半輕偏重，雖然只是程度上的差別，但左右均有，或輕或重，不利於八面支撐；半輕偏輕可以達到靈活，但過柔而失圓；半重偏重失去靈變而又出頭；單重和單輕是相同的，左右相差懸殊，自身容易失去平衡；雙輕是用意不用力，自然表現輕靈。

同樣，對於浮沉也可以做類似的畫分，只不過浮沉指的是氣，呼吸要求深緩細長，氣沉丹田。

《太極輕重浮沉解》在指出認真研究、仔細體會輕重浮沉的重要性的同時，更明確指出，在這四個字中，任何一種浮都不好；沉較重好，但仍利少而弊多，只有輕才利弊相當。但是，由於輕重浮沉是相互矛盾的，必須做辯證的處理，所以，要求雙輕而不近於浮，雙沉而不近於重或者半輕半重，而極力避免雙重。因此，太極拳的走架和打手，都必須用意不用力，氣沉丹田而不上浮；虛靈頂勁以取得周身輕靈，身法中正，腰（襠）開合而不偏不倚，八面支撐，八面轉換。

所謂輕重浮沉，就是柔剛、虛實，也是開合或陰陽。勁力和重量集中為剛、為實、為陽，否則為柔、為虛、為

理法篇

陰。全身重量集中於一腿，則此腿為重、為實，而另一腿為輕、為虛。勁力用於一手為重、為開，另一手為輕、為合。呼為沉為開，吸為浮為合。用陽剛以擊人謂之開，用陰柔以自守謂之合。

在太極拳法中，這一系列的名詞，都是相互對立而相互依存，相互聯繫又相互制約。對待這些矛盾的雙方，不能採取任何極端的做法，而必須做辯證的處理，即「陰不離陽，陽不離陰，陰陽相濟」；虛中有實，實中有虛，虛實結合；剛中有柔，柔中有剛，剛柔相濟。

古典拳論中有《陰陽訣》：「太極陰陽少人修，吞吐開合問剛柔。正隅收放任君走，動靜變化何須愁。生剋二法隨著用，閃進全在動中求。輕重虛實怎的是，重裏現輕勿稍留。」

同時還有《虛實訣》：「虛虛實實神會中，虛實實虛手行功。練拳不諳虛實理，枉費功夫終無成。虛守實發掌中竅，中實不發藝難精。虛實自有實虛在，實實虛虛攻不空。」強調了陰陽、虛實的重要，並根據實踐經驗闡述陰陽、虛實的應用及其關鍵。

單重和雙重是勁力分配的兩個極端。前者大虛大實，陰陽相乖離，易成偏隨，不利於平衡；後者有實無虛，有陽無明，外貌是平衡，實際上不能運化，最易破壞平衡。因此，按虛實、陰陽來理解輕重，則有陽無陰和有陰無陽都不好；一陰九陽失之過剛，一陽九陰失之過柔；二陰八陽、三陰七陽和二陽八陰、三陽七陰都是陰陽偏盛偏衰，偏柔或偏剛而失於協調；四陰六陽和四陽六陰則近於平，而可以應付突然變動做相應的轉換變化；五陰五陽是陰陽

相間，虛實兼備，說有則有，說無即無，柔中寓剛，十分虛靈，又極為沉重，從而被認為是太極拳術的最高境界。

由此可見，在太極拳行功走架時，要從大虛大實開始，經過多陽少陰或多陰少陽，逐漸往虛實結合、陰陽相濟過渡，為自己奠定良好的基礎。在太極打手中，則必須「謹察陰陽所在而調之，以平為期」，通過調節虛實，運化剛柔，在實踐中逐步達到「陰不離陽，陽不離陰，陰陽相濟，方為懂勁」。

呼吸在太極拳術中一向受到很大的重視。但呼吸必須與動作緊密結合，在意念中達到「吸為合為蓄，呼為開為發」的要求。這樣，浮沉也是上述陰陽、虛實的組成部分。因此，可以將人體想像成為一個氣球，表裏內外渾然一體，在意識的統率下，呼吸鼓蕩，動作開合，虛實變換，自然貫串。

這裏還有「聽勁」的問題，即「謹察陰陽所在」的問題。這是太極拳術在擊技中的基本問題。必須要求思想中對於陰陽有明確的概念，神經控制系統對於虛實有高度的敏感。因此，無論是走架，還是打手，都必須先有意動，才有身動手動，在動作中配合呼吸；以意將氣下沉送入丹田，斂入脊骨，氣遍身軀，無微不至，從而前進不凸，後退不凹，左重則左虛，右重則右杳，沾連黏隨，變化萬端，有如氣球。

正確地處理好輕重浮沉的關係，刻刻用意，時時動腦，先懂自己的勁力，再能預測對方的勁力，日久功深，氣斂勁整，無意皆意，不法皆法，則可獲得太極拳術的高度造詣。

通向太極拳的三階段

李士信

　　華夏大地，廣闊富足；民族之魂，生生不泯。五千年輝煌歷史，一衰再興，百度復始。這龍的故鄉總包括著看不見、摸不著、天高地厚的太極之道。太極拳就是在這塊沃土上滋生發展起來的一項有獨特風範的武術運動項目。

　　太極拳的發生、發展有人說是唐代李道子所創；有人說是宋代張三豐所編；更多的人確認是明代陳王庭創編的。我以為無論是哪朝哪代，何人所創編都離不開相宜的歷史背景、社會條件及民族文化特徵。

　　太極拳是千百年來民族文化在武術方面的顯示，是先輩們長期實踐、體會總結出來的，是世世代代習武者的智慧結晶。其健身價值和學術價值逐漸被人們認識和重視，以致使人感到越深研細究，越顯其拳理深遂，寓意深刻，實乃仰之彌高，察之彌深。凡習練過太極拳的人都會收到良好的效果。一致確認太極拳是強身健體、修身養性、延年益壽的極好運動項目。

　　只要稍加留心，你就會發現：在國內，無論是清晨傍晚，還是節假閒暇，在公園或幽靜的地方都有很多人在練習太極拳，不僅如此，在國外也被越來越多的人所青睞。他們跋山涉水，不遠萬里，來中國學習太極拳；或盛情相邀，由中國派出武術名家去傳授太極拳技藝和講授太極拳

技理。隨著社會的發展，人們生活水準的提高，生命科學的新進展，人類越來越重視自我建設，太極拳的修身自樂、健身理療的效果，越來越引起人們注目，許多科學工作者及有識之士紛紛向太極拳領域湧動。

太極拳為什麼能使人們從體弱多病中解脫出來並恢復健康呢？為什麼使眾多人們著迷？這的確值得研究。筆者抱著學習再學習的態度，願將自己一點粗淺的教學實踐及研究成果奉獻出來，以作拋磚引玉之舉。

學練太極拳，只要具有鍥而不捨的精神，是會進入所謂「太極態」的。「太極態」即練太極拳到一定程度時，整套動作由必然的運動狀態能過渡到自由運動狀態，身心修練獲得最佳效果，精神得到極大滿足的「無極狀態」。

進入「太極態」，可以分為三個階段。

一、學到手———動作模擬階段

進入太極態的第一步，就是要學習太極拳套路。

其套路由諸多錯綜複雜的動作有機協調地組合而成。演練起來要一絲不苟，按動作先後程式有條不紊地進行。太極拳運動有著自己的特殊規律，並非一味地擺臂舉腿機械單調的重複運動，是有嚴格要求的。如：欲進先退，卻進猶退，有進有退，邁步輕靈，著地沉實，前後左右，斜前也後，踏正步鬥等等。其架式或高或低，其動作或虛或實，其動非常動等等，不同於單純追求最遠、最強、最高，而是緩慢柔和地進行。

瞭解了太極拳的特點，對初學者首先是直觀的。要動用自己的中樞神經影像、記憶領域，以致在大腦中建立初

步印象。然後抬腿舉臂去模擬動作。開始可能不習慣，手腳不聽使喚，出現顧此失彼的現象，即顧了手、顧不了腳，顧了腳、顧不了手，速度慢不下來，重心移動不協調，總感到勁不順。

具有獨特運動規律的太極拳，給大腦帶來新的運動思維，產生新的運動邏輯。使初學者一時間還不適應。為了適應就必須全神貫注地習練。越是虔誠地習練，其思維越高度地集中，大腦運動影像處於高度的興奮狀態，導致大腦其他興奮灶的抑制狀態。使人忘記動作不協調、不好意思的羞澀感，忘記還有其他事情要做，甚至連身體不適感都會忘記的，病痛減緩了、消失了、抑制了。透過這個過程，身體得到了鍛鍊、心理得到了調整，精神得到了撫慰。對患有慢性病的人來說，這是個理療過程。

有許多運動項目，由於運動激烈，心跳加快，負荷量不斷增加，以致達到難以承受的程度，導致心臟過度疲勞、休克或梗塞，甚至發生不測。而太極拳則不然。隨著練拳的進行，運動量不斷增加，心跳會適應性地加快，血流量相應增加，促進了血液循環。不過血液循環的加快，不是激烈的滌蕩，而是一般人能在輕鬆的學習中承受得了的負荷，所以初學者不必擔心。

從神經學上看，突觸的電活動興奮（突觸：是一個神經元通過電活動興奮供量一個神經元的連接部位），不至於導致激元程度，不能使膜電位發生顯著變化，即使要使信號從一個神經元傳送到下一個神經元（神經元是神經系統的結構和機能單位，在產生和傳導電行動方面高度特化）。突觸總和值達到了下一個神經元值，也不強烈，肌

梭和腱器不會易化，增強肌肉收縮抑制肌肉收縮是同時發生的，一部分肌肉群加強收縮增大力量，另一些肌肉在神經行動影響下，興奮性稍有升高，以準備收縮。

還有一部分肌肉因支配它的運動神經被抑制而放鬆，太極拳的進進退退、欲進先退、欲退先進者動作的運行及表現都由神經支配肌肉的協同與對抗肌的協調配合來完成，肌肉伸縮、牽拉使肌梭活動並支配梭外肌的運動神經元興奮。肌肉的傳入纖維將行動傳到 α 和 γ －神經元（γ －神經元：支配每個肌梭的 7～15 個小運動神經元，α －神經元：骨骼肌的運動神經元），γ －神經元反過來進一步興奮肌鬆，對肌鬆的刺激是牽拉程度和牽拉速度的決定因素。

那麼，在練習太極拳時動作緩慢柔和如行雲流水，偶有發力如激浪飛花毫不唐兀，這種柔和適度的肌肉牽拉力是任何人都能承受得了的。在肌肉牽拉和向心收縮之間延擱的時間徐徐柔和，肌鬆效應既不強烈又不消失。γ －獲得了最佳舒適狀態。

太極拳動作不急不躁、不緊不慢、興奮適中，腱器刺激對主動肌收縮力量的抑制慢性疾病的興奮，又可延長其興奮時間，從而使病情好轉。太極拳的慢性肌肉牽拉減少了肌鬆的活動，並降低了支配的放鬆狀態，誘發交互抑制反射，會進一步使對抗肌放鬆，慢性病在運動過程中得到調理，得到療養，太極拳的健身作用孕於其中。

從意識方面來看，當思維被新穎的太極拳所吸引時，全神貫注於太極的影像刻畫上，日常活動的支配機構獲得了良好養息環境，無疑會起到良好的調節作用。學習太極

119

理
法
篇

拳動作，就是抑制先天性反射。有些動作難以掌握，所需的時間長，是因為這些動作受到某些反射對它的抑制作用。總之，初學者在學習過程中，心身得到了鍛鍊、調理、調節，起到了某些醫療作用。

二、藝上身———動作精雕細刻階段

在第一階段學習的基礎上，套路記住了，可以一個人獨立比畫下來。第二步就要反覆強化，使套路由生疏到熟練，由熟練到流暢，由流暢向著自由過渡，這個叫藝上身，動作精雕細刻階段。

這個階段使動作更規範，招勢之間的銜接更加嚴謹，這是奔向自由的階段。一切從一練再練開始，還要用腦子去想，先輩們稱之為「悟性」。有道是：「只練不想『傻把式』，光說不練是『嘴把式』，又想又練才是『真把式』。」「悟性」，就是用腦去想動作，想其中內涵、想內在聯繫、「根節」上的「磨合」、前後的銜接。只有練了再「悟」，「悟」了再練，認真領會，細觀察，一而再、再而三，不厭其煩地千百遍地練習，才會出現從量變到質變的飛躍。

道藝高了，武藝精了，身體強了，信心足了，這是精雕細刻「藝上身」的階段。此時仍不間斷地習練，除套路純熟之外，心要靜，上體要鬆，這種鬆靜在不停頓的運動中尋求。從動中鬆靜，心靜而體動；靜中有動，動中有靜；動靜之間相互對抗、相互制約；相互聯繫，相互轉化，即相剋相生，互為依託，互相依存，周而復始。

「藝上身」是練與悟相結合的必然產物。要不斷地求

索,從中領略並提高感性認識和理性認識,從新的認識高度去加強動力定型,使肌肉得到鍛鍊,力理不斷增加,關節韌帶的活動幅度增大並更富有彈性;心血管系統也得到了鍛鍊,整個機體的營養得到了改善,新陳代謝更加旺盛,運動性神經和植物性神經之間更加協調、更加密切配合,人體像一部十分精密的儀器,有條不紊地按正常程式運轉著。這一切都是中樞神經協調調節的結果,正如平時說的人練拳、拳練人,練習太極拳使人身心同步地得到良好收益。

藝上身,就是武藝不知不覺闖進了你的個體領域,並慢慢滋長著。是反覆抑制先天性的反射,必須有意識地抑制一系列反射性反應,要使與這些反射性反應相對抗的肌肉收縮。隨著學練太極拳的逐步深入,無數次地復習、改進、強化,已形成反射性突觸性抑制。這時不必有意識地練對抗肌肉收縮,是由必然達到自由的過程。

三、化爲己———達到自由階段

在第二階段的基礎上,再持續不懈地精心磨練,不斷提高,必然會出現新的飛躍———進入「太極狀態」(簡稱「太極態」),即轉入出神入化的階段。

一旦跨入「太極態」,身心進入了嶄新境地。肢體在不停地運動著,周身上下協調配合得體,嚴格地按套路結構、順序自然地進行著。

太極拳練到這個程度時,就達到因收就屈,因伸就展,虛虛實實、任其自然;意境似空如虛,散散漫漫,如在無垠的草原上信步;如置蒼穹翱翔藍天,閑看白雲來

去，放逸其心，有所為又無所為；如沐浴和煦春風，又如置身於舒適的暖流之中，任憑其溫撫、沖刷、淨化。人的整個機體達到了上虛下實，與大自然保持著微妙統一，達到心神相通、儀容安祥、飄麗自得、如癡如醉，坦蕩的身體，在不停地按「程式」運動著。此時此刻，是體療，是頤養，是恢復，是修補，是享受。

為什麼達到「太極態」，似乎不想動作就能按順序流暢地完成套路？從生理觀點來看，這是由於大腦皮質對動作的定型，有意識地控制逐漸減弱。以致到了最弱的程度，似乎感覺不到在有意識地支配；在感受器與效應器之間，建立起傳導通路，僅需大腦皮質發出一個有意識的刺激，就會發出一連串的反應來完成整個套路；很好地改變了大腦的皮質，以及外周神經系統和皮質下中樞生理機制對運動的調節。其調節活動，主要回饋資訊由本體感受器提供。

這是經過長期鍛鍊獲得的一種功能。其實質是大腦皮質隨意地連續保持這種注意，引起興奮中心所需最低興奮程度。在進入太極態後，外界的影響和其他雜念在大腦皮層引起的興奮越來越少，這些興奮中心的興奮程度越來越低，經過這千萬遍錘煉延長這種大腦皮層上引起的興奮中心所需要興奮程式也越來越低。

日常我們習練太極拳就是鍛鍊延長這種大腦皮層在鬆靜情況下，對某一單調目標連續注意的時間及其降低大腦皮質上引起的興奮中心所需要的興奮程度。進入太極態，對心身健康效果最佳，對精神的娛愉最好；對醫病防病、對機體修補都提供了最好的條件，有著最好的作用。

　　有人習練太極拳套路純熟且進入「太極態」，可是一到表演卻出現紕漏，那又是為什麼？原因是多種多樣的。首先應該明瞭的是，平時個人練習是一種養生修練，而在大庭廣眾之下表演是給別人看的，有燈光，有音樂，有掌聲，人聲鼎沸，在這樣特定條件下，遇到這樣新鮮的刺激和日常不同，使精神不容易集中，平時練習所獲得成效受到干擾，所以易出紕漏。

　　再就是日常練習沒有經歷這新意的環境，所以也得不到該條件下的鍛鍊機會，那麼，偶爾遇到了這不平常的刺激，引起心理上不正常的反應，就會出現紕漏。因此，平時練習要儘量在各種不同環境裏進行，或有意識地在一些嘈雜環境中或刺激性強的條件下進行，加強心理素質訓練。當然也不可否認，動作的深入、紮實程度在特殊環境裏，也面臨考驗。出現紕漏也應從主觀裏找原因。

　　綜其上述，練習太極拳到進入太極態，對身體健康是大有裨益的，而且從練習的第一天就開始了，隨著不斷地修練，就會逐步提升。

「氣宜鼓蕩」論

何軼群

在傳統武術中，太極拳與中醫理論最為相近、相通，二者皆得人體生命規律之精粹，可以說是哥倆好、一家子。中華武林叢中，太極拳獨具搏擊、醫療、健身、長壽之理、利於一身，良有以也。

數百年來，在太極拳理論與實踐的歷史過程中，始終有著幾乎看不見、摸不著、說不清、弄不懂的「氣」存在。

「氣宜鼓蕩，神以內斂」「虛領頂勁，氣沉丹田，不偏不倚，忽陷忽現」，《太極拳論》之句也。

「以心行氣，務令沉著，乃能收斂入骨。以氣運身，務求順遂，乃能便利從心」「行氣如九曲珠，無往不利（氣遍身軀之謂）」「氣宜直養而無害，勁以曲蓄而有餘。心為令，氣為旗，腰為纛」「腹鬆氣沉入骨」「牽動往來氣貼背，而斂入脊骨」「全身意在精神，不在氣。在氣則滯，有氣者無力，無氣者純剛。氣若車輪，腰如車軸」乃《十三勢行功心解》之摘句也；

「氣遍身軀不少滯」「腹內鬆淨氣騰然」「若言體用何為準，意氣君來骨肉臣」，《十三勢歌》之話語也；

「以心行氣——意到氣亦到」「務令沉著，久則內勁增長，但非格外運氣」「以心行氣，以氣運身，自能從

理
法
篇

124

心所欲，毫無阻滯」「以氣運身———氣動身亦動」「氣
要順遂，則身能便利從心」「行氣宜鼓盪」諸句，見之於
《太極拳體用解》；

「尤要精神內固，氣沉丹田，一任自然，不可牽強」
見之於楊澄甫《太極拳體用全書》。

非武術之經典古籍論述「氣」者，亦多矣哉：「吾善
養吾浩然之氣」「天地有正氣，雜然賦流形」「氣為血
帥，血隨氣行」等等。太極拳理論、實踐中的「氣」，大
抵是中華文化「氣」論之中的一個小小板塊。

不過，千百年來，古書、詩詞、醫籍、拳譜中所述及
之「氣」，包括前引之太極拳論述中的「氣」，到底是什
麼，令人恐怕還是不太明白、不大清楚的。僅以太極拳論
述之「氣」而言，究竟如何「直養」，又如何「鼓盪」？
「氣沉入骨」是怎樣「沉」法？「氣貼背」是怎樣「貼」
法？「以心行氣……收斂入骨」怎麼解釋，怎麼做？……
凡此種種，對眾多拳家，恐怕還都是問題。加之拳譜裏缺
少文字、難有義釋，難免使若干教學太極拳者拙於言辭，
難以譬解。這麼一來，以「氣宜鼓盪」這四個字打頭的太
極拳「氣」的理論和實踐，就順理成章、理所當然地化為
一團混沌，不知其可，或缺陷，或落空。

不少太極拳習練者，於所謂之「氣」也者，就只好失
之交臂、遺恨人間了。

其實，以最簡單的話來釋義，所謂人之「氣」、體之
「氣」、拳之「氣」，乃人的思維、人體的功能、能力、
能量、粒子流及能量場之總稱之謂。「氣」者，在現代科
學理論中，即是生物能或生物能量及其能量場。此中包

括：生物電、生物磁、生物力、生物光、生物微波、生物電磁粒子流等等。

太極拳是內家拳之一種，要練「氣」。此「練」，包括養氣、蓄氣、沉氣、運氣、用氣、平衡氣……分而合，合而分，由局部而總體，由總體而局部，由氣入血，由血行氣，由氣而拳，由拳而氣，拳架技能、武術動作與意氣之交互運作，生物能量之存取儲用相結合，相交融，相滲透，相轉化。這就是太極拳「內功」之所在。

中醫理論和實踐，有氣血論。此論與太極拳道理大抵相通。氣為功能，屬陽，血為器質，屬陰。人體經絡，乃生物能之大通道；人身穴位，乃能量收放、轉換之樞紐點。在太極拳功夫中，拳式、功架、動作概屬形體活動，在外，屬陽，「氣」存蓄於丹田，引隨自心意，行之經絡，鼓蕩於周身，與動作相配對，屬陰。陰中有陽，陽中有陰，時時處處皆有一陰陽，陰陽相生，虛實相濟，這樣的太極拳，才能是真正的內家拳，才能馬馬虎虎算是「懂勁」。「懂勁」之後，略窺「階及神明」之門徑，進而登堂入室，也就順理成章，不算難事了。

現代生物醫學理論對人的大腦研究至今尚處於啟蒙起始階段。但已有明確的理論和實驗證明：在心身沉靜超過一個界限後，人的大腦會分泌一種化學物質。此物質是人的語言感覺資訊之一種載體，也確實能推動人的思想感情、生命健康向良性平衡狀態轉化。

1994 年 2 月 18 日美國《科學》雜誌為此物質定名為 Ag-mane，可暫譯為「精胺」。此「精胺」，就當仁不讓地和太極拳之理論與實踐有了那麼一點不大不小的關係

了。其樞紐，即在於「心身沉靜」這四個字。

習練太極拳之要旨之一，在於鬆柔沉靜。所謂先天之氣，即大腦、器官在適度沉靜時候所衍生之「精胺」、資訊以及諸般生物能量、粒子流等等，得以重重積聚，生生不息；蓄之於內，為氣為勁，形之於外，為太極拳式、功法。以心意領引徐緩動作而養鬆柔沉靜，以鬆柔沉靜而練氣；蓄之於內，存儲於丹田；收斂入骨，則鼓蕩於全身。源遠流長的太極拳功夫，就在這樣的反覆滲透、轉化的過程中日漸增長，進而與日月同輝矣。

那麼，習練太極拳，到底是「氣宜鼓蕩」，是「收斂入骨」，還是「氣守丹田」呢？

答曰：皆是。

概要而言之，意守丹田，即氣守丹田，是習練太極拳貫穿始終之根本。雖曰貫穿、曰根本，卻不是像氣功靜坐或直立練氣那般全心全意，而是守其大部；八成、七成、六成，皆無不可。餘下二成、三成，留由意引；其中，二成轉腰，一成貫於手掌，或手足各半。意聚丹田為主，意分而注於腰、手、足之動為輔，「氣」就隨之鼓蕩並貫穿其間。

這是第一層次的「氣」之分佈。

楊澄甫《太極拳練習談》論踢腿與蹬腳曰：「踢腿時則注意腳尖，蹬腿時則注意全（腳）掌，意到而氣到，氣到而勁自到……」此段中之「注意」二字，在心在意而不在力，即「鼓蕩」真氣之意。此時的「注意」，不妨礙沉到丹田深處之整體含神養氣。肺之呼吸，身之開合，動作之收放……心意沉著，兼以氣之鼓蕩，如此就能漸得周身

理法篇

一家、身心泰然的真功夫。

　　丹田七、動腰二、收放手足各五分云云，似有比例，其實彼此卻是無界限、不固定的。其間有種種之變。練不同拳式、功架，以及盤架子時、定步推手、散手……意氣之分佈與其間之比例，皆有不同，但意守丹田卻應始終占其大頭，大抵在七八成之間，甚而至九成，只留一成轉腰、動手足。這一成、半成，意在腰手足之動，隨拳招之熟練而沉靜自然，還可能遞減，但總歸還在。「其根在腳；發於腿，主宰於腰，形於手指，由腳而腿而腰，總須完整一氣，向前後退，乃能得機得勢。……凡此皆是意，不在外面」，就是這個意思。

　　得此意，練拳便能輕柔，繼而鬆軟，再而輕靈，最後就可能到達周身一家、動靜內外合一的虛無境界。發之於力，即得輕柔勁、鬆軟勁、輕靈勁、虛無勁。

　　這是第二層次的「氣」之分佈；是動態的分佈。

　　存守丹田之氣，得氣之靜，屬陰；轉腰、動手足之意引氣，得氣之動，屬陽；意引氣行在內，屬陰；功架形體動作在外，屬陽。此皆陰陽合一、虛實相濟。動作、意氣自左而右，又自右而左，自上而下，又自下而上，骨節鬆開又自然回縮，回縮又鬆開……凡此種種，皆陰陽互易、虛實轉換是也。《太極拳論》曰：「虛實宜分清楚，一處有一處虛實，處處總此一虛實。……周身節節貫串，無令絲毫間斷耳。」說的就是這麼個意思。

　　循此以內禦外，以意引氣，約四五年後，盤架子時，可能有骨節劈啪作響之聲。這是好現象。不過不能刻意求之，即使求之，恐亦未必能得耳。

意引氣行，周身節節貫穿而不斷，是陰；守中有動，是陰中有陽；周身輕靈，全部動作也要貫串而不斷，是陽；動以意引，是陽中有陰。左足實，右足虛時，七分意貫右肩、臂、手、掌、指，三分意留左肩、臂、手、掌、指，手足之虛實正好相反。拳式變，左足實，右手亦實，手足之虛實還是相反。此「實」皆不是力，而是意，是意所導引的氣。種種實與虛，於是構成一種上下交叉的不斷變動的動態平衡。氣的鼓蕩，造就了這一動態平衡，動態平衡，則體現了氣的鼓蕩。

左右足虛實互換，左右手實虛、即意引氣行之注處亦互換。在互換的過程中，意氣之收斂與動作之回合一致，在感覺上，自己的全身心似乎縮小到脊骨、丹田，接近於一無所有即虛無之極，此為合、為陰。繼而意引氣行，轉腰、注手、伸脊、虛領、拔背、骨節鬆開，如伸足懶腰，如擁天接地，此為開、為陽。一合一開，亦為陰陽；如此連綿不斷，還是陰陽相濟。這便是意氣收斂於骨，存守丹田，再伸展拳勢，行之於腰際手足動作之巔頂，進而頂天立地的過程，也就是意氣鼓蕩的過程。

此過程自起勢而至收勢，一如長江大海，滔滔不絕，毫無缺陷、凹凸、斷續處，即《太極拳論》中所說的「氣宜鼓蕩」之真實道理是也。

如此，太極拳才能算是「長江大海」，才可說是「氣遍全身」。

得此理，有心人在日常生活中應而用之，亦可大得其益。

在日常動作中時時處處意守丹田，即或僅有其三成、

129

理法篇

五成、七成，周身鬆軟、輕靈，難得僵硬，難得疲累，有長勁，有靈性，周身舒適，心情愉悅，常得事半功倍之益。久而久之，就為自己積蓄了能量，延長了自我生命，保證了心身健康，好處無窮。當然，這也是一種虛實、一種陰陽、一種習練、一種修行。

「氣若車輪，腰為車軸」「氣宜鼓蕩」，十二個字而已，知之易，行之亦不難，無論於太極拳、或於日常生活，惟貴在堅持，重在堅持耳。

理法篇

試論太極拳的理論基礎

陳明賢

太極拳以陰陽五行學說為其理論基礎，以中醫經絡學說為其生理基礎，是有科學根據的。據陳鑫《太極拳論》曰：「每著之中，五官百骸順其自然之勢，而陰陽五行之氣運乎其中，所謂：『動則生陽，靜則生陰，一動一靜，互為其根』。是所謂：『陽中有陰，陰中有陽。』此即太極拳之本然。」所謂「本然」二字，可理解為「根源」「原則」或「基礎」。

他又指出：「拳以太極名，古人必有以深明乎太極之理，而後於全體之上下、左右、前後，以手足旋轉運動，發明太極之蘊，立其名以定為成憲，義至精也，法至嚴也……雖曰拳小道，而太極之大道存焉。」「拳雖小枝，皆本太極正理。」（同上書）這個「正理」即說明太極拳理論基礎是建立在科學原則之上的。

何謂「太極」？劉沅《易經恒解》卷首曰：「太極太極，莫名其極，即無極非太極之外，別有無極也。太極居乎天地之始……」其「太」可謂大，其「極」可謂始也。

「太極」一詞源出《周易‧繫辭》：「易有太極，是生兩儀。」所謂「兩儀」即指「陰陽」。北宋周敦頤（1017～1073）的《太極圖說》亦云：「無極而太極。」

所謂「無極而太極」還是指太極本無極之意，其「無

131

理法篇

極」一詞源出自《老子‧二十八章》：「常德不貳，復歸
於無極。」而周敦頤的《太極圖說》又脫胎於宋初陳摶的
《無極圖》。

太極拳即是用太極陰陽的哲理來解釋拳理的優秀拳
種，具有悠久的歷史。是明末清初河南人陳王廷在繼承戚
繼光（1528～1587）總結民間十六家拳法三十二勢《拳
經》理論，及在實踐中不斷積累和豐富起來的珍貴文化遺
產。由於風格獨具特色，種類繁多，又具有健身、防身和
醫療等多種功能，故流行數百年仍能為世人所喜愛，而不
被其他拳種所同化。

太極拳的理論基礎涉及到各個學科領域，面廣根深，
有非常堅實的科學基礎。本文僅從哲學角度概略地研究其
理論基礎的科學原則、運動法則；從中醫經絡學角度闡明
其生理依據；從力學原理探析其「圓運動」之技擊優勢。
筆者希望能由這一種探析，系統地闡述太極拳的科學性和
規律性。

一、陰陽五行學說是太極拳的理論基礎

1.陰陽五行學說的科學性及其在太極拳中的運用

陰陽五行學說大約是西周形成的自然哲學思想，春秋
時盛行，戰國時被統一起來。春秋戰國時期，陰陽五行學
說作為當時的學術指導思想，已被廣泛運用。在機理的闡
釋上用「陽化氣，陰成形」來命題，在機體的描述上用陰
陽來概括人體的內外、腹背、臟腑；在調整病理機制的研
究中提出「陰平陽秘，精神乃治。陰陽離決，精氣乃絕」
診治原則等等。

不少武術家也用「陰陽」概念來闡釋其技擊原理或戰術思想，如越女論劍等。明中葉後，隨著拳械套路的大量出現，不少武術名家更以「陰陽」概念來概述其拳理練功方法及戰術思想。如「練拳之道，開合二字盡之，一陰一陽之謂拳，其妙處在互為其根而已」。正是在這種傳統影響之下，陳王廷總結了前人的經驗，以太極理論為基礎創編了太極拳，並把「五行」概念也引入拳理之中並得到充分的運用。陳鑫《太極拳論》云：「陰陽五行之氣運乎其中。」「拳者，權也，所以權物而知其輕重者也。然其理實根乎太極，而其用遺乎兩拳。且人之一身，渾身上下都是太極，渾身上下都是拳，不得以一拳目拳也。」（陳鑫《太極拳推原解》太極拳又名「十三勢」。

十三勢係指五行八卦。以金、木、水、火、土之五行來比喻太極拳的五種步型，即前進、後退，向左、向右和中定（即不動）。以乾、坤、坎、離、巽、震、兌、艮之八卦來比喻太極拳的八種手法，即掤、攦、擠、按、採、挒、肘、靠，分配在八個方向：東、西、南、北、東北、西北、東南、西南，而太極拳的手法所運動之方向均不出此八方。故將這八方與前者五步合稱為十三勢。

陰陽五行學說有其科學性，即肯定陰陽的普遍存在；肯定陰陽的對立鬥爭；肯定陰陽的依存互根；肯定陰陽的消長轉化過程；肯定物質間相剋相生的普遍聯繫。

古代學者認為，陰陽觀念原是古代人民鑒於農業發展的需要，仔細觀察各種自然界現象的變化，發現事物普遍具有相互對立的正反兩方面，即「陰陽」。它是以科學實踐為基礎的。據《漢書‧天文志》孟康等注稱：先冬至三

133

理
法
篇

日，懸土炭於衡兩端（按：《太平御覽》卷八七一引《漢書》為「懸鐵炭於衡和一端」），輕重適均，冬至而陽氣至，則「炭輕而衡仰」，夏至陰氣至，則「炭重而衡低」。古人利用炭的乾燥和潮濕道理來測量氣候陰陽二氣，故《淮南子‧泰族訓》說：「夫濕之至也，莫見其形，而炭已重矣；風之至也，莫見其象，而木已動矣。」說明乾燥（陽）和潮濕（陰）二氣的到來，是無形的是可以互相滲透和轉化的。

《素問‧陰陽應象大論》亦云：「陰陽者，天地之道也（自然界對立統一的根本法則），萬物之綱紀（一切事物只能遵循這個法則，不能違背它），變化之父母（一切事物的變化都是依據這個法則發生的），生殺之本始（一切生成毀滅都由這個法則起始的），神明之府也（這就是自然界奧妙所在）。」

《呂氏春秋》亦云：「太一出兩儀，兩儀出陰陽，陰陽變化，一上一下，合而成章。渾渾沌沌，離則復合，合則復離，是謂天常。」所謂「天常」，可作為道理或原則來認識對待。

關於五行，最早見於《尚書‧洪範》《左傳》和《國語》。在我國冶煉事業發達的階段，五行學說得以高度的重視和較廣泛的應用。《左傳》襄公二十七年，宋國大夫子罕說：「天生五材，民並用之，廢一不可。」「五材」即指五行，它包括時令、方向、神靈、音律、服色、臭味、道德等。《洪範》中把「五行」作為五種最基本的物質看待，認為它是構成世界萬物不可缺少的元素。還認為五種元素之間有互相推動、孳生的關係，這種關係即為

134

理
法
篇

「五行相生」。

五種元素之間也還具有「五行相剋」。五行相生之中，同時寓有相剋，相剋之中，也寓有相生，這即是自然界運動變化的一般規律。古人以五行相生相剋的關係作為解釋事物之間相互關聯及其運動變化規律的說理根據，而武術理論家們則應用五行學說來解釋太極拳的運動、發展、變化的內在聯繫及其規律。

正如郭沫若指出：（陰陽五行學派）在它初發生的時候，我們倒應當說它是反迷信的，更近於科學的，在神權思想動搖的時代，學者不滿足於萬物為神所造的那種陳腐的觀念，故爾有無神論出現，有太陽等新的觀念產生。對這種新的觀念猶嫌其籠統，還要更分析入微，還要更具體化一點，於是便有這原始原子說的金、木、水、火、土的五行出現，萬物的構成求之於這些實質的五個大原素，這思想應該算是一個大進步（《十批判書》405頁）。

2. 太極拳具有科學的運動原則

太極拳是由陰陽相濟而產生一系列的相濟。以太極拳運動之特點（即陰陽運動及其變化）出發，「陰與陽」這一對矛盾可以衍生出許許多多的矛盾。如「意與氣」「形與神」「虛與實」「開與合」「剛與柔」「動與靜」「攻與防」等。正如《靈樞‧陰陽繫日月篇》指出：「且夫陰陽者，有名而無形，故數之可十，離之可百，數之可千，推之可萬，此之謂也。」

太極拳沿襲我國古代「陰陽」概念，來概括人體生理和運動機制中各種矛盾的對立統一，所指的概念極為廣泛，不僅在太極拳的五種步法和八種手法充滿了千變萬化

135

理
法
篇

的矛盾運動，即便在動作中的左右、上下、大小、裏外和進退等整個過程亦都自始至終貫穿著「陰陽」，從而構成了太極拳獨特的演練形式與技擊技巧，其科學的運動法則可以歸結為七對矛盾，現分述如下：

意與氣　「意」即意識、思想。所謂「氣」，即指人體的「精氣」，人的生理功能，亦是中醫所說之「真氣」。它包括呼吸的「氣」（「後天氣」的一部分）、「元氣」（「先天氣」的一部分）、「丹田氣」「內氣」和「命門動氣」（也叫腎間動氣）。真氣由「先天氣」和「後天氣」互相作用而生成的，它是推動人體生命活動的動力，故視為人體「三寶」之一。武術家們則把這種氣叫做「中氣」「內氣」等。這與「氣行血亦行，氣滯血亦滯」「血為氣母」之說非常吻合。

太極拳既是行氣練氣的拳，也是用意練的拳。據《十三勢行功歌訣》云：「十三總勢莫輕視，命意源頭在腰隙。變轉虛實須留意，氣遍身軀不稍遲。」其歌訣強調意念的重要性。意與氣雙方是相互聯繫、相互轉化的，正如拳諺所說：「心到則意到，意到則氣到，氣到則力到。」太極拳動作都是以意識作導引，故拳諺又有四條規定：

其一，「以意行氣，務令沉著，乃能收斂入骨」；其二「以氣運身，務令順遂，乃能便利從心」；其三，「心為令，氣為旗」「氣以直養而無害」；其四，「全身意在神，不在氣，在氣則滯」。

可見，「氣」對習拳者有如生命一般重要。太極拳在用「意」與「氣」方面，與靜功（坐功，站功，臥功）有明顯的差異，即太極拳是在行功中練（動中求靜），而靜

功一般是求靜而不產生位移（靜中求動）。

神與形 所謂「神」，是心的功能表現。心主神明是人體生命活動的主宰，對人體起統帥的作用。《素問‧靈蘭秘典》曰：「心者君主之官，神明出焉。」《靈樞‧邪客篇》說：「心者，五臟六腑大主也，精神之所舍也。」「形」即外部形體動作。「形為神之宅」，太極拳之「形」，主要靠眼睛、跟隨手走，目隨勢注，透過傳神來反映動作的意向及技擊。「神為形（精氣）所生，形依神而存」體現了對立統一的樸素辯證法思想，故「形與神俱」（《黃帝內經》）已成為醫學、養生、氣功及太極拳等共同的理論。

虛與實 「虛」和「實」亦稱「陰」和「陽」，它是太極拳理論的重要概念，也是太極拳運動的又一重要運動法則。所謂「實」，意為運動部位或主要用力部位，或意欲向外用力之部位的狀態或感覺；「虛」則是從屬運動部位的狀態或感覺。

拳諺曰：「虛中有實，實中有虛。」太極拳所有的動作都必須分清虛實，故《拳經》道：「太極拳的一舉手，一投足都離不開陰陽虛實。」虛實隨著拳式的變化而變換，是在意識指導下先內動而後外動，內外合一。

作為太極拳運動，應首先分清步法的虛實、手法的虛實和身法的虛實，才能進而談及虛實的滲透及「忽現忽藏」之變換，達到「虛非全然無力，實非全部站煞」的要求，此即為「虛實」的正確涵義。「虛實」一詞的產生，從力學等角度來講，是由於人體總負荷的重心之偏差所致。太極拳「步隨身換」，及時調整重心，轉換順遂而保

持人體平衡，其運動本身的動力就產生於重心偏差之轉換中，並且由運動的變化而重新獲得轉換的動力，故有「太極拳運動，就是虛實運動」之說。

剛與柔 太極拳的特點之一是「柔中寓剛」。「世人不知，皆以（太極拳）為柔術……太極者，剛柔兼至，而渾於無跡之謂也」（《陳鑫太極拳論》）。剛與柔是對立統一的辯證關係。這種加強了彈性和韌性力量的「剛柔相濟」「柔中寓剛」「綿裏藏針」之特點，能夠較好地發展人體的力量和速度素質，能「動急則急應，動緩則緩隨」（王宗岳《太極拳論》）。以「剛柔相濟」進行鍛鍊，是完全合乎科學道理的。

開與合 「開」與「合」貫徹在太極拳的每一個動作之中，當運勁時，由腰脊主宰，運用螺旋形的弧形動作向著四梢去的叫做「開」，從四梢回歸丹田的叫做「合」。拳訣云：「練拳先從無極始，陰陽開合認真求。」其要求「合者合其全體之神」，太極拳一開一合的運動，能改善人體功能。

正如《陳鑫太極拳論》所述：「周身一齊合到一塊，神氣不散，方能一氣流通，衛護周身。」他還進一步論證了「一開一合，有變有常，虛實兼到，忽現忽藏」的微妙變化道理，故有「開合虛實，即為拳經」之說。

動與靜 戰國中期著名軍事家孫臏說：「以靜為動為奇。」「默然而處，亦動也。」17世紀思想家王夫之提出：「靜者靜動，非不動也。」「靜即含動，動不捨靜。」王宗岳《太極拳論》中云：「動之則分，靜之則合。」前者指陰陽變化之運動，後者指陰陽變化相對的靜

止。太極拳以動求靜，是從表向裏發展，這正如拳理中所說「靜中觸動猶靜」「視動猶靜」「視靜猶動」「雖動猶靜」等是一致的，其「動與靜」之辯證關係是十分明顯的。太極拳以腰為主宰，運用離心力和向心力配合作螺旋運動，達到「動之則分，靜之則合」「動靜緩急，運轉隨身」，是與道功靜中求動、由裏向外發展有顯著區別的。故道功只能養生，而太極拳除養生外，還能防身及禦敵。

攻與防 太極拳本身含有技擊，它的一招一式都有攻防的含意和要求。如「搬攔捶」和圓柔、直剛的結合，是用手搬移對手之拳，加以攔阻，並用拳進擊對手；「如封似閉」是用門的開合來象徵封鎖對手並進攻的著法。開是向內化對手攻勢，同時蓄勁準備反攻；合是向外推人，將所蓄勁力向前發放，轉守為攻。封是開，閉是合，一開一合，化對手勁力使之落空，我即打之。

「上步七星」（吳式太極拳）在形式上是攔架對手拳法的防禦架式。但稍加變化即能成為犀利的進攻動作。再如「彎弓射虎」（吳式太極拳），狀如獵人騎在馬上張弓向下射虎，是進攻發人之法。太極拳「攻與防」係內含豐富的唯物辯證內容，亦是太極拳重要的運動法則之一。

以上這些矛盾運動、變化均有必然之聯繫。正如恩格斯說：「沒有任何東西是不動和不變的，而是一切都在運動、變化、產生和消失。」（《馬恩全集》第二十卷第 23 頁）陰陽五行兩者在運用上互相配合，具有聯繫各方面的作用，從而對拳術的特點、運動法則、作用及其屬性進行分析歸納，作為說理的依據。

故按陰陽對立與相剋相生的矛盾運動法則建立太極拳

理論基礎亦是有科學根據的。

二、太極拳以中醫經絡學說為其生理基礎

1.纏繞運動，舒暢經絡

經絡，是指佈滿人體內的氣血通路，亦是經脈和絡脈的總稱。經有路經之意，經脈是經絡系統的縱行幹線。絡，有網路之意，絡脈是經脈約分支，縱橫交錯，網路全身，無處不至。經絡有溝通表裏上下，聯繫臟腑器官與通行氣血的作用，故《靈樞・本臟篇》曰：「經脈者，所以行血氣而營陰陽，濡筋骨，利關節者也。」

太極拳以導引吐納為表裏，拳勢動作採用螺旋纏絲式的伸縮旋轉運動，極符合中醫經絡學說的原則。拳諺曰：「凡經絡皆益於拳。」（陳鑫《太極拳論》）又曰：「打太極拳須明纏絲勁，纏絲者，運中氣之法門也，不明此，即不明拳。」故有「打拳以調養血氣」之說。陳鑫在講到「官體之勁」時亦云：「各隨各經絡運行，無纖悉之或差。」

經絡是人體內部客觀存在的結構，是有物質基礎的。其實質，可以由「得氣」時的酸、麻、脹、痛及觸電感，沿經絡循行路線擴散的經絡現象來分析研究。拳諺曰「纏繞運動，勁貫四梢（兩手兩足尖端稱四梢）」，亦說明太極拳「纏繞運動」使氣血暢通流轉貫注於四梢。

按中醫觀點，這些「得氣」之感覺為體內行氣的現象，是暢通經絡的反應。

太極拳運動是意識、動作與呼吸三者同時協調地參與運動，其要求「以心行氣，以氣運身」「意之所注與氣即

至焉」「氣宜鼓蕩」「行氣如九曲珠」「氣沉丹田」「氣遍全身」等（參見王宗岳《太極拳論》以及《十三勢歌》、《十三勢行功心解》），使太極拳技擊技術從外形技擊發展到「勁由內換」「內氣潛轉」「內外合一」的高級技巧。

人體的氣即是不斷運動著的具有很強活力的精微物質。《難經·八難》指出：「氣者，人之根本也。」「氣」在古代是人們對自然現象的一種樸素認識。《素問·空命全形論》道：「人以天地之氣生，天地合氣命之曰人。」即意指人是物質的，是靠天地之氣而生養的。分佈於人體不同部位的氣，各有其功能特點，主要有三。

其一，推動作用：如推動血的循行；其二，防禦作用：如氣能護衛肌表，防禦外邪的入侵；其三，氣化作用：既指精、氣、血之間的相互化生，又指臟腑的某種功能活動，也指通過氣的運動而產生的各種變化功能。

「氣」的構成（按中醫分類）為元氣、宗氣、營氣和衛氣，如按太極拳的功能與特點可分為運氣和使氣。所謂運氣，是指將氣吸進，存於丹田。呼氣時，以心行氣，用意念引導氣至所需之部位。所謂使氣，即讓「氣」為我所用。正如《太極拳說十要》曰：「太極功夫純熟之人，臂膊如綿裹鐵，分量極沉。」此處「臂膊如綿裹鐵」亦指氣血通暢和腎壯骨強之意。不難看出，太極拳體內行氣的現象和暢通經絡的反應，是完全合乎人體生理規律的。

太極拳的動作呈弧形，連貫而圓和，行若流水，以腰為軸心，結合經絡學說的運氣原理和要求作「一往一來運一周，上下氣機不停留」的纏繞運動，既是太極拳運動的

141

理法篇

特點，又是反映人體經絡系統的生理功能、氣血運行與臟腑相互間的關係的重要生理依據，其內涵與中醫經絡學說密切相關。《中醫學概論》一書指出：「一般認為它（指經絡學）和針灸學的關係較為密切，實際上其他各科，無一不與這一基礎理論知識有關，因為它與五臟六腑、頭身肢節等都有關聯，沒有這一知識，即不能具體認識人體的內在聯繫……」故太極拳將「纏繞運動、舒暢經絡」作為其重要的生理學依據之一。

2.經絡學說與導引行氣密切相關

練太極拳時，「以意導氣，以氣運身，以意導勁」，即《內經》所謂「緩節柔筋而心和調者，可使導引行氣」之意。我國古代導引源遠流長，早在西元前幾百年的《老子》《孟子》《莊子》書中均有記載。在馬王堆漢墓出土的帛書中亦有關於十一脈的兩種寫本，這是較《內經》更早的古代經絡學說文獻。在帛書中有一幅畫有各種姿勢的「導引圖」與記載十一條脈的文字連在一起。可見，經絡學說與導引行氣關係十分密切。

導引要運動肢體，行氣則要調整呼吸，即《莊子·刻意》所說的「吹呴呼吸，吐故納新，熊經鳥申（伸），為壽而已矣。此道（導）引之士，養形之，彭祖壽考者之所好也」。這裏，「吹　呼吸」「吐故納新」「熊經鳥申（伸）」都是指導引動作。

導引、行氣有人稱之為氣功。戰國初期的文物有一佩玉，上有銘文曰：「深則蓄，蓄則伸，伸則下……」即是描寫氣功行氣的過程，其意為呼吸深沉使氣積蓄（於丹田），會出現氣的上下運行。陳鑫《太極拳論》云：「一

氣運行，絕不停留，純是浩氣流轉於周身，勢不可遏。」
王宗岳從呼吸運氣練拳的角度講了一句「氣存丹田」，可
謂對太極拳行氣理論的高度概括。

太極拳吸收了我國古代導引行氣的某些原理和方法。
在陳鑫《三三六拳譜凡例》序中有所記載：「效禽獸撲鬥
之形，採吐納、導引之術，仿之而成『六禽』『五禽』之
戲，以通氣血，壯筋骨，進而以治療寒暑、飲食、瘴厲所
致疾病也。演之習之，久之拳形萌焉，而形狀繁而殊
焉。」常言道：「打拳何嘗不用氣，不用氣則全體何由運
動？」太極拳動作螺旋式走弧線，成為「圓運動」，既符
合中醫經絡學說的行氣原則，又與陰陽五行學說緊密結
合，作為說理的依據。

三、太極拳中之力學原理

任何一種拳術都有它合乎力學原理之處，不合乎力學
原理就不能進行技擊，也不能稱之為科學的拳術。太極拳
亦然，其理論基礎必須依靠多學科的綜合研究。在太極拳
中，許多動作都可以用力學原理來解釋。我們可以由太極
拳「圓運動」的基本特徵、攻防兼備之運動特色、化勁法
及其與人體的平衡等幾個方面的闡釋得到啟發，以便認識
太極拳與力學間的相互融合。

1.太極拳「圓運動」的基本特徵

太極拳以「太極圖說」作為基本理論。在明代王夫之
《思向錄外篇》有這樣的解釋：「繪太極圖，無已而繪一
圓圈爾，殊矣。」太極拳家認為，太極拳運動用力的情況
正與太極圖形相像，太極拳由此而得名頗有道理。

太極拳每一個動作的開合虛實、起落旋轉，都是圓圈所構成。故拳諺曰「圈是周身轉」「手足運動，不外一圈，絕無直來直去」「足隨手運，圓轉如神」等（陳鑫《太極拳論》）。此「圓」或「圈」之運動，即為太極拳「圓運動」，其內含「陰陽」之兩力，做極為纏綿曲折的旋轉運動。「所畫之圈有正斜，無非一圈一太極」是指「圓運動」的形式而已。

其「圓運動」是在大螺旋式和無數小螺旋式的發展路線上形成的，其中多以平圓、立圓、順圓、逆圓、大圓、小圓及半圓作為進退、起落和旋轉的運動形式，在整個太極拳套路中錯綜複雜地交織著、變化著，使「圓運動」構成太極拳運動的基本特徵。

2. 太極拳「圓運動」具有「攻防兼備」之特色

太極拳「圓運動」既有走化（招架），又有攻擊，故太極拳有「攻防兼備」之特色。習拳者，常以「圓運動」作為探詢對手虛實和進攻意向的偵察手段，掌握有利時機，靈活轉換，隨曲就伸，虛實並舉，達到出奇制勝的目的。如：吳式太極拳「攬雀尾」的第一個「圓運動」中，手直奔對手咽喉或臉部，第二個「圓運動」中，用肘直擊對手前胸，右掌連擊對手臉部。又如「海底針」中，兩手運行路線均為力圓，是在右手引對手前進過程中，乘其鬆懈而向中點插。

再如：陳式太極拳的「白鶴亮翅」，是右引左擊，兼上引下擊，「運手」則是左右一引一進擊；「高探馬」為左肱背折肘法；「單鞭」又為其順轉左右引擊；「雙風貫耳」則是自下而上由兩個半圓（兩拳和兩臂運行路線）合

成一個整圓，由兩側外線擊對手之兩耳。從而可判斷，太極拳「圓運動」的精華乃「攻防兼備」。

3.太極拳「圓運動」具有化勁法

化勁在太極拳中也是一種重要的勁。所謂「化勁」是指沾勁和走勁的合成，隨感隨化。其要點全在我順人背。如用「圓運動」來說，即順來，以半圓招架，以半圓攻擊。

太極拳「圓運動」和一切物體的運動狀態一樣受力學的定律所支配。太極拳「圓運動」中的化勁法亦然。太極拳運動中有許多力學原理，但作為人的運動形式，則是重心的移動和繞重心轉動的運動的合成。其力的組成有大小、方向和著力點三個要素。

拳諺曰：「欲知環中法何在，發落點對即成功。」此「發落點」即為力的「著力點」。所謂「發點」，即是先通過移動、轉動或滾動使對方之落點落空，然後再打擊對手。所謂「落點」，即是對方勁力著手自身之部位。力點正確與否，直接關係到成功與否。

太極拳「運勁如抽絲」「運勁如纏絲」。抽絲或纏絲的運動形式如螺旋，猶如飛盤的運動。飛盤在飛行中總的可以看成是拋體運動———軌跡是拋物線，但從飛盤上的每一點似乎又不是，因為它還繞飛盤中心作圓周運動。飛盤在空間是轉動的，而且飛行曲線非常圓滑，當它運動於手腕抖動的最後一瞬間到空中時，既有螺旋形的自身旋轉，又有拋物線型的運動路線。故所謂「太極勁」，不是平圓，而是立體的螺旋上升，這種「翻轉穿心」和「旋腕轉膀」的太極勁，很像地球在公轉時不斷地自轉。

太極拳纏絲勁在技擊方面也是極為重要的，按其性能可分為順纏絲和逆纏絲，兩種同處一圓之中，並互相轉化，成為太極拳「圓運動」的基本矛盾。太極拳的化勁法，即指練拳時隨對方來力的方向而走，當壓力壓在這根螺旋桿上，都會自然地將壓力旋轉落空而被化掉道理。

4.太極拳「圓運動」與人體平衡

從某種意義上講，太極拳的「圓運動」是為了保持自身的平衡並破壞對手的平衡而用勁發人時，必須掌握機勢、方向和時間三個要素。三者倘能具備，則發人甚易。如對方將我之重心移出體外，我為克服對方力的作用而保持身體平衡，即要運用前面所講到的化勁法。這好比把自己比成一個大皮球，只要運用好「化勁法」，不讓對方的來力方向通過球心，人體就能保持自身平衡，而不被對方推倒。

在破壞對方平衡時，還要根據對方的心理表現而變化，故太極拳推手時還應弄清和掌握好沾黏勁（相連不斷之意）、聽勁（以周身皮膚之觸覺來感知）、化勁、懂勁、引勁、拳的「圓運動」與人體平衡之關係，實現「以靜待動，守中寓攻，攻守結合」的方針。

總之，在太極拳理論基礎研究中，應重視用歷史唯物主義的科學度來分析其若干屬性。「由實踐而發現真理，又由實踐而證實真理和發展真理」（《實踐論》），使太極拳理論體系更加完善化、科學化和系統化。

功技篇

察動靜之機
悟盈虛之妙

篇首語

一舉一動總關情

余功保

練太極拳要發乎「心」。

太極拳的作用是性命雙修的。修身、修心，練拳時對心有觸動，拳才有了法。

功技首先是要練。實踐出真知。一個人很難把整個太極拳體系的功技都搞得很透，如果那樣，他就成了大家。大家畢竟是少數。但很多人可以把功技中的某一方面、某個局部搞清楚，這就是專家。本書中選擇的很多文章既有大家的，也有專家的。

功技是很具體的東西，研究起來應該不厭其細。功技沒有層次高低之分，把一點搞透，即可登堂入室。點與體是相連的。功技的道理不在於深奧，而在於準確。原本深奧的東西練正確了、練通了就簡單了。

研究功技的不一定非求系統不可，有時需要放棄，放棄是一種勇氣，放棄也需要大智慧。太極拳本身就是系統，搞通一點，其他很容易觸類旁通。在本書的文章選擇上也往往側重了這個特點，有些文章就只談一個方面，但談得深入就比泛泛的什麼都談強。

因為一個方面只要談深了也會觸動心的介面，泛泛而論，不動心，也不關情。

功技篇

「一舉動，周身俱要輕靈」。輕靈就是放下包袱，身體的羈絆放開。先有法，再無法，到無法時，有了心情，有了完整，放開了心靈的羈絆，於是有了對拳的感情。你覺得它是你的一部分，運動中找回了屬於自己的心靈田園，田園裏延續著悠遠，讓你感受生命是如此美好的一種自然、充實。

練太極拳的體會

傅鍾文

太極拳近年來已成為廣大人民群眾喜愛的運動。關於太極拳的理論也由單純的技術觀點發展到科學依據的探索，這是值得高興的。

我在少年時就愛好太極拳，承楊澄甫老師的啟迪和教誨，不敢說有多大心得，不過，七十年來從未間斷過。正因為堅持不懈，認真練習太極拳，增強了我的體質。

太極拳具有高度藝術性和科學內容：精奧細緻、理論深切。如能根據理論的要求來鍛鍊，有了實際功夫，便更能領會太極拳的個中旨趣。要練好太極拳，除了遵照先哲的理論指導和要領提示之外，我認為必須注意幾個方面。

首先，要領會「勁」的涵義。太極拳認真練習到了適當的階段，就會練出勁來。這股勁是一種「渾勁」，也就是太極拳入門的基礎。所謂「懂勁後愈練愈精」。據我個人的體會，這股勁好像秋天的成片蘆葦在湖中被大風吹得俯而復起、堅韌不折、柔而有彈性的意思。又好像海洋中的滾滾波濤，水質雖軟而含有非常雄厚的力量。

渾勁練出以後，繼續再進一步要從渾勁中練出「輕靈勁」來。渾勁是藏而不露的渾厚實力，從而達到柔而有剛。輕靈勁是既有輕靈感覺而又能圓活運轉的意思。

將這兩種勁緊密地結合在一起，相互為用，才能剛柔

相濟，綿裏裹針，再能變化分出掤、攦、擠、按諸勁而靈活應用之，始可達到融會貫通、得心應手的目的，方能進入具有高度藝術的境界。

太極拳要練出勁來，僅憑一股勇氣蠻練，不去體味它的涵義，鑽研它的架勢，這是辦不到的。必須靠自己苦練之外，又要練得處處符合原則和要求切合實際。這就要求在平日練習時必須注意到下面四個要點。

一、眼神平視，要貫注而活潑，當每式變化時，視線要隨身法而轉移，切忌目光呆板或茫顧。

二、腰是一身的主宰，練拳時要頂腰。歌訣有云：「身形腰頂豈可無。」如雲手、摟膝拗步、斜飛式、海底針、高探馬等式，都須腰部挺拔，像立之運轉，轉時總不離軸心。又好比指南針一樣，針動而針軸不離原位。武術家所謂「守中土」就是指中土不離原位的意思。引證力學來說，就是重心作用。所以練拳必須講究「尾閭中正」。神貫頂、尾閭中正才能保持重心，而無姿勢偏側、架勢過與不及之病，練拳如果低頭聳臀，腰部不挺，失了重心，就是所謂「貓腰」。

常言道「低頭貓腰把式不高」。因為貓腰則呼吸不暢，氣不能下沉，頂頭不能懸虛，虛實不清，上下不能一氣貫通，終練不到高明的程度。

三、四肢。太極拳對四肢的運動，有一句話叫做「如意胳膊、籮圈腿」。就是說，手臂與腿都要微有彎曲含蓄之意而不可伸得過直。「勁以曲蓄而有餘」，就是指此。如單鞭、野馬分鬃式，後腿微屈向外，就能做到前弓後蹬，力從腳跟而發，像樹生根於地全身穩固，而不是向後

挺得過直。總的來說，四肢要圓潤、靈活、穩實，切忌強直。

茲再就各關節分述如下：

1. 要坐腕豎掌，但掌心要微凹而不可平，這是要著。

2. 手指不宜太直，手指與手指之間不宜併緊，要似開非開，練久勁自生。

3. 肩要鬆活下沉，不可用強勁或有聳抬之意。

4. 肘要下垂，如白鶴亮翅式，手臂雖向上提，而肘尖意須向下。

5. 要以肩頂肘、以肘領腕，又要以指領掌、以掌帶臂而沉肘鬆肩，又要以腰腿之意配合手、肘、肩，上下連貫，雖略有先後而動作協調節節貫串，不可過勁，過勁則僵硬。

6. 邁步時，腳跟須先著地，然後徐徐踏實，即所謂「邁步如貓行」。貓行的形象很妙，腳步既輕靈又穩實，而其身軀又活潑。同時膝隨之向前，但弓步不可過勁（指膝部不過腳尖）。進退即能靈活。後腳要著勁，切不可偃側。

7. 腳的起落，如雲手式，跨步時須先提起腳跟，繼之提起腳尖。跨步後，腳下落時要以腳尖先著地，而後徐徐踏實。能這樣做，左右虛實自然分清。

8. 要含胸。含胸與貓腰、陷胸不同，而是兩臂骨節均須鬆開，肘部下垂，呼吸自然。

9. 開襠。開襠不是指步寬，實係鬆胯，胯鬆則襠自開。

10. 襠要平，襠平則下盤穩固。同時在襠平的基礎上意

還要上提，提襠貫頂，必須做得自然，則頭自中正，呼吸舒暢，氣度安適，從而能上下相隨，式式均勻，自可領會周身輕靈圓活之趣。

四、意　境。

1. 心要靜而精神要振作，忌低眉垂目，委靡不振，缺少生氣。但也要忌怒目攢睛，挺胸露齒。周身要節節貫通，勿使有絲毫間斷。

2. 重視前輩積累的經驗，遵照典型的架勢來認真鍛鍊。但要練得自然鬆靜，使舉動周身輕靈。必須「依規矩，熟規矩，化規矩，不離規矩」。本此堅毅精神，才能練得得機得勢。

總之，太極拳每一架勢都有它的精義，必須悉心揣摩，仔細領會。舉手投足，不可太拙，太拙則腰腿不隨，全身易於僵硬。要步隨身換，進退須有折疊。姿勢必須先求開展，後求緊湊。隨時留意，著著用功，式式須要清楚，不可含糊，而又要連貫，一氣呵成，日積月累，功到自成。

太極拳的四種功

吳圖南

太極拳的「太極」兩個字，在什麼時候才見於中國的經傳呢？中國古代有部經學叫《周易》，相傳是伏羲氏寫的。孔子贊《周易》說：「易有太極，是生兩儀，兩儀生四象，四象生八卦。」太極就是從這兒開始的。

宋朝的周敦頤說過這樣一句話：「無極而太極。」他沒有說無極生太極，因為任何事物都不可能無中生有，而是在無極之中而有一個昭然不昧之本體，這就是太極。人就是太極裏的一部分，人體本身又是一個小太極，人的一舉一動都離不開太極。

就拿太極拳的鍛鍊方法來說，也是如此。比如說，我們用的勁，有剛勁，有柔勁，剛勁就是陽，柔勁就是陰。這樣就把太極拳融合到太極的原理中去了，從而形成太極拳的獨特風格。

那麼，太極拳的特點是什麼呢？

首先，從生理和醫療的角度來看，太極拳不同於其他運動（包括其他拳術在內）的特點表現在：太極拳是一種休息的運動，是內臟自我按摩的運動，因而也是健身、治病、養生和推遲衰老的運動。它本乎人生天然優美之發育，順應先天自然之能力，使身體得到充分和諧的發展，而達到一生永久之健康。

大家知道，練太極拳時要求靜、慢、勻、柔、鬆等等，這樣，意識集中，精神貫注，給大腦以休息；動作上輕靈活潑，情緒上安詳樂觀，從而鍛鍊我們的體魄，陶冶我們的性格；外練骨骼、關節、肌肉，內練五臟六腑，使身心同時得到發育，時間久了，達到內外相合，表裏一致，從頭到足，無一處不輕靈，無一處不堅韌，無一處不沉著，無一處不順遂，通體貫串，絲毫無間，自然意靜神恬，變化環生，而達到養生、長壽的目的。

其次，太極拳不同於其他拳術的關鍵是什麼呢？我把它歸納成四點，或叫四原則。就是第一，以慢勝快；第二，以靜制動；第三，以柔克剛；第四，以弱勝強。在我看來，符合這四條原則的是太極拳，不符合這四條原則的，就不算太極拳了。

練太極拳要達到精湛的地步，必須得下一番工夫。問題是，究竟下什麼工夫呢？過去的一些太極拳著作，沒有一個很規律而又系統的說明。在舊社會，中國武術界是很保守的。過去有一種習慣，叫傳拳不傳功，要學功，得先拜師傅，當然，這是封建傳統。所以如此，有它的一些社會因素和客觀原因。

今天不同啦，為了提高人民的健康水準，做好我國的四個現代化，我們，特別是老一輩的專家們，有責任把我們多年積累下來的寶貴經驗貢獻給國家、給人民。我就是抱著這個態度來講這個問題的。

我研究太極拳有幾十年了，對骨骼、關節、肌肉等在每個姿勢中的位置是否符合生理上的特點，是否順乎自然之發育，曾做過大量調查和科學整理。由此我得出這樣一

個結論：姿勢正確是基礎，基礎不牢不穩，樓就蓋不起來，就很難提高。

怎樣才算姿勢正確呢？我個人認為，姿勢要跟原來的名稱相符合，動作自然，表裏如一，得心應手，這樣才能達到鍛鍊的預期效果。

根據我個人幾十年的體會，我把太極拳的功概括地歸納成四種。

第一是著功

所謂著功，簡單地說就是你往我來，一式一用。比如你練搬攔捶，你應該知道它是幹什麼用的，怎麼叫搬，怎麼叫攔，怎麼叫捶。其他如攬雀尾、單鞭、左右分腳、閃通臂等等都是著。著要熟，要運用得很熟練。有了初步著功，才有可能進一步提高。王宗岳的《太極拳論》裏講「由著熟而漸悟懂勁」，也就是這個意思。

打個比方，對方打我一捶，我如何避開這一捶，這時可以分為三個階段。一個階段是對方將要打，剛剛出手的時候，你如何使之變化；一個是打出來，你如何使他的力量達不到自己身上；第三個是打到身上了，對方的力量已經傳導到身上了，如何應用內在和外在結合起來的一瞬間，千分之幾秒，轉移對方力之方向，使他的力折回去，回到他自己身上去，使他力不從心，失去平衡，並把他彈出去，這些都屬於著功。

第二是鬆功

一般練太極拳的都講鬆，可是究竟怎麼鬆？講不清楚。我就見過有人練了好多年，自以為鬆得不錯了，可是我一看，不是鬆，而是懈。太極拳要求鬆，是鬆而不懈。

所謂鬆，是指你的四肢百體關節韌帶無一個地方不柔和。我給它歸納成四句話，就是前面提到的無一處不輕靈，無一處不堅韌，無一處不沉著，無一處不順遂，然後才能達到通體貫串，絲毫無間。鬆才能沉，能鬆必能沉。

要使關節、韌帶、肌肉等鬆開、柔韌、活動自由、富有彈性，都能聽你自由指揮調動，就必須練鬆功，才能達到這個目的。

第三是勁功

為什麼叫勁？就是區別於力。力代表一般的力，我管它叫拙力。而勁不同，勁是極活動的東西，它既沒有一定的大小，也沒有一定的剛柔，但它又剛又柔，又鬆又緊，又快又慢，又不即又不離。

為什麼要練勁功呢？比方說，對方一著接一著，連續幾著合起來，這時你如果光會著功，就將應接不暇，顧此失彼，這時你就非用勁不可。

勁功就是除去腰脊為主宰之外，其餘所有部位都能隨機應變，他怎麼來，我就怎麼變化，在不知不覺之中，收到可用之效。這就是勁功勝過著功的道理。

第四是氣功

我這裏指的是太極拳的氣功，是太極拳本身的功夫，不是一般所說的氣功。王宗岳的《太極拳論》以及《十三勢歌》《十三勢行功心解》等談到氣的就有十五六處之多，諸如：氣沉丹田、氣宜鼓蕩、氣遍全身、以心行氣、以氣運身、行氣如九曲珠、能呼吸然後能靈活等等。可見氣在太極拳裏是十分重要的。

太極拳的氣功包括兩個部分，一個是運氣，一個是使

功技篇

氣。運氣就是把氣吸進來，存在丹田；呼氣時，以心行氣，用意念引導到讓它去的部位，慢慢出氣，時間久了，它就能按照你的心思去做，運熟了，儘管五臟六腑是不隨意肌，由交感作用，也能聽你指揮。這就是所謂運氣。

進一步是使氣。就是說，你讓它到哪兒，它就到哪兒；你讓它起什麼作用，它就起什麼作用。這就是使氣。由練我們的氣，蓄我們的氣，使我們本身的元氣跟吃五穀雜糧得到的精微之氣，以及天地呼吸之氣，融會貫通，合在一起，為我所用，由內臟到肌肉，由肌肉到腠理，由腠理到皮膚，由皮膚到毛細孔，再由毛細孔把它放出來，延長出來，使這種氣達到對方身體，而且使這個氣跟對方的氣結合到一起，來指揮對方的一呼一吸，這就是我們所說的太極拳的氣。有了這個功就不用顧盼擬合，信手而應，縱橫前後，悉逢肯綮。

練太極拳不瞭解太極拳的氣功，不瞭解內在外在之氣，等於你沒練，也可以說你還沒有十分懂得太極拳的道理。一般說的結合呼吸練拳，比如伸手為呼，回手為吸等等，這只是很初步的東西。問題不這麼簡單，不是三言兩語能夠講透的。

孫式太極拳的作用與練法

孫劍雲

　　太極拳是我國特有的武術項目。它具有強壯身體，袪病延年的功能，並具有特殊的技擊作用，是一種「內外兼修」的運動。老幼青婦、體質強弱均可練習。

　　孫式太極拳是我國太極拳主要流派之一。先父孫祿堂，以畢生精力，鑽研形意拳、八卦拳、太極拳，融會貫通，進而冶三家於一爐，卓然自成一家───孫式太極拳。孫式太極拳的特點是：進退招隨，舒展圓活，動作敏捷，既有形意拳的跟步，又有八卦拳的身法，動作緊湊，猶如行雲流水，綿綿不斷，每轉身則以開合相兼，以抱球為主，快慢間一。故又稱「活步太極拳」「開合太極拳」。我雖幼承庭訓，耳濡目染，從先父習武研練多年，但是並沒能悟迪拳中之全部奧妙，未能得拳中全部之真髓。

　　先父一生所傳弟子甚多，其中佼佼者不勝枚舉，得先父武學、文學兩道者亦不乏其人。如：陳微明、支燮堂、齊公博、孫振川、孫振岱、劉如桐、任彥芝、陳守禮、胡全珍、王喜奎、楊世垣、沙國政……他們不僅拳術精絕，而且對孫式太極拳在理論上均有研究頗深的著作。

　　以下，我僅結合孫式太極拳之特點，淺談它的功效、醫療保健作用及如何練好孫式太極拳。旨在使孫式太極拳

159

功技篇

能更好地得到繼承與研究，使之能為人類健康做出貢獻。

一、孫式太極拳的功效及醫療保健作用

孫式太極拳的功效作用在於：一方面加強肺臟功能以理氣機，另一方面則提高肝臟作用以通百脈，以此增進健康。這種動中求靜、以氣血為主的運動方法，是經過多少年來無數拳師，用畢生精力實踐研練、不斷總結提高而得的。先父孫祿堂常常講：「人身養命之寶是氣和血。理氣之機為肺，理血之機為肝。氣為先天，血為後天。故氣在前，血在後，血無氣不行。」這就是說，肺和肝是人的身體的主要器官，一旦肺和肝發生故障，則危及生命。而氣更為重要，所以有「百病生於氣」之說。

氣不散亂，就能內外如一；氣一貫通，就能上下相連，從而使人身各系統保持穩定和平衡。這樣就可以保持人的身體健康了。

那麼，練太極拳是怎樣使得人體各系統收到保持穩定和平衡的功效呢？

1. 我們都知道，造成人身發病的原因，使人體不健康的因素，很重要的一點就是情緒波動、思想混亂，由此而影響氣血流通，造成有失正常，有失平衡，產生疾病。練太極拳可使思想意識集中於頭、手、身、足的連貫一致，使情緒安靜，自然促使氣血周流，運行隨之正常和平衡。氣血周流運行情況得到改善之後，原來因為氣血運行反常而造成的一切疾病，亦隨之逐漸消減，這樣就有了恢復健康的功效。

我國的醫藥經典上講：「恬澹虛無，真氣從之，精神

內守，病安從來。」又說：「氣為血帥，氣行血行。」這都是要人們勿使自己的思想混亂保持情緒樂觀安定，使造成疾病的因素不起作用，然後保持呼吸正常。

氣機一通暢，就能使人體內在的力量充沛旺盛，從而使一切血液循環系統、消化系統、分泌系統、排泄系統等等均能得到正常代謝，增強人體健康。

人體健康得到加強，即使遇外界氣候的驟然突變和任何流行疾病的傳染，都無從侵犯，這自然是增強了抵抗力，收到防病於未然的功效。

2.「太極」二字就是氣的代名詞，研練太極拳就是「人衰氣補」的最好運動方法。因此，古人素有「藥補不如食補，食補不如氣補」和「一氣流行，無凹無凸」的說法。大自然中任何生物都充滿著氣，分秒不能離開這氣，至大至剛的是氣，至柔至微的也是氣。年輕人氣盛所以強壯，老年人氣衰所以衰弱。要想保持身體強壯、青春常在，就必須保持盛氣常在。

研練太極拳是用腹式呼吸，就是拳師們常說的「息息歸臍」。做到了小腹呼吸，促進了肝臟內儲備的大量血液去參加血液循環，因而增加了靜脈血的回流量，同時也增加了動脈血的輸出量。我們都知道，腹式呼吸比胸式呼吸好處多，因為用胸來進行深呼吸只有胸部向前後左右擴張，遠遠不如用腹部來進行深呼吸時能把上下體內腔容積放大，其所接受的肺活量，要遠比胸部呼吸大。

胸部呼吸時，因為肺部毛細血管充血的影響，會減少動脈血的輸出量。而腹式呼吸就大不相同了，因為腹壓增高的關係，起了積極動員肝臟所貯藏的血液參加血液循環

161

功技篇

的作用，增加靜脈的回流量，動脈血的輸出量，同時因周圍神經的高度興奮，毛細血管通路數量增多。

在這一影響下，不但減輕了植物性神經和大腦皮質的負擔，達到維持情緒安定的目的。同時在所有氣血系統得到改進之後，就足以防止外來病因的侵襲，這樣就達到了祛病延年的目的了。

3.練太極拳的一切動作，舉手、投足、身軀輾轉……無不取象於天體「圓形」，惟圓可以包羅萬象，惟圓可以最為持久，猶如充沛於宇宙之間的氣一樣，又圓滿又活潑。若能練到一氣流行、無阻無礙、無凹無凸、一任自然的程度，那麼，受益將是極大的。

練太極拳的每一個動作都與內臟各器官息息相關，互相生化，互相制約。舉例說：如拳中的「掤」屬腎，「攦」屬心，「擠」屬肝，「按」屬肺，「採」屬大腸，「挒」屬脾，「肘」屬胃，「靠」屬膽。

所以，練太極拳有一動百動之說，決不局限於某一部分，亦不可分割開來，而是相互依存，相互誘導，故必須力求姿勢正確，動作和順，更不能危害呼吸正常。若差毫釐，只恐不免有失之千里之弊。

二、孫式太極拳的練法

太極拳的套路以掤、攦、擠、按、採、挒、肘、靠八種手法，配合著前進、後退、左顧、右盼、中定、四正四隅等步法而編成的。前面講到過，孫式太極拳中既有形意拳的跟步，又有八卦拳的身法，是冶形意拳、八卦拳、太極拳於一爐，所以有它自己的風格、特點。因此，研練孫

式太極拳則與研練其他流派的太極拳有著明顯的區別之處。先父祿堂公曾反覆訓論說:「練拳時,要從其規矩,順其自然,外不乖於形式,內不悖於神氣,外面形式之順,即內中神氣之和,外面形式之正,即內中意氣之中。故見其外,知其內,誠於內,形於外,即內外合而為一。」這段話十分精確地講述了如何練好孫式太極拳的道理。回憶先父的教誨,加上自己幾十年研練太極拳的體會,有以下幾點粗淺認識。

1.太極拳的規矩:

孫式太極拳講究中正平穩、舒展柔和,絕不要跳躍等勉強動作,從起勢到收勢,各種動作,各種姿勢都是相互連貫,一氣呵成,使得全身內外平均發展,故有一動無不動,一靜無不靜。正因為中正,既不前俯後仰又不左偏右倚,使得軀體手足上下呼應,內外一體,所以,必須有嚴格的規矩。

頭為諸陽之會,為精髓之海,為督任兩脈交會之點,統領一身之氣。此處不合,則一身之氣俱失,所以,必須不偏不斜,不俯不仰,直立頂勁,要頂頭豎項。

足能載一身之重,靜如山岳,有磐石之穩;動如舟楫車輪,無傾覆之患。左虛右實,不實則不穩,全實則移動不利,容易傾倒,不虛則不靈,全虛則輕浮不穩,故必須虛實相間,方得靈活自然。

腰為軸心,居一身之中,維持人體重心的是腰,帶動四肢活動的也是腰,所以,要刻刻留心在腰際。

先父教授拳術,要求極為嚴格。他要求研練者必須嚴守「九要」的規矩,稍有不合,立即糾正。這「九要」

是：

一要塌（塌腰、塌腕）；

二要扣（扣肩、扣膝、扣趾）；

三要提（提肛，但不是用意識去提）；

四要頂（舌頂上腭、頂頭、頂手、頂膝）；

五要裹（裹肘、裹胯、裹膝）；

六要鬆（鬆肩、鬆胯）；

七要垂（垂肩、垂肘）；

八要縮（縮肩、縮胯）；

九要起鑽落翻分明（頭頂而鑽，頭縮而翻，手起而鑽，手落而翻，腰起而鑽，腰落而翻，腳起而鑽，腳落而翻）。

這些拳法中的規矩，決不是違背自然的，它是從人的生命開始時便帶來的自然本能。只不過這種本能動作是在成長的過程中，隨著生活習慣和職業環境等不同程度的潛移默化，於不知不覺中這生來就有的自然本能動作逐漸消失了。於是人們又根據後天的自然規律走向老化，衰亡……舉例說，練拳時要注意「舌頂上腭」，這種動作是人生即有的，並不是什麼發明創造。

請觀察一下初生的嬰兒或繈褓中的小兒，無論他們在熟睡時或清醒時，舌尖都經常本能地頂住上腭，這自然不是誰教了他們才這樣做的，如此等等，如手、足、胯……一切動作也都似拳中的規矩。可是小兒長大之後，這一系列的動作就無影無蹤地消失掉了。

練習太極拳在某種意義上講就是要把從天然本能中有的動作，再使它回到天然本能中去的復原方法。這也是練

習太極拳使青春健康常在的奧秘。所以，練習太極拳必須嚴格講究規矩。

2.太極拳的調息：

練習太極拳要心靜調息，才能獲得好處，經常保持思想集中，不開小差，經常保持正常呼吸，每次呼吸都要細而深長，直貫丹田（腹式呼吸）。古人常講「凝神於此，元氣日充，元神日旺，神旺則氣暢，氣暢則血融，血融則骨強，骨強則髓滿，髓滿則腹盈，腹盈則下實，下實則行步輕健，動作不疲，四體健康，顏色如桃李」。由此可見練拳時氣息的重要。

呼吸是人們從娘胎中帶來的本能，而練太極拳的呼吸正是需要這種本能的自然呼吸。練習太極拳的主要方法之一就是調息（一呼一吸叫息）。

調息的方法是：呼吸時不著意不用力，綿綿若存，似有似無，一任自然。舌要頂上腭，用鼻孔呼吸，嘴要虛合，不要張開。要注意心腎相交，心中意志，下照海底，海底之氣自下而上與神意相交，歸於丹田之中，運貫全身，暢達四肢。先父祿堂公常講：「吸氣時由湧泉過會陰上達頂門，呼氣時只有息息歸臍，每一舉手投足，分佈全身的四正八柱等筋脈都要協調合作，不呈散亂，所以能開合伸縮，力達掌心，運勁如抽絲，兩手似扯綿。」

古人認為臟器的病因是：悲哀則腎病，喜樂不均則肺病，憂愁不解則脾病，怵傷思慮則心病；盛怒不釋則肝病。這就說明了百病皆生於氣。所以，練太極拳是以調息方法為主要目的。在練太極拳時要記住拳法中的口訣：「心定神寧，神寧清靜，清靜氣行，氣行則神氣相通。」

在練太極拳時不可越出一個「中」字，即使在行住坐臥時亦要不離開這個「中」字，若能悟透這個「中」字，便掌握了自己的重心，重心不失，呼吸就能保持正常，呼吸正常，才能百脈通暢。所以，守中就是做調息功夫，就是中國的吐故納新的導引養生方法。莊子說：「真人呼吸以踵。」是做調息功夫的一種方法，太極拳的調息方法，亦是要呼吸以踵。

3.太極拳的攝心入靜：

前面談到練太極拳調息的重要，就是說要練好太極拳，要保持練習太極拳的功效，就必須消除一切影響呼吸不正常的因素，首先就是要「鎖心猿，拴意馬」，攝心入靜。攝心入靜的方法不是要用意識去強制執行，而是要從其規矩，順其自然，才能消除一切雜念，只有一切雜念消除之後，才能使得呼吸正常，故千萬不可有意使氣。

先父曾教誨說：「有心禦氣，氣反奔騰。」古人也講：「氣不可禦，禦氣則滯。」由此可見，「入靜」與「調息」之間的關係是不可分割、息息相聯的。

用什麼辦法入靜？就要遵照「八要」去做。這「八要」是：「心定神寧，神寧心安，心安清靜，清靜無物，無物氣行，氣覺行象，覺象絕明，絕明則神氣相通。」特別是在開始站無極式的時候，要力求身體內外的中正和順，做到心平氣和，使得呼吸正常，綿綿若存，不粗不暴，而且能夠做到息息歸臍，這樣就有了身心恬靜的感覺，努力研練不輟，自然會感到百脈充和、四體輕健了。

4.孫式太極拳的套路練習：

練習太極拳要柔不要剛。柔並不等於軟。練太極拳的

用力是用自然的力，決不是咬緊牙關、屏住呼吸時用的力。它是一種順中有逆、逆中有順的自然力，是一種「氣與力合一」的力，也是一種積於柔必剛、積於弱必強的力。

中國醫學和氣功均以腎為「命門」。據從現代醫學解剖學瞭解到，命門的部位近於腎上腺部位，腎上腺有調節各元素的代謝作用和電解質平衡作用。如果這樣物質的代謝作用和平衡作用發生混亂，就要造成疾病甚至死亡。人們能維持生命，主要依靠腎上腺的功能，所以，腎上腺又稱之為「生命之源」。練太極拳的初步功夫———練精化氣，就是加強腎臟統治力量。但是腎臟與其他臟腑是互相依存、互相影響、互相制約、互相促進，決不可單獨分割對立，而是統一不斷變化的生理活動，大致不出乎伸縮開合、陰陽順逆、動靜虛實。

練太極拳的套路時有三個階段、三層意思。

第一階段初層意思：在練拳時，好像自己整個身子沉入河水之中，兩足猶如陷入於泥，兩手及軀體的動作都像遇到水的阻力一般。

第二階段第二層意思：總的感覺仍如第一階段的意思，只是兩足似已不在淤泥之中，能夠浮起，如善泅水者能浮游自如了。

第三階段第三層意思：好像整個軀體已鑽出水面，身體感到格外輕靈，兩足似在水面上行走一般，又好像只要心中稍一散亂，即恐下沉的意思。

如練到這種程度，說明其套路已有一定功夫了。練習套路，必須要按照拳路的四正四隅，做前進、後退、左

顧、右盼、中定等種種動作，內臟各器官配合，起著平均發展、使其外長一寸、內長一寸、一動百動等作用，千萬不能局限於身體的任何一部分。只要做到氣機通暢，心息相依，就是動中求靜，那麼一切雜念就不會產生了。這樣，大腦皮質和植物性神經的負擔減輕了，精氣充沛了，從而達到了袪病延年的效果。

另外，孫式太極拳具有架式高、步法靈活敏捷的特點，這對於研練者的膝關節是十分有益的。大家都知道，凡武術運動員由於高強度訓練，往往造成膝關節的損傷，有些甚至是嚴重的損傷。而造成這些損傷的因素不外套路中有大起大落、跳躍翻騰、單重架式過多等等原因。

而孫式太極拳的架式高、步法活的特點恰恰能使受傷的膝關節得到保護和恢復，自然也就沒有損傷膝關節之擔心了。

在套路練習取得功夫後，對練也就有了很好的基礎，因為對練推手亦不外：掤、擾、擠、按、採、挒、肘、靠八法，基礎扎實，就能自如掌握分寸了。

5.孫式太極拳推手的練習，經由套路的練習有了一定的功夫後，便可進行對練。

套路的單獨練習叫做知己功夫，對練（推手）是知彼功夫。但是對練必須有很好的套路的功夫才能施之於用。對練要每日按照掤、擾、擠、按等手法去練習。掤時用臂；擾時用掌；擠時用手背；按時用腰；掤要撐；捋要輕；擠要橫；按要攻。推手時不可執著成法，要機動靈活，要集中自己的思想，掌握著自己的重心，窺定對方的身手，或沾或走，或剛或柔，伸縮往來要上下相隨。或如

沾住對方的意思，或如似挨非挨的意思，靈活運用，切忌呆滯，更不能努氣用拙力，要在不即不離中求玄妙、不丟不頂中討消息。要用搗虛法使得對手失其重心，即所謂「引進落空，四兩撥千斤」。

但是，搗虛之法務必判斷好對方之來力。對方直出時必然沒有橫力，我搬其橫，對方橫出時必沒有直力，我截其直；對方上出時必無下力，我挑其下；其下劈者必無上力，我打其上……總之要做到不離沾、連、黏、隨，不可犯頂、丟、偏、抗之弊病。

在推手時沒有僵滯力，就減少了對方的可乘之機，而只要對手一旦出現可乘之機時，就以「三體式」集中於一點的勁力發放出來，挫敗對手。這也是孫式太極拳身勢較高、步法靈活、動作連貫的特點。

陳式太極拳的練習步驟與方法

陳正雷

一、熟練套路，明確姿勢

所謂「套路」是指太極拳的整套架式。所謂「姿勢」是指每個架式的動作結構。初學時主要重於套路熟練，方位正確，同時適當注意姿勢的規範。經過一段時間練習後，套路已熟練，這時就必須側重於姿勢的正確，這樣才能產生內氣，發揮健身及技擊上的效果。現分兩個方面談談這一階段的練習方法及注意事項。

1.動寓靜之內，靜寓動之中

練陳式太極拳必須保持思想上的清靜，排除一切內外干擾。只有這樣才利於收斂內氣，引動鼓蕩。

《拳論》說：「靜養靈根氣養神。」所謂養根的「根」，就是根本，也就是腎臟。中醫學認為「腎為先天之根」，內藏元陰元陽，是人體生命活動的原動力。「靜則養根」，也就是說，只有在意識清淨的條件下，才能有助於腎氣的旺盛與收藏，從而使五臟健運、內氣充沛、神得所養、動作矯健。

2.注意身法

初練太極拳，不應要求過高，操之過急，如同初學寫字一樣，能寫成橫平、豎直、點、鉤等筆畫，組合成方塊

就行。初學練拳，身法上只要求頭部自然端正，立身中正，不偏不倚。步法上只要能做好弓步、虛步、開步和收步，知道方位即可，至於不可避免出現的毛病，像挑肩架肘、橫氣填胸、呼吸發喘、手足顫抖等現象，不宜深究。但運行方位、角度、順序必須絕對正確，力爭做到姿勢柔軟、大方順隨。每天堅持練 10 遍左右，兩個月即可將套路練熟。這時要進一步考慮動作要求，從頭至足，一招一勢進行糾正。

在動作速度上儘量放慢，以利於揣摩思考動作的正確與否。每天堅持 10 遍拳，再練習一個時期，就可以通過這一階段而進入第二階段了。

二、調整身法，周身放鬆

所謂「身法」，是指練拳時對周身各部位要求的原則。要調整身法，首先必須在放鬆上下工夫。為了使骨節鬆開，伸筋拔骨，可選練些動作，如「金剛搗碓」「掩手肱拳」「擺腳跌叉」等，但要儘量放鬆，不要用拙力。

這一階段練習出現的主要毛病是立身不正，橫氣填胸，挑肩架肘等，產生這些毛病主要原因有兩個：一是對「放鬆」這個含意理解不夠；二是腿的支撐力不足，難以放鬆。《拳論》說：「身必以端正為本。以周身自然為妙。」也就是說套路架式的練習，身法上要以立身中正為根本。所說的「端正」，也有兩種含意：一是指軀幹四肢及頭的位置中正，即身體不偏不倚之意；另一種是身體在歪斜情況下，保持相對平衡，如開步時的上引下進動作。所謂「放鬆」就是說在腿的支撐下，全身各部自然協調地

171

功技篇

鬆下，氣沉丹田。

　　初學時由於對這些問題沒有理解和注意，加上功力淺薄，所以不可避免地會發生上述毛病。可透過增加練拳遍數放低身法，加大運動量，並且做一些單腿或雙腿下蹲運動及站樁功來克服上述毛病。同時注意鬆胯、屈膝、圓襠，保持立身中正。隨著腿部力量的增長，身法的放鬆，可使胸部、背部、肋部及膈肌自然下沉，體內的氣機升降協調，呼吸自然，肺活量增強，其毛病就會消除。

　　這一階段練習，需有3～4個月時間。屆時，身法已得到調整，姿勢已基本正確，並且隨著練習品質的提高，已有內氣活動的感覺。

三、疏通經絡，引動內氣

　　經絡遍佈周身，內聯臟腑，外繫肌表，從而溝通人體上下表裏，是調節機體和內氣運行的通道。「氣」是構成和維持人體生命活動的精微物質，是極其微小的物質微粒，很難直觀察覺，只能由人的感覺器官，根據事物的各種變化而體現它的存在。

　　人體的氣，來源有以下幾個方面，一是稟賦於先天父母之精氣，二是飲食物化生的水穀之精氣，以及存在於人體內的精氣，通過脾、肺、腎三臟的生理功能綜合作用而生成。《拳論》說：「氣者，生之本，經者，氣之路，經不通則氣不行。」又說：「以吾本身自有之元氣，運行吾身。」「以氣運形，一氣貫通。」說明氣是本身固有的本元物質，只有在經絡暢通無阻的情況下，才能引動與鼓蕩，達到一氣貫通，從而產生防病健身和技擊效果。

前面已經說過，在「調整身法，周身放鬆」階段後期，體內已有內氣流動的感覺，練拳也有興趣。但是這個感覺如波浪起伏，時有時無，時隱時現。經過一段時間，甚至會全然無有。

這是經絡之氣通流不暢，氣機運行不利，內氣引動不力之故。因此，在這一階段練習中必須重於意念引導，在大腦意識的指揮下，以意運形，使內氣節節貫穿。如有不順之處，可以自行調整身法，以得勁為準。練習速度宜慢不宜快。一招一勢要精力專注，活潑無滯。外形儘量與內氣意識保持一致。

這樣進一步練習一段時間，內氣就會自然暢通，僵勁拙力也會慢慢克服，逐漸達到周身相隨、連綿不斷。內氣會按拳勢要求，產生有規律的鼓蕩，達到一氣貫通。

四、形氣結合，如環無端

所謂「形」是指形體，也就是拳式動作的外在表現。「氣」即指內氣。從醫學角度講，「形」「氣」是統一的，是相互依附、相互為用的。

《拳論》說：「以心行氣，務令沉著，乃能收斂入骨。」又說：「以氣運身，務令順隨。」就是要求每招每勢都要注意以意引氣，以氣運身，順其自然，催動外形。通過形氣結合的反覆練習，使內氣周而復始，如環無端地在體內運行。努力做到周身一致，內外合一，外形在內氣的催動下，一動則周身全動，一靜則周身全靜，動靜開合，起落旋轉，無不順其自然。

在練習過程中，身與手、內與外某一部位不夠協調，

某一部位即產生矛盾，就會影響內氣的貫通，從而使意氣與形體難以結合。

如動作運行速度的快慢，以及身法位置角度掌握不夠，難以適得其中，在套路架式的練習中，就會產生身慢、手快、眼不隨等散亂現象，不能身手一家，動作協調。諺云：「手到身不到，擊敵不得妙；手到身也到，擊敵如摧草。」說明形氣結合，身肢順隨的重要性。

這一階段的練習，要注重於意念與形體姿勢的結合，也就是心到、意到、氣到、形到，使內氣一氣貫通。同時應當理解，某一部的開合，是全身整體開合的局部表現，全身總的毛病，也可以從局部反映出來。因此，凡是調整局部姿勢時，務必注意整體的調整，從而達到意氣合一。這一階段的具體表現為：肌膚發脹，手指發麻，足跟發重，丹田有發沉之感。

五、周身相隨，內外一致

「周身相隨，內外一致」的意思，是指全身形成一完整的運動體系。陳長興在《十大要論》中云：「太極拳者，千變萬化，無往非勁，勢雖不侔，而勁歸於一。夫所謂一者，自頂至足，內有臟腑筋骨，外有肌膚皮肉，四肢百骸，相聯而為一者也，破之而不開，撞之而不散。上欲動而下自隨之，下欲動而上自領之，上下動而中部應之，中部動而上下和之，內外相連，前後相需，所謂一以貫之者，其斯之謂歟！」此段論述，具體闡明了周身相隨、內外一致，以及一氣貫通的整體表現。

在周身內外相隨一致這一階段，內氣雖已貫通，但很

薄弱。在練拳時，稍不注意或運動不當（如疲勞過度或精神欠佳），都會影響內氣的貫通和運行。在前一階段，如身、手、內、外產生了矛盾，可以用調整身法的辦法去解決，使姿勢順隨、內氣貫通。而在這一階段，就不許用調整身法的辦法去解決。這一階段，要求周身相隨，以內氣催外形。氣不到，外形寂然不動；氣一到，外形隨氣而動。以心行氣，以氣運身。每招每勢，氣由丹田發起，內走五臟百骸，外行肌膚毫毛，運行周身而復歸丹田，纏繞往來，圓轉自如。動作以纏絲勁為核心，以內氣為統馭，形成一個完整的運動體系。

「纏絲勁」發源於腎，起於丹田，遍佈全身，處處有之，無時不然，衍溢於四體之內，浸潤於百骸之間，達四梢通九竅，增長內氣無窮，使內勁收斂入骨。伸筋壯骨，氣血流通，消化飲食，袪病延年，皆纏絲內勁之功效。「纏絲勁」為陳式太極拳之精華。

此段時間，每天除堅持練架式套路以外，可以結合練習推手，從而體會沾連黏隨、擠按的勁別，校正拳勢運動的正確與否。每天還可以增加練習幾遍炮捶，用來增強耐力和爆發力；練習刀槍劍棍等器械，以檢驗手眼身法步的配合，從而使在練拳時，能夠做到不假思索、不犯疑意、不期而然、內外一致、周身相隨的程度，完全掌握太極拳的要求和運動規律。

經由這一階段練習，已經有了自我糾正的能力，可以脫離老師的指導，不走彎路。繼續深入研究，就可逐步進入奧妙境界。陳鑫說：「理不明，延明師；路不清，訪良友；理明路清，而猶未能，再加終日乾乾之功，進而不

止，日久自到。」

六、穩固根基，充實內氣

所謂「穩固根基，充實內氣」，意思是指在上一階段的基礎上，更進一步地紮穩下盤，以促使內氣的充實和飽滿。《拳論》云：「根本固而枝葉榮。」「培其根則枝葉自茂，潤其源則流脈自長。」練習拳架，就是培根潤源的方法。這裏所指的「根」，具有根基之意，也就是下盤。《拳論》云：「下盤穩固，上肢自然輕靈。」所說的「下盤」，就是指體的下半部分「腿」而言，靠腿的支撐力，以兩足為基礎，禰勁圓活自然、沉穩。

另一種說法，「根本」指元氣。元氣藏於腎，腎氣足則精力充沛，即為「根本固」。

所謂「潤其源」，源指根源，即本源。元氣為諸氣之本，根源於腎通於丹田，稟賦於先天，又稱先天之本，五臟六腑之根。腎藏元陰元陽，元陰以養五臟之陰，元陽以養五臟之陽，周身之陽得以溫，陰得以養，故生機旺盛，則又反過來益助腎氣，充盈丹田。這樣相互資益，周而復始，從而使根本固源。

經過以上幾個階段，練拳時周身已形成一個完整的運動體系，但在配合呼吸上不能恰當、自然和細膩。在第一至四階段，由於動作姿勢的僵硬不協調，及內氣外形不結合，要求動作配合呼吸是做不到的。

到了第五階段，雖然周身相隨，內外結合一致，但在動作加速、疾變或者快慢相間時，動作與呼吸就難以配合。在這一階段的練習時，隨著練拳品質的提高，動作與

呼吸必須嚴密配合。

　　要特別指出，此階段的腹式呼吸形式與醫學上的腹式呼吸恰恰相反，就是要做逆式呼吸。在正常的生理條件下，人們的呼吸方式和過程是由肺、胸膜、肋間內外肌、膈肌等來參與完成的。主要表現以胸式呼吸為主，同時在腹肌配合下完成。在胸腔臟器病變時，由於胸式呼吸受到限制，則代償性地使腹式呼吸加大加強。

　　這種腹式呼吸的運動表現為：吸氣時膈肌收縮，腹腔臟器下移，腹內壓升高，腹部向外突出；呼氣時膈肌舒緩，腹腔臟器上移回位，腹壁收斂。

　　太極拳中的「腹式逆呼吸」與上述情況恰好相反。其表現為吸氣時小腹內收，膈肌上升，丹田之氣由小腹上升，胃部自然隆起，胸廓自然擴張，肺活量加大；呼氣時小腹外突，膈肌下降，內氣下沉至丹田，胃部與胸廓自然平復。由於腰腎旋轉，氣沉丹田與丹田內轉結合一致。發勁時呼吸的配合，是用短促的一吸一呼來完成的。

　　在呼吸配合一致以後，除了正常的套路練習外，還要加練些輔助功。如練站樁，採用大馬步、弓步、丁步都行，練拳前後堅持 20 分鐘，練習穩固樁步，呼吸行氣，發展力量和耐力；練抖杆子，用後尾直徑 6～8 公分、長 3 公尺的白蠟木杆，每天用攔、拿、紮的方法抖 100 下。

　　另外，還要把拳式內的單勢發勁分別抽出練習，以增加在根基穩固、內氣充實情況下的蓄發力。

七、觸覺靈敏，知己知彼

　　這一階段，主要是練習全身空靈、身體皮膚感受的靈

敏性，也就是接受資訊傳遞採取行動的應激反射。練習太極拳的人，隨著功夫的加深，這個應激反射過程也隨之加強，直至接受資訊傳遞如閃電，應激反射如雷霆。

人體的反射活動基礎稱反射弧，包括五個基本部分：即感受器、傳入神經、神經中樞、傳出神經和效應器。簡單地說，反射過程的進行，是由一定的刺激被一定的感受器所接受，感受器發生興奮，興奮由神經衝動的方式經過傳入神經，傳向神經中樞，由神經中樞的分析綜合活動產生興奮，興奮又經過特定的傳出神經到達效應器。

這一階段主要是練習加強加快這個反射過程。練好這種功夫，必須以充實的內氣作中流砥柱，使內氣充盈丹田，貫注全身，內至臟腑經絡，外至肌膚毫髮，周身各部如電充身，觸覺極其靈敏。格鬥時才能做到「動急則急應，動緩則緩隨」「彼微動，己先動，後發先至」。

這一階段，仍應按前段練習套路和輔助功，還應經常練習推手競技，在實踐中，鍛鍊聽勁、靈勁、周身上下結合勁。在練拳時功應內收，氣行於外的表現和纏絲勁的外形動作，也應內收與縮小，也就是由大圈到中圈的練習方法。拳架練習應緩慢柔和，平穩舒展。陳復元說：「學時宜慢，慢不可癡呆，習而後快，快不可錯亂；快後復緩，是為柔，柔外剛自在其中，是為剛柔和濟。」

這段練習，就是「快後復緩」階段。積功日久，就可做到靜如山岳，急如閃電。就像射箭一樣，慢拉弓弦開滿月，力聚弓背，鬆弓弦，矢疾出，威力大，其快無比。

這一階段後期，可以做到眼神如捕鼠之貓，動作如翱翔之鷹，身形輕靈矯健，意識反應及皮膚觸覺十分靈敏，

運動出於無心，鼓舞生於不覺。

八、得機得勢，捨己從人

「得機」就是利用最恰當的時機。「得勢」就是得到己順人背的形勢。「捨己從人」意思是捨掉自己，以順從別人，隨順化解，不頂不抗。對方控制住我的梢節，我以肘肩來化解；控制住肘肩，我以胸腰來化解；控制住胸腰，我以襠勁與手臂來化解。

陳鑫在「單鞭」一勢中寫道：「擊首尾動精神貫，擊尾首動脈絡通，中間一擊首尾動，上下四旁扣如弓……」形象地說明要周身相隨，蓄發相變，捨己從人，順隨化解。所謂「借力打人」或「四兩撥千斤」，就是利用槓杆、滑輪、離心力、向心力、摩擦力等力學原理，使對方之力又加於對方之身，以我之小力擊倒對方。

這一階段，是由中圈到小圈時期。《拳論》云：「要想拳練好，除非圈練小。」

在這一階段練習時，外形要求輕鬆自然，舒展大方。內勁如行雲流水，連綿不斷。應用時勁由內換，一般人難以看出。這些內勁在體內的表現，像是一股熱流發於丹田，隨著意識的引導，由根到梢，由內到外，綿綿不斷地遍佈全身。每時每刻都有肌膚發脹、手指發麻、腳跟發重、拳頂發懸、丹田發沉、膀胱發熱的感覺。對敵時得機得勢，捨己從人，以得人為準，以不見形為妙。

九、身如火藥，一動即發

「身如火藥，一動即發」，是內氣充實飽滿階段技擊

179

功技篇

的形式表現。此段是太極拳的基本成功階段，功夫已基本達到剛柔相濟，周身肌膚充滿了內氣，已具有強大反彈力。只要對方之力一加我身，猶如火藥見火，轟然而發。

達到了這層功夫，周身內外已成為渾圓一體，猶如太極之象。在這個充盈的太極圈內，有純厚的真氣為根基，有旺盛的機能之氣為動力，有十二經絡聯繫內外，在意氣鼓蕩的作用下，使一切外業之力無法加於自身。不但不能使這個渾圓的太極整體遭到絲毫破壞，反而由於太極內氣的無窮威力，產生強大的反彈作用，使進擊者得到相反的效果。好像去擊打充滿氣的皮球一樣，用力越大，它跳得越高。另一種是太極渾圓一體的球形圓滑作用，遇有外力接觸其身，就會像旋轉著的圓球將它引化落空。

如陳發科在北京教拳時，弟子們紛紛傳說，陳老師背部有弩弓（所說的弩弓即是反彈力）。有一天，發科公對幾個好奇的弟子爽快地說：「來，你們一摸便知。」說著面壁而立，讓兩個身強力大的徒弟向後拉他，腳步絲毫未動。接著又叫徒弟們往他身上撞，不但絲毫不能撞動他，反而被他在兩腳未動的情況下，將徒弟們發了 3 公尺多遠。這說明太極內氣充盛了，就可以「遭到何處何處擊，我也不知玄又玄」。

在這一階段練習時，除了保持適當的運動量外，主要以培養本元為主。陳鑫說：「心為一身之主，腎為性命之原，必清心寡欲，培其根本之地，無使傷損。根本固而枝葉榮，萬事可作，斯為至要。」所謂「清心寡欲」「培其根本」「無使損傷」等，都說明在此階段更應注意心靜、神安、精固。只可培其不足，不可伐其有餘。《素問·上

古天真論》說：「恬澹虛無，真氣從之；精神存內，病安從來。以志閑而少欲，心安而不懼⋯⋯」

十、變化無方，神鬼莫測

「變化無方，神鬼莫測」，是形容拳術已達到爐火純青、登峰造極的境界。運動變化及技擊表現難以看出，難以意測。玄奧淵博皆在其中。人不知我，我獨知人。

練拳到此階段，功夫已經成熟，出神入化，奧妙無窮，舉手投足，皆能陰陽平衡，八面支撐；內氣已達皮膚之外，毫毛之間，外力雖未接觸皮膚，動觸毫毛即有感覺，隨即化勁發出，威力無窮。

陳鑫有詩贊云：「神穆穆，貌皇皇，氣象混沌，虛靈具一心，萬象藏五蘊。寂然不動若愚人，誰知道陰陽結合在此身。任憑他四面八方人難近，縱有那勇過人，突然來侵，傾者傾，跌者跌，莫測其神。且更有，去難去，進難進，如站在圓石頭上立不穩，實在險峻，後悔難免隕。豈有別法門，只要功夫純，全憑一開一合，一筆橫掃千人軍。」

太極拳的聽勁、懂勁

鍾振山

　　王宗岳在《太極拳論》中明確地指出，獲得太極拳法成就所必須經過的途徑是「由著熟而漸悟懂勁，由懂勁而階及神明」。由此可知，「懂勁」在太極拳法中佔有十分重要的地位。只有懂勁才能因人所動，隨曲就伸。因此，太極拳法將用感覺察覺對方動作的輕、重、快、慢及勁源動向，稱為「聽勁」。瞭解到對方的勁力情況，恰當地作出判斷，並根據對方的動向和企圖，制定出攻防方案，而制敵於未動之先，稱為「懂勁」。

　　太極拳法要求由黏走達到懂勁。拳論指出：「人剛我柔謂之走，我順人背謂之黏。」又說：「黏即是走，走即是黏。」對方用剛強的勁力進攻時，我用圓弧動作來承接，既改變其勁力方向，又不為對方所制，稱之為走。這就是化敵之勁，以柔克剛。黏即是制。只有我順人背，才可以制人。我得機得勢，對方失機失勢，我處於主動的地位，這就是順。反之，機勢有利於對方而不利於我，我處於被動，這就是背。我順人背的機會和形勢，是透過沾連黏隨的感覺而加以判斷的，也稱之為黏。

　　使用黏勁，應儘量掌握對方動作與勁力的運行過程。只要與對方沾接，就順其勢而迎就，因其動而屈伸旋轉，用走勁來調整自己的平衡，並探測對方情況，審機應變，

因勢利導。在黏走過程中，由於不丟不頂、遇勁即化，將會使對方的勁力不能達到目標繼續前進，或者中止其勁力而後撤，如此，都將改變其重心位置，為我破壞其平衡創造條件。

以上所述，沒有強調任何力大手快之處，完全是通過黏去達到以柔克剛、以小制大、以弱制強，其中關鍵在於「向不丟不頂中討消息」。由黏走達到「知己知彼」，因勢利導，深化懂勁之內涵。

聽勁要有定量概念，才有助於懂勁作出正確的判斷，制定符合客觀情況的攻防方案。任何一個力的組成都有三項要素：大小、方向和著力點，在力學上通常用向量來表示力。要想瞭解一個力，首先須與此力接觸，才能感覺到它的大小和方向，否則就是主觀上臆想和推測。所以，聽勁要聽著力點的勁力，「挨何處，心要用在何處」（李亦畬《五字訣》），而不是聽別處。掌握對方勁力的虛實變化，最關鍵的是著力點，必須把注意力集中在著力點上，務求精確地獲取此處勁力的大小和方向。

由聽勁來瞭解對方的勁力，其途徑原則上有：一是儘量延長對方的勁力作用過程；二是儘量增加自己對勁力的敏感程度。太極拳法規定採取用意不用力的原則，以增強對勁力的敏感度；採取由圓弧向直線轉化，以完成由防禦向進攻轉化。

太極拳法要求靈活，指的是人體的轉動和滾動，以及凹凸的虛實變化。轉動主要指腰部左右旋轉，滾動則指腕、臂、肘、膊的翻擲。轉動和滾動也是圓弧運動，使對方著力點沿圓弧軌跡轉移以致勁力失去作用。凹凸變化實

際是直線運動，使對方著力點做直線進退。

無論前者還是後者，都是針對具體情況，使進攻的勁力落空，破壞其進攻計畫。遇勁即化，或轉滾，或進退，不為敵力所困才是靈活。

太極拳法廣泛使用轉動，先順轉以化敵勁，再逆轉以擊敵身。掤、攦、擠、按必須貫徹以腰為軸的轉動；採、挒、肘、靠則不僅用腰，還要結合步法虛實轉換來完成各種轉動。例如，對方用大力作用於我時，只要著力點不落在通過重心的中垂線上，就可以用腰的轉動，化除對方的勁力而保持自身的平衡。由於我身體的轉動，著力點必然隨對方勁力在空間內位移，而不能直接作用於我的重心。著力點的位移，能使對方的勁力落空，身體騰虛。我則根據其失重情況，由防禦轉入進攻，向對方身體施力，這就是「引進落空合即出」。

滾動同樣也是圓弧化勁，只要順敵勁力而滾動，就能做到「擎起彼身借彼力」（李亦畬《撒放密訣》）。假設對方用大力作用於我手臂時，我以相應的肩、肘、腕關節為軸，順應敵力做滾捲，使其著力點落空，其身體則依慣性定律繼續前進，重心移動。此時，我只要有節奏地反向逆轉滾捲，就能使對方受到打擊或被我發放出去。順著敵勁為蓄、為合，逆敵力而去為發、為開。

著力點的改變，除利用圓弧變化外，還可利用直線變化（實際是形象上為直線的圓弧變化）。應用此種方法，主要是對著力點在我重心垂直線上時，先含胸拔背，沉腰坐胯，使其著力點微向後移，卸去來勁，隨即進擊。

由此可見，只要對方的勁力挨到我身體，我受力部

分，尤其腰胯部分，應隨其速度做圓運動，或左右水平旋轉，或上下垂直滾捲，先順其動以接定對方勁力，隨即轉移其著力點與作用方向，同時蓄勁待發。只要對方失去其正常位置，腳跟離地，即可順勢發放。

這種太極拳手法達到熟練程度時，就能夠在對方將發未發之際使我的勁力突然爆發，將對方如球彈出。

這種境界的獲得，必須在長期的聽勁和懂勁的訓練中，熟練地掌握動作和勁力的特點規律，確切地預測其虛實變化。又必須在長期行功走架中，提高腰襠勁的品質和全身的整體勁。

太極拳術中掌運八方，足行五步。透過掤、攦、擠、按、採、挒、肘、靠，以及拳架中擊人、拿人和發人的各種方法，可以表現出多種多樣的技擊形態。但是，都必須貫徹「柔中寓剛」「因勢利導」的戰術原則，在實踐中切實地進行聽勁和懂勁的訓練，達到知己知彼，並正確地對待矛盾，促進轉化，這是太極拳與其他拳術不同的主要特點。正是這種原因，太極拳推手才具有濃厚的趣味，引人入勝。

練好太極劍的要訣

沈　壽

　　太極劍，是太極拳派著名的器械套路。在太極刀、劍、槍、杆等器械中，素以太極劍流傳最為廣泛。傳統太極劍是在太極拳的基礎上發展起來的，其基本要領與太極拳是一致的。然而劍法畢竟有著不同於拳法的獨特要求，武術諺語說：「劍如飛鳳，又似游龍。」「劍似飛龍騰雲，刀如猛虎下山。」說明劍法也不同刀法。劍法特別強調「身劍合一」「尚活而不尚力」。

　　練劍時，首先要求周身輕靈，運行敏活，圓轉自如，身法與劍法協調一致。這就更需要注意神活意先，以意識引導行動，使動作變得敏捷，勁路剛柔相濟；逐漸做到輕靈柔順而不流於飄浮，從容沉著而不陷於重滯。

　　其次，如精神要提得起、呼吸要自然、劍法要準確等等。在應用上同樣是講究「沾、黏、連、隨」的。過去有的太極拳家把「太極十三劍」的對練稱為「太極黏劍」，原由即出於此。總之，練習太極劍的神態、姿勢和動作，都應似游龍飛鳳，要輕敏快捷而穩健不迫，內含抑揚頓挫而不失沾黏連隨。

　　再次，全身運動須以腰為軸，上下隨合，鬆腰活腕，勁由脊發，達於劍端，要做到「一動無有不動，一靜無有不靜」的基本要求。拳諺說：「拳技以眼為尊。」又說：

「眼為心之苗。」劍術自然亦極為重視眼法，要求做到眼、手、劍三者相隨。眼神雖以向前平視為主，但視線須跟隨劍指、劍尖與劍鐔轉動，瞻前顧後，左顧右盼，並逐漸達到精、氣、神與身、手、劍內外合一。拳諺說：「單刀看手、雙刀看走，寶劍看鐔，大刀看口。」這話簡潔扼要地說明了不同器械在眼神觀顧上各不相同的個性。

刀、劍對神形合一的要求是一致的，但神形合一的具體方法與風格都是有所不同的。刀、劍的握法也不盡相同，一般說，握劍的手要輕柔靈活，以使能運轉自如為原則；但也不可忽略「柔而有韌」。若柔而無韌，則器械經不住他人一格、一捲，器械被格即脫手，那自然就談不上克敵制勝了。

一般握劍是以拇指、食指、中指三指為主，其餘兩指為輔。掌心要含虛，而不可捏實。此外，從技擊角度看，握劍的食指也不宜伸展地貼放在護手（即「劍格」）上面。若把食指伸展壓貼在劍格中端，這雖有助於初學者穩定劍的運行線路，但若以技擊分析，那無異於「請人斷我食指」。

劍術也如此，凡在練劍時違反了劍術規律，也就失去了緊湊而逼真的藝術和技擊價值，這一點是初學的人必須明白的。否則日後把太極劍練成大砍大劈，吞吐威猛氣壯，成猛虎下山，這樣雖勇悍威武有餘，但離太極劍術的規律就太遠了。同時，內、外功劍法各有特色和長處，在原則上是與各自的拳法配套成龍的。

練一趟太極劍的正常速度比太極拳要快些。但初學時寧慢勿快，慢則動作分明，姿勢容易正確。太極拳、劍都

有抑揚頓挫的特點，不論太極劍的分支流派如何，在總的外觀上都要做到節節貫穿、綿綿不斷、柔和順暢、一氣呵成。即所謂「如長江大海，滔滔不絕也」。因此，在定勢時要似頓非頓，有明確的落點，而無強拗斷離的痕跡。變式圓活，剛柔內含，運行應用自如。

學習劍術套路，先求姿勢正確，動作熟練，這在術語上叫做「搭架子」；然後進一步分析研究劍法作用，逐步摸索和掌握用勁的規律，這在術語上叫做「練架子」或「摸勁」。當然，真正要做到「由著熟而漸悟懂勁，由懂勁而階及神明」，那還得輔以劍術競技活動。但若單純以鍛鍊身體出發，練習套路積功日久，自也能在演練中達到動靜相生、剛柔互濟、姿勢優美、動作自然的要求了。

學習太極劍的人，最好先把太極拳學會，鞏固一年之後，再去學習劍術，這樣在教學上就事半功倍了。

陳式太極拳技法談

朱天才

陳式太極拳在技擊中，須遵循「引進落空，借力打人」「彼不動，己不動；彼微動，己先動」和「隨機應變」等原則，透過手、肘、肩、胯、膝、足，外加掤、閃、驚、迭、引、化、聽、黏等方法進行對抗。

一、手

手為攻擊防禦的第一道防線。進擊方法可分為抓、拿、摔、打、撅、按、採、挒八法。

1. 抓和拿

一般雙人在對抗時，抓住不丟，拿住不放，你撕我拽，以力取勝。而陳式太極拳的抓拿，是抓筋拿脈。拳論講：「要想拳練好，除非圈練小。」以腰為主，運用螺旋纏絲勁練習抓拿，抓拿的纏絲圈愈小愈好，運用寸勁、合勁、抓勁，使對方不能動，一動疼痛難忍，猶如斷裂；拿脈，可使對方四肢無力。如被對方抓拿，可運用聽勁走化，變為反抓拿。抓拿必須由長期練習，掌握一定的功夫，方可使用。否則會錯之毫釐，謬之千里。

2. 摔和打

「摔」，是在對方用力來推我身體的某一部位時，借對方的力，雙手配合轉腰，順勢加速將對方摔出。速度要

快，發勁要短，力點要準。

「打」，主要指拳和掌擊打方法。拳的打法很多，有沖拳、貫拳、栽拳、崩拳等拳法，掌有推、撩、砍、刺、穿、拍等技法。掌和拳的用法很廣，對人體各部位均可使用。但要求「用拳不見拳，用掌不見掌」，隨機應變，靈活運用。

3. 搌

「搌」，是太極拳中常見的一種技擊手法。搌有上掤搌（走上弧），下掤搌（走下弧）。以腰帶臂，氣貫於雙手，將對方的勁順勢接過來，再順勢送出去。運用得法，可化險為夷。

4. 按

「按」，是太極拳推手中最常見的手法之一。顧名思義，有壓並含「封閉」之意，因此，此法攻中寓防。「按」是摔、點、推等技擊手法的先鋒，靈活易變。

5. 採

「採」是雙手上下相合，以腰發力，催達於雙手及膊，運用短勁及槓杆原理，來控制對方的動作。可先用手控制對方梢節，以便使用採法，這種手法，圈小、勁短，動作微妙而快速。

6. 挒

以腰部的纏絲螺旋勁將對方來力滑空，順勢擊發為「挒」。若對方封住我的雙手，則用迭法使對方落空，將勁收回，此時順勢擊發也為挒。這種手法和身法，要求十分精巧，用之得法，可以小制大。

二、肘

肘法在太極拳技擊用法中佔有極其重要的地位，是攻擊和防禦的第二道防線。常言道：「寧挨十手，不挨一肘。」肘的用法比較厲害，它的攻擊部位主要在軀幹。陳式太極拳有腰攔肘、順攔肘、穿心肘、豎肘、後肘等不同角度的肘法。肘的運用，可分為寬（平面）、窄兩面。寬面指從手腕到肘尖之間的部位，寬而平，使用時的殺傷力相應較小；窄面，指肘尖，其殺傷力強。輕者可致人內傷，重者可讓人斃命，因此切不可輕用。

三、肩

「肩」，也是太極拳技擊用法中最重要的進攻部位。「肩」在此特指膀頭。「肩」的技法主要表現為靠。如：左右前肩靠、左右側肩靠、左右前胸靠、左右背折靠，還有迎門靠、十字靠、七寸靠等。拳論講：「遠用手，近用肘，沾身用靠無處走。」肩靠在用法上也有寬、窄面之分。肩峰為窄面，其他部分是平面。「靠」在實際運用中不容易用上，必須經由長期的專門訓練、指點，內氣充實，隨用即發，方可達於肩部的靠勁。陳式太極拳總歌中講：「藏頭蓋面天下有，攢心探脅世間稀。」武術中用靠是比較少的，且不易練，因此太極拳的靠具有獨特之妙。

四、胯

「胯」，即胯打。胯的轉動不但使腰、腿的靈活，在貼住對方身體或在推手時，可用胯打攻擊對方的腰部和腿

部，破壞對方的平衡，並配合其他手法的運用，其效果更妙。

五、膝

拳論講：「足來提膝，近便用膝。」在防守上「足來提膝」是以腿破腿之法，同時還可對付對方的撩陰腿，起到護襠的作用。「近可用膝」攻，可上頂其襠、腹，裏剋外擺，還有跪膝等可起到控制對方膝關節的作用。

六、足

「足」是步型、步法的根基。根基不穩，步法必亂；根基穩固，勝者進步占勢，佯敗退步避鋒。足和拳一樣靈活，技擊變化無窮。拳論講：「遠可用足，近可用膝。」遠，足可蹬、踢、彈、踹、掃、裏合、外擺等；近，有勾、掛、踩、踏、跺等法。

七、掤

「掤」是太極拳中重要的技擊方法之一。「掤」顧名思義如雙手掤物，下按上掤之意。「掤」這裏不僅指是一種掤勁，在陳式太極拳中講：「渾身上下處處都有掤勁。」不管對方抓、拿、打、按、推都應用「掤」勁結合丹田之氣來化空對方的力，如用於進攻，「掤」又可在封閉之中求進擊。

八、閃和驚

「閃」和「驚」是陳式太極拳技擊上的心理戰術，也

稱「心法」。是以弱勝強，以小勝大，避實擊虛的高級技巧。「閃」以避實擊虛。對方擊來，我改變方向、角度和力點，使對方勁力落空，思想上大為震驚，心慌意亂，我可隨機迅速發勁。動作小、速度快，乃閃避驚取之法。

九、迭

「迭」是陳式太極拳中最重要的技擊方法。什麼叫「迭法」？就是運用虛實、屈伸、進退、收放、引擊、剛柔等陰陽之變。迭法的運用，並非容易，必須透過長期鍛鍊，達到內外合一時，交手才能靈活運用、得心應手。太極拳技擊，退意在進，引意在擊，守意在攻，化意在打。這些技擊方法在發生變化的一瞬間，就是太極拳中的迭法。所以，練拳全在用迭法，不懂迭法枉徒勞。

十、引

「引」，即誘敵深入之法。拳理講「引進落空」，就是將對方的勁誘進來，用螺旋勁使對方的力落空，再配合別的打法，戰勝對方。陳式太極拳的每著動作都有「引」勁，就是將對方的勁引過來，然後用不同的技擊方法發出去。所以在交手時，不進不能引，不引不能空，不空不能擊。陳式的每個動作都應細心揣摩，狠下工夫，才能得其奧妙。

十一、聽和化

「聽」，指聽勁。由聽勁的方式來瞭解對方勁的來龍去脈，從而「化解」對方的勁。太極拳的聽勁不是用耳

193

功技篇

聽，而是在接觸對方時利用皮膚的感覺來判斷對方勁的運行方向。這種「聽」勁，是在練拳中放鬆入靜，以意貫注，按規矩練習，逐漸產生的一種輕靈而又沉重的富有彈性和韌性的內勁。「聽」勁的能力愈強就愈易將對方的勁「化」掉，從而達到以弱勝強、以小勝大、以柔克剛的技能技巧。

十二、黏

「黏」是太極拳的上乘功夫，是連、隨、綿、不丟、不頂及各種技法綜合反映的高級階段。相傳太極拳先輩有「一羽不能加，蠅蟲不能落」「黏住不能走」等故事，是否有誇張，令人難言。

總之，太極拳的技擊方法很多。拳論中講：「太極拳無處不是圈，無處不是拳。」所有的技法都脫離不開纏絲勁，而各種技法又應相互配合，靈活運用，才能取勝。

太極拳兩手「相吸相繫」析

張志俊

　　在太極拳運動中，我們要求兩手間的運動要做到「相吸相繫」。何為「相吸相繫」呢？從外形上看，有人概括為兩手間運動的協調一致；從練拳人的自我感覺或從內力上講，有人把它描述為：兩手之間好像拉著一個橡皮筋，既有外張力，又有吸引力。

　　兩手間的協調一致，使太極拳運動有了韻律和美感，而兩隻手之間有那種吸引力和張力，不僅使人感到內氣的流動，同時又使得太極拳有別於舞蹈、體操和其他運動形式，具有山岳的凝重和大江大河的渾厚。這些都應該說是做到了兩手「相吸相繫」才會有的效果，也是太極拳的魅力所在。但是，這些還不是「相吸相繫」的真正含義。

　　太極拳首先是一種拳術，兩手的「相吸相繫」最初應出自於太極拳的攻防考慮。上肢是人們進攻和防禦的主要武器，而手為上肢的梢節，更是防禦和進攻的「前沿士兵」。所以兩隻手運動的好壞將直接決定著攻防的效果。故太極拳兩手間的「相吸相繫」可以理解為太極拳攻防中兩手運行路線的合理性與完美性。

　　兩手間合理的運行路線包含三種基本運動形式：雙開、雙合、一開一合。這裏我們首先定義：手走離心力向離開身體的方向運行謂之開，手走向心力向接近身體的方

向運行謂之合。

雙開：

兩手同時螺旋纏絲弧線遠離身體。如「前趟拗步」為平行雙開，「白鶴亮翅」是斜向雙開。

雙合：

兩手同時螺旋纏絲弧線接近身體。如「懶紮衣」中間的雙合，「初收」之雙合等等。

一開一合：

拳架中的一開一合更為普遍。可以分為三種形式：

1. 兩手向左右方向的平行弧線運動。一隻手遠離身體，另一隻手接近身體。如「斜行」「披身捶」等，兩隻手的運行路線永不交叉。

2. 兩手前後的交叉運動。如「懶紮衣」「倒捲肱」等。這種勁別比較多且實用，既能打又能化（拿）。

3. 兩手的上下運動。如「金雞獨立」「金剛搗碓」等。

雙開、雙合產生對稱勁，一開一合產生通臂勁。

開為發、放、打；合為蓄、收、化（拿）。

太極拳乃開合拳。太極拳自始至終貫穿著開合運動，當然，這種開合併不僅僅是兩手的開合，而是全身的開合，開合品質的優劣就是你太極拳水準的高低。本文限於篇幅，只討論雙手的開合和雙手在開合運動中如何做到「相吸相繫」。

太極拳中對兩手運動的基本要求是：螺旋纏絲、弧線運動和產生六個方向。

「纏絲勁」是太極拳所特有的勁別，陳式太極拳又格

功技篇

外強調螺旋纏絲的運動形式。螺旋纏絲不僅表現在雙手上，雙腳也有纏絲，全身處處都有纏絲，但是雙手纏絲表現得最為明顯。小指領勁為順纏；拇指領勁為逆纏。一動即有纏絲，非逆則順，否則就不叫太極拳。

「弧線運動」指的是手的運行路線不能直來直去，這也是太極拳區別於長拳的一個主要特點。太極拳在走化要時時貫徹這個弧線運動，只在打擊或發勁的一剎那，手走的是直線，這叫「出方」。出了方即產生了斷勁，但我們可以用一個折疊把斷勁接起來，使之重新回到弧線運動上來。這個弧線運動使得太極拳的攻防技巧變化莫測，奇妙無窮，使太極拳產生了「化打合一」「四兩撥千斤」的獨特韻味。

「產生六個方向」，是對手的運動的比較高級的要求。手的運動方式可以直來直去，這叫兩個方向，這不是太極拳的勁。也可以走四個方向，這就可以構成平面的圓弧運動。這個平面的圓弧運動具有一定的威力，但是對手可以跟上你、隨上你，如有「沾連黏隨」的上等功夫你就沒辦法。

但是，手的運動如果有六個方向，也就是說手的運行路線是一個立體的圓的話，他要跟上你就非常困難。因為對方的大腦不容易進行判斷，加上點速度對方就會不知所措。這六個方向是：前、後、左、右、上、下，而且，前後是本能，左右是技巧，上下是奧妙。讀者可自行體會。

兩手在開合運動中，僅有手上的螺旋纏絲、弧線運動和產生六個方向還不夠，還要遵循以下原則才能叫「相吸相繫」。

197

功技篇

1.要以手領勁

以手領勁是指手的運動與全身運動的關係，手的運動在全身的運動中必須是主動的，是龍頭作用。這與以腰為主宰的理論並不矛盾。

我們主張上肢各關節的運動方式是：手領勁、肘定位、肩放鬆、腰分配，加上周身的協調。反對腰催肩、肩催肘、肘催手的方法。這種方法一是在時間上慢了幾個拍節，開合速度慢，轉換速度慢，因此攻擊打不上，引化易被動，組織第二次打擊的時間長；二是將手放在了從屬的地位，它要服從於肩肘的統領和安排，這時講兩手間的相吸相繫還有何意義？

2.要分出輕重

太極拳要求我們「輕沉兼備」，這個「輕沉兼備」指的就是手的運動規律。也就是說兩手在運動中必須分出孰輕孰重。其標準是什麼呢？

我們規定：雙腿承載身體重量時，上升手為輕，下降手為重；兩手平行移動時，身向左轉，則左手為重，右手為輕；身向右轉，則右手為重，左手為輕。如果單腿支撐全身重量時，則對應的上升手為重手。如「金剛搗碓」和「金雞獨立」。手上分出輕重的目的是為了定腳下的虛實，達到周身的協調。

3.要分出主次

將兩手分出主次是為了兩手分工明確，各負其責。我們將兩隻手在不同的時間和位置時分別稱為「指導手」和「打擊手」。「指導手」和「打擊手」的定義非常簡單：身向左轉則左手為「指導手」，右手為「打擊手」；身向

右轉則右手為「指導手」，左手為「打擊手」。

在太極拳的攻防實戰中，「指導手」與「打擊手」的合理配合，可以演繹出令人眼花繚亂的招式技法。實戰應用中，「指導手」的作用重於「打擊手」。因此，兩手在太極拳運動中的主次就可以分出來了。

4.要節節貫穿

兩手之間的開合必然要帶動兩肘、兩肩之間的開合。但要注意兩手間的開合決不能用兩肘、兩肩的開合來催動和代替。也就是說手要先走，肘可隨之，肩可伸展以策應。這時，你的腕關節、肘關節、肩關節是同時在做著旋轉和伸展的運動，這就叫「節節分家」和「節節貫穿」。不能上臂一掄，手肘齊動，這不叫「節節貫穿」。「節節貫穿」可以使你的進攻更加巧妙，可以使你的防禦更加靈活。

5.要開合同步

兩手的開合運動貫穿了太極拳運動的始終。被稱為不同的拳式名稱就是兩手（當然還應是全身）不同的開合形式。因此，一個具有特定攻防含意下的開合必須是完整的、同步的。

初學者往往出現一個開合動作左手到位了，右手尚未到位，或是一隻手運動了，另一手在靜止，或者是相反的情況，這就是開合不能同步，那麼，這種開合在攻防中就無任何威力可談。

6.要路線對應

太極拳中兩手運行的路線除了要保持弧線之外，其運行路線應該保持一種對應關係。這種對應關係就是雙開、

199

功
技
篇

雙合、一開一合三種情況之中的一種。兩手向同一個方向的弧線運動是對的，兩手向相反方向的弧線運動也是對的，但是，如果你左手運行的路線是前後方向，而右手運行的路線是左右方向，那麼，兩手運行的路線就不是對應的、是矛盾的。

在實戰中，即使你的兩隻手的運行路線有了那麼微小的夾角，出現了直線、平面、斷勁，則攻防的威力就會大打折扣。

7.要轉關或勁力同步

太極拳運動中，兩手的前一個動作與後一個動作的連接靠轉關來實現。兩手的轉關需要同步。轉關做到了同步、協調，你的拳架必然看起來自然，順暢，轉關的同步在攻防實戰中的作用就更大了。

一個轉關化對方的進攻於無形，一個轉關你的防禦轉成了進攻；你的進攻轉成了防禦，化變成了打，打變成了拿；萬千變化，都要靠轉關來實現。但有時會出現一隻手需要轉關，而另一隻手不需要轉關的情況，此時不須轉關的手仍須做微小的調整，以便與轉關的手的勁力的方位保持一致。

兩手同時轉關見於大多數情況，而這時兩手的轉關是否同步則是衡量轉關品質的一個重要指標。

8.要互為照應

在太極拳運動中，兩隻手無論做怎樣的運行，其目標只有一個，那就是破壞對方的平衡，保持自身的穩定。為了實現這一目標，兩手之間必須相互配合，相互照應。在同一時間，一隻手的運行可能是為了另一隻手順利地實現

它的戰略意圖；換個招式，另一隻手的動作就是為了這隻手完美達到它的目標。

一隻手在攻擊或防禦時，另一隻手作壁上觀是不對的，平均分配注意力也是不對的。由於兩手之間的散亂不配合而導致自身力量的相互矛盾、抵消，就更不對了。這是初學者在推手中最容易出現的毛病。

「相吸相繫」是兩手之間符合太極拳要求的一種協調關係。兩手在攻防意義上的協調有其自身的規律，有自己獨特、合理的運動形式。遵循了這一規律，兩手運行路線的不同組合（當然還應包含身法與步法的各種規律和要求），就可以演變成千變萬化的招式技法。

這也就是人們常說的，可以變有招到無招，處處無招又處處有招，那麼你的進攻與防禦便能夠做到輕鬆、瀟灑、自如。遵循規律、多思善悟還能進入化境，亦即進入太極拳的高級殿堂。

太極拳的「內外相合」

翟維傳

　　武式太極拳在修練要求上特別注重「內外相合」。內是充盈於身體內的內功，外是指身體的四肢軀幹，運動時以內動帶動外形，達到內外合一，才符合武式太極拳「內外相合」之要求，達到「周身一家」之境界。要達到「內外相合」，筆者認為應從以下幾個方面去認識和探討。

一、要認識內與外的關聯

　　太極拳在運動時要求做到「內三合與外三合」相互協調。「內三合」是神與意合、意與氣合、氣與力合，都是以體內而言。武式太極拳除開、合、隱、現，使周身骨節和肌肉群進行開展、收縮運動外，還結合開呼、合吸，使橫膈膜升降，起到上承下壓的作用，促使胸、腹、腑亦隨著蠕動，這樣即形成了周身骨節、肌肉群、五臟六腑的「一動無有不動，一靜無有不靜」的協調運作。神、意、氣的諧和，能使機體的內在功能系統逐漸同化，產生中和之氣，周身各部都得到鍛鍊，精力充沛，動作靈敏。

　　拳論講：「精神能提得起，則無遲重之虞。」「神為主帥，身為軀使。」意是心、神發出的指令，是大腦產生的本能，意可調動周身的運動。拳論講「意動身隨」，神與意是密切相連的，有心神之令，才有意動，只精神無意

念，則無有方向，必致散漫，只意念無精神，神不能內固，氣必散亂。所以，神與意要合。在神的統帥下，具體行功中，太極拳要求處處意念在先，每一動都要有意念來支配。意是無形的想像力，不可能產生功能，需要用氣來引導。氣是人生的生命之源，無氣，人就無法生存。而太極拳是以神意引導修練產生的中和之氣，使之運行轉動，每一動作意到氣到，以氣運身，可使周身舒通靈活。

氣與力合產生內力，此力與身體固有拙力和僵勁不同，太極之內勁是以神意引導，收斂入骨，氣隨意運，毫無阻滯，行功時即可「意到、氣到、勁到」，此勁如百煉鋼，無堅不摧。

「外三合」即手與足合、肘與膝合、肩與胯合。手與足在運動時要上下相隨，要相吸相繫，足到手到。兩手的陰陽開合與兩足的外擺內扣相結合，是完成沉肘與裹襠身法的前提，在技擊中肘膝至關重要。肩與胯的相合，是保持身體中正不偏、不前俯後仰的關鍵，肩與胯要有相繫之意，運作時要以胯帶肩上下齊動，其運用乃以腰為主宰，上中下三節相適應，四肢的根、中、梢三大關節又要做到交叉神經脈絡的組合，這樣在技法上又是完成左顧右盼及複合勁變化的組合。

「肩與胯合」，在身體轉換時上肢根節的肩井穴與下肢根節的環跳穴左右交叉相合；「肘與膝合」是上肢中節的曲池穴與下肢中節的陽陵泉穴交叉相合；「手與足合」是上肢梢節的勞宮穴與下肢梢節的湧泉穴左右交叉相合。只有這樣，方可達到身體的整體性及上下肢的相合度，構成手足圈、肘膝圈、肩胯圈的三道防線，使對方難於進

功技篇

攻。正如拳論所講「上下相隨人難進」。

外三合既是產生體內意氣運行的外在基礎和條件，又是形成周身一家的結構基礎，也是內勁形成的重要組合。所以，在太極拳的修練中，椿功、走架的重要目的，即是使肌體逐漸自然地符合內外三合的要求，使內外三合協同一致，這樣無論在健身上與技擊上都能收到很好的效果。內外三合實為表裏，不能偏廢，所以要內練神意，外練肢體，內外兼修，才可達到內外合一。

二、要理解太極拳的整體性

首先應從身體整體的運動上去要求。王宗岳《太極拳論》講：「一動無有不動，一靜無有不靜。」武禹襄拳論中講：「虛實宜分清楚，一處自有一處虛實，處處總此一虛實，周身節節貫串，勿令絲毫間斷。」李亦畬拳論中講：「一身之勁練成一家，分清虛實，發勁要有根源，勁起於腳根，主於腰間，形於手指，發於脊背。」這些先哲的名言要旨均指在習練時，每一動，全身內外各部位都在動，而不是局部肢體運動，周身肢體系統協同運作，就會產生形整勁力的效果。

在整體的運作上，必須認識到身體的鬆柔與勁整兩者的相對關係。鬆柔並不是鬆懈，而是指肌肉、關節和情緒上的放鬆，這樣可使氣血周流無滯，促進血液循環，加強肢體的彈性，故而起到防病治病、增進健康的作用。在技術上，由於肌體處於鬆柔狀態，能增加皮膚的感覺靈敏度，在運作上能發揮出高度的順遂和圓活性及其支撐力，這樣更有利於做到肌體內的意氣鬆沉。

意氣的鬆沉是完成走化、蓄勁、沾制的必要條件。在周身任何一處受力時，皆可通過瞬間的陰陽、鬆沉、調整，使意氣通達至足，配合肢體的協調運作，既可實現走蓄、沾制功法的完成，同時又加強了下盤樁基的穩固，使意氣沉於腳下，達到勁從腳根起，這即是大周天及意氣圈的形成。鬆不是目的，鬆是為了更好地使身體內外協調運作，產生整體效應。勁整，在太極拳技擊中才能發揮出能量，它來源於內外三合的修練。

內三合是神、意、氣的協調配合，是產生內在中和之氣的基礎；外三合是產生勁整的外在結構基礎，由修練，當內在中和之氣能支配外在形體結構、內外能協同運作時，產生形整效應，實現了勁整。太極拳的作用力與反作用力的用力方法，是由身體內外協調運作、各部節節貫穿而發出的無限量之功力，而不是局部運動所能獲得的，所以，要做到勁整及內勁的「渾圓一體，周身一家」。

三、要認識它的內涵與修練

太極拳功效主要是實現養生與技擊兩個方面，而養生則是太極拳修練的功用之本。追求養生功效，要做到內固精神，外示安逸，培養內氣，運化於周身，實現練精化氣、練氣化神、練神還虛、返本還原、循環無端。

太極拳的形體修練包括外形與內形，外形是形體的框架，內形是形體的身法要求，包括含胸、拔背、鬆肩、沉肘、提頂、吊襠、騰挪、閃展、裹襠、護臀、氣沉丹田、尾閭正中、虛實分清十三條要求。

身法是太極拳內涵的重要組合。由於形體是完成身法

205

功技篇

的外在基礎，神意是身法之內涵，所以，形顯於外，神藏於內，十三條身法相輔相成，互相影響，互相滲透，對習練者至關重要。如能做到尾閭中正，便能夠「立如秤準、活似車輪」，全身輕鬆自如，支撐八面，又是做到身體鬆沉的關鍵。

具體做法是：腰胯放鬆，使尾骨根前送，內意托起小腹，使臍輪內斂，臀部向前內斂，會陰內收，使襠吊起，腰胯鬆沉，兩股增力，下盤穩固，命門後撐，打開「玉枕關」，接通任督二脈，提擎周身，神貫於頂，使意氣上下通達，使體內功能系統達至中和，產生中和之氣，進而支配形體的運作，使內外達到協調，即內外相合。

形體是內涵得以顯現的場所，拳架及身法做的正確，人體氣機運行才有順暢的通道，才能產生內在的中和之氣，才能給形體修練賦予活的靈魂。

太極拳又可稱為圓的運動，每一動作都是在神意指導下，意氣作運轉旋繞的軌跡，是以內帶外纏繞絞轉，是在無數大小螺旋式的變換運作中進退曲伸，形成圓形運動。運動中又分外旋與內旋，武式太極拳中稱外旋為開，內旋為合。在氣的配合上，開為呼氣，合為吸氣。太極拳在運作中之圓，又可隨時轉變為直線，這是曲直兩者的矛盾統一，正如拳論講「曲中求直，蓄而後發」。

太極拳的陰陽、虛實、轉換及開合、蓄發等，都與圓的運作分不開，所以，過去老前輩在功法傳授上有「畫圈」之說，在習練時必須先把圈畫圓，處處以圓為前提。

首先從外圓開始，應在外三合的基礎上求肢體外形之圓，畫圈的幅度要大些，日久，再使圈逐漸收小。正如拳

論中講「先求開展，後求緊湊」。先使肢體運作之圓來配合內三合意氣圈的形成，使精神意氣隨著外部肢體之動來形成圓的運動，在體內意氣的運轉與外部肢體的畫圈相協調後，逐漸達到得心應手、內外相應的程度，即可產生中和之氣，達到以心行氣、以氣運身的境界。

勁圈的形成，在技擊中不易犯丟頂、凸凹、缺陷、斷續之病，在運動中能做到邊化邊打、邊打邊化的作用，達到陰陽相濟，可使對方之來勁，成為我動作弧線上的切線，使對方之勁隨著我的接力點而失去自身的平衡和穩定，達到引進落空、借力打人之目的。

當內在的中和之氣能支配外在肢體結構，即中和之氣與肢體系統的協同運作相諧時，完全實現了以內動帶動外形及「內外相合」之要求，到此地步，實現身隨意動，意動身隨，變化自如，做到一片神行無形無跡，一舉一動自然已達到全身渾圓一體的境界。

內外勁圈的形成，在健身上使神形相依，神意內斂，實現「督生任降」，周身舒暢，內固精神，外示安逸，腹內鼓蕩，無內無外，自然使身體置於陰陽平衡狀態，真正做到得其理（精氣神）促其表（筋骨皮），達到提高生理機能的潛力，使神經、骨骼、肌肉發揮出巨大的潛能，最終達到強身健體、防病醫身的目的。

「太極腰」的修練

宛　生

太極拳特別注重腰部活動。經典著作中講得很多，如「腰為主宰」「腰為驅使」「源動腰脊轉股肱」「刻刻留心在腰間」等，都是說腰在太極拳運動中的重要性。

但據觀察，不少練拳者，特別是初學者對此還不夠明確。有的立身不正，歪歪斜斜；有的不知鬆腰鬆胯；也有的只知旋臂而不知轉腰，動作顯得彆扭、僵硬。分析原因，主要是對腰部活動在太極拳運動中的地位、作用和基本要領認識不清所致。

正是：練拳不練腰，終生藝難高。筆者願以自己的體會和淺識拙見，向拳友們討教。

一、腰部運動的重要地位和作用

概括起來，主要有四點。

1.腰部起著承上啓下、維持身體姿勢和傳導重力的中樞作用。

它把上體和下肢兩部分緊密地結合為一個有機整體，也是比較集中地反映身法技巧的關鍵。它對帶動和調整全身動作的變化、重心的穩定以及推動勁力到達肢體各部分都起著十分重要的作用。

只要腰部一動，全身其他部位皆相適應，無有不動，

功
技
篇

形成上肢、下肢、軀幹完整協調的運動。上肢運轉要求轉腰旋脊，以腰帶臂，腰領手隨；下肢運轉要求以腰帶胯，以胯帶腿，以腿帶足。因此，套路中各個拳式正確手法和步法的變換，都必須依靠腰部不停地靈活運轉來完成。同時，腰部還能運丹田之氣到達四肢百骸，從而形成周身完整一氣。

2.腰部起著蓄勢發勁作用

拳論曰：「勁起於腳跟，主宰於腰，發於脊背，達於兩膀，形於手指。」又說：「掌、腕、肘和肩、背、腰、胯、膝、腳，上下九節勁，節節腰中發。」勁法中也強調，以縮腰、擰腰配合蓄勁，以舒腰、轉腰配合發勁。這既是太極拳的發勁特點，也是太極拳發勁時應遵循的一條規律。因此，太極拳八種勁法雖然都形於手、臂、肩、肘，但勁力源頭均發自腰部。

例如掤勁，雖然「掤在兩臂」，但主要靠腰與意氣相配合發出的勁力掤架對方，並借機擊之。

搌勁，雖然「搌在掌中」，但主要靠轉腰坐胯順勢將對方引至自己下盤一側，化解和防禦對方攻勢。

擠勁，雖然「擠在手背」，但主要靠腰椎後弓之勁，手腳並進，合力向前擠擊。

按勁，先師們明確指出了「按在腰攻」，靠腰勁帶動全身整勁，用雙手向前按擊對方。

其他採、挒、肘、靠，也主要以腰腿勁為基礎，加上內氣的鼓蕩，以全身的彈性勁、爆發力，快速準確地將對方彈出。這都充分說明腰是勁力之源。

只要腰力運用得當，就可使周身力量集中於一點，戰

勝對方。例如野馬分鬃，不論左抱右分或右抱左分，腰部旋轉、腰部發出的力量都起主要作用。同時，按腰送肩還可放長兩臂，延長進攻距離，有利於擊打對方。

3.虛實轉換全靠腰的活動

分虛實是太極拳的一大特點。而分清虛實主要靠腰部轉動的靈活、敏捷和鬆沉。以兩腿為例，腰部向左轉動，身體重心落在左腿，成為主要支撐體重的腿，左腿就為實；右腿只起輔助支撐作用，就為虛。反之，腰部向右轉動，身體重心落在右腿，成為主要支撐體重的腿，右腿就為實；左腿只起輔助支撐作用，就為虛。

這樣，兩腿一虛一實地相互交替，自始至終伴隨著整個套路動作的進行。由於分清了虛實，用力就能做到主次分明，有張有弛；區別對待，就能進退輕靈、鬆活，圓轉自如；也便於以柔克剛，化解來力，身體基礎穩固，經常處於端正安舒狀態。

4.有助於增進身體健康

腰部的左右旋轉，可以鬆弛腹肌，增加彈性；可以活動五臟六腑，內氣流暢，增強腎功能，刺激脊髓神經和植物神經；可以疏通經絡，調和帶脈，促進血液循環，加快新陳代謝；可以使腸胃得到自我按摩，消除腹內器官淤血，推動腸胃蠕動，促進消化，增進食欲。特別是對腰背病痛的防治更有明顯作用。

二、太極拳運動對腰部的基本要求

正確的腰部姿勢，我認為應是鬆活、正直、沉穩。拳論曰：「腰如車輪。」「腰如纛。」前者言其鬆活，後者

言其正直。

鬆活就是鬆腰鬆胯，使腰部肌肉自然放鬆，提高腰部活動的靈活性。正直就是腰脊豎起、挺直，儘可能地減少腰彎，使腰弓的凹陷處舒直，「脊樑」與尾閭保持正直。沉穩就是塌腰，腰胯微微下坐，使氣沉丹田，兩足有力，下盤穩固，柔中帶剛。顯示出沉實的內勁。上肢旋繞不飄浮、不搖晃。

做到了上述這些，腰部姿勢就會自然正確，就可達到「身形腰頂」「支撐八面」「腹內鬆靜氣騰然」的地步。如果腰部姿勢不正，尾閭也必不能中正，既不雅觀，且易為人所制。同時，神必不能貫頂，勁力也必然不能由腰脊而發，也做不到周身完整一氣，四肢定會顯得軟弱無力。正如先師們所說：「有不得機得勢處，其病必於腰腿求之。」因此，歪斜、曲腰、扭臀等均在《內家拳十四禁忌》之列。

三、科學地處理好五個問題

要充分發揮腰部功能，必須科學地處理好五個問題。

第一，加強腰部柔韌性鍛鍊。

這是基本功，也是練好太極拳的關鍵。主要方法有：

1. 前俯腰。兩腳併步站立，兩腿自然伸直。雙掌上舉，然後上體向前下俯。兩手貼著地面，年輕人還可以抱抱腿。

2. 後仰彎曲。上體儘量向後仰，使腰部後弓。彎曲角度大小，要因人而宜。

3. 左右側弓。兩腳開立。左側弓，左手插腰，右臂經

頭頂弧形向左肩方向伸垂，腰部向左側屈弓；右側弓，右手插腰，左臂經頭頂弧形向右肩方向伸垂，腰部向右側屈弓。

4. 左右輪轉（也叫甩腰）。兩腳開立。兩臂同上伸直，然後腰胯微微向左旋轉，兩臂隨勢向左、向下、向右、向下翻轉繞圓，停於頭頂。再用同樣方法向右旋轉、繞圓。旋轉時兩臂儘量增大繞環幅度，但應自然，不可僵直。

5. 轉腰雲輪。兩腳開立，原地不動做左右雲手式數遍。

6. 左右擰腰轉體。兩腳併立，兩手插腰。腰胯向左後擰轉，力爭看見右腳跟；腰胯向右後擰轉，力爭看見左腳跟。不論向左擰轉或向右擰轉，均要求身正腰直，提頂吊襠，兩腳不得移動。

上述六法，都是以腰部的髖關節為軸進行的。擺動了腰胯，增強了腰脊關節的潤滑，肌肉會更加柔韌，更有彈性，腰力也會大大提高。

第二，上體一定要保持端正自然。

虛領頂勁，含胸拔背，沉肩墜肘，脊柱挺直，不前俯後仰，不左右歪斜。演練中，一舉一動，無論前進後退，左轉右旋，上上下下，四肢動作如何，都要做到肩與胯合，頭頂、軀幹到尾椎始終保持在一條垂直線上。上體中正了，也就為腰部的中正創造了條件。否則，撐不直脊樑，也就挺不起腰杆。

第三，腰部轉動幅度、腰力運用要適當。

具體講，腰要圍繞身體縱軸線（從百會穴到會陰穴的

上下一直線）轉動，轉動幅度以轉動輕靈自如、連貫圓活為宜，就像鐘擺一樣，既可以擺過去，又能夠擺回來，動作順遂流暢。同時，腰部是微動關節，由五個椎骨淺平面上下連接而成，轉動幅度過大，容易造成上下椎骨連接處脫臼（錯位）或損傷韌帶。這樣，不僅會出現四肢無力，不能技擊，也將直接影響身體健康。

特別是一些老年朋友，肌肉逐漸萎縮，彈性降低，骨質疏鬆，關節韌帶發生退行性改變。因此，演練中一定要因人而宜，量力而行，不可勉強。

第四，腰部轉動必須與胯部、肩部轉動相隨相合。

腰、胯、肩三者有呼應連承關係。腰胯上下緊密相連，運動時常常互相牽動，腰圈、胯圈併走。肩與胯合是太極拳「外三合」要求之一。

肩部也應隨著腰、胯一齊轉動，使兩肩、兩胯與腰齊進齊退。這樣，上下一起轉動，自然靈活，重心穩定，也便於內勁通過腰軸的旋轉順利地到達四肢末端。

注意切不可相互分離，單獨擰動（腰動而胯不動，或胯動而腰不動）。同時，還應與沉胯、斂臀、屈膝相結合。這樣，既有利於氣沉丹田，重心下降，上虛下實，更有利於保持腰部正確姿勢。

第五，腳步大小、拳架高低要適中得體。

腳步太大（俗稱老步）、太小對充分發揮腰部作用都不利。太小，則腰之轉動亦小，不利於塌腰、落胯和內氣下沉，不利於防禦和攻擊對方；太大，則進退收放不靈，容易被動失勢。

拳架高低，主要看屈膝程度。屈膝程度淺，拳架就

高；屈膝程度深，拳架就低。如太高，邁步就小，腰之轉動亦小；太低，則重心下陷，兩腿容易雙重，虛實不清，進退也就不能隨機應變。因此，演練中腳步必須開展，在此前提下，其大小應以不過前過後、迎送相當、上下左右轉動靈活為宜。

　　一般以弓步時一腿屈弓、一腿自然伸直的姿勢為好。始終保持同一高度，不可忽起忽落，這樣就能塌腰落胯，轉動靈活，既有利於技擊，又有利於健身。

太極拳的摸勁訓練

王 平

一、太極拳摸勁具備的條件

摸勁就是試力。意拳或大成拳稱之為試力。太極拳練習者達到或基本達到「氣向下沉，勁起於腳跟，變換在腿，含蓄在胸，運動在兩肩，主宰在腰，由脊背行於手指」的程度，身體整勁初步出現，即可進行太極拳摸勁練習。太極拳摸勁訓練是貫穿太極拳整個訓練體系至關重要的一環，包含內容之豐富，涉及面之廣，難度之大，是前所未有的，太極拳樁功和端正拳架好比是在高爐中將礦石冶煉鋼胚，那麼，摸勁就是將煉就的鋼胚進行煅打，將鋼胚中雜質除去，增加鋼的柔韌性。「行氣如九曲珠，無微不到，運勁如百煉鋼，何堅不摧」。

二、太極拳摸勁訓練的目的

太極拳摸勁目的在於將經過太極拳基礎功夫訓練所獲得的內力，向體外進行延伸，即太極圈的拓展，其根基乃是太極拳術基本功法，是內勁走向運用的一個過渡階段。摸勁主要練習身體的鬆柔及貫串協調能力，周身節節貫串，勿令絲毫間斷，意動形隨，求得形與意的高度統一。

太極拳功夫到一定程度時，行拳過程中能感到身體發

功技篇

空高大、阻力重重，但稍微變換角度和姿勢，這種整勁好像又消失或減弱了，這就證明身法還存在凹凸，不夠渾圓。太極拳架子的空中定位和用力習慣是初學者必須解決的問題，也是拳架外型的基本架構，其中蘊涵了深奧的拳學法則，不是隨意擺放的，要嚴格按照傳統太極拳理法規範自己的外型姿勢。它是為更有效練出內勁設置的。

從一般的常識和實踐經驗來看，技擊過程是不能按照我方擺放的架子安排好順序再來實用的，實踐中四肢及軀體的位置也不是一成不變的，時刻都在變化。毫無規律的隨意招架或者胡踢亂打不是拳學所追求的目標，太極拳拳理拳法所講求的法，乃是拳學的原理、原則。

太極拳訓練就是將這些拳理拳法養成習慣，如同黑夜中吃東西不會放到耳朵裏一樣熟練，才能在實戰中應用這些拳理拳法。在這種「變」動中，需要一直與人接著勁，即沾黏飄走，不容斷勁。所以在具備肢體「空中定位」基礎上，需要在原定位元點周圍動一動、變一變，以原定位點為球心，變動幅度為半徑，變動軌跡為一個小球體。球體大小與變動幅度有關，仍能保持身體整勁不丟、勁力通達，即微動中的「立身中正」和「八面支撐」。

三、太極拳摸勁訓練的分類

按負載分為：單人摸勁、雙人摸勁、多人摸勁、器械摸勁（大杆子、刀劍槍等）等；按拳架分單勢摸勁、趟子摸勁（單趟、多趟摸勁）；按步法分定步摸勁和活步摸勁。其間又多有交叉，例如單人單勢定步、活步摸勁，雙人單勢定步、活步摸勁即打手。從練功層次上應先練將內

力貫注到自身的每一部位，再將內力貫注到定物的每一部位，以上為知己功夫；然後再將內力貫注到活動物體如他人的每一個部位，即知人功夫，以備實戰中利用內力流體規律隨時破壞對手的平衡。

選擇太極拳套路中某勢如摟膝拗步、雲手、如封似閉、白鵝亮翅等進行單勢摸勁訓練，退步訓練可選倒攆猴；器械摸勁訓練可選用大杆子進行抖杆、磨杆，刀劍槍也同樣，解決如何將內力貫注到器械上的問題；雙人摸勁，即太極拳推手訓練，是將對方軀體作為器械的摸勁。

四、太極拳摸勁訓練的要求

1.太極拳摸勁的要領

除了遵循眾所周知的王宗岳太極拳拳論、武禹襄拳論、李亦畬拳論等要求，還須在動中求靜、靜中求變，拙笨中求靈活，緩慢中求速動，無力中求有力，片面中求整體，從這幾個方面多體會。

初學者速度要慢、勻、靜，「慢優於快，緩勝於急」。摸勁時要求身法中正勻整，八面支撐，外示安逸，內固精神，關節鬆靈，筋肉弛張，鬆緊適當，即似鬆非鬆之意。運轉要緩慢，像蠶蟲抽絲一樣，即「運勁如抽絲」，動得太快，絲就會扯斷；又不可停滯，一停就凝固了。做的時候還要做到動一處，為全身動著想，即所謂「一動無有不動」。

摸勁的動作越小越慢越有作用，欲速則不達，速度快了容易將體會和認識漠然滑過，徒耗時日，事倍功半。所以說大動不如小動，快動不如微動，動作幅度要微小。心

要靜，心越靜，精神越寧靜集中，動作感覺越細微，行氣如九曲珠，無微不到，意念不要斷，全身要自然，進一步則要求在微動中求速動。

中層練法要能快動，在初學者微動過關的基礎上進行加速、增幅訓練，方法如同初期一樣，惟速度加快、動作幅度加大，勁力可以是均勻的，也可以是變速的，再加上變換動作路線，可以形成異常複雜的訓練內容。

摸勁運動時突然變速變線就形成了發力，此瞬間的勁雖然斷了，但神意不可斷，一發即回，仍然恢復到未發勁的原來狀態，即所謂「勁斷意不斷」。

摸勁的高級階段，外形又趨於緩慢，慢到極處就是靜，動中求靜，全身透空、西山懸磬，又如空中鷹隼、水中碩魚，全身心感受外界空氣水流的變化，毫髮不錯，使形、勁、意、神有機地統一在一起。像楊露禪和武禹襄一個定勢就練兩個時辰，此是高級階段練法之一。

2. 太極拳摸勁訓練意念假借

即意念誘導，就是說做動作時大腦想什麼，怎麼想？縱觀摸勁訓練可以有許多假借。不同的階段有不同的假借，同一階段訓練目的不同也有不同的意念活動。

初學者可以想像自己如盤古樣的巨人，頂天立地，一往無前，腳下是波濤洶湧的浪潮，巨浪湧來，不能撼動自己分毫。另外，還有推車假借、抱鐵球假借、打手假借、伏虎假借、托山假借、掙脫假借等等。隨勢而定，隨時而變，為技擊做準備。神意內斂，八面支撐，內固精神，外示安逸，是始終不變的法則。

五、太極拳摸勁訓練的注意事項

1.假借過重

應以「有意無意」為佳，意念過重，則神情呆滯，神氣凝聚無力。所以，神意要動起來，潺潺如小河流水，活潑如江河入海，不能停，一停就縮於局部，就會破壞整體的氣勢，即「有上即有下，有前即有後，有左即有右，如意要向上，即寓下意，若物將掀起，而加以頓挫之力，斯其根自斷，乃壞之速而無疑。虛實宜分清楚，一處身有一處虛實，處處總此一虛實；周身節節貫串，勿令絲毫間斷」。

2.開合過於分明

整個訓練始終要開中寓合，動則俱動，動是開，收便是合，放即是開，靜則俱靜，靜是合，合中寓開。虛實要分，但要有那麼一點模糊，須知「偏沉則隨，雙重則滯。每見數年純功，不能運化者，率皆自為人制，雙重之病未悟耳。欲避此病，須知陰陽；黏即是走，走即是黏；陽不離陰，陰不離陽；陰陽相濟，方為懂勁」。

摸勁就是練的懂勁功夫，虛實不能過清。哪個方向都要有一點，始終在矛盾的統一體中進行變化，不能跳出這個矛盾統一體，即太極圈，出圈即為破體，破體之後，力成虛無，或過或不及。

3.用力多於用意

太極拳的最大特點，就在於它是一種用意不用力、重意不重形、以意念支配肉體的運動。太極拳行功走架，全神貫注，以意導氣，練氣歸神，所有外形變化、一招一式

無不講求意在身先，意不動身不動，意動身隨，意靜形止。一用力（拙力），肢體便充血，局部便僵硬，會造成上重下輕，重心不穩，氣湧於胸，呼吸不暢。故要用意不用力，小腹鬆圓，神意上領，即頭頸豎起，直插雲霄，肌肉下墜，似順骨滑入地下，心氣鬆至足跟，湧入地下，即「鬆沉」之真義。用意才能真正做到鬆靜，鬆靜後才更好地體察入微去感受勁力的變化。

4.過早進行摸勁訓練

在「八五十三勢長拳解」中有「自己用功，千勢一式，用成之後，合之為（長），滔滔不斷……恐日久入於滑拳也」。目前就大多數太極拳愛好者而言，多數都不到摸勁的階段，不要強練，即使練了，效果也很差，功夫不到。應求明師，多訪武友，掌握太極拳的真法入門，否則什麼也摸不著，摸勁無從說起！練拳先練功，一勢一式須按太極拳的真法要領去練，練出功夫，練出足夠的內勁後，再進行摸勁訓練，練拳不練功，到老一場空。

5.功法三調及注意事項

功法三調即摸勁功法中的調姿、調神、調時。

調姿就是調整身體的姿勢、四肢和身體的位置及相對位置，即肢體「空中定位」，其中蘊涵了深奧的拳理法則，不是隨意擺放的，要嚴格按照太極拳理法規範自己的外形姿勢。

調神就是意念活動的調整，俗語的調心也是指此。任何人體運動都是在神經系統的支配下肌肉收縮作用於骨骼的結果，也就是說以骨骼為槓杆，關節為樞紐，肌肉收縮為動力，使人體實現各種活動。而神經系統又始終受精神

意志的控制和影響，「心為令，氣為旗，神為主帥，身為驅使，刻刻留意，方有所得」講的就是這個道理，即說明了神意即「意念活動」在拳術訓練中的重要性。

離開意念的引導，就談不到內勁的培養，沒有內勁的拳術只能是空架子。沒有精神支配的肢體的運動就是盲目的運動，即妄動。歷史上有名的李廣射石的故事，能給我們以深刻的啟迪，其中就有一個意與力的問題。意境的不同，精神狀態的迥異都使力的表現有著明顯的差異。此即拳學前輩所說「意即力也」，沒有意也就沒有了力。意的運用最終歸於神聚。

調時就是調整訓練的時間及其分配，控制摸勁訓練時間，實際上就是運動量的控制。

運動量的掌握與控制是否得當，直接影響著鍛鍊的進步和效果，同時也影響著鍛鍊的興趣。在鍛鍊中既要使潛在的能量發揮出來，又不能使體力過分消耗。

就太極拳摸勁訓練的內容來看，其本身就包含著對自身進行認識及再認識的過程，要做到「舒適得當，循序漸進」，具體靈活地掌握和控制運動量，初學者最好要留有餘力。單純片面地追求某一項指標作為「運動量」大小的度量標準，並認為是找到了捷徑，這是錯誤的認識。

例如：有些病患者或是拳術愛好者，由於想儘早醫好病患，或更快地掌握拳術要領，就以「恨病吃藥」的態度去鍛鍊，片面認為，出汗越多效果越好、姿勢越低療效越好、練功時間越長體會越多、就能進步得越快等等，這些想法、做法往往導致欲速則不達、事與願違的結果。

訓練運動量應控制在心臟的搏動及呼吸的次數不失常

態；當日除練功外，沒有其他過大的體力勞動的情況下，次日清晨起床時，不感到疲勞過度。總之，在練功時要留有餘力，練功後應精力旺盛，這就是運動量恰到好處的標誌。

練功環境選擇。儘可能選擇安靜、空氣新鮮的室內外環境。室內練功要注意空氣流通；室外練功須避風雨寒氣，夏日避免陽光暴曬和電扇直吹，樹陰下或樹叢中較佳。

練功著裝應注意，內衣不要過緊，衣褲要寬舒，鞋鬆緊適當，鞋底選擇和練功地面有關係，摩擦力要適中，可根據自己實際情況進行調整。

練功時機選擇。身體正常的任何時間內均可以練功。飯前過饑不宜練功，飯後 20 分鐘即可練功。情況反常、煩惱不安時不宜練功，調整心態使情緒穩定後可以練功。有病灶反應期間可以練，但要控制練功時間，不要過量。

鬆柔的本質

童旭東

　　練太極拳者皆講鬆柔。但是何謂鬆柔？怎樣才能入於鬆柔？是習拳者需認真探究的問題。當今練太極拳者雖有千萬之眾，但真能由鬆柔而至勁者卻是鳳毛麟角。故一搭手，軟硬僵者比比皆是，有的雖然也能贏人，但用的功夫與太極功夫並不相干。於是有人又是「沉思」，又是「悲哀」。之所以如此，其實正是人們過分注重了太極拳鬆柔的表象，反倒忽略了鬆柔的真意。

　　何謂鬆？鬆是指修為的方法，是謂身心於規矩之中自然放鬆。何謂柔？柔是指修為的結果，是謂整勁能在周身隱而不發、自然轉換。故不知規矩，不合規矩，鬆無異於軟。這種鬆，於健身也許無害，但於技擊則不會鬆出什麼究竟。何為規矩？形整也。如何求形整？「九要」也。即塌、提、扣、頂、裹、鬆、垂、縮、起鑽落翻分明。只有在「九要」的基礎上，透過自然放鬆的心理暗示，求以中和（使九要協調）方為至道。

　　須知放鬆有竅：外鬆肩胯，內鬆胸腹。鬆肩胯以調形整，鬆胸腹以生真氣。鬆肩胯要與豎頂相合，由拳式漸使身體內各骨節間之竅節能自然鬆開，從而為習者能自然地運調形整打下基礎。鬆胸腹乃任脈之理，由外形運作的動中求靜以調息，從而為習者產生內動和胎息創造條件。此

為鬆之要義。

　　而柔的本質是拳學進階中之暗勁，其是整勁（剛勁）在體內的轉換機制。整勁未生，求柔則是奢求。倘若一個人尚不知整勁為何物，談何轉換？又能轉換出些什麼呢？柔是將整勁（剛勁）寓於體內隱而不發循環轉換於周身。故求柔需先知剛整，而欲知剛整，需先明形鬆意靜之法。

　　由上知，形鬆有兩個要則，其一是九要這個規矩，其二是按照這個規矩由鬆轉開合身體的主要竅節使機體達到形整的目的。

　　意靜也有兩個要則，其一是心理上的恬淡寧靜，其二是胸腹要自然鬆開如涵一虛圓。太極拳所以始終要手如抱球，即此虛圓隨拳式變換之形容也。此亦為練精化氣之道。當外俱形整內生真氣，兩者相合時，則內外如一，剛整之勁自生，明勁得矣。隨著內氣通過拳式逐漸打通奇經八脈，而將此勁貫通周身。

　　到此境地，則周身一家，神氣渾一，寓剛整之勁於自然轉換之中，可謂練氣化神，暗柔之勁得矣。再向上用功夫，通過拳式，緩之悠之，形隨意動，則隨著內氣完全打通奇經八脈，發動沖脈功能，則由柔而入虛，即由暗勁而階及化勁。總之，透過九要，求以中和，由鬆靜至剛整，再通過神氣和化，由剛整至暗柔，最終達至空化。

　　此為孫祿堂老先生早已揭示出的拳學進階的不二法門。形意、八卦、太極三拳的進階，皆不離此。只因能歷此經驗者代不數人，故今人多疑之，良可慨也。

　　明勁、暗勁、化勁都是內勁，三者表徵著內勁由微漸著的不同發展階段，亦可謂是內外合一程度的不同發展階

段。而作為內外合一這一能力的內在基礎，就是由拳式而產生的練精化氣、練氣化神、練神還虛三步功夫。

　　無此，雖徒有形意、八卦、太極之表，亦難入其裏。故脫此進階之梯，去求鬆也罷，求柔也罷，求棉裏鐵也罷，求周身無處不太極也罷，皆是水中撈月，可望而不可及，終歸白費功夫。

　　那麼，什麼是形整，什麼叫周身一家？形整的力學機制是「拱效應」。所謂「拱效應」是指無論肢體何處受力，總可以由肢體各關節的放鬆轉動進行調節，使此力對身體內各個骨節只產生（或基本只產生）均勻的正向壓力，而不產生或基本不產生剪、扭、彎等力效應。因此要做到形整，就必須由周身竅節的放鬆調節才能做到。

　　所謂手足相通的機制也正是周身骨節能節節正向相催。所以，周身一家的初步標準就是形整。過去有的拳師被人打一重拳後身上無損且兩腳能入土三分，便是由形整而產生「拱效應」的一個力學範例。

　　形整是拳學入門的敲門磚，其是透過拳架和打手來完成的。有人講究找勁，所找之勁就是由調節周身而產生的「拱效應」。這是在真氣尚未形成、內動尚未產生前，拳學修為初階的一個重要內容。

　　有人問：太極拳講究四兩撥千斤，既然四兩就能撥千斤，那麼，不產生剛整之勁不也能克敵制勝嗎？

　　在這裏需弄清四兩撥千斤的真實含義。四兩撥千斤並不像鬥牛場上鬥牛士對衝過來的蠻牛輕輕一引那麼簡單。也不像與一個笨漢推手時，他往前一撲，你則向旁邊一引那麼容易。拳手內氣未通，要想在實戰中能用上四兩撥千

斤，若非偶然碰巧，便是極難成功的。

當今奢談四兩撥千斤的人大多沒有經過真正的搏鬥，凡有過實戰經驗的人是不輕言四兩撥千斤的。因為在實戰中能預知對方的發力已屬不易，而發力的過程就是一瞬，能在這一瞬間內產生四兩撥千斤之效的時機，就是前力發過後力未接之瞬。因此，只有在對手之勁將發未發、其式將變未變之瞬恰好接定彼勁，完成順化拿發，才可能做到在這一瞬間內完成這四兩的一撥。所以，若達不到周身內外高度的協調統一、靈敏協同，想在實戰中產生四兩撥千斤之效是根本不可能的。故拳手的功夫若進入不到暗勁階段，則在實戰中難有四兩撥千斤之能。

然而拳手的功夫要想進入暗勁又談何容易。太極拳自古就有十年不出門之說，此並非師傅保守，而是太極拳的應用方法是建立在暗勁的基礎上，這一修為特點就決定其不可能速成。其實豈止太極，就是形意、八卦要想進至暗勁，若無十年純功，一般說來也是枉然。

形意拳家耿誠信先生曾回憶說：「自練明勁功夫，四五年之時，自覺周身之氣質、腹內之性情與前大不相同……自此以後，習練暗勁，又五六年，身中內外之景況與練明勁之時，又不同矣。」以耿先生那樣的天分和條件，前後十年以上的功夫才練至暗勁。

對於今人，尤其是那些一天練不上個把時辰的業餘愛好者們，又有什麼理由因一時功夫上不了身而去怨天尤人，罵拳不好，怨師不靈呢。

筆者師兄白普山先生曾習尹式八卦十年，又習楊式太極二十年，近年兼習孫式太極拳，遂始明用勁之理。知拳

架不過是將整勁隱於內，轉運於周身。其用不過是化中進、進中化，進化之機只在一瞬之放鬆感應（對彼勁）與協同動作（對己身）的統一。於是先前所習各派之用法，亦因能得此一瞬之機而皆活，所謂法無定法，非法即法。總之，太極拳無論體、用，都是研究開合之道。開就是要鬆，合就是要整。開合交變自如就是柔，至此剛柔互濟、陰陽相合。其要竅就是順中用逆、逆中行順而已。當然就白先生現時的功夫，以筆者判之尚未敢言已階及暗勁，但確已階及悟拳之梯了。

習者一旦能階及悟拳之梯，則下一天工夫就長一分功夫，習而有所得，自可陶陶然，而無需面對太極拳去「沉思」亦或「悲哀」矣。

楊式太極拳之度

石月明

先師澄甫公在批評那些「急求速效，忽略而成」的人時指出：「未經一載，拳、劍、刀、槍皆已學全，雖能依樣畫葫蘆，而實際未得此中三昧，一經考究其方向動作，上下內外，皆未合度。」衡量楊式太極拳的方向動作、上下內外，有哪些基本尺度呢？根據傅鍾文和傅聲遠教師多年的傳授、先輩們的論述和筆者多年練拳的實踐與研究認為，概括起來可分為「五度」。

一、高 度

練太極拳的架子可高可低，高架子運動量小，適合於體弱有病者；低架子運動量大，適合於身強力壯者；運動員或練功夫的人，架子可以更低。

太極拳腳步的大小與架子的高低要相應。練拳時，邁出之腿長度是固定的，步子的大小完全取決於坐實之腿下蹲的高低，下蹲得愈低，步子就愈大。但是，腿蹲得愈低，運動量就愈大。拳架高低必須根據人的體質和腿上的功夫而定。勉強降低架子，就會產生分不清虛實或起強勁等毛病。但練一套拳應保持架子高度不變，尤其是每一個動作，不應忽高忽低。

拳論指出：「無使有缺陷處，無使有凹凸處。」有人

練拳有意把架子壓低，以顯示自己腿上的功夫，結果使弓腿膝蓋超出腳尖，甚至上體前俯；有人練拳在雙腳著地時身體下壓，當一腳提起時，身體又隨著抬高，造成凹凸，這都是不對的。

保持穩定的架子高度，就是保持穩定的運動量，就是保持骨肉內外之間穩定的氣血流通。在低架子練功時，保持穩定不變的架子高度正是吃功夫、長功夫的時候。

二、速　度

練楊式太極拳的速度要勻、慢、連、隨。

它包括多方面。如今天 15 分鐘練一套，明天 20 分鐘練一套，後天 30 分鐘練一套，速度不均勻；一套拳開始很慢，後來很快，也是速度不均勻；一個動作開始突然一沖，後來又變得很慢或身體某些部分忽快忽慢等，都是速度不均勻。堅持練拳年長日久，一般可自然趨於均勻。而在一個動作中，身體的各個部位尤其是四肢，動作忽快忽慢，架子忽高忽低，這種毛病不是多練就可以克服的，非下大工夫認真糾正是無法改掉的。

四肢動作速度均勻並非都是同一個速度。左右手，左右腳，各走各的路線，可以各有各的速度。但是，各肢體的運動速度，在一個動作中從開始到結束，速度要均一。如倒攆猴，腳步從提起到落下，速度要均勻；下勢，腿下坐的速度要均勻；在外觀上不要給人以忽快忽慢的感覺。

在動作與動作之間不能停頓，一個動作的結束就是下一個動作的開始。拳論要求：「刻刻在心，切記一動無有不動」，在意在行「無令絲毫間斷耳」，如長江大河滔滔

229

功技篇

不絕，似行雲流水綿綿不斷。一套拳從頭至尾貫串不停，一氣呵成。

　　動作要上下相隨。如左摟膝拗步，要完成三個動作：一是左手摟膝；二是右掌從耳根向前方打出；三是形成左弓步。要求同時進行，同時完成。

　　開始時，左手在左腿內側，右手在右耳根處，重心全坐於右腿，左腳邁出。動作完成時，左手摟膝後達左膝左側，右掌打出，身體重量向左腿移，形成左弓步，左腳剛邁出，重心即移向左腿而形成左弓步，剩下只有左右手的動作了，這就不是上下相隨，虛實也沒有分清。只有這三個動作以各自均勻的速度在同一個時間內完成，一到無有不到，才叫上下相隨，才叫虛實分清。

　　這裏說的上下相隨還只是從外型上粗略而言。實質上如《拳論》指出：「其根在腳，發於腿，主宰於腰，形於手指，由腳而腿而腰，總須完整一氣。」如「蓄勁如張弓」「發勁如放箭」，由腳至手一條勁線節節貫串。「心為令，氣為旗，腰為纛」。比如腰向右側，動作時腳傳來的勁蓄匯於腰，腰的轉動再把勁發於左右手。

　　動作順遂圓活，周身輕靈，節節貫串，此為上乘拳架，也是完美的上下相隨。

　　練太極拳要求速度緩慢。練一套楊式太極拳，一般需要 15～20 分鐘。總的原則是「愈慢愈好。慢則呼吸深長，氣沉丹田，自無血脈賁張之弊」。架子愈低，速度愈慢，運動量愈大。速度慢還要保持綿綿不斷，形神氣勢，實際上是難度更大了。

　　初學者，要領尚未掌握，勉強慢練，會產生停斷與萎

靡無神的毛病。練快練慢都必須堅持太極拳的要領。

三、角　度

角度就是方向。太極拳，手之運動有「八方」，足之運行有「五步」。手八、步五，其數十三，故又稱「十三勢」。《太極拳論》云：「十三勢者，掤、攦、擠、按、採、挒、肘、靠，此八卦也，進步、退步、左顧、右盼、中定，此五行也；掤、攦、擠、按，即乾、坤、坎、離四正方也；採、挒、肘、靠，即巽、震、兌、艮四斜角也；進、退、顧、盼、定，即金、木、水、火、土也。」練太極拳即懷揣八卦，腳踩五行。

關於太極拳的八卦方點陣圖，先輩拳家說法不一。有人按文王後天八卦方點陣圖定位太極拳的方向，與上述拳論不符，於是就把拳論改了。

上述拳論有人說是王宗岳的，有人說是楊露禪的，有人說是張三豐的遺論。不管是哪位先輩拳家的，其論述與伏羲先天八卦方點陣圖是完全吻合的。而且，先天八卦方位與人們的習慣相符合，故認為以先天八卦方位來定位太極拳的方向更為合理。

說明練太極拳的方向，一般以起勢面向南方為準。具體練拳時，可隨實際條件而變。但是，當起勢的方向確定以後，各勢的方向也都相應確定了。練拳必須按照各勢規定的方向，不可任意偏轉。所謂太極拳的方向，包括兩腳的相對位置、兩腳的方向、上體的方向、臉部所對的方向、動作的方向、眼神顧及的方向、兩手的相對位置、手指所對的方向等等。

231

功
技
篇

練太極拳時，扣腳、轉腰、邁步、落腳、出手、方向都要合度。如抱虎歸山，起始面向南方（乾）；兩腳尖向南。動作時左腳尖要扣向西方（坎），即轉腳的角度為90°，一般至少要大於45°。若扣腳不到45°，轉腳不到位將形成腳尖夾角大於90°的弓步，有勁傳不出。有人開始轉腳不到45°，在弓腿過程中靠轉動蹬腿的腳跟或腳尖來改變腳尖方向，這是不合適的。因為，弓腿的過程正需要蹬腿的腳從地面傳勁，此時腳步搖擺不實，不利於發勁。凡落腳，都要在適當的位置，都要有適度的腳尖方向。

前面已強調指出，太極拳為八門、五步、十三勢，其方向角度八卦定位。要求「發勁須沉著鬆靜，專注一方」。乾、坤、坎、離正方，巽、震、兌、艮斜角。方向不可偏差，角度均應合度。

四、幅　度

楊式太極拳拳架舒展大方，架勢開闊，氣勢龐大，立身中正安舒，支撐八面。一般初學練拳者，先求姿勢開大，以鬆其筋肉，舒筋活血，使身體強健。身體強健以後再研究外能筋、骨、肉合一，內有精、氣、神相聚。內外兼修，動靜結合，由開展而緊湊，由健體而實用。架子的開展與緊湊均須有度。拳論要求「無過不及」，過與不及皆失重心。手臂伸出以將直未直為度，弓步的蹬腿以將直不挺為宜。「勁以曲蓄而有餘」，手臂未直而力有餘。雙臂和兩腿都不可直挺挺的，但也不可縮手縮腳、彎腰駝背。否則，本應「神如捕鼠之貓」，倒像畏貓之鼠。

尤其是青少年，伸手蹬腳以伸展開闊為善，亦不可強

調含胸。其實一般人練拳，只要不像外家拳那樣用力挺胸即可。片面理解含胸拔背，練久會成彎腰駝背。

五、柔　度

太極拳又稱柔拳、綿拳。要求身體任何部分都要輕巧、靈活、舒展，周身骨節均須鬆開自然。四肢及腰不可起強勁，即所謂「周身輕靈」。但是，有人片面理解了太極拳的這些要領，練起拳來精神萎靡，四肢癱軟。實際上，輕巧並非浮滑，靈活並非虛渺。靈就是機警智慧，輕靈而要有內勁。練拳時怒目切齒，奮力如牛，青筋盡露，此為雙重練法，是錯誤的；而風擺楊柳，飄搖浮蕩，毫不著力，此為雙浮練法，也是不對的。

應該柔中寓剛，棉裏藏針，腳下有根，端立如山，即動如江河、靜如山岳。「精神能提得起」「形如搏兔之鶻，神如捕鼠之貓」，應有鶻之雄偉，貓之機智。

書法繪畫是高深的藝術，但表現在平面上；雕塑藝術佔據立體空間，但是靜止的。太極拳為空間活動的高級藝術，一般練拳三個月學會，一年習熟，三年練好。習拳者若費一日之功力，必獲一日之成效。有人練拳一年已有相當正確的架子。有人數年，十數年乃到數十年，架子的毛病仍然很大。

萬事均在行動，萬事均在自己。認真鑽研，良師指導，虛心好學，嚴格按要領練拳，必一日技精一日。

233

功
技
篇

傳統太極拳的文練和武練

浦漢健

傳統太極拳的習練與其他傳統拳術一樣，素有文練和武練之分。文者，體也；武者，用也。體為用之本，用為體之能。拳譜上說：「文無武之預備，為之有體無用；武無文之侶伴，為之有用無體。如獨木難支，孤掌不鳴。」點明了文練和武練之間相輔相成的關係，缺一不可。

何為文練，何為武練？文練又稱文功，屬行功技法，性柔，為陰，主修內功；武練又叫武功，屬應戰技法，性剛為陽，重在練技。

拳諺有云：「無氣不為功，無功不成拳。」

太極拳的文練，是由意念、呼吸與動作速度的有機而合理的配合，練精氣神意。文練可起到舒筋骨、活氣血、平衡人體陰陽、練出丹田內氣的作用，達到強身固本的目的。

所謂「精養靈根氣養神，元陽不走方為真。丹田練就長命寶，萬兩黃金不與人」。一旦用於實戰，配合技法，周身輕靈，內氣不運自到，隨意而發（「意」是意念，不是「隨便」）。

文練法本是內家拳修練中高層次的練法。因其主修「內」，即「內練一口氣」，故初看上去肢體動作顯得舒緩柔和、鬆活圓轉且又沉穩，一般不表現出快捷緊湊剛勁

234

功技篇

之外形，更無明顯發勁之動作，與現在流行的太極拳健身練法頗為相似，但在本質上、在具體練法上完全不同。

太極拳的健身練法強調的舒緩柔和等要領，僅僅以動作外形的角度講究「規範化」，並有明顯的長拳化趨勢。而作為內家拳的太極拳的傳統練法則不僅講「外三合」「內三合」，而且要「勢勢存心揆用意」。因此，一般的太極拳健身練法雖然也能由精神內守、肢體放鬆、動作舒緩協調等起到一定的健身效果，但畢竟不是武術上的「文練」，一般不會產生太極拳應有的「內氣」，甚至連汗都不出。

要知道出汗是練出功的標誌之一，練功出汗與一般因天氣熱或運動性出汗（如長跑）是有本質不同的。它是營、衛二氣作用的結果，哪怕冬天躺在床上練，也能汗如雨注，「大汗淋漓」（馬岳梁語）。

太極拳的文練以練意為核心，以練出內氣、增長內勁為標誌，以強身固本、防身自衛為目的。它是傳統武術的一種鍛鍊形式，它可以健身，但絕不是健身操。文練雖然是以練內氣為主，可是在行功走架時每招每式仍然是講究技法的，而且比單純的武練高級得多。所以，文練雖為文功又是最高級的技擊練法。

太極拳的技擊形式不是兩個人搭好手然後推來推去，而是散手。推手只是一種訓練聽勁的方法，一般不能用於真正的技擊。太極拳和其他任何一種拳術一樣，本質都是技擊的，而且較技時不論對方是什麼拳種，也不論對方用什麼招式、從什麼角度打來，都可以應戰。至於輸贏，那取決於各人功力和技法的運用及心理等因素。

235

　　文練必須有武練為基礎，可以說僅有內功未必能應戰技擊。因為功與技是不同的，但又是相輔相成的，也是互根互生的。功技並重是習武防身技擊必須遵循的原則，即所謂「功技合一」。

　　實際上，武術的文練是以內功來推動技法，武術的武練則是以技法來表現內功。拳無技不榮，技無功不用。以為單憑內功就可以搭手放人於丈外、讓應者立仆，是對武術技擊的誤解。如不是內行故意省略技法描述，就是外行沒看出技法。

　　實際上沒有高超的應戰心理和較為嫻熟的化打技法，同樣會動急不能應，動緩不能隨，上不去、接不住、化不掉、發不出。

　　所謂內功，說到底實際上是一種內在的能力，即潛能，人人都有。它因人因時因事有所不同，就是通常人們說的只有功夫高低之分。一般人在正常情況下都不易調動這種潛能，往往只有在情急之下才行。

　　而練內功的人由於平時練功養成「眼前無人似有人」，行止坐臥「不離這個」的習慣，一旦遇到情況立刻能「如同火燒身」，馬上調動起全部潛能，出手比常人快，勁力比常人大，這是毫不奇怪的。

　　武練，是傳統武術的基本練法，是基礎。它是以技法為主的訓練，屬應戰技法。太極拳的武練法強調功架的工整、細節的變化、轉換的虛實、方向的正確、角度的巧妙、勁意的深透。要深刻體悟「奪勢爭來脈，出奇在轉關」。

　　吳式太極拳傳統練法中的低架子就屬於武練，它是吳

式太極的入門練法。它與文練相比，架子低、步幅小、細節多、出功快，深受習練者喜愛，同時也令許多人望而卻步。例如，起勢中的馬步分掌，要求大腿蹲平仍保持上身中正；重心右移至一條腿時要平穩，不可有起伏；同時腰胯要徹底放鬆，渾身無一處僵硬。

其行功走架時閃展騰挪，步如靈蛇，身似游龍，翩若驚鴻；其折疊轉關處，勁意似斷非斷，層次分明，靈活多姿。這種練法不易為中老年人接受，不易推廣，無法像文練法那樣普及。

武練法除了套路訓練，還有單式、發勁、發聲，以及對接、餵拳訓練，還要練習排打等。但所有武練的內容都是科學的、不違背生理特點的。如適當地練習打沙袋，主要是為了感受技擊中的應力，絕不是要硬打蠻幹、以打出一手老繭為「功」。

無論文練還是武練都應在明師指導下進行，特別是初學啟蒙者的老師更為重要。入門引路須口授，功夫無息法自修，光靠看書、看錄影是學不會的。

太極拳傳統技法相當細膩，要求相當嚴格，即使在老師指導下也不是很快就可以入門的，何況是自學。千萬不要以為看著書真能自學成才，自學得有了基礎再進行。

山高路人稀。要真正學以致用練好太極拳，提高太極拳藝，就要文練武練並重，遵循兩者對立、互根、消長、轉化的規律。

文武之道，一張一弛；拳術之道，一文一武；技法之道，一陰一陽。其中包含一柔一剛、一內一外、一功一技、一靜一動等變化。技法上不變是相對的、暫時的，變

237

功技篇

化是絕對的、不斷的。陽不離陰，陰不離陽；陽盡陰生，
陰盡陽長；陽中有陰，陰中寓陽。陰陽互生，複又互長；
理為互根，轉化消長。文練為陰，武練為陽；陽為陰生，
陰為陽長。文武並重，體用俱強。

　　太極拳的文練和武練說到底是要練好內功，提高拳
技，達到功與技的高度統一。

　　這一點和其他拳術是一樣的，「有功無技難成藝，有
技無功渾身空」。功技合一，不可偏廢。這是練好太極拳
與其他拳術的正確途徑。

功
技
篇

太極拳的發力訓練

李秒豐

　　發力訓練是任何一個拳種都必須的，不發力何以打人？又何以勝敵？不發力不可以稱之為拳，反過來說，又不是所有的發力都稱之為拳。只有適合擊打與禦敵之力才稱之為拳之力。發力的訓練目的不是為發而發，而是為了使用。

　　太極拳發力方法有別於其他拳種，不用打沙袋、木椿，更不用藥助。太極拳發力訓練只在自身，主要方法是強化自身本能和挖掘自身潛能，由一定的科學方法，使人之本能和潛能自然發揮。所以說，太極拳發力訓練不是把人訓練成大力士，而在於發力時整體的協調配合，力出自然、順其自然、合乎自然。

一、力的形式

　　根據畫分方法的不同，力可分為：直線力（單向力、雙向力）、槓杆力（支撐力、平衡力）、旋轉力（離心力、螺旋力）、輻射力（衝擊力、膨脹力）。直線力和槓杆力是簡單力，旋轉力和輻射力是複合力。力又可分為快力和慢力、明力和暗力等，每種力都有各自的作用和特點。寸勁是一種力的瞬間衝擊；爆炸力或驚炸力是一種力的瞬間膨脹；抖彈力是一種力的旋轉回彈產生的震盪。拳

239

功技篇

中打人是力的瞬間衝擊和膨脹。兩人相抗，所謂「頂牛」是力的慢性釋放。發力訓練要從簡單力到複合力，再由簡單的複合力到複雜的混合力，把局部的力變成整體的力，把僵拙的力變成靈活的力。

拳中所求之力是一種複雜的混合力。太極拳所求的力可喻為：汽缸點火瞬間做功產生的爆炸力、膨脹衝擊力，回環往復。又可喻為子彈擊膛，旋而快並具穿透性。故前人有「四兩撥千斤」之比，此非其真，只是喻理。

二、發力訓練

人之力無不靠肌肉的鬆緊、筋腱的伸縮、骨骼的轉動而產生。打太極拳本身就是透由鬆靜、柔緩的運動使肌肉放鬆，筋腱拉長，骨節鬆開，骨膜增厚，使肌體增加彈性，轉動靈活。加之各部位的擰裹、爭撐、伸拉，使自身支撐在不平衡中達到整體平衡、協調。所以說太極拳打套路是儲能蓄力的方法，但不等於太極拳不練發力或太極拳不用發力，沒有不打人的拳，更沒有不發力的拳。

太極拳發力需要單練，而且必須單練，光靠打套路是不能發出太極拳所求之真力的。如果只追求「行雲流水，藕斷絲連」，一旦與人交手，軟綿綿毫無震懾力和殺傷力，實難取勝，頂多化人而已。如再遇高手，「懂勁」亦不好使，四兩也撥不了千斤，只會被快而重的巨力打敗。所以說練拳不發力就像一個人缺了半個身子，心有餘而力不足，心裏明白身子卻不聽使喚。打套路只是固本、養精蓄銳，再「勁貫四梢」仍不能得發力之法。

發力方法由簡到繁、由淺入深、再由低級到高級。具

體來說就是由局部到整體，由定步變活步。終極目的是在運動中瞬間發出驚炸、渾厚、震顫、抖彈相混、相融又難分難辨的高品質的力，瞬發瞬收，收發只在一瞬。打人人不知，打人人不覺。

鬆緊訓練是發力方法的總綱，亦是不二法門。不僅太極拳獨有，亦適宜各拳種發力訓練。鬆中求，緊中得是謂「真言」。

發力層次有三，第一層乃精神意識的訓練；第二層是形體訓練；第三層仍是精神意識的訓練，由有意識轉為無意識，是為高層。

精神意識的訓練前提是鬆靜。走、臥、坐、站無可不練，無不可練。拳論「其意在心」，其力仍在心，心緊形亦緊，緊則有力。由有意識指使精神瞬間一緊一鬆，就像人受了驚嚇，突然渾身一戰，全身即緊，緊在一瞬，鬆貫終始，反覆練習，至鬆緊隨意，形成條件反射，無意鬆緊，亦鬆亦緊，無鬆無緊，而無不鬆緊，便入高層。

形體訓練分局部訓練和整體訓練。整體訓練是在局部訓練的基礎上進行的綜合訓練。整體發力的關鍵在於腰胯發力訓練，腰胯能發力便能輕鬆步入整體發力。整體發力只是腰胯運身發力的一種協調訓練。局部發力分為上肢、下肢、腰胯 3 個部分。上肢訓練分手臂的抖彈、扭轉、裏翻、外撐、回切，使手臂在轉動自如的前提下訓練瞬緊瞬鬆，慢緊慢鬆，瞬鬆瞬緊。慢緊是控人，瞬緊是打人，鬆是知人，是蓄能，亦是發力的基礎。

手臂鬆緊的訓練原則也是腰腿訓練的原則，更是整體發力的訓練原則。下肢訓練主要是腳的踢彈、勾踹，腿的

241

功技篇

屈伸、繃彈，足跟瞬間外撐，腿自繃彈，足蹬腿自伸，繃彈、屈伸自在鬆緊，腿之進退、穿掃全在胯催、胯縮與腰配合。瞬緊則快，慢緊則沉。

腰胯發力主要訓練轉腰、擰胯的瞬間反彈，猶如旋轉強勁的彈簧，撒手便回彈，擰一分力彈三分力，擰的越慢蓄力越足，撒的越快回彈力越大。腰胯訓練務使腰胯分開，切勿轉腰胯，轉腰要定住膝管住胯、腰轉胯不動。胯要前後挫，穩住腰，縮胯腰不動。由慢入快，由快復慢，再由慢到快，悉心鬆緊體驗。整體發力的先決條件是「五弓」具備，是對以「腰運身」的再體悟。在腰胯發力訓練的基礎上，配合手臂的運轉、畫圈、繞8字、下滾、外翻、屈伸、開合，腿的屈伸、繃彈。訓練中掌握運轉鬆、落點緊、緊便力出、瞬緊瞬鬆，有收有蓄自不費力。

綜合發力訓練不僅要求所發之力是整體的，而且要求所發之力是複合的，在主攻目標過程中前進的力方向是多元的。這種力才是不易被破壞和抗衡的力，亦可稱之為高品質的力，不僅渾厚，而且靈動。抖翎訓練，有定步定勢抖翎、定步開合抖翎、活步抖翎。抖翎發力全在腰擰、胯挫瞬間回彈。定步定勢是手臂撐掤，瞬緊瞬鬆。開合抖翎，前後、上下、左右皆有開合。

開合抖翎猶如兩手拉皮筋，突然撒手、鬆緊只在一瞬，充分體驗運轉鬆落點緊，手臂任意開合、腰胯隨意擰轉、胯自挫合。先鬆後緊、慢緊快鬆、瞬間又緊、緊後即鬆，是謂鬆緊一瞬。此時的鬆已不是原來的鬆，緊亦不是原來的緊。鬆中寓緊、緊中寓鬆，非緊非鬆、亦鬆亦緊，所以有人稱之為「調零點」，而絕不是半鬆半緊。擰腰挫

胯已不是平面的運動。腰為元點，頭頂、足蹬、撐拔纏裹融為一體，回彈時，撐拔之力又向上下、左右回彈。所以瞬間產生彈顫之力，由腰部順骨節向身體各部輻射傳遞。達於表是為抖翎，猶如雞之抖羽、動物之抖毛。

抖翎能發力自然之後，你才能真正理解前人所述「節節貫穿，達於背，行於四梢」，一切均在自然之中，而不是有意而為，「勁貫四梢、勁運四梢」不言而明。

定步發力成熟後，便可訓練活步發力。活步發力，步隨身換，不可拘泥。發力訓練與打拳交替進行，亦可在掌握動作要領的初始階段進行。活步發力能收發自如，發力訓練即成。

發力訓練完了並不是發力的結束，只是掌握了發力的基本方法。「功夫無息法自修」，拳無止境。要向高層次的精神發力追求，達到形神合一，出神入化，使自身心態更平靜。所謂意念要似有若無，由鬆緊訓練轉入緊鬆訓練。一觸即發，不發而發，即前人所說的「太極不用手，渾身都是手」「全身無處不太極，挨著何處何處擊」。無為而為，是謂「無為而無不為」。如拳中所說「形無形，意無意，無意之中是真意」。

以上所述實乃筆者真實體悟。過去有發力傷身之說，實為偏頗。方法不當，憋氣、努氣，逆自然而行，強行運氣定當傷身。方法科學，自然而行，不僅於身有益，更是健體。新陳代謝由此而旺，只會使身體更加強壯。俗話說「攢天攢地，攢不下力氣」，勁是使出來的，力是練出來的，力越發越活，力越發越足。君可辨之、思之而行。

功技篇

太極拳盤架子———以武演道

薛聖東

太極拳盤架子是太極拳修為———以武演道的一個組成部分，由盤架子而漸入大道的修為。作為道的載體，太極拳修習者在盤架子的過程中，要認真領會以下十項基本要求：

一、心平氣和，心靜體鬆

盤架時首先要做到心情愉快，放下雜事，安下心來。心能安，自然能心靜，能心靜自然身體肌肉不緊張，能不緊張反過來又促進內心的平靜和呼吸的平穩，使你靜靜地、身體放鬆地投入到盤架子之中去。因為太極拳是內家拳，屬道門之隱法，它要求修習者為練理去練神，以此為終向，帶動五臟六腑與四肢百骸的修練。

太極拳盤架子要求先入無極之境，由無極而有極，待太極之氣產生，然後以心制意，以意制氣，以意識為引導，順遂自然地動作。所以，調整好心態是練拳架子之基本。

二、上拔下拽，氣沉中空

太極拳是抻筋拔骨之運動，由上拔下拽，使人體的脊柱保持和恢復自然的生理曲線。上拔是指頭正項挺，兩眼

平視，似有一線相連頭懸樑上；下拽是指尾閭骨內收下沉，似懸一重物。氣沉是指意念自身氣血沿身體兩側陽經下行沉降至腳下；中空則是由收腹展胸，在內部放鬆的情況下，意念自身除頭、腳、手以外，身體軀幹進入空無的境地。

這只是太極拳修為的一種要求而已，並非身體軀幹真的就消失了，學者當細心揣摩，不可落入邪說妄境。

三、順肩溜背，肘垂腕鬆

順與溜皆取象於水，意為順遂自然，肩與背順遂了，身體軀幹則放鬆了。至於肘垂，然後才能腕鬆，則是太極先賢經過實踐的檢驗後總結出來的，與「末梢放鬆法」是截然不同的玩意兒。

關於傳統的含胸拔背法，是盤架走勢中的具體的功法，而不是放鬆的基本原則。

四、鬆腰斂臀，尾閭正中

拳經云：「命意源頭在要隙，刻刻留心在腰間。」「其根在腳，發於腿，主宰於腰。」「身便散亂，其病必於腰腿求之，上下前後左右皆然。」所以，鬆腰是練拳盤架的關鍵，腰鬆則腹鬆。

經云：「腹鬆氣沉入骨，神舒體靜。」能鬆腰才能氣沉丹田，能鬆腰才能穩健靈活。太極拳之虛實變化，皆由腰轉動，以腰為軸，一舉一動上下相隨，內外相合。鬆腰必須斂臀，二者一體，身體中正，尾閭正中，意為尾閭骨應處於身體的中線的位置上，上與百會穴相對應，始終保

245

功技篇

持身體的中正狀態，即如拳經所云「尾閭中正神貫頂，滿身清利頂頭懸」。

五、上下相隨，內外相合

太極拳是整體的相互依存的矛盾的運動，有前必有後，有左必有右，有上必有下，有內必有外，對應面缺一不可。盤拳走架要保持整體的動態的平衡與穩定，要體現上下貫通，協調均衡，渾然一體，內外相合。所謂：總須完整一氣，一動無有不動，一靜無有不靜。

六、舉動如貓，虛實分明

太極拳作為武當道門的行功法，行經走脈是練功的基本目的，因此，要求修習者神如捕鼠之貓，動作輕靈而不飄浮；沉穩而不僵滯，細緻入微，不急不躁。

要做到這一點，必須全身放鬆，肘垂腕鬆，神意靈動，靜心細察。舉手投足之際，要意念自己如巡獵之貓，輕起輕落，隱蔽悄然不出聲響。要以身帶胯，再以胯腿的放鬆，完成一腳的邁步，落步時要按照腳跟、腳掌的順序輕輕逐次落地，然後踏實，鬆腰落胯，重心逐漸移向邁出之腿，後腿放鬆，再以身帶胯，後腳向前邁出，如此交替往復。舉動如貓是體，是內在的神意；虛實分明是用，是外在的變化。

七、呼吸自然，神意內斂

太極求大道，乃純任自然，一吸一呼，均要符合自然，也就是平常生活中怎樣呼吸便怎樣呼吸。神意內斂是

指盤架時若斂神聽風雨，突出一個「靜」字，神以養而得以練，呼吸自然便於入靜，入靜則使氣血下行，氣歸丹田；入靜然後神意自生。

盤架子萬不可裝模作樣，鼓胸運氣，咬牙瞪眼，有違人體天然的規律與平衡，而與內家心法相去十萬八千里，縱然苦練一生，終究不得入門窺道。

八、運柔求剛，用意用神

太極拳的修為境界是空空靜靜，無欲則剛，這個剛是至大至剛。剛柔之論仍然是太極拳的中級層次，而非神明之境。太極拳所說的陽是陰中的陽；用的陰是指陽中的陰，也就是「反者道之用」之意。太極拳架在盤練的過程中，雖然大小有別，風格各異，但是，運柔求剛的原則是一致的。太極拳以鬆柔為體，不用僵力拙力，一舉一動，以心制意，以意行拳，全以行經走脈為目的，根本的目的是在知己上下手，使神經反應高度敏感，使修習者在臨戰之時，能以彼之道還施彼身，借得上外力，所以才有拳論關於運柔成剛及運柔求剛的說法。

太極拳不是單純的技能運動，它要求學者多在用意、用神、用心、用腦方面下大工夫，但是並不是讓你犯主觀主義的錯誤。既要知道練什麼，又要知道怎麼練，什麼時候多練，什麼時候少練，而絕非只要拳打千遍萬遍、出大力流大汗就能簡單成功的外家硬拳。

九、相連不斷，圓轉往復

太極拳的外操動作，是道門先賢根據人體內在的氣血

247

功技篇

經脈的運行規律，以打通人體內在血脈為目的，以抻筋拔骨為手段的養生訓練方法。

外在動勢的進退轉換、起伏折疊、相連不斷、圓轉往復、纏繞周匝，均是內在運動的體現。沒有內動，外面有動也空，是無意義的動，是徒勞的動。行雲流水，連綿不斷；如大江大河，一浪接一浪，滔滔不絕；循環往復，無終無始；圓中有圈，圈中有圓，是為太極長拳。

十、靜中求動，動後歸靜

太極拳本乎太極之理，無極生有極，動靜陰陽分，有極化太極。所以，盤練太極拳架必須靜起靜落，萬不可想當然以自我為中心、自專自用急躁冒動。

太極之動乃自動與發動，而非主動和妄動。盤架者要耐得住性子，先把無極勢站好，所謂靜極生動。先有內動，後有外動，先運後動，動後順遂，任由自然，動後歸靜，太極根本，所謂太極復歸於無極之象也。至於上場如猛虎、下場如綿羊的行拳原則，均是外家硬拳的操法，而不為太極修為所取。

陳式太極拳中的鬆和沉

馮志強

太極拳要求用意不用力，尤其忌用拙力，透過長年累月的以意行氣、以氣運身的鍛鍊，逐漸達到積柔成剛、剛柔相濟、虛至虛靈的高級境界。

然而，人們在日常生活和工作勞動中，不可避免地因接觸重物而養成了使力的習慣，從而造成肌肉緊張、關節僵硬、筋韌不活，形成了不同程度的拙力和僵勁，這些反映到初習太極拳者身上，就會感到這兒不順，那兒不適，周身難以協調。因此，「用意不用力」的要求與本身的「拙力僵勁」形成了一對矛盾。如何解決這一矛盾，就成了初習太極拳者的首要問題。

習練太極拳一般有三階段，即柔順階段、沉著階段和虛靈階段，以太極拳的剛柔來說，就是積柔成剛、剛柔無跡、虛至虛靈。雖有三個階段，而又密不可分，待積累到一定程度，自然昇華。而在柔順階段，首先要解決的矛盾就是在去掉拙力、僵勁的同時培養和建立柔順之勁。應從「鬆沉」入手來解決這一矛盾。

如果初學者一上來就求輕，則不僅不易去掉拙力、僵勁，而且會更拘謹、更緊張。若專求輕，還容易導致神意渙散、氣勢散漫而偏軟。而由鬆沉入手，不僅可以鬆化掉拙力、僵勁，而且會鬆中有沉，益於柔順的培養，又易漸

功技篇

入沉著。

所謂鬆沉，就是放鬆之中有沉墜的意思。首先是放鬆鬆開，使全身內外、四肢百骸、筋韌皮肉盡可能地放鬆鬆弛；鬆外就是身肢放長、抻筋拔骨、肌腱拉長、筋肉離骨、骨節開張，使經脈舒順通暢，絲毫無滯。譬如地下之溝渠，不塞而水行；輸送之管道，不堵而流通；人體之經絡，不閉而氣通。

如何操作呢？操作在心。心想放鬆，則全身內外無不放鬆；心想鬆開，則筋肉骨節無不鬆開。操作的訣竅在意氣貫注經穴。

經絡猶如山谷中之通道，山川間之河流；經穴則猶如城鎮和村寨，依靠通道和河流相互通達，經穴是內氣流行最活躍、最敏感之處。

位於骨節之處的經穴謂節竅，是內氣入於骨髓的竅門。意氣貫注經穴就是意想各節的節竅，如意想肩的節竅（肩井穴）放鬆鬆開，久之則肩關節自然放鬆鬆開；意想肘的節竅（曲池穴）放鬆鬆開，久之則肘關節自然放鬆鬆開；意想胯的節竅（環跳穴）放鬆鬆開，久之則胯關節自然放鬆鬆開；意想胸的節竅（膻中穴）放鬆鬆開，久之則胸自然放鬆鬆開，等等。

以此類推，以意想竅，循竅而行，日日貫注，晝夜貫輸，則筋肉自然離骨，骨節自然開張，達到放鬆鬆開的效果。又由於「意為氣頭，氣隨意行」的作用，所以在意想節竅放鬆鬆開的同時，內氣由節竅入於骨髓之中，節節貫注，而又出於骨縫，充於肌膚，通於經絡，達於四梢，則放鬆之中有沉著，久之便能達到鬆沉的效果。

另外，周身內外上下除頂勁虛領、舌抵上腭和會陰上提外，其餘各部位都要有向下放鬆沉墜之意，如沉肩墜肘、胸空腹實、塌腰斂臀、坐胯屈膝、氣沉丹田、上虛下實等等。不論是站樁、定式，還是在周身運動時，都要想著放鬆鬆開沉墜。

例如，兩手領臂向上鬆虛掤領時，手臂各節既要放鬆鬆開，手臂之陰面又要在沉肩墜肘、腰勁下沉的同時而有向下沉墜的意思。如此功行日久，不僅拙力、僵勁自去，柔順之勁亦會油然而生。

非軟非硬，非輕非重，順之勁即以心內中和之氣，行如柔水，流暢通貫周身內外，盤繞迴旋，緩緩流淌，無停無滯，無間無斷，日積月累，年復一年，而成太極柔韌之勁。柔中而有沉著，則外形似柔而內中有剛，功行日久，剛從柔中生出。

所以，由鬆沉入手求柔順，是初習太極拳者去掉拙力僵勁，進入柔順階段，培養太極柔韌內勁的關鍵和方法。

功
技
篇

太極的練習方法

王培生

　　太極拳是中華民族一項具有悠久歷史的、科學的體育項目。練習太極拳能幫助我們鍛鍊身體，健全體魄，堅強意志，提高工作效率。對於某些體弱及患病的人，有幫助恢復體力、促進疾病痊癒的功能。

　　太極拳符合生理要求。太極拳是一種較好的保健運動。為什麼能起到保健作用？太極拳是一種全身的柔和運動，著重思想即意念的訓練，由大腦有意識地指揮身體活動。練習時要求必須全身鬆開，不得有僵滯之處，故能全身氣血流暢，身心歡快，達到健身的目的。

　　太極拳也符合力學和心理學要求，這兩點主要表現在太極拳的技擊功能方面。力學表現在拳中的重點是如何保持自己的平衡而能破壞對方的平衡。在破壞對方平衡時要根據對方的心理表現而變化。大概這就是其深受人們歡迎的原因吧！

　　練太極拳必須掌握太極拳的基本要領，才不會把太極拳打成一種另一形式的體操。

　　現在學習太極拳的人，大多數都是從練太極拳的「盤架子」開始，往往練習三四個月就說已入門徑。要想練好太極拳，必須嚴格按照太極拳的基本要領和步驟一步一步地進行練習。

　　第一步，應先練好樁功。像馬步站樁、川字步樁和一

字立體樁等。把這些基本功夫練到相當程度後，才能學習拳式。而一勢一式的練習，非經數月不可，直至各勢各式完全純熟後，再合起來成為全套太極拳。太極拳的架子許多人只知為一套，不知一套裏面還有高、平、低三種。初學時為高架子，再學平架子（又稱四平架，即眼平、手平、腳平、襠平），最後學低架子。

三種架子之中又分大、中、小三種。大架子，要求姿勢開展，合乎身體的要求；中架子，要求各勢動作不應有太過或不及之處，且能綿綿不斷、始終如一；小架子，要求各勢緊湊，動作靈敏而迅速。在這三種架子中，小架子最難。每一招式皆發寸勁，故前進、後退時步子很小，手與腰腿尤須一致。學這三種架子需要很長時間，決不是一年半載所能收到成效的。

初學時，只能學一手或兩手，不能學得過多。學多了，則姿勢既不能準確，又容易走入油滑的途徑，有失太極拳之正義。除戒速成外，又忌用力。所以過去練拳的人說：「不應快，快則傷氣，本來無力而強努力則傷血；如氣、血俱傷則能引起內傷，發生疾病。」如練的得法，雖一招一式也能得到其益處。反之，練的不合乎要求，即使每次盤全套架子數遍也不會收到成效。

練拳時必須舌抵上齶，唇齒相合，以鼻呼吸，身體中正，含胸拔背，沉肩墜肘，頭正頂懸，裹襠收臀，上下成一直線，落步分清虛實，處處力求圓滿，周身輕靈，眼神視手指之前方。呼吸自然；上下左右相繫，無思無慮達於心平氣和之境界。而沉氣鬆力，須時時注意，因氣沉則呼吸調和，力鬆則拙力消除。

253

每勢都要求外面形式順，而內部舒適，毫不強硬。如此自能胸膈開展，氣血調和，對於身心有莫大功益。反之，如姿勢做得不夠正確以至距離原則甚遠時，則氣滯胸膈，浮而不定，既不能得到益處，疾病反由此而生。所以，一套太極拳架子至少非得學習半年不可，半年之後，尤須經教師數度詳細更正，也非得一年不可。

練拳可比作寫字，次數多則式式勢勢正確；又如臨帖摹寫，次數愈多則字跡愈佳。所以，欲切實練功夫，每次盤架子須有三遍（即三套），因第一套為了舒展筋骨，在一遍以上方能增進功夫。養身者則可以不拘，每次半套也可。在練拳時自第一手至末一手，動作迅速與否，均須求其均勻，不可先快後慢或先慢後快，更不可有缺陷、凸凹、斷續的地方。勢勢能連續不斷，呼吸能自然，內外能一致，尤須不假思索任其自然地練習。

練至全部純熟之後，可將全套各勢改為左式（即反式），例如動作為右手的改為左手，左手改為右手，右腳的改為左腳，左腳的改為右腳，左轉的改為右轉，右轉的改為左轉。倘能將全套的左式架子練至綿綿不斷和右邊一樣的時候，那麼，功夫就更進一步了。因左右均能練習則無偏重之弊，再練右式時更覺得興味濃厚，此是欲求深造的學者必須知道的一件事。

此外，還可以把雙手分開來練，先練左手或右手都行，因還要輪換著練，所以不分先後，但必須左右式反覆練習，以熟練為主。若照這種程式來練的話，那麼，一套太極拳架子可以變成為六套了。

學習推手也有其特有的步驟。在學好了太極套路後就

可以學習推手了。學習推手先是學定步推手，然後學活步推手，再逐次學習大攦、刀、劍、黏杆、散手（即亂採花）等。照這個規矩練習，沒有數年純功夫是不能學完上述各項拳械的。學習太極拳必須從緩而進，才能成功，這是總的要求。對於初學定步推手法的掤、攦、擠、按四手時，大半不能連貫圓滿，須跟隨教師或較自己高明的人，經常在一起打輪畫圈至純熟後，再由教師口授掤、攦、擠、按四手的意義。四手能一一分清，練至綿綿不斷的腰腿能旋轉如意，黏化均能順手，然後可學拿勁、發勁。

這個時候需要找一個對手互相研究練習，先練一種拿勁或發勁，千萬不可一勁未通又練他勁，更不可同時練習數種，須知一勁能通，任何勁都能通達，若一勁學不好其他勁也不會學好的。

在未練拿勁、發勁之前，須儘量讓教師或較自己高明的人任意拿發，視其如何引己，如何拿己，如何發己，拿發之地在於何處，拿發之時間早遲，拿發之方向正隅，均須以身實地試驗，作為悟解之門徑，萬不可求之過急。定步推手法在太極拳基本功夫中要占首要地位。推手練至相當程度後，又不可專與一人推練，應與多人推練。因人與人多不一樣，有的性格急躁，有的性格溫和，或有手剛、手柔、勁大、勁小、藝淺、藝深之別，均須推練。倘不知如此練習，那麼，便會遇到熟悉的人能拿能發，不熟悉的人則不能，照這樣做下去絕不會達到高深的程度。

其次，活步推手法要求手、腰、腿三部動作一致，在前進後退時，不可發生沾黏勁忽續忽斷的現象。練大攦黏杆、散手等時也不應有此現象發生。自己的手或杆子，至

少要有兩部分須與對方黏住，若黏不住時，則聽勁容易中斷，同時也容易使敵乘機來擊，於是神經感覺也不能練得靈敏，須要依著沾、黏、連、隨四個字的方式方法練習，練至出手或發勁時能使對方不覺為止。

至於散手必須分開單練，不如此則不能隨時應用。此外對於手法、身法、步法尤當注意。步法應進或退，手法宜高或低，身法宜正或側，均先求自己的姿勢順遂而不背。手法之發出當含有圓形，往返須有折疊。步法之落地，或前或後，或正或斜，當使身體中正，且有封閉敵身之用意，而自己之進退當有升降、上下起落之勢。除以上三法外，當求姿勢正確，著法純熟，重心虛實應分清楚，內勁圓活，能補能瀉（補氣瀉力）。如僅求懂勁，專門用功於不規則推手，雖練習很長時間，但仍然疲弱未見顯著成效。這是因為練習姿勢容易，而內勁比較難練的緣故。

欲求達到高深的地步，必須有以下幾種精神才能成功。

1. 有恒心

練習太極拳非有長性、有耐性不可，尤須有百折不撓的精神。在初學太極拳時不如花拳繡腿能引人入勝，所以性情暴躁的人多不能堅持。

學習太極拳應該每天練，一年到頭地練，一年接一年地練，直練到不練太極拳就感到身上難受，這就變得習慣起來。千萬不能今天十二分努力，而明天一式也不練，一曝十寒，這是永遠學不好的。

2. 不鬆懈

不管嚴寒酷暑都不能間斷，甚至在緊張而繁忙的學習或工作時間，也必須抽出幾分鐘時間來練一練，經常不斷

地練才會得到它的好處。

3.要專心

學拳的人都有一個通病，便是貪多，今天練了太極，明天想練八卦，後天又想練形意。要知道各種拳理本來相通，一通就百通。為了強健身體，逐日練習一套，這便很夠了。否則一樣不精，就是學了一百套也是沒有用的，反之精通了一套也就等於精通了百套。

4.不躐（音獵，超越之意）等

練功，寧可漸進萬不可過急，以致欲速不達。拳術的功夫是快不來的，練一天是一天的功夫，學一天有一天的成績。要想躐等而進是萬不會有的事。像拳式中，上一式子未熟，要強習下式，姿勢未達到準確，又求用法，推手未全，從事大攦，刀劍未精，貪學扎杆，諸如此類，以致乖謬成型，反致一無所成。須知萬丈高樓要從平地起，而不是一朝一夕所能築成的。一切事都是這樣，學太極拳也不例外。

除上述數點外，還應請有經驗的老師做正確的指導。凡事都是「先入為主」，如果在初學時即走了彎路，那麼想拐回來再走正路往往要費很大的工夫。

在練拳或學拳時，想要知道所做的姿勢是否正確，可以拿自己身體來試驗。在做一姿勢時，如感覺身體上部胸背等部都很舒適，而下身腿部特別吃力，這就是說明瞭姿勢正確，反之如感覺上肢僵硬有力，胸、背部又有截氣和淤悶不舒的現象，下肢腿部不覺吃力，並且有浮而不定等狀態發生，這就是姿勢不夠正確的表現。這也就是衡量姿勢是否正確的尺度。

功技篇

陳式太極拳的發勁

陳小旺

中華武術豐富多彩，雖各有風格特點並自成體系，但「攻防」二字是各家共有的。防者多用柔，攻者多用剛。何謂剛？在發勁時，內外和一，意氣風發，將自己的力量發出擊點乃為剛。能將自己百分之百的力量發到出擊點就是剛勁的最高標準。

陳式太極拳的發勁也有其獨到之處，它不僅拳、肘、肩、腳、膝、梢節和主要關節發勁，而且要求周身各個部位都能發勁。拳譜中說：「惟有五陰併五陽，陰陽不偏稱妙手，妙手一運一太極，太極一運化烏有，挨著何處何處擊，我也不知玄又玄。」

當然能做到這一點非一日之功，可見拳術水準練到高級境界，不僅周身處處都能發出勁來，並且是勁由內換，連化帶發，自然順遂。

太極拳是剛柔並用之拳。發勁只是太極拳中剛的一面，太極拳練好，勁自然就能發得好。因此，欲練好發勁須從練拳入手。

練習陳式太極拳分兩個階段

一、以外形動作引動內氣

內氣和動作是相輔相成、互相配合的，外形動作可以

導致內氣活動，內氣活動又能催動外形。

初學時，要按其具體要求力爭動作合度，就是遵循陳式太極拳對各個部位的要求、運動規律和運動標準，尋求和進一步掌握內氣運行的方法。

先在定勢時（如預備式，單鞭等）思想專一地按照陳式太極拳對身體各個部位的要求來對照。目前出版的一些太極拳書中對此都有詳細介紹，這裏就不再詳述。

其中介紹的雖然比較具體，就是尺度較難掌握。例如：鬆肩，究竟怎樣鬆？鬆到什麼程度；含胸，究竟怎樣含？含胸過了影響塌腰，含多少為過？這不是像木工，能指出準確的尺寸。古拳譜中說：「只可神會不可言傳。」說明對於這些細節用文字和語言無法表達，需要身教口授，可是多數太極拳愛好者沒有理想的條件。因此，我們須用辯證的態度來探討這個問題。

為什麼陳式太極拳對身體的各個部位都作了具體的規定？目的是心氣下降，氣沉丹田。明確了這一點，定勢時體會一下，如果感到心氣下降，氣沉丹田，就說明對身體各個部位的要求已合格。如果感到重心不穩，氣向上浮，便可以檢查一下，看是哪個部位做得不合格影響了氣沉丹田，然後調整一下，以達到氣沉丹田為止。

用這種方法做自我校正，掌握陳式太極拳對身體各個部位的要求則較為容易了。

在定勢時掌握了陳式太極拳對身體各個部位的要求，能使「心氣下降，氣沉丹田」，運動時再按照陳式太極拳的運動規律（以腰為軸節節貫串，周身骨節依次排開）及其對身法的具體要求和手足運行的路線進行練習，可以導

功技篇

致內氣出入丹田，按照具體不同的動作變化，動如流水地循行周身。

陳式太極拳的要求比較嚴格，初學者往往會顧身不顧手，動作不協調，出現顧此失彼的現象，用太極拳的術語來說，就是動作中產生了「丟」和「頂」（過者為頂、不給者為丟）。

陳式太極拳要求按其運動規律不丟不頂，圓轉自如，運動中產生了丟和頂，就直接影響了內氣的運行。所謂下工夫，就是不辭勞苦地走拳架，細心揣摩，對照遵循法則，逐漸縮小運動當中的誤差。運動誤差越縮小，內氣的流量就越能增大，並且受到的阻力減小，動作能夠按其法則基本協調，內氣則可以勉強貫通。

二、以內氣催外形

動作基本協調，內氣能夠貫通，運動則產生了品質的變化，即從以外形引內氣階段過渡到以內氣催外形的階段。古拳譜中說：「以心行氣，以氣運身，內氣不動，外形寂然不動，內氣一動，外形隨氣而動。」意識指揮，內氣貫通，使肢體成為系統的運動體系，一處動，百骸皆隨，一處靜，全體皆靜。

到此階段，練習陳式太極拳一些要求和法則已經是不思而得，不會出現明顯的顧此失彼的現象和運動誤差。

但這種體系在技擊當中還不能完全適應，受到外界的影響容易亂套，因而在此基礎上應繼續下工夫鞏固其運動體系，使其在任何干擾下，都能順應客觀條件的變化，成為「撞之而不開，破之而不散，渾然一圓」的運動體系，

方能立於不敗之地。

內氣源於臟腑，行於經絡，布流周身，這是人體的自然生理現象。練習陳式太極拳要維護、掌握和利用這種規律。內氣本身是十分脆弱的，動作中出現丟和頂，內氣便受阻。內氣輸送到經絡，由經絡滲透傳導到肌肉，就是採用陳式太極拳的鍛鍊方法，使臟腑產生的內氣能充分地發揮其作用。否則，練習時不明其理，不知道遵循法則、克服丟頂的弊病，仍用拙力，輕者練習感到彆扭，影響內氣的貫通，拳術水準不能進益；重者將會導致內氣回流，使器官負載加重，影響臟腑的正常活動。有人練習後感到胸悶倒飽，皆為內氣回流所致。

古拳譜中說：「意氣君來骨肉臣。」內氣與肌肉的關係如同雷管與炸藥的關係。雷管本身沒有多大爆發力，爆炸的主要力量是炸藥，可是炸藥沒有雷管來引爆不行，不按適當的比例也不能充分發揮炸藥的作用。

練太極拳時出現丟頂、肢體互相矛盾、力量互相抵消，內氣不貫通，發出來的勁為零斷勁，就如雷管和炸藥的比例不適當、炸藥不能完全引爆。

古拳譜中說，「身如弓弦手如箭」「勁起腳跟行於腿，主宰於腰發於梢」（這裏的「手」和「梢」並非局限於「手」和「四梢」，而是指擊點，因為太極要求周身各個部位都能發勁）。

例如掩手肱拳，腰向左轉，往上貫穿背、肩、臂，右拳隨著腰的旋轉向右前發出；往下貫穿胯、腿、足，足踏在地面上產生反作用力，使其先由腰傳導到足，再由腳向上通過腿、胯、腰、背、臂，發於右拳。重心快速前移產

261

功技篇

生慣性，催動右拳向前發。

只有意識指揮、內氣貫通，才能在發勁的一瞬間彙聚全身的力量發在右拳（發右拳時左肘尖向後發勁與右拳對稱，保持八面支撐的身法）。

如右肘發勁，屈住右前臂，突出右肘；右肩發勁，放下右臂，突出右肩；右胸發勁，鬆下肩臂，突出右胸。發勁是彙聚周身之力突出在出擊點上。

在對抗技擊當中，對發勁的時機和部位決不可忽視。應順應客觀條件的變化，因勢利導、得機得勢，將勁在最適當的時機，發在對方最要緊的部位。

武式太極拳的身法要領

劉積順

武式太極拳自先師武禹襄先生創立以來已有一百多年歷史。武氏傳於其甥李亦畬，李氏傳於郝為真，經郝氏三代相傳，由郝月如先生和子郝少如先生傳授於上海、南京，流行於大江南北，名揚不息，成為我國五大流派之一的傳統太極拳。

武氏從學於陳式新老太極拳，又得王宗岳的太極拳論的指導，精心體練，深得其中奧秘，技藝高超。傳其甥李氏，武李兩家，皆為文人，對太極拳術富於研究，故有精奧之拳理流傳於後，其走架打手皆有行功要領的全面敘述。

郝氏月如先生亦有遺作。這些拳理成為太極拳界有口皆碑、悉心體論與研究的範本，為廣大習太極拳者的實踐依據。現我研究會的同門愛好者為繼承先師郝少如先生的遺教，進行學習與研究，使這一民族瑰寶得以推廣、繼承和發揚。

武式太極拳極為注重身法，也就是說，練拳時沒有身法要求，就是沒有太極要求的拳式了。

如何注重身法要領，又如何將要領貫串在拳架之中，據本人的練拳體會，談談行功要領和拳架的相互關係。

行功要領與身法要求是：提頂、吊襠、含胸、拔背、護肫、裹襠、鬆肩、垂肘、尾閭正中、虛實分清、氣沉丹

263

功
技
篇

田、騰挪、閃戰十三個要領。練拳時，每一舉動皆要問問是否合乎身法要求？不合規矩時，即係亂動。所以，習太極拳者均需要求身法安排得宜。

太極拳的身法貫串了陰陽對立、矛盾統一的辯證法則，即有上就有下，有前就有後，有左必有右，以及剛與柔、虛與實、開與合、呼與吸等，它們是相對存在而又對立統一的有機系，如身法中的提頂與吊襠就是上與下的關係：含胸與拔背、護肫與裹襠是前與後的關係；鬆肩與垂肘是左與右的關係。這八種身法在人體中既分開又有內部聯繫。太極拳要上下相隨、內外協調形成一個統一的整體運動。古代人從運動變化的觀點，悟出一切事物無不包著互相對立的陰陽兩個方面，即運動時相互對立的兩個方面是互相矛盾、互相牽制的。

例如，上升的力量必然與下降的力量相牽制，左旋的力量一定與右旋的力量相反。也就是說對立著的任何一面，都對另一面起著制約的作用，一方面的不足也會導致另一方面的太過，所以，陰陽不但是相互對立，相互牽制，同時又是相互聯繫、相互依存、相互為用、相互轉化的。

太極拳運動說是根據這個陰陽學說矛盾統一的法則，結合人體生理組織活動而創設的一種拳。如果沒有上下、前後、左右、虛實、動靜、開沉等對立統一的要求，就不是太極拳。太極拳的提頂，是指身體上部的要求，吊襠是指身體下部的；含胸與拔背、護肫與裹襠是前與後的關係，虛實分清，是進退交換的安排；氣沉丹田，是意氣升降的關係，尾閭中正，是衡量上、下、前、後、左、右相

功
技
篇

互之間位置的準繩。

一、提 頂

頭頸正直，不低不昂，神貫於頂，提挈全身。

人體的神經中樞集中在頭部，是指揮人體活動的總部，亦是太極拳的用意所在，集中了一切感覺神經的中樞，思維與判斷皆由這裏產生。因此，頭部的姿勢動作必須有明確要求。練拳時頭部要伸直，不低俯，不上仰，不偏側，不伸頭縮頸，左右轉動仍然保持正直，頭頂百會穴處有上提之意。

頭部正直，有上提之意，頸椎關節節節鬆開，轉動輕靈，頸椎神經不受壓迫，頭部皮肉易於放鬆，氣血不受阻滯，感覺反應清晰而靈敏，眼、耳、口、鼻、臉頰等部位的生理組織神經舒適安詳，腦靜心清，對練拳時身體各部位的感覺處於高度靈敏的功能狀態，對身體各部位的氣感大小、肌肉的鬆緊剛柔程度易於覺察與判斷，有利於及時地進行糾正與調整。

頭部姿勢位置安排得宜，頸椎骨骼的排列合乎生理組織要求，大腦小腦等神經系統的資訊反應靈敏，頭部皮肉與大腦皮層均能鬆靜，皮肉與頭顱骨之間意氣分開，中間體察到有氣感充斥其中，而頭部有鬆開輕靈之感，頭頂上頂之意就有了。

頭部是人體中的一部分，不是單獨存在的，因此，與它連接的部位以哪些為主，它們之間的關係練拳時怎樣處理安排的呢？

其主要是胸椎的最上一節大椎，前與鎖骨相連，背後

265

功技篇

的大椎有上頂之意，兩側肩井部位有向下沉掛的感覺。頭部正直就使頭頂百會穴有向上之意，而這種感覺使練拳者精神提起，即所謂神貫頂也。精神提得起才能準確指揮活動，即所謂提挈全身也。

二、吊襠

兩腿交力，臀部前送，襠部有向前上翻之勢，就是吊襠。

兩腿之間為之襠，是腰與腿互相含接之處，臀部前送，肛門有後內提收感覺，臀部後面兩側的環跳穴部位向前收，使襠部有向前上翻之勢，而小腹部也隨之上翻，臀部肌肉與大腿前端股直肌相接，使大腿前股感到有力，兩胯盆骨對準腿骨，胯骨伸直，使腰與襠對準成直線，襠部向前上翻時，大腿前端就用得上力。

人體的自然體型是臀部稍微有點向後蹺起，這是向後凸臀，是太極拳身法所不容的。一般地說凸臀必然會導致挺胸，破壞身法的安排。臀部前送，環跳穴前收，尾椎骨就勢必前送挑起，兩胯骨就能豎直前撐，上身勁力才能憑藉於腿，促進腰腿之聯合，形成腰腿勁的產生。

同時，吊襠的身法安排得宜與立身中正有關，即下以吊襠，上以提頂，相及相繫，上體前以鎖項，後以大椎與襠的中心或與尾椎骨上下相對連成一條中線。定方向目標時，上以眼目傳神，下以吊襠相隨，形成上下一致的、分合統一的整體性。

有了上下相連的要求，還需要與前後左右的身法配合一致，才是完整的太極拳身法。

三、含 胸

肋骨以上，即兩乳部位之上為胸。胸不可挺，要往下鬆，兩肩微向前合稱為含胸。

兩鎖骨之下，肋之上為胸。含胸的身法要求是胸肌從兩鎖骨處向下鬆沉，兩肩骨外側微微有向前合與包抄之勢。胸骨不能內凹，而是向下鬆開，含胸時胸部不是向體內收小，而是在鬆開的情況下有向外擴張的感覺，這樣做法能使膻中部位鬆開而空。心胸開闊而氣順神爽，同時兩胸分前後虛實時亦運化如意。否則的話，挺胸將造成胸肌脹實硬化，胸骨向前挺出，氣浮於上，不能氣沉丹田。如果胸向內收即凹胸，勢必使胸肌緊縮，胸膈受壓迫胸腔肺葉的呼吸，影響膻中部位氣的運行。所以，含胸的練功要求，不在外形的變化，而是內在機體的鬆空活動。

胸部能鬆空才能做到胸中造化，能運化才顯示出「活」字。同時，重心得以穩定，不受牽制。含胸身體的安排得宜，與腰有直接的聯繫，所謂「胸中腰間運化」，說明人的每一個局部與另一機體都有內在聯繫。胸能鬆沉還必須與下肢膝腿有相吸相繫之要求，這是通過合胸、護肫、吊襠、氣沉丹田的要求與下肢腳腿形成上下相隨之勢的整體要求的一個方面。

有了含胸的身法，還必須與體後的拔背身法相互聯繫與配合，才能有「胸中運化」與「勁出背發」的行功要求。

四、拔 背

兩肩中間脊骨處似有鼓進之意，兩肩要靈活，不要低

頭，就是拔背。

拔背的身法掌握不得當，就會影響其他身法的正確安排，這種情況多數是只求形而不在意所致。

拔背時應該將肩背肌肉向下鬆沉。肌肉的鬆沉走向是順脊椎兩旁下沉，至腰臀，同時與腹外斜肌相連接，肩胛骨向下有鬆空之感，脊椎從腰椎處感到有節節向上頂提胸椎直至大椎處有鼓起的感覺。也就是說，肩背的肌肉向下鬆而胸椎脊關節向上提拔，皮肉向下，脊骨就有向上的感覺，所以，兩肩中間脊骨處似有鼓進之意了。兩肩關節鬆開，肩胛骨在皮肉鬆沉的情況下也感到輕鬆靈活。

拔背時即皮肉向下，脊椎向上，兩肩輕鬆靈活。而頭部的動作姿勢甚為重要，頭部過高上昂或前沖低俯都要破壞正確的身法要求。因為頭一低就造成胸骨內凹，脊椎骨節的排列失正，向前彎曲，首先頭部不能正確提頂，亦即神不貫頂也。

所以，合胸與拔背乃一前一後的身法，前不正則後必錯。正確的含胸與拔背能使人心胸開闊，心靜氣順，而拔背時有氣貼背之感，前胸與後背之間的內在感覺是氣感充滿其中，有飽滿的感覺。練拳時心肺內臟皆舒暢，不會出現胸悶氣促的現象，經過太極拳的鍛鍊會感到心舒神爽。

含胸與拔背的身法，上與提頂相連而下與護肫、裹襠相連，也就是說正確的含胸與拔背身法才能導致護肫與裹襠身法的組合。

五、護 肫

兩肋做斂取下收前合之勢，內中感覺鬆快，就是護

肫。

胸之下、腹之上的兩肋部位就是護肫部位所在之處。護肫時胸大肌向下鬆至腹部，經過兩肋，兩肋骨有收斂前合活動，背後背闊與腹斜肌相合接，形成兩肋與上腹部飽滿而輕鬆自然的感覺，而下腹部要放鬆才不致影響胸肋與背腹斜肋等肌肉的聯合。

由於背部肌肉兩側向體前包抄，與腹斜肌、腹肌連接，就使腰椎微向前挺而豎直，亦稱豎腰，使腰腹周圍一帶形成一股氣滿腰腹的感覺，同時要注意到內在要輕鬆舒適，如覺到胸中過實，即是滯而呆勢也。

護肫時前是氣沉丹田，後以氣貼腰直，前兩肋前斂，後腰椎豎起，腰不後靠而身有主也。所以拳論指出「肫不護，則豎尾無力」，就是說明護肫與豎腰關係的重要性。但豎尾有力還需與裹襠的身法配合，否則就不是完整一致的了。

六、裹 襠

兩膝著力，有內向之意，兩腿如一條腿，能分虛實就是裹。

裹襠是隨著吊襠的身法而配合一致的要求。吊襠時兩股用力，臀向前送，襠部有上翻之勢，而裹襠隨吊襠的要求使兩膝著力，兩膝有內向相連之意，同時，臀部從後面兩側向前包抄之大腿外側而延長到膝部內沿，使兩條腿猶如一條腿，但又要將兩腿分虛實，即虛腿依靠實腿，實腿支持虛腿，這樣的要求就虛中有實，實中帶虛，形成合二而一的要求。同時分虛實又順一為二，否則混淆不清，就

269

功
技
篇

不合裹襠的身法要求了。

裹襠時還必須與護肫前後相聯繫，即臀部後側向下、向外包抄至大腿而達膝關節，而臀部後側還要上連腰胯繞向體前兩肋處，形成前後連接的關係。

七、鬆 肩

以意將兩肩鬆開，氣向下沉，心要靜，氣要順，肩要靈活，就是鬆肩。

兩肩關節要有脫開之感，肩部斜方肌和橫韌帶拉長，氣向下沉與胯連接，前與兩胸連接，後與兩肩背相接，肩關節鬆開，意貫於兩脾。練拳時鬆肩甚為重要，肩不鬆則胸處氣不能向下沉，影響含胸與拔背。所以，肩鬆上肢就沒有用力的感覺，長期練拳而注意鬆肩，就會出現練拳時沒有肩頭的感覺。如果練拳時將肩部抬起，就勢必破壞上體的正確姿勢，就不符合太極拳要求。

八、沉 肘

鬆肩與沉肘是連在一起的，動作要求是相輔相成的。具體地說，沉肘時肩鬆，氣向下沉，而沉肘時加之以意運氣，行於兩肘，手腕要靈活，肘尖常有向下的意識。同時肘的內側與兩肋相呼相繫，肘的外側與腰背相連，使肘帶動前臂時做到身手相連的手段的要求。如果肘部連到手指之間要運用時，肘要與身體的兩肋接連而不脫離，即使手向上舉，肫部仍順向下與胯相連，否則，肘與手上提時會影響其他身法的正確安排。

以上八種身法，具體實質就是將身體的生理組織進行

內部的有機聯繫組合，不過頭，不缺少，即無過不及，就是要平衡有致，形成一個上下前後左右整體組織，進行太極拳運動的鍛鍊。

八種身法能做到後，還要注意四個要求，這就是尾閭中正、氣沉丹田、虛實分清、騰挪閃展。

九、尾閭正中

尾閭正中，是練太極拳者所要重視的一個中心問題，中心問題不解決，那就對於上下、前後、左右的身法安排無法體察、衡量其長短、高低、輕重等尺度是否適宜合度，所以，尾閭正中是甚為關鍵的要求。

具體運用安排與吊襠、襠裹密切有關，因為它要求兩股有力，臀部前收，尾椎骨向前將小腹托起，意達兩膝，胯骨豎直與腿骨對準，有入榫之勢。這樣就使上體得到下肢腿足的支撐，腰胯就不會靠後，中心明顯地突出在體前，這是脊椎骨向前與兩膝兩側感到相吸相繫的感覺。由尾椎骨的作用使兩胯上下相連，腰豎立於其中，人體易於求正。如兩腿分開成前後，尾閭一定要與兩膝密切聯繫，安排適度，否則就要產生偏沉之勢。

十、氣沉丹田

尾閭正中安排得法，小腹被托起，上體的含胸、護肫、鬆肩、吊襠聯繫一致。從意運氣，從兩鎖骨部位起，氣向下沉，途經兩肋護肫處，加以吊襠腹鬆而氣沉達於臍下丹田。但要注意，運氣時鬆肩甚為重要。因為，肩鬆才能讓胸肋兩體側之肌肉放鬆，使之順直而下達於丹田，氣

就不會上浮，這就是氣沉丹田了。

十一、虛實分清

兩腿虛實必須分清，虛非全然無力，著地點有一定實的要求。虛腿不能脫離實腿，要有預動的準備。同時虛腿還必須與上體胸部有相繫之意，否則就會出現偏沉。而實者決不能全然站煞，精神著力於實腿以支撐全身，更須注意的是要向下著力，時時感到有上提之意。

這點尾脊骨與腰隙之間都有內在的聯繫，否則，虛實不清，就是雙重。以實托虛實在下，虛在上，若兩腿並立就後向下，前後成折疊之勢。

十二、騰挪閃展

這是個動與靜的問題，它貫穿在每個姿勢的練拳活動之中，即任何一個舉動，在未動之前已成動意，即所謂預動之意，也就是心靜而思動，如拳論所講：「視靜猶動。」這就是騰挪之勢。

而動時身、手、腰、腿相順相隨，即由腳而腿而腰，佈於兩膊，形於手指，一氣呵成，同時集中意氣向外發出，勁如利箭，迅速猶如閃電，形成一往無敵之勢。

綜上所述，就是太極拳行動十三總勢之要領，習者要細心體察，勤習精求而練於身上，經過反覆鍛鍊，必有所得。

功
技
篇

拳論解析篇

行氣九曲其小無內
引進落空其大無外

以今人的視野看古人的筆墨

余功保

很多年以前，我請教一位太極拳大家，如何迅速提高太極拳的實踐水準，他說「讀一點拳論」。

名家的拳照是一面鏡子，對照觀摩，可以知不足而修正之。

經典拳論是一座一座橋樑，是讓我們有可能無限接近太極先賢大家們心靈感受的一個通道。

看拳照，看的還是外形，當然會看得能從外讀懂內。研讀拳論則是從文字讀出形象，具神韻的形象。

所以研讀拳論是太極拳的必修功夫。

拳論的讀法也大有學問。同樣的一篇，不同的人讀出不一樣的意味來。這很正常。這是因為，其一，漢字本身就有多義性，可以仁者見仁，智者見智。

其二，傳統拳論的水準也參差不齊，過去多口傳心授，各自的說法和記錄也有一定的差異，造成流傳中的失真。或者有的不是失真，而是產生了多種解釋。

其三，拳論許多講的是原則，是定性不定量的東西。研習者在給它定量化的過程中，每個階段都有不同的位置。

其四，一些拳論，是「寫給練到那種功夫的人看

的」，你練到拳論中所描述的境界時，再讀之，有豁然貫通的醍醐灌頂之感，否則，如看天書。之前的解釋，也只能是望文生義了。

但經典拳論不是高不可攀的、玄妙的，相反，拳論是個很親切的東西。拳論的作者多為武林中的「文人」，對武有酷好，對文有修養。每一篇拳論，都融入了作者深深的情感，所以，練了一陣太極拳的人，讀古典拳論時，往往有一種相遇朋友故知的感覺。不僅受到技術上，還受到情感上的觸動。

太極拳論是最能反映太極拳文化的核心部分。太極拳中大量的中國傳統文化的資訊都蘊藏在拳論之中。沒有文化太極拳就是缺少水分的枯藤，雖然老到，卻不勁健。如果缺少了經典太極拳論，太極拳的文化性就會大打折扣。

解析拳論，是太極拳研究的一個重要內容。許多專家結合自己長期練拳的經驗，把對古典拳論的認識闡發出來，是幫助學習者提高的十分有效的途徑。可能大家觀點不盡一致，但方法尤為重要。

學習別人對拳論的解析，是自己研讀拳論的開端。

什麼時候讀出自己的主見來了，那就是你開始讀懂拳論了。

《太極拳論》解

顧留馨

　　王宗岳是清乾隆年間的山西人（故稱山右）。1792 年他在河南洛陽教書，1795 年在河南開封教書。他的武術著作有《太極拳論》一篇，解釋長拳和十三勢內容的殘稿一篇，修訂了《打手歌》一篇和《陰符槍譜》，共四種。《太極拳論》以太極兩儀立說解釋「十三勢」以八卦、五行立說；《陰符槍譜》以陰符立說。陰指暗，符指合，故陰符意為「靜處為陰動則符」，正如陰符槍法的原則「靜如處女，動如脫兔」。

　　王宗岳少年時讀過經史，也讀過《內經》《道德經》及兵法等書，兼通擊刺之術（擊劍、刺槍），槍法最精。《太極拳論》實際上是概括性很強的總結推手經驗的論文，它所依據的理論是我國古代哲學樸素的陰陽學說，「一陰一陽之謂道」，以此作為太極拳的基本理論，就使太極拳在廣泛流傳中不致練成剛拳、硬拳，也不致練成柔拳、軟拳，而是大家公認的有柔有剛、剛柔相濟。這應該說是《太極拳論》的主要貢獻。

　　下面，對《太極拳論》逐句逐段試作解釋。

（一）「太極者，無極而生，陰陽之母也」

　　所謂太極，古人「謂天地未分之前，元氣混而為一，

即太初、太一也」（《易繫辭》）。這是我國古代的天體演化論，把太極形容為陰陽兩氣，混沌未分。也有人解釋「太極」是屋中最高處正樑的中心，意為最高、最中心的東西。（太極圖）呈圓形，內含陰和陽兩個半弧形的類似魚形的圖案。太極拳採用這個名稱，象徵著太極拳是圓轉的、弧形的，剛柔相濟的拳術。

「無極而生」。周敦頤（1017～1073 年）所著《太極圖說》說：「無極而太極，太極動而生陽，動極而靜；靜而生陰，靜極復動。一動一靜，互為其根。分陰分陽，兩儀立焉。……陰陽一太極也，太極本無極也。」王宗岳說：「太極者，無極而生。」是根據《太極圖說》而立論的。

「陰陽之母也」意指陰陽兩氣包含在「太極」之中，所以說「太極」是「陰陽之母」。

(二)「動之則分，靜之則合」

古人認為太極是一個渾圓體，包含陰陽兩氣。動時這個渾圓體就起變化，分陰分陽，所以說太極生兩儀，亦即「動之則分」。靜時仍然是一個渾圓體，陰陽變化雖然相對靜止，但陰陽的道理完全具備，所以叫做「靜之則合」。

上面五句話，講的是太極拳的理論，下面就根據這種理論來闡明太極拳推手的要領和方法。

太極拳創造於清初 17 世紀 60 年代左右，創造人是明末清初河南溫縣陳家溝人陳王廷。他寫的太極拳的原始理論《拳經總歌》有「縱放屈伸人莫知，諸靠纏繞我皆依」

兩句話，王宗岳據此進行了發揮。

（三）「無過不及，隨屈就伸」

推手要根據客觀情況的變化來屈伸進退，要隨看對方的動作而採取攻防動作，不可主觀，不可盲動。要隨對方的屈伸而屈伸，人屈我伸，人伸我屈。要和對方的動作密切不離，不要過與不及，要不頂不丟。對方進一寸，我退一寸；進一分，退一分。退得少了成為「頂」，退得多了成為「丟」。

「直來橫去，橫來直去」是武術各流派的共同經驗，太極拳推手還有形象上纏繞絞轉的「黏隨」特點，可練習皮膚觸覺和內體感覺，以利瞭解對方的動向、力點和快慢，作出判斷來克制對方。這比單憑目力來判斷對方動向的拳種多了一種偵察能力———「聽勁」。

（四）「人剛我柔謂之走，我順人背謂之黏」

推手時要放鬆，攻和防都如此，逐漸練出一股「柔勁」來。剛勁好像一根硬木頭，堅實但變化少。柔勁好比鋼絲繩，變化多。俗語說，軟繩能捆硬柴。但從理論上講，柔能克剛，剛也能克柔。

單純的柔是不夠用的，太極拳主張「柔中寓剛」「剛柔相濟」，黏與走都要以柔為主，柔久則剛在其中。人以剛來，我以剛去對抗，這是兩方相抗，不是「引進落空」「借方打人」的技巧，而應該「人剛我柔」地把對方力量引開，使之落空不得力。所以學太極拳推手一開始就要放鬆，心身都要放鬆。對方剛來，我總是柔應，使對方不得

力，有力無處用，這叫做「走化」，目的是我走順勁，造成有利於我的形勢，使對方走背勁，造成不利於對方的形勢。當對方來勁被我走化形成背勁時，我即用黏勁加力於其身手，使之陷入更不利的地位，從而無力反擊。黏好像膠水、生漆黏物一樣，黏走相生，剛柔相濟，這是推手的重要原則。

「黏」這個字，是三百餘年前俞大猷、戚繼光等提出來的，武術書上最初見於明朝俞大猷的《劍經》，在他的對打棍法（不是套路的對打）中有時用黏字。到清初，太極拳推手就完全用黏勁，於是「黏」的用途日廣。練黏可使人的反應變快，觸覺靈敏，所以能做到隨對方來勁黏走相生，克敵制勝。

(五)「動急則急應，動緩則緩隨」

動作快慢要決定於對方動作的快慢，不能自作主張。首先，手臂放鬆，觸覺靈敏，才能急應緩隨，處處合拍。只有觸覺靈敏了，才能做到「彼微動，己先動」，才能制人而不為人所制。

(六)「雖變化萬端，而理惟一貫」

動作雖然千變萬化，而黏走相生、急應緩隨的道理是一貫的。

(七)「由著熟而漸悟懂勁，由懂勁而階及神明」

這是太極拳推手功夫的三個階段：即著熟、懂勁、階

279

及神明。

1.著 熟

著是打法、拳法、拳勢，譬如看棋。中國武術各拳種的套路，就是各個不同的「勢」連貫組成的，每「勢」都有它的主要攻防方法和變化方法，錯綜互用，這就稱作「拳術」「拳法」「拳套」。不講技擊方法的套路，稱作體操、舞蹈、導引或八段錦。有些拳種只講姿勢優美，實用性差，稱作花拳繡腿，是表演藝術性的武舞（講究實用性的稱作武藝）。

練太極拳推手，首先是身法、手法、步法、眼法和每勢的著法（攻擊和防禦的方法）要練得正確、熟練。特別是練拳架，首先姿勢要正確，拳套要連貫熟練，和呼吸配合好。然後在推手、散打中進行試用，捉摸每個著法用得上，還是用不上；用上了，用勁對不對等。這是前人教太極拳的次序，即首先要懂得每勢的著法和變化，不可瞎練，漫無標準地畫圈。

2.懂 勁

著法練熟即可逐漸悟出用勁的黏隨、剛柔、虛宜、輕重以及屈中求直、蓄而後發等道理。現在有些人學推手好談懂勁，但不研究著法，這是跳班、越級的方法。只追求勁，不講求著法，往往無從捉摸，不著邊際。因為，「勁附著而行，勁貫著中」。

著法如果不從實際出發，捨近就遠，勁也就隨著「著法」而失去應有的作用。懂勁以後，著法的使用才能巧妙省力。著法和懂勁都要和呼吸自然結合，不屬拳法的動作不可能結合呼吸。例如，兩個吸或兩個呼湊在一起的動作

就不可能結合呼吸。

懂勁品質愈高，推手時威脅對方的力量也越大，著法的使用也更能得機得勢。懂勁主要是從推手實踐中悟出來的。只練拳不練推手，對懂勁是談不上的。想像出來的懂勁，一接觸實際就不行。

3.階及神明

「階及」意即逐步上升，亦即臺階、梯子，須一步一步爬上去。「神明」意即神妙高明，隨心所欲，形成條件反射，熟能生巧。

「由著熟而漸悟懂勁，由懂勁而階及神明」這句話，總的意思就是踢、打、跌、摔、拿等著法熟練後，逐漸悟出「勁」貫著中的技巧，掌握「勁」這個總鑰匙，不求用著，而著法自然用得巧妙，最後達到「妙手無處不混然」的程度。

(八)「然非用力之久，不能豁然貫通焉」

「用力」係指練功夫，不是指用力氣。全句意為：不經過勤學苦練，就不能豁然貫通、忽然完全悟解。

堅持練拳推手，鑽研拳理，會有好幾次「豁然貫通」，功夫是沒有止境的。

青年時期、壯年時期和老年時期，各有一次或多次對拳理的「豁然貫通」。

透過向有經驗的師友學習、交流和反覆研究拳理，功夫才能練到自己身上，對療病保健、增強體質才有幫助。

太極拳發展至今，主要的傳統套路有陳、楊、武、吳、孫五式，陳式還有老架、新架和趙堡架三種，都是講

究每勢的著法的。傳統套路都有這種講究著法、運氣的特
點。

懂得著法，拳套才容易練正確，不致練得千奇百怪，
也才能和呼吸結合得好。「氣與力合」，療病健身的效果
較高，又可節省練拳的時間。

（九）「虛領頂勁，氣沉丹田」

「虛領頂勁」意為頭頂要輕輕領起往上頂著，便於中
樞神經安靜地提起精神來指揮動作。

關於氣沉丹田，說法不一。這裏可能是指腹式深呼
吸，吸時小腹內收，膈肌上升，胃部隆起，肺部自然擴
張。呼時小腹外突，膈肌下降，胃部復原，胸廓自然平
正。身心兼修，內外並練，著重在內壯，這也是被稱作
「內功拳」的太極拳的一個特點。

「氣沉丹田」不可硬壓丹田，也不可一味「沉氣」，
而要「氣宜鼓蕩」，並且練拳時的腹式呼吸只能用逆式，
不能用順式。

順式是吸氣時小腹外突（氣沉丹田），呼氣時小腹內
收，結合在拳套內就只能始終「氣沉丹田」，有降無升，
所以一定要用逆式。

如果用順式腹式呼吸，對練拳推手都是無益的，因為
攻的動作都要借地面反作用力，必須氣沉丹田，勁才能往
前發。哪能有勁要往前發，而呼氣時小腹卻內收之理？

逆式深呼吸是引進時吸氣，小腹內收；發勁時小腹外
突，氣沉丹田。

內功拳種的「形意」「八卦」「南拳」「內家拳」，

都是用腹式逆呼吸的。

王宗岳高度概括了太極拳的理論（那時只有陳式太極拳一種，沒有流派），對呼吸運氣只講了一句「氣沉丹田」。

「虛領頂勁，氣沉丹田」基本上概括了太極拳對立身中正，鬆靜自然地運氣練拳和推手的要求。

(十)「不偏不倚，忽隱忽現」

「不偏不倚」是說身體姿勢不要歪斜而失去中正。不偏是指形體上、神態上都要自然中正，不倚是不丟不頂，不要依靠什麼來維持自己的平衡，而要中正安舒、獨立自主。

「忽隱忽現」是說行氣運勁要似有亦無，忽輕忽重，虛宜無定，變化多端，使對方難於適應顧此失彼。

(十一)「左重則左虛，右重則右杳」

承上文，既要做到「不偏不倚忽隱忽現」，還要做到，對方從左方用力攻來，我左方虛而化之，虛而引之，不與頂抗，使來力落空；如對方從右方用力來攻，則我右方虛而化之，虛而引之，也不與頂抗，使來力落空。這就是不犯雙重之病。

練到處處能虛而化之，虛而引之，就是棋高一著，從而使對方縛手縛腳。

「虛」和「杳」都是不可捉摸的意思。

(十二)「仰之則彌高,俯之則彌深,進之則愈長,退之則愈促」

「彌」字作「更加」解釋。我運用黏化畫弧的引進落空的方法,對方往上進攻,我高以引之,使有高不可攀、腳跟浮起、凌空失重的感覺;如對方往下進攻,我低以引之,便有如臨深淵、搖搖欲墜、愈陷愈深的感覺;若對方前進,我漸漸引進,使其摸不到我身上,有進之則愈長而不可及的感覺,經我黏逼進攻,對方越退越感覺不能走化。

這四種情況都是黏走相生,不丟不頂,我順人背,我得機得勢,彼不得機不得勢而出現的。

上述推手技巧只要認真實踐,人人都可有不同程度的進步。但這種推手技巧可說是無止境的,因之可說是一種活到老、學到老的健身防身的技術。

推手雙方功力相等,不容易發揮出這樣的技巧,如果差距大了(例如力量、耐力、速度、靈敏、技巧等相差大了),這種高級技巧就會顯示出來。

(十三)「一羽不能加,蠅蟲不能落,人不知我,我獨知人」

這是形容觸覺、內體感覺的靈敏度極高,稍微觸及,便能感覺得到,立即走化。功夫練到技術高了,便能做到:一根雞毛、一隻蒼蠅或一隻小蟲輕輕觸及人體任何部位,都能感覺得到並立即有行動對付;在推手時,便能做到他不知我,我能知他。

（十四）「英雄所向無敵，蓋皆由此而及也」

這句說明王宗岳是惟我獨尊的。他生於二百多年前，那時，中國武術家認為近身博鬥技巧在戰場上還能發揮決定性的作用。

（十五）「斯技旁門甚多，雖勢有區別，概不外壯欺弱、慢讓快耳」

這種拳術技巧的門派是很多的，它們雖然姿勢動作不一樣，但不外乎是力大打力小，手腳快打手腳慢。

（十六）「有力打無力，手慢讓手快，是皆先天自然之能，非關學力而有（為）也」

所謂有力打無力、大力勝小力、手快勝手慢，都是先天賦有的本能，不是學出來的。看來，這兩段話，有宗派觀點，有形而上學的論點。說其他拳種是「旁門」，而自己是正門，是正宗，這確是宗派觀點。

力大勝力小，有力打無力，手快打手慢，是一種規律，但力量和速度也不是先天自然之能，也需要學習鍛鍊才能加大力量，加快速度。因此，「非關學力而有（為）也」這句話是錯誤的。

太極拳從名字的含義來講是有柔有剛，有輕有重，有快有慢，既要練習「四兩撥千斤」，又要練習「混身合下力千斤」。所以單純強調一方面，就有片面性，就是知其一而不知其二了。

（十七）「察四兩撥千斤之句，顯非力勝；觀耄耋禦衆之形，快何能爲」

察（《打手歌》）裏有「四兩撥千斤」一句話，顯然不是用大力來勝人；看到年紀耄（意爲七八十歲）或耋（意爲八九十歲）的人還能應付衆人的圍攻，取得勝利，可是老人體力比較差，動作比較遲鈍，還能禦衆取勝，說明「快」也不一定能取勝。

過去認爲《打手歌》是王宗岳的作品，有人從拳論中「察四兩撥千斤之句」的「察」字來判斷《打手歌》是王宗岳以前人的作品，這是很對的。後來核對了陳家溝原有的四句《打手歌》，才斷定現在六句的《打手歌》是經過王宗岳修訂的。

這四句話是強調小力勝大力的技巧作用。

（十八）「立如秤準，活如車輪，偏沉則隨，雙重則滯」

始終保持平衡，身法端正，要像秤準一樣。身手圓活如車輪旋轉，不但不受來力，還能把來力拋出去。無論來力多麼直大，要黏著走化，不要頂抗。如果黏著處放鬆走化不受力，這叫做「偏沉」。能做到「偏沉」，就能順隨，使對方有力也不得力，有力無處用。推手時要避免兩方相抗，如果兩方相抗，不能夠「偏沉則隨」，動作就會滯鈍，結果還是力大者勝力小者。

(十九)「每見數年純功不能運化者,率皆自為人制,雙重之病未悟耳」

常常見到勤練太極拳推手多年的人,不能很好領會「懂勁」和「黏隨走化」的道理,往往不能制人,反而被人所制,這都是用力頂抗,犯了雙重之病而不自覺所致。

王宗岳這段話是在二百年前講的,那時候太極拳不作為老弱病人練的拳,而是體格強壯者練的拳,他們不懂雙重之病,不能制人,大都為人所制。而現在練推手的大都是力量不大、基礎薄弱的人,加上不懂「雙重」之病不懂著法,難怪有些練摔跤的人或練拳又硬又快的人說,一般練太極拳的是豆腐架子。

(二十)「欲避此病,須知陰陽,黏即是走,走即是黏,陽不離陰,陰不離陽,陰陽相濟,方為懂勁」

要避免這個「用力頂抗,不能走化」的毛病,就要懂得陰陽的變化。陰指柔、虛、輕、合、蓄勢、吸氣等;陽指剛、實、重、開、發勁、呼氣等。

黏隨中隨時可以走化,所以黏也是走;走化中隨時可以轉化為黏隨,所以走也是黏。

有開有合,開中有合,合中有開;有虛有實,虛中有實,實中有虛。這樣虛實、剛柔、開合,變化靈活,才可以使對方顧此失彼,不知所措,應接不暇,處處被動。陽剛不能離開陰柔,陰柔不能離開陽剛。

有陰有陽,有虛有實,有柔有剛,陰陽相濟,虛實互

變，柔剛錯綜，才算是懂勁。

（二十一）「懂勁後，愈練愈精，默識揣摩，漸至從心所欲」

懂勁以後，黏走相生，越練越細巧精密，一面實踐，一面多思考，常常默想捉摸其中道理，學思並用，就能逐漸做到從心所欲，身手更為輕靈，威脅力更大，搭手即能判斷對方力量的大小、長短、動向、快慢，依著何處即從何處反擊。

（二十二）「本是捨己從人，多誤捨近求遠。所謂差之毫釐，謬之千里。學者不可不詳辨焉。是為論」

推手本來是捨己從人的技巧，順應客觀規律，不自作主張；如果自作主張用固定的手法，逆客觀規律，必然會出現丟、頂、硬撞，不能引進落空，反而引進落實，造成失敗，這是多誤於捨近求遠。差之毫釐，結果是謬之千里。

練拳、推手也是這樣，學的人要詳細辨別這個道理。

《十三勢行功心解》探要

馬偉煥

「先求開展，後求緊湊」

在《十三勢行功心解》中，這二句在文字上是比較容易理解的。因為字義並不古奧，所以，一般人解釋都以為是練習太極拳首先要開展，也就是手足運行的幅度要大，將架子加大，相應馬步就加大成低架子；熟習以後，再將架子收小，以求緊湊。有些拳書中更敘述為「由大圈歸於小圈，由小圈而歸無圈……」這樣的圈圈之說，就使人想到如何去規範圈之大小和「無圈」的表達形式。

60 年前李壽在《太極拳術》一書中作之圖解，圖中之大圓圈和小圓孔，是怎樣和十三勢行功架子相聯繫呢？恐怕除了該圖日作者外，能將圖中的小圓孔套進太極拳的手法和腰腿功架，問世間能者幾人？若作為幾何圖形欣賞，也無不可。

一般而論，將精神專注去思考那樣的圈圈圖解，有誰能確確切切地演繹為實踐呢？個人虛耗精力事小，將後學者引進十里迷霧，那就不敢恭維了。

數十年前就有人為迎合圈圈之說，在拳架中套不上，就在推手動作上附會一番，二人相對畫圓，更名之為平圓、立圓推手等等，陳炎林筆之子書，如是流行至今，在

289

拳論解析篇

公園晨練，亦很常見，雖然無四正推手之勁道，仍不失為一種良好之互動式健身活動。

我曾看過兩幀名家拳照，為瞭解明開展與緊湊，演單鞭一式為例作說明：左腳往左側開一大步弓前，左手按出，右吊手，兩臂將直未直，是為開展。右腳往左側只開半步，兩肘下沉至脇而作單鞭，稱為緊湊。這是對開展和緊湊的另一種理解和表達。有些拳家著作中寫得很直接，認為「先求開展，後求緊湊」，是指訓練方式方法，先、後指訓練的先期和後期。「開展」和「緊湊」指功架的大小。這種錯誤注釋正被廣泛傳播。

河北郝宏偉老師對開展與緊湊問題很有精闢的見解。他認為開展並不是以架子大可表現，同樣，架子收窄了，也不是緊湊，若以大和小去理解，心法遠離。由開展到緊湊是一個從長期實踐中達至的全過程，絕不是從外型上的大動作變小動作來檢定。

「先求開展」是我們行拳時的最基本要求，這個要求不因熟練後而稍作改變或放棄，練到緊湊境界時的拳架會開展得更準確到位。

開展的涵義是，我們行拳時起腳、開步、運腰出手，都要求達到最適當的幅度，引申到特定意義的空間位置上去，恰到好處。簡要地說，「先求開展」體現著舒展到點，肆意將動作誇張不是開展而是鬆散，不成章法。

另一方面「後求緊湊」是我們行拳時較高的要求，這要求是建立在「開展」的基礎上的，沒有正確開展就根本談不上緊湊。緊湊不是縮小，緊湊要求在行拳時由內而外體認到縝密而不露間隙，這才是的論。如何才能做到拳勢

開展而緊湊縝密呢？還是要及拳經的指引，那就是「往復須有折疊，進退須在轉換」。

「往復須有折疊，進退須在轉換」

此二句出自《十三勢行功心解》前段。折疊二字，注釋方面有多種闡述：

首先見於永年的「老三本」、李亦畬的《打手要言》：

往復須有折疊，進退須有轉換，所謂因敵變化是神奇也。後來再解釋：「往復須分陰陽，進退須轉合，機由己發，力從人借上。」這就是太極拳理論的經典要義。

1929 年，姚馥春、姜容樵著《太極拳講義》：

「折疊者，即變化橫豎也。其往來之橫豎，虛實不定，要有知覺，進前退後，必須變換隨機，進退轉換，亦要奇正相生。進亦是退，雖退亦仍能中敵也。」這個解釋已將「因敵變化是神奇也」明朗一些。

1931 年，楊澄甫著《太極拳使用法》：

「與人對敵，或來或往，折疊即曲肘彎肱之式，折背敵其身手。此係近身使用法，離遠無用，進退不要泥一式，須有轉換隨機變化也。」此書實乃董英傑執筆。

後來，董英傑在香港著《太極拳釋義》一書，書中作同樣解釋，一字不易。如是，解作「曲肘彎肱之式」，被廣泛流傳。

1943 年上海的陳炎林更據之而在其《太極拳刀劍桿散手合編》中創「雙手折疊推手法」，且為後學不明究竟者所引用，亦流傳至今。

拳論解析篇

近年所見，某些傳人授拳時，左摟膝拗步作口述：「左手下壓，右手折疊推出。」此亦循董英傑之言說。以下請看楊澄甫傳人注述。

陳微明：「折疊者，亦變虛實也。其所變之虛實，最為細微。太極接勁，往往用折疊，外面看似未動，而其內已有折疊。進退必交換步法，雖退仍是進也。」（《太極拳術》第66頁）

曾如柏：「折疊即變虛實，是誠的論，然此皆在意不著形跡。世有誤會此語，而作間歇舉動，其或做作動肩扭臀態勢，以為即是折疊者，其天真良可哂也。」（《太極拳全書》52頁）

楊振鐸門人孟乃昌：「折疊或稱折疊內轉，不是孤獨游離的概念和做法，也沒有什麼神秘的內容。」（略）（《太極拳譜與秘譜校注》）

楊振銘（守中）：「手法含折疊，即往復所變之虛實，外看雖似未動，其中已有折疊。步法有轉換，進退必須變換步法，是退仍是進。」（《太極拳體用表解》）

進退須要交換步法，虛實相互轉換，以使進退順暢隨機。這一點，一般都認為進退是下肢的虛實轉換，是步法；在行功時腰胯和兩臂之運轉協調是整體性的，不可以孤立而為。以兩腿做虛實轉換，其主宰仍是腰。這一點，在太極拳中的摟膝拗步和倒攆猴二式中，可充分體現出進退步法，腰身和上下肢的整體協調平衡及腰胯的主宰作用。所以「進退須有轉換」一句，其意義明顯也較易理解，在行功時也可直接表達。所以，普遍領會到的內涵是一致或差別不大的。

「往復須有折疊」一句，前人著述，差別較大，可總結為三種不同理解。

一、折疊二字，望文生義，是將片狀的對象折起再疊在同一平面位置。在動作上，第一下是折（條狀物可作折），第二下是疊，合而稱折疊。前人有各種不同理解，陳炎林所書之折疊推手可作參考。《雙手折疊推手法》：

一名「壓腕按肘沾黏推手法」。兩人對立。各將右足踏前一步。甲右腕背部置於乙右腕背上。掌心向上、指尖伸前，左手按附乙右肘，向乙胸前插進。乙被插趁勢向左坐腰，鬆胯，坐腿二繞立體圓圈，將右手用腰腿勁翻至乙右手腕上，亦以右手掌尖向乙心前插進，左手按附乙加肘。兩人進退插化、可循環練習。此為右式，左式亦同，惟手及繞圈方向相反耳。初學時，可用單手，僅做壓腕或學習（法亦照上），較為便利。

二、折疊，作曲折肢體關節而言，故有董英傑氏之解為「曲肘彎肱之式」。在行功時，將手肢之伸出屈收稱作折疊，但對下肢弓步提腿屈膝，又不作此論。「折疊」，作曲折肢體關節而言，又可有下列三種表現：

（一）董英傑氏解為「曲肘彎肱之式」。在行功時將手肢之伸出屈收稱作折疊。（《太極拳釋義》第24頁）

（二）「往復須有折疊」，主要在膝胯關節往復皆應屈曲，可以挺直。不這樣訓練，關節便不能柔韌有力，沒有折疊，蓄發也就難以得勢。（郭福厚《太極拳秘訣詳解》第31頁）

（三）折疊是肢體對角方向相互牽拉，如左肩與右胯，右肘與左膝等等，又是另一種以腰為中軸的折疊方

式。

三、折疊轉換是以意為主導的內勁變換，使勁的直來與直往之間回環而無斷續處，這是楊振銘老師所特別強調的。例如：腰身微動而步已隨之。原先第一動作將完而未完時，第二動作已萌生在意，在外觀上未必表露故能著著領先。太極拳要打得好，其中一個重要環節就是一勢與一勢之間的接駁，也就是內勁轉換連接，要精密、準確、疾速，透過內部協調進行。精微之處，在虛實轉換，了無痕跡，更不見斷續間隙。

戚繼光《紀效新書》的卷之十二裏面曾這樣寫：「千言萬語，總是哄他舊力已過，新力未發而乘之。」也就是說，舊力略過而新力未生的一瞬，是防衛最弱的剎那。易為人所乘。所以，我們要在舊力未過之前就新力已生。這個重要環節就是我們太極拳所練的折疊。要以這樣明確的要求，默識揣摩，在不同程度上求緊湊，臻於縝密。

武式太極拳論釋疑

喬松茂

　　武式太極拳是武禹襄先生在陳式太極拳、趙堡太極拳的基礎上，根據練功方面的感悟而創編的架式小巧緊湊，集強身、防身、修身為一體，適合文人修練的太極拳，後人稱之為武式太極拳。武禹襄先生在對這套拳法身體力行的實踐中，形成了簡練精要、無一浮詞的經典之作───武式太極拳論。本人從藝武式太極拳第四代傳人李錦藩先生近 20 年，經先生把家傳技藝無私地傾心相授，體示口解，又經自己近 30 年默識揣摩，精誠研習，對該拳論部分專業名詞，解之、釋之。

一、「身備五功」解

　　武式太極拳沒有身備（背）五弓，只有身備五功。五功是指練習武式太極拳內傳的由著熟到神明的五步（層）功法或五個階段的練習方法。只有按這些練習方法和要求精研細悟和長時期的練功，才能達到武式太極拳的彼岸。而身背（備）五弓是其他拳種的練法，所謂差之毫釐，謬之千里，學者定要辨清。

二、釋「四兩撥千斤」

　　本應是「牽動四兩撥千斤」。四兩、千斤都是指的

拳論解析篇

彼。意指打手時要集中內勁打擊對方勁根，從而達到牽動彼全局的戰略意圖。

三、釋「立如秤準」「活似車輪」

「秤」乃棋盤也，「立」乃廣義指行止坐臥，引申為行功走架及打手時要符合身法要求，由心知達到身知，就能做到虛中有實，實中有虛，剛柔相濟，應敵變化示神奇。

四、釋「人不知我，我獨知人」

武式太極拳功夫達到一定程度後，發人時除和彼接觸點接勁不動外，運化全在胸中腰間，發人全在腰腿。

五、釋「蓄勁如張弓，發勁如放箭」

武式太極拳在內不在外。意指蓄勁時，內勁由手至臂膀、脊柱返回腰間，就如人搭箭拉弓一般。「發勁如放箭」一句，是指發人時，內勁起於腳跟，注於腰間，形於手指，要有犀利感。運勁如百煉鋼。總之，這句話是形容內勁蓄發的。

六、釋「人剛我柔謂之走，我順人背謂之黏」

人剛我柔的同時要我順人背，這樣就做到剛柔相濟，黏即是走，走即是黏。人剛我柔不在外而在內，不在上而在下。

七、釋「捨己從人」

1. 意指對方來勢，讓你怎麼還擊，你就怎麼還擊。
2. 就是內勁要隨著彼的「曲」就彼的「伸」。

八、釋「每一動，惟手先著力，隨即鬆開」

每一交手，惟接彼來勁之處要有力和彼勁接定，然後內勁回注腰間，但外形不變。

九、釋「著熟」

「著」指按身法的要求練習。這裏指經過長時間的練習後，熟練地掌握武式太極拳論要求的練功身法。這主要以強身為主。

十、釋「懂勁」

何為「懂勁」，指在走架和打手中，勁由內換到身知了，做到五字訣所說的「神聚」了。黏即是走，走即是黏，剛柔相濟方為懂勁。此時自然做到了全在胸中腰間運化，力從人借，不在外面，氣由脊發，懂得了內開合。這個階段主要以防身為主。

十一、釋「神明」

由懂勁後，功練一日，技精一日，做到了「意氣君來骨肉臣」，逐步由拳理、拳法悟出做人的哲理，對事物、自然界都有了科學的思維。無俗則剛，修養達到相當高的階

段，人的品味得到進一步昇華。這個階段主要以修身為主。

十二、釋五字訣中的「一身之勁，練成一家」

指經過嚴格的按身法的要求，長時間地默識揣摩練習，舉手就做到，目有所視，意有所指，力有所達。就是外形和精氣神、意目力，做到了完整的統一，也就是周身一家腳手相隨了。

十三、釋「雙重」

不能運化者，虛實不分，分開、黏走不能相濟，為「雙重」。「雙重」是練功中的一個過程，由長時間逐步的正確身法的習練，去掉了不正確的，正確的上了身，「雙重」就會改掉。同時這也是一個實踐的過程。

十四、釋「太極」和「太極拳」

「太極」兩字出自《周易》。太極拳係中華武術的一個拳種，因太極拳的拳理、功法及表現形式區別於其他拳術，且又經過歷代武術先哲們的精心錘煉，符合事物發展的自然規律，故後人稱之為太極拳。太極和太極拳是兩種學問，學太極拳者要分清。擊技是傳統太極拳術的靈魂，要以武術的規律來思考它，要按太極拳的功理、功法來專心致志地修練，否則，只能枉費工夫。

十五、釋「五字訣」中的「呼吸」

武式太極拳中的呼吸，是「開合」的代名詞。指「內

勁」在體內的升降，而不是指人的肺部呼吸。太極拳係自然之道，肺部呼吸要求自然。

十六、釋「騰挪閃展」

騰：為開、為發。

挪：為合、為蓄。

閃：接定彼勁，使之勁頭落空。

展：發內勁時，運勁如百煉鋼，要有摧枯拉朽之勢。

十七、釋「沾黏連隨」

指經過長期的按身法的要求練功，知己和知人功夫都達到了捨己從人、不丟不頂、無過不及的階段。

沾：我順人背謂之沾。

黏：勁斷意不斷謂之黏。

連：不頂謂之連。

隨：不丟謂之隨。

十八、釋「起承轉合」

起：即一搭手接對方皮肉之形。

承：接定彼骨之勁，即物將掀起。

轉：內勁由腳跟注於腰間，施於兩膊，形於手指。開也，發也。

合：內勁由原勁路回注於腰間，蓄也，拿也，撥也。

十九、釋「引進落空合即出」的「合」

（1）武秋瀛云：「合即撥也。」

（2）指按照走架打手行功要言的要求，自己守住規矩反覆錘煉，明師點傳，達到神不外散，神氣鼓蕩，周身無有缺陷，周身一家，才能得機得勢，捨己從人，才能達到引進落空的功夫。

總之，只有正確地理解武式太極拳論的本意，才能更好地指導實踐，只有得其真髓，由心知到身知了，才能合乎客觀自然規律地有所發現、有所創新。反之，將會差之毫釐，謬之千里。這也是百多年來的歷史教訓。

動之則分
————王宗岳《太極拳論》研習心得

祝大彤

王宗岳在《太極拳論》中論道陰陽後說：「動之則分，靜之則合。」在學拳過程中常聽拳師講此話，但如何分，怎樣去合，能講透者寥寥。

太極拳講究身形手勢，筆者在《太極解秘十三篇》中，也詳細論述了周身每個部位的要求。從功法講，外三合，手、腳、膝、肘、肩、胯，都有要求。即手與腳合，膝與肘合、胯與肩合。腳虛平鬆著地，腳向下鬆，膝向上鬆提（不要有意上提），上下分，上下肢的關節都要鬆開。「動則分」的拳理極為科學，避免太極雙重之病。

《十三勢行功心解》云：「有上即有下，有前即有後，有左即有右。如意要向上，即寓下意。」盤拳有虛實手，虛實手是分著的，不能左右手同時發、拿、打、化，向左探對方，其意向右，否則雙重。大家可以演練。「左重則左虛，右重則右杳」，虛實須分清楚。

「動之則分」在每個拳勢中多有體現。以楊禹廷83式拳為例。起勢4動，攬雀尾8動，斜單鞭2動。單動為陰，雙動為陽，動與動之間是陰與陽之變轉。拳論《十三勢歌訣》云：「變轉虛實須留意。」提示我們在勢與勢接頭的當口，學術名稱為變轉。

拳論解析篇

變是動，是變化，一定要分，動之則分。怎麼分，細說之，指尖與指根分，指根與掌分，掌與肘分，肘與肩分，也含指與肩分、手與腳上下分、腳與膝分……總體腰為主宰，腰起到承上啟下之作用。動之則分，從腰分，腰是座標點，上鬆到手，下鬆到腳，全身都開了。動中分腰不好求，要在練拳中慢慢體會，腰分為開合，沒有一定的功夫，難以把握。

在沒有開合功夫之前，以鬆腳行動，在陰陽接頭之時，陰動或陽動之前，鬆一次腳。

有人問不知如何操作，按照你的理解去鬆腳就是了。每次練拳，一個勢練完再練下一個勢的接頭，先鬆一次腳，天長日久，就能找到動之則分的感覺，進而再深研，把握鬆腰的技藝。

動之則分，分什麼？分陰陽，陰隱陽顯。盤拳練功的陰陽變轉操作不同於推手、技擊的陰陽變化。因為盤拳行功操作時，盤拳有固定的路線，也就是拳套路的路線。拳套路路線由陰動和陽動組成，一陰一陽，一處有一處虛實，陰陽平衡。

從起式到收式，幾十式或百多式，均為陰陽動組成。例如起式4動，兩個陰動（1、3），兩個陽動（2、4）。陰的止點，是陽動的起點，陽動的止點，是陰動的起點，似鐘錶錶芯絲絲相扣，一環扣一環。

按照太極陰陽學說規範行功，循規蹈矩，盤拳如行雲流水，在陰陽變轉中，動態運行，想停也停不下來。陰陽變轉的起止點的功法是科學的拳藝。

推手和技擊的「動之則分」與盤拳的動分陰陽不同。

因為拳的路線是固定的，按拳的規律行功，而推手和技擊是兩個人較技，兩人對拳如何打兩不知，也無固定路線，兩人交手就不能默守盤拳時的規矩，人家一拳打過來，你說人家不陰先陽，人家並不買你的賬，迎面便是一拳，將你打翻在地。二人較技之前，你應該按太極拳陰陽學說規範行功，接手四梢空，以鬆柔、鬆空、鬆無等待對方來手。此式稱謂「以靜制動，以虛待實，後發先至」。以靜制動的「靜」，是指精神，心神意氣，是看不到摸不著，但可以感覺到的氣質。這個「靜」，也指外形，周身肢體的淨，身上手腳鬆得很淨，手上乾淨，還要由練家根據自己多年修練的功夫，安排自己，自己去體會。

　　靜與淨到哪個層次說哪個層次的話。靜與淨的狀態從內修中體會。經絡活躍，血管暢順，脊椎有脹熱感，每個大關節虛靈，頂上有種虛靈的精神，使你有挺拔感，周身渾圓一體有騰虛之感。周身皮膚似像一個向外充氣的球，或似撐開的傘。此時人體結構發生變化，已經達到「關節要鬆，皮毛要攻，節節貫串，虛靈在中」的體能。

　　「靜之則合」，這是練拳多年之後都明白的拳理。以拳論解釋「合」，就是「完整一氣」。盤拳陽變陰有一瞬間的「實中實」。所謂「實中實」，是在陽動結束、陰動起始的瞬間變轉之前，再實一次，也就是陽動手引腳到終點。手再引腳，是手腳的意念舒展，手為 1 腳為 2。神、意、氣，軀幹肢體短暫的整體內外相合。

　　在技擊運用時，合為周身肢體的短暫的完整一氣，是高層次的渾圓一體。與對方的接觸部位，「沾連黏隨不丟頂」最忌主動、妄動，一絲一毫的主動、妄動也會破壞周

身整體的完整一氣，也是所謂的「一羽不能加，蠅蟲不能落」，練家一定要注意這精妙之處。

太極拳技擊是「一處有一處虛實，處處總此一虛實」，是「一動無有不動，一靜無有不靜」「動之則分，靜之則合」的周身上下內外相合的動和靜，分與合，是「引進落空合即出」的合。

這個「合」是十分微妙，是檢驗練家是否從拳理、拳法，從盤拳修練中認識理解，是否明白了陰陽為母，鬆柔為魂的太極拳之真諦。

這個「合」十分難求。我們探討的「合」是開合的合，合是陽，是陰陽相濟的合，是「上下相隨人難進」的合，「牽動四兩撥千斤」的撥即合。

動之則分，說到底仍離不開太極拳的根本───陰陽變化。《太極拳論》再三強調陰陽，是加深練家對陰陽為母的認識和理解。陰陽為母，練拳時只要一動，便要分陰陽。「人不知我，我獨知人」是陰陽內功起支配主導作用。

古典太極拳論注譯

孟乃昌

《十三勢歌》

【原文】十三勢勢莫輕視，命意源頭在腰際。

【集釋】十三勢，即類比於八卦、五行之拳勢合稱。實際上，前者為掤、攦、擠、按、採、挒、肘、靠，後者為進、退、顧、盼、定。八卦指八方手法，五行指五種步法。太極拳，又名十三勢，由十三種基本動作演變而來，故不應輕視。

太極以陰陽為用，以圓為體，而腰為軸，命之在腰，寓寄全身重心，亦寓寄腎間動氣。內外相合，表裏均備。其勁源動於腰，其真氣亦由腰腎間而發（故腰間命門穴為後丹田），故曰「命意源頭在腰際」。「腰隙」亦通。後有「刻刻留心在腰間」亦指此，與「腰際」符。

明代醫學家張景岳說：「命門居兩腎之中，即人身之太極，以生兩儀，而水火具焉，消長繫焉。」「腎兩者，坎外之偶也，命門一者，坎中之奇也。一以統兩，兩以包一，是命門總主兩腎，兩腎皆屬於命門，故命門者水火之府，陰陽之宅，為元氣所居。」這些話可為此句歌訣之理論基礎。

朱熹《觀書有感》云：「問渠哪得清如許，為有源頭

活水來。」腎間動氣即人體之源頭活水，太極拳最能調動
此腎間動氣。

武禹襄《打手要言》有：「解曰：以心行氣，務令沉
著，乃能收斂入骨，所謂『命意源頭在腰隙』也。」

【原文】變轉虛實須留意，氣遍身軀不少滯。

【集釋】陳鑫說：「虛實開合，即是拳經。」楊澄甫
說：「太極拳術以分虛實為第一義。」分虛實，即無雙重
之病，轉動方能輕靈。太極拳姿勢、動作、用意、呼吸各
有虛實之分，虛中為實，實中寓虛，均具伸縮變化之義。
虛實變換，在外為動作，有重心之變換，以腰之虛實變換
為主；在內為心意，作意轉換自然則周身圓活，而此最易
忽視，故拳歌提醒「須留意」，即留心用意之謂。

太極拳走架，促進氣血流暢，為全身而非局部運動，
百骸四肢無不運動。其間氣之流行亦遍及於全身，無絲毫
阻礙處。以氣運身，務令順遂，是順其自然，是無癡緩，
亦無停滯處。

武禹襄釋曰：「意氣須換得靈，乃有圓活之趣，所謂
『變換虛實須留意』也。立身中正安舒，立撐八面；行氣
如九曲珠，無微不到，所謂『氣遍身軀不稍癡』也。」

【原文】靜中觸動動猶靜，因敵變化示神奇。

【集釋】觸即發，是動發於靜，即靜中寓動之意。定
勢似靜，實非站煞，其中有動，即為騰挪。走架中身雖
動，而其靜之體不變，是能動猶靜，是動中求靜、心貴
靜、主虛靜之義。

因敵變化，其變無窮，即捨己從人之意。自作主張則滯，從人不由己則活，能從人自能黏隨、引進落空、四兩撥千斤，故顯神奇。

武禹襄釋曰：「發勁須沉著鬆靜，專注一方，所謂『靜中觸動動猶靜』也。往復須有折疊，進退須有轉換，所謂『因敵變化是神奇』也。」

【原文】勢勢存心揆用意，得來全不費功夫。

【集釋】承上文「變轉虛實須留意」，指轉關處，此則推而及於「勢勢存心揆用意」。用意，指意識引導動作，勁路、勁點之所注。意要分清主次，而次第轉換，有已動之意，也有預動之勢。習練太極拳須逐勢逐動求其用意所在，此恰是前引過之「意氣須換得靈，乃有圓活之趣」。又太極拳為尚武的藝術，每勢均有用法，寓有攻防實戰之意，逐勢詳其用法，動作則免漫無目的之盲動。此兩種用意，其實一也。

逐勢尋索用意而明之，積累之久即有融會貫通之時。朱熹《泛舟》詩云：「昨夜江邊春水生，艨艟巨艦一毛輕。向來枉費推移力，此日中流自在行。」巨艦如羽，順水而行，全不費力，喻自然悟來，從容中道，即「得來全不費功夫」也。

【原文】刻刻留心在腰間，腹心鬆淨氣騰然。

【集釋】太極拳極重視腰，腰為纛，為軸。「刻刻留心」即意注也，非意守也。陳鑫說：腰是上下體之關鍵，腰以上氣往上行，腰以下氣往下行。似上下兩奪之勢，其

307

拳論解析篇

實一氣貫通，並行不悖。」

太極拳強調腹鬆淨，心亦鬆淨。《老子》說：「虛其心，實其腹。」虛心即須含胸，實腹來自氣沉，統而言之，為鬆淨。騰是活潑變化之意，腹心鬆淨而後氣勢騰然。騰然即鼓蕩，能騰然鼓蕩，氣方可運遍全身。

武禹襄釋曰：「曲中求直，蓄而後發，所謂『勢勢存心揆用意，刻刻留心在腰間』也。精神提得起，則無遲重之虞，所謂『腹內鬆淨氣騰然』也。」

【原文】尾閭正中神貫頂，滿身輕利頂頭懸。

【集釋】尾閭，在軀體脊骶端，原名有眾水流歸大海之義，寓意甚深。督脈長強穴正在尾閭部，為督脈之絡穴，別走任脈，繫足少陰、少陽之會。由於尾閭在人體之重要性和在內功中之重要性，因而被賦予許多別名，如氣之陰郄、撅骨、窮骨、尾骨下空、尾翠骨、龜尾、三分閭、河車路、朝天嶺、上天梯、曹溪路等等。

在太極拳行功中，形體上尾閭如舵，身欲向何方，尾閭即從後對向何方。尾閭正中則立身正中，重心下降，神貫於頂。向愷然極言尾閭正中之義：「無論練拳與推手，皆須注意尾閭和脊樑，所有動作胥發源於此。脊樑須中正，不偏不倚。因動作必須從尾閭發端，方足以身體運動四肢，不是四肢運動身體。尾閭有圓圈，則各部的圓圈能黏能走。如尾閭不起作用，各部的圓圈也都失了黏走之效。在練太極拳不久的人，驟聞此語，必生疑惑，但依此練習若干年，自有恍然之時。倘教授之人，不會學者於此等處注意，天資聰穎又能下苦功的人，或者有自行領悟之

一日，否則將終生不知其所以然。」以及「兩手成圓，互相救應，不能偏左或偏右，經中所謂『尾閭正中』者是也」。可備考究。

如何做到？郝月如說：「尾閭正中須兩股有力，臀部前收，脊骨根向前托起丹田。所謂尾閭正中即脊骨根向前也。」陳鑫論閃通背時提到了尾閭（長強）的重要作用：「通背如何？當頭與肩往下栽時，屁股往上一挑，則督脈從長強穴逆行而上通百會，以至人中，任脈接住下行以至丹田，是引陽入陰一周也。……以通背一勢，而督脈上下採回三過其背，是之謂通背。」這就把打通小周天的氣功要求和太極拳結合起來了。

尾閭正中為下，虛領頂勁為上，能頂則頭懸，神自下上貫於領。上下一氣有沖天之意，而後能提潔全身，周身皆活。故有滿身輕利之感。

武禹襄釋曰：「虛領頂勁，氣沉丹田，不偏不倚，所謂『尾閭正中神貫頂，滿身輕利頂頭懸』也。」頗中肯綮。

【原文】仔細留心向推求，屈伸開合聽自由。
【集釋】「仔細留心向推求」如字面所言，所追求之技藝要求於形體內外者，非勉強也，終極乃自由也，即道家之自然。黑格爾曾嘲笑過「生理學是教導怎樣消化的」，即指非任自然也（參見列寧《哲學筆記》第 83 頁）。太極拳屈伸開合，純任自然，故自發功太極拳之動作維肖拳架諸勢也。但自然不是隨隨便便，而是高度符合規律的。屈伸者外也，開合者，內外兼具也。

309

「聽自由」亦有隨屈就伸，不丟不頂，捨己從人之意。陳鑫說：「以吾身本有之元氣，運於吾身，屈伸往來，收放擒縱，不過一開一合與一虛一實焉已耳。」「一開一合，拳術盡矣」「一開一合，有變有常，虛實兼到，忽現忽藏。」「開中有合，合中有開。」「非但合之以勢，宜先合之以神。」「合者，合其全體之神，不但合其四肢。」「每日細玩太極圖，一開一合在吾身。」

李亦畬說：「勁由內換，收便是合，放即是開。靜則俱靜，靜是合，合中寓開。動則俱動，動是開，開中有合。」總領諸言，須活潑自在，惟妙於心，方為自由。

武禹襄注釋說：「以氣運身，務令順遂，乃能便利從心，所謂『屈伸開合聽自由』也。」

【原文】入門引路須口授，功夫無息法自修。

【集釋】太極拳作為技藝，如游泳，如攝影，以實踐為主，以面授為宜，以讀書為輔，尤其在初學。故曰：「入門引路須口授。」陳鑫說：「每一勢，往往數千言不能罄其妙，一經現身說法，甚覺容易。所難者功夫，所尤難者長久功夫。諺有曰：拳打萬遍，神理自現；信然。」適可為此二句之注。

【原文】若言體用何為準，意氣君來骨肉臣。

【集釋】太極拳理論認為「心靜用意」「以心行氣，以氣運身」，故心為主帥，身為軀使，骨肉或筋骨皮宜為臣使。又按「意氣用事」，今天已作貶義成語使用，作不夠深思熟慮解，似指未經最高理智判斷。

此處意氣為君之說，應是太極拳理論的早期提法。所謂早期，至少為明代。太極拳與形意拳、八卦掌同為內家拳，內家拳一向強調意識、精神、「氣」的作用，而以此與外家拳區別。清初蒲松齡《聊齋志異·武技》有：「李在側，不覺技癢，意氣而進。」作為與少林派較量者一方，「意氣」已作貶義而用，而後又何可以為君？故必先此有「意氣」之說，而不在此後。適至清中葉以後，提出「心為令，氣為旗」「先在心」，以取代「意氣君來」之說。由此，持意氣為君說之十三勢歌，其歌中後文的「延年益壽不老春」提法，並非是近代武器或火器引進、拳技之勇在戰場上縮小之後提出的，而較此要早數百年。

正是在這樣的時代背景基礎上，武禹襄記載了：「心為令，氣為旗，神為主帥，身為軀使，所謂『意氣君來骨肉臣』也。」

【原文】詳推用意終何在？益壽延年不老春。

【集釋】太極拳非僅為競技之武術，而且為卓效之健身操，但又非導引或體操，故合言之為武術內功，或內功武術。此歌反覆發問，層層深入，由「須留意」而「存心揆用意」，而「刻刻留心」，進而提出「詳推用意終何在」後，並以「若不向此推求去」反證之。由此可見最高目的為「益壽延年」，並非苟延殘喘而為體健神足之「不老春」。

內功與拳術的結合，改變了原來各自的兩者，形成了新的技藝：太極拳術。這就吸收了兩者的優點，使達到此一目的具有更大的可能性和現實性。

太極拳作為中華民族傳統的一項寶貴遺產，經過了數百年的考驗，是為人們所喜見樂聞而習練不倦的。

【原文】歌兮歌兮百四十，字字真切義無遺。

【集釋】此二句以上恰好一百四十字。故歌文正文不包括此二句及後面的共二十八字。此四句應原為傳抄中補寫的注文，串入正文的。

【原文】若不向此推求去，枉費工夫遺歎息！

【集釋】字字懇切，如聞其聲。

作為太極拳早期理論文獻，如果說《太極拳論》（「太極者，無極而生……」）兼及體用，既講理論，又講實踐，渾然一體，那麼《十三勢歌》同樣具有這個優點，具體分析了動和靜，走架和打手，擊技和保健的關係，指出了意識、行氣和腰部、頭頂、尾閭的重要作用。

《十三勢行功心解》

題解：行功為外，心解為內，而動靜雙練，內外兼修，練身、練氣、練意、參同一體。此雖別解，另寓深意。

【原文】以心行氣，務令沉著，乃能收斂入骨。以氣運身，務令順遂，乃能便利從心。

【集釋】以心行氣，意到氣亦到。以意行氣，非以力使氣。意要沉著則呼吸順遂，下沉丹田，則氣可收斂入骨，並非格外用力，而功夫既久，內勁自增。收斂是含蓄之意。

　　以氣運身，為氣動身動，氣遍全身，處處須要順遂，不可有絲毫阻滯。順遂是自然之意。以心行氣，以氣運身，自能「從心所欲，不逾矩」，此時一切意念，自能支配形態和生理作用，此乃太極之高級境界也。

　　具體練法應先按勁點、勁路以意引氣，待體柔氣順後，始以意行氣，即「氣遍全身不稍滯」。若行氣徑路不對，氣竄亂行，為害不小。此處具體體現「內三合」：心與意合、意與氣合、氣與力合。

　　【原文】精神能提得起，則無遲重之虞，所謂「頂頭懸」也。意氣須換得靈，乃有圓活之趣，所謂「變換虛實」也。

　　【集釋】拿住丹田之氣，虛領頂勁，神貫於頂，則能提起精神。能提起精神，身體自然輕靈，輕靈自不遲重，貴在「用意不用（拙）力」。虛實開合全憑意氣轉換，無拙力則心意與氣、勁換得靈通，空鬆圓活，旋轉自如。推手時須隨機換意，分清虛實，自然圓活，對方觸之如遇虛空氣球（非自身如氣球也，乃對方之所感也），而無可奈何矣。

　　【原文】發勁須沉著鬆靜，專主一方。立身須中正安舒，支撐八面。

　　【集釋】發勁時必須己方全身鬆淨，不鬆淨則不能沉著；心靜意專，沉著鬆淨，才能放得遠。專主一方，是隨對方動向，目標集中一點而直去之，其勁方整。全體之圓，此時忽化為直。蓋平時即曲中有直，圓中寓方也。

313

拳論解析篇

頭頂項豎，立身方能中正，氣沉丹田，百骸自然舒
適；意定樁穩，不惟支撐八面而已。八面者，四正四隅
也。大將軍八面威風，惟喻其全，足當得住十面埋伏。平
時固求其圓，而發放時則專求一方也。

【原文】行氣如九曲珠，無往不利（氣遍全身之謂），
運勁如百煉鋼，無堅不摧。

【集釋】九曲明珠，喻玲瓏宛轉、細膩之極也。行氣
如此，順遂而不稍滯，圓潤靈活，無微不到，亦無往不利
也。氣遍身軀，四肢百骸，無處氣不能到，無處不是太極
圈子。氣為血帥，血從氣行，如此氣血流暢，百病焉生？
如此又何力而不能化？太極雙魚亦一曲也，非盡於一曲；
明珠雖九曲，亦太極圖也。太極用內勁，不尚拙力。楊振
鐸老師說：力與勁的區別，猶如生鐵與精鋼的區力，拙力
化去，自成純鋼。吐放之力，如鋼之堅，似若無力，實如
百煉之鋼，雖至堅至剛，當之無不摧折。

【原文】形如搏兔之鵠，神如捕鼠之貓。靜如山岳，
動如江河。蓄勁如開弓，發勁如放箭。曲中求直，蓄而後
發。

【集釋】「鵠」者，天鵝；「鶚」者，魚鷹，捕食魚
類；「鶻」，古鳥類名；「雕」者，鷲也，可捕食山羊、
野兔；「鷹」者，捕食小獸及鳥類。綜上，似以雕為是。

動作之身形，如搏兔之雕，盤旋不定；其神意又如捕
鼠之貓；靜以試敵，待機蓄勢，動則一發便至。形神如
此，氣勢可知，是周身無一處無精氣神也。

靜如山岳，言其巍巍不動，沉穩不浮，撼之彌堅；動若江河，言其周流不息，漲落不時，滔滔不絕。

蓄勢待敵，如拉滿弓，發勁迅速，斯如放箭。陳、武二式太極拳，有一身備五弓之說。弓為曲，箭為直，先蓄後發。蓄勁如張弓，強調一個「滿」字，發勁如放箭，強調一個「快」字。蓄勁宜滿，發之方快而有力。

曲是化人之勁，我用沾黏，以化敵勁為曲。既已化敵，勢必乘隙直攻，是謂曲中求直。有隙可乘，蓄勁盡可發出。

【原文】力由脊發，步隨身換。收即是放，斷而復連。往復須有折迭，進退須有轉換。極柔軟然後極堅剛，能呼吸然後能靈活。氣以直養而無害，勁以曲蓄而有餘。

【集釋】胡能力由脊發？含胸拔背，氣下貫丹田，氣上貼於背，勁亦儲之於背，斂之於脊，意氣身合為一體，有蓄機待勢之功。發勁之時，由脊而肩而膊，力貫甲梢，勁到氣亦到，全係一身之整氣，非徒手臂之力。

身動步隨，變換虛實，上下相隨，轉換無定。收放即是開合，開中有合，合中寓開。既有已動之勢，亦寓預動之意，已動、預動之間看似有頓，勁由內換，用意相連。勁斷意不斷，意斷神相連。黏、化、打，相持、防禦、進攻，雖是三意，而不可分。收即黏化，放是打。沾著黏著，趁勢即可放勁。雖擊中對方，依然沾黏不脫，其勁似斷，而意仍連。素日走架，勁連、意連、神連，斯為基礎也。

折迭，亦無神秘可言，即接骨鬥榫（逗筍）之喻，即

變虛實也。勁由內換,以意相連。太極接勁(陳微明誤為截勁,諸家轉抄,謬釋誤解,貽害良多),細密緊湊,化方為圓,不可直往直來。往復所變之虛實,外看雖似未動,其內已有折迭,即太極圈也。做法化大圈為小圈,用意愈細密,圈愈小,愈能變,愈快速;如有所用,則此響斯應,疾如電掣。故太極接勁,必以折迭出之。楊式太極之攬雀尾由右掤變攦最為範例。極高境界,圓又可復歸為方,小圈直如斷勁,此楊班侯、楊少侯晚年之學也。

進前退後,必須變換步法,雖退仍是進。所謂轉換,即虛實轉換,即下肢之虛實轉換,即腰之左右虛實轉換,即全身之左右虛實轉換。楊式太極之左右摟膝拗步之轉換最為典型也。

由鬆入柔,此其初階,運柔成剛,剛柔相濟,漸入於室。進而剛復歸柔,渾然噩然,純以神行,羚羊掛角,無跡可尋。此剛柔之不同境界也。能如下述之自然呼吸(「自然」乃《老子》之自然,相應於「無不為」之「無為」;「自然」不是隨便),始能靈於走架,活於對敵也。

孟子曰:「吾善養我浩然之氣……其為氣也,至大至剛,以直養而無害,則塞乎天地之間。」(《孟子·不動心章》)。太極拳對「氣」的認識,強調一個「養」字。自然呼吸,拳勢與呼吸配合(請注意,練法非是呼吸與拳勢配合,待運用自如,用在一剎那間,呼吸必與拳勢配合矣),由順式而逆式,此則氣沉丹田,吊襠提肛而自然形成者也。太極非以力使氣、運氣、壓氣(硬壓丹田)、憋氣。自然之呼吸,為哼哈二氣之基,養氣用深呼吸,直歸

於丹田，是為浩然之氣，輕緩下沉，可以常存；方能如長江大河，取之無盡，用之不竭。至用之時，曲蓄其勁，待之而動，既發則沛然莫能禦也。

【原文】心為令，氣為旗，腰為纛。先求開展，後求緊湊，乃可臻於縝密矣。

【集釋】心神為主帥以發號施令，氣為號令之旗，受命立即分達五營四哨（五臟相與合者，四梢即左右手足）也。腰為大纛，屹立中軍，不偏不倚，腰腎一動則全身氣動，如大纛旋轉，無處不隨腰動而運轉。行功打手，意氣為主，身為軀使，心令下，則氣旗招展，腰纛轉矣。演架推手，均須先求開展，利於勁、氣暢達，功夫純熟再求緊湊，圈由大而小而無，所謂「放之則彌六合，卷之則退藏於密」也。惟開展非漫無邊際，性野難收；緊湊亦非一味窄仄，亦非一味快速。太極拳為道家功法，理旨均屬道家，「萬物各具一太極」「妙手一著一太極」；然佛家亦言：「納須彌於芥子」，均非功淺可為者也。

新解「敷蓋對吞」

楊志英

　　武式太極拳創始人武禹襄在《四字密訣》中對「敷蓋對吞」這樣描述：

　　敷：敷者，運氣於己身，敷布彼勁之上，使不得動也。

　　蓋：蓋者，以氣蓋彼來處也。

　　對：對者，以氣對彼來處，認定準頭而去也。

　　吞：吞者，以氣全吞而入於化也。

　　此四字無形無聲，非懂勁後，練到極精地位者，不能知。全是以氣言，能直養其氣而無害，始能施於四體，四體不言而喻矣。

　　在此，武禹襄先生不僅首先提出了「敷蓋對吞」的概念，並對此作出極其精練的概述。

　　《永年李氏家藏太極拳秘譜全集》卷五第八節，李啟軒先生又作《一字訣》，對「敷」作了更進一步的說明：「敷，所謂一言以蔽之。人有不習此技而獲聞此訣者，無心而百有餘。始而不解，及詳味之，乃知敷者，包圍周匝，人不知我，我獨知人。氣雖尚在自己骨裏，而意卻在彼皮裏膜外之間，所謂氣未到而意已吞也。妙絕！妙絕！」

　　即便如此，一般研習者還是很難準確理解，似有神乎

其技、故弄玄虛之嫌，其實不然。要想瞭解個中奧妙，必須弄清楚以下四個問題。

首先，這是對推手或散手技術高級階段的指導。對太極拳技術無一定程度的掌握、對拳理拳法無一定研究者，對此難以把握。

其次，武禹襄先生在區區百字中，句句言「氣」達六次之多，可見對氣有正確認識的重要性。太極拳之氣是一種狀態，跟外家拳、硬氣功等所言有本質區別。此「氣」為太極拳之尾閭中正、涵胸、護肫、鬆肩、吊襠等身法合乎法度之後的「空鬆圓活」，周身一家，感覺不到肌肉存在的球體運動狀態。如果有正確方法的引導，當拳術修練到一定境界時，對氣會有豁然開朗的體會。否則，膚淺的一知半解、剛剛入門或未曾入門的練習者，對氣只能有模糊的認識。

第三，推手或散手，包括走架到底用不用力。武式太極拳第三代宗師郝為真先生曾作過經典的比喻：

桌上放一火柴盒，以手指按之，使之在桌上移動。若按力過大，即使火柴盒變形了也不易隨指而動。力太小，指與盒脫離，只有用力恰到好處，不輕不重，不溫不火，盒如沾在手指上一樣，在桌面上任意移動。

與人交手也當如此，用力恰如其分，不丟不頂，以帶動對方為最宜。

第四，「敷蓋對吞」是「沾連黏隨」的繼續，是它的高級階段。沾連黏隨是基礎，敷蓋對吞是目的。

有了以上四點共識，才能對「敷蓋對吞」有較清醒的把握。我們先來看一下這四個字的字義，敷，鋪開，搽

上。蓋，蒙上，由上而下地遮掩。對，二者彼此相向，使之配合或接觸。吞，併吞，吞沒，整個咽下去。

武禹襄先生以形象藝術的筆觸描繪出與彼交手的過程。敷，有將對方包圍之意，如同在傷患處敷藥，也如張網捕魚，要將所捕的魚兒攏進網中。蓋，有控制之意，如同搽藥時，要均勻嚴實，無疏漏，無積液。疏漏失之於「手」，積液失之於「頂」。使對手猶如推按到一氣勢充盈的球體上，按之柔而不弱，有滑脫如臨深淵之感，收之有滾滾而至、沉渾厚實之氣勢。對，則要秤準彼勁之大小方向，與之對接，牽引出彼力，為我所用。就如將對方拿住吞下似的，變為自身一部分，此間又含一「吞」字。

所以，只要與對方接手，就必須有拋開對手存在，將彼變成自身一部分的意識和氣勢，即從戰略上藐視對手，誘敵深入，形成合圍，為我所控制。要知道，捨己從人是表象，從人終是由己。

「敷蓋對吞」本沒有明顯的分界線，是一個整體。與彼一搭手，就要沾連黏隨，就是敷蓋對吞，環環相套，絲絲入扣。如果，這樣是「敷」，接著來「蓋」然後再「對」，最後是「吞」，就謬之千里也。「蓋」和「對」是敷的程度，是敷的目的。

這樣看來《一字訣》之「敷」，乃為《四字密訣》之再解釋也。所以，「敷蓋對吞」可以濃縮為一個特殊意義的「吞」字。單一個「吞」字很難確切表述其中奧妙，武禹襄先生便分層次解為「敷蓋對吞」來進一步說明「吞」的方法過程。

彼力被吞化，則失去重心，完全為我控制，此時發

放，定會一擊中的。所以「吞」之後應該還有「吐」，即發。正如接傳籃球，接時不可迎球硬拿，要巧妙地順其勢，穩穩地控住來球，然後乘勢將球傳出。這其實就是一個「敷蓋對吞」的回環往復的過程。「吐」是吞之後水到渠成的結果。做到了「敷蓋對吞」，吐便順理成章地呼之欲出了。

武禹襄先生有意識地隱去「吐」字，正說明他推崇太極拳「制人而不傷人」的宗旨。很明顯，「敷蓋對吞」就是人不知我，我獨知人的「人為我制」。

一言以蔽之，「敷蓋對吞」講的就是吞吐之道、技擊之理。吞吐貴乎「吞」，是否吐，如何吐，吐得乾脆與否，由個人因素而決定，吞無疑是吐的前提。我以為武禹襄先生回避了「吐」是為後輩留下一個永久的考驗，看後來者怎樣對待這消失了的「吐」。

淺論「立如平準」

原寶山

　　王宗岳的《太極拳論》中說：「立如平準，活似車輪。」閱查眾多太極拳書、論文和有些太極拳名家的注解、注評、注釋等，均將王宗岳《太極拳論》以如此說。實際此說欠妥，應以「立如秤準」為對的。此錯在歷史上抄寫之誤，致使「立如平準」廣為流傳。

　　根據鄭悟清老師所傳抄的王宗岳《太極拳論》，雍正六年王柏青著《太極拳秘術》，以及趙堡歷代傳遞抄寫的拳譜，均是「立如秤準」。再者據李亦畬的手抄本和姜容樵、姚馥春於其著《太極拳講義》書中，也是「立如秤準」。

　　「立如平準」的注評的種種說法，有人說「立如平準」即立身中正不偏，方能支撐八面；有人說「立如平準」者，有虛領頂勁也；有人說「立如平準」，立身要像天平那樣，中正不偏，還要像車輪那樣圓轉自如。再有人說立式如同秤，秤之準確，才能不偏不斜，惟有秤之物，能權輕重得其平。

　　這些論評，均以「立如平準」為據，豈不知「秤砣雖小，能秤千斤」。而是只為立身中正，不偏不斜，虛領頂勁。若以平去衡量太極拳的內涵，是絕對不符合太極拳深奧之理的。「平」與「秤」兩字含義根本不同。「秤」指

的是木桿秤，打平看秤，秤的毫繩與稱錘的繩子，都是垂直的。只有「秤準」，才能說立身中正，不偏不斜，秤毫繩提起頂頭虛領頂勁，秤垂下垂；使氣沉丹田，成上下垂直，不偏不斜。

為了論證「平準」與「秤準」的作用區別，現就二者進行分析：

一、「立如平準」

「平」字，在《現代漢語詞典》《新華字典》中，基本是同一說法，將平字說成表面高低凹凸，不傾斜，像靜止的水面那樣。以平面、平等與平均等為主。從平字分析，「立如平準」僅是以平為準，不得傾斜，若傾斜了，失去平衡，就難以支撐八面。在注評中，有人說，平字就是天平，立身像天平那樣中正不偏，還要像車輪那樣圓轉自如。試想，天平是憑中心杆支撐，是死的。稱物是在支撐杆上一橫杆的兩頭，各放一個小盤中，一頭盤中放砝碼，一頭盤中放要稱的物品，達到物與砝碼重量一樣時，兩頭才能平行。

首先天平沒有虛領頂勁條件的中心支撐是死的，而且又壓在橫楯下邊，中心支撐是硬的金屬材料，豈能像車輪圓轉自如呢？如果說立身要像天平那樣中正不偏，只有在太極拳預備式（也叫站樁）時，此時端正站立，處於靜止狀態，可以不偏不斜，像天平中心支撐一樣端直，此時可謂「立如平準」。在練拳開始真走架，就無法保持「立如平準」。由於「平」字傳抄之誤，對字內涵不分析，不用拳理與拳實踐結合，形成了就字論字，歪曲了王宗岳的

323

拳論解析篇

《太析拳論》，貽害後人。

由於誤抄、錯評「立如平準」，給太極拳的發展造成了嚴重的障礙。如太極拳推手，從國家著手開展推手競技起，做了多方面研究試點，認為用傳統的推手理論太深奧，採用簡單手法進行，卻失去了太極拳技術理論水準。採用公斤制級別，參賽雙方必須是同等的公斤重量。由於強調了重量級定位，對技術要求與太極拳套路掌握較差者，也參加對抗賽。在賽場上推手時拉扯、頂牛、抱摟。至今研究近20年了，還是難進大雅之堂。為什麼出現這些現象呢？是他們認為等量級就是天平，只要體重平等，就是合法。也有人認為，只有西方的體育運動是科學，否定了中國武術精髓的太極拳理。

如今國家體育總局審評段位制，以段位制進行太極拳推手競技，才符合「立如秤準」。因二者之技術是用秤秤出來的，他們不是年齡大小與身體的強弱，以及力氣的大小，是二者技術高低一致，這樣競賽奪了冠軍，才是真正的功夫，而憑力之大小奪得的冠軍，可謂牛力所獲。絕對不是太極拳的冠軍。

二、「立如秤準」

「立如平準」與「立如秤準」的「平」字與「秤」字，是兩個完全不同的含義，它們兩者之間，是根本不能融合統說的。把「平」說成天平，把「秤」也看作衡器一類。這樣的論斷，是完全不符合太極拳理的。

「秤」的說法多，它的涵義是多層次的。「秤」，是測定物體重量的器具，千百年來至今，人所共知的是木槓

秤，在科學發達後，發展了地秤、臺秤。秤的組成是秤槓
（木槓）、秤錘（也叫秤砣，用繩子吊著）、秤毫（就是
憑此繩掂起，秤物的準繩），秤毫在木杆大頭一端，往小
頭去都有秤星。俗話說：「秤砣雖小，能秤千斤。」這就
說明了桿秤的計量，是秤物不可缺少的用具。

我們知道什麼是秤，還必須懂得秤的用法，這對太極
拳的學習與技擊，都是非常重要的。在用槓秤秤物時首先
一手掂著秤毫繩，將要秤的物品掛在秤鉤上，往起掂時，
另一手撥秤錘的繩子，待物與秤錘相等時，秤桿就平了，
這時看秤星便知是多重了。

透過秤的秤物品，知道了秤毫繩與秤錘繩從掂起秤
後，上下都是垂直。上者如頭頂有繩，謂「虛領頂勁」。
下者是秤砣繩的垂直，如鬆肩垂肘之氣沉丹田，達到預備
式的立身中正，兩側平行。如果你手掂毫繩轉動秤桿，秤
毫繩與秤砣繩還是垂直的，秤槓雖動，它平行，就成為
「立如秤準」，不偏不斜。

「立如秤準」在練拳過程中，不論拳式高低起伏，兩
臂纏旋圓圈與弧形，虛實分明，不論前進與後退，上下肢
的千變萬化，均以腰為軸，不偏不倚，「立身中正，活似
車輪」。若以「立身平準」來研究太極拳，就難以達到
「活似車輪」。這就是「所謂差之毫釐，謬之千里。學者
不可不詳辨焉」。

王宗岳在《太極拳論》中說，「察『四兩撥千斤』之
句，顯非力勝」。《打手歌》云：「掤攦擠按須認真，上
下相隨人難進，任他巨力來打我，牽動四兩撥千斤。引進
落空合即出，沾連黏隨不丟頂。」這些論斷，完全與「秤

準」是一致的。

「立如秤準，活似車輪」，不僅是練拳的理論，在太極拳的推手、散打中，處處是離不開此論的。如太極拳推手、散打在較技實戰中，均離不開立身中正，兩臂纏繞螺旋，兩腿腳的進退反側，上下肢圓與弧形轉換，不偏不倚，不丟不頂，根基穩固，周身活似車輪，運用拳的功夫、技術、技巧，使對方失去平衡，牽動四兩之力，將對方擊打發出。如果自己不能「立如秤準」，左右搖晃，手腳不隨，掌握不了平衡，難以達到「活似車輪」，必定被人擊打拋出。

根據我們對「立如秤準」與「立如平準」的論證，證實「立如秤準」是正確的，也證實了我們修練太極拳的套路與太極拳推手、散打時，姿勢千變萬化，拳打、腳踢、採、挒、肘、靠、擒拿，進步打、退步打、側身打、上打、下打等百般打法，始終做到「立如秤準，活似車輪」，是提高我們拳技的功法與實戰技術的準繩。

我們一定學好用好王宗岳《太極拳論》中的哲學論斷，結合科學的力學原理，在實戰中發揮槓杆的作用，「牽動四兩撥千斤」，用太極的戰略戰術、技擊功法，防身自衛，懲服歹徒，為民除害。

《授秘歌》中的太極拳理

黃震寰

《授秘歌》原文：

　　無形無象　全身透空

　　應物自然　西山懸磬

　　虎吼猿鳴　泉清河靜

　　翻江攪海　盡性立命

　　當代太極大師吳圖南老師生前特別珍愛《授秘歌》，並且一而再、再而三講解它的內容，體悟它的真義，找到太極拳修練的方法。

　　《授秘歌》的內涵是極其豐富的，其意義也是深遠的。太極拳的外形運動只是太極拳鍛鍊的初級階段。但外形鍛鍊也要達到「鬆、靜、柔、軟、圓、輕、慢」，只要經過不懈的努力，都可以收到健體強身的效果。這就是之所以太極拳能這樣普及的原因。

　　但是，太極拳高層次的修練要修道悟理，要進行性命雙修、形神互修，還要內外兼練，以達到不僅身心輕舒，還要修道養壽長生以及獲得內功，進而能實現高層次技擊的防身之效果。

　　這就是「道馭拳」「拳合道」，最後能實現「天人合一」這一人類修真之大道。

　　它告訴我們修練的方向是大道之修，而非小道末技之

327

拳論解析篇

求。它告訴我們要懂得「有無相生」和「動靜相因」的重要性。

它告訴我們要進行的是「還原之修」，即要從「陰陽兩儀返太極，太極返無極」。文中明確指出其目標與歸宿是「盡性立命」；原理和應用是「無形無象」；身心修練和技擊實用是「全身透空」；應事接物和防身接手要「應物自然」；修練方法是「西山懸磬，虎吼猿鳴」；其效果是「泉清河靜，翻江攪海」。

(一)無形無象

「無形無象」描述的是「大道至無之修」「太極混沌之煉」。「無形無象」既是「天地未開」的「至無至極」的「無極」狀態，又是太極混沌、陰陽未判的太極狀態。

《道德經》第十四章講「道」是「無形無象」「無始無終」，是「天地之始，萬物之母」，第十一章指出「無」是根本的，「道」即「無」。這些例子都證明了天下萬物有了「無形」之「道」才能起作用。

《道德經》第二章：「有無相生。」這一章說明修「無」能生「有」，「有」終須歸「無」，這就是修道的根本。

《道德經》第四章：「道沖（虛），而用之或不盈。」這一章說大道是虛空無形無象，但它的作用是無盡的。

以上說明大道是無形無象，一切生於無，一切又歸於無，有了「無」，其作用是無盡的。練太極拳也只有「無形無象總歸無，有無相生有歸無」，才能有成就。

太極與無極的關係，在《道德經》裏亦說得非常清楚。《道德經》四十三章：「道生一，一生二，二生三，三生萬物。萬物負陰而抱陽，沖氣以為和。」

周敦頤的《太極圖說》中說：「無極而太極，太極動而生陽，動極而靜；靜而生陰，靜極復動，一動一靜，互為其根。分陰分陽，兩儀立焉。」

吳老在《太極拳之研究》一書中說：「無極而太極，就是在無極裏面含有一個昭然不昧的本體，這個東西就是太極。」

「道」即無極，「一」即太極，「二」即是陰陽，陰陽即神氣，神氣就是性命。陰剛可分，「一」不可分。因而「一」是不可見，不可說的，可見可說的不是「二」就是「三」。所以「無極者」為「無」之極，因天地未開，至無至極，無形無象，是名「無極」。所以「太極」者為「太之始，終之極」。因陰陽未判，動靜未分，靜之始，動之極，無形無象，是名太極。

由知太極拳修練者既要重視無極之修，又要重視太極之修，此乃大道之修。

太極拳修練的上層功夫是「無形無象」。太極拳的一般練法也即初級煉法，只要把套路練熟，招法練精，動作連貫，呼吸自然，進而達到拳盤得圓活，輕靈活潑。經過幾年的鍛鍊，也能收到較好的健身效果，並有一定的功夫。這一階段稱為養身壯精的階段。但這時還不會推手，即使練過推手，也只是力與力、勁與勁的對抗，尚未進入內氣的修練階段。

太極拳的高級階段要進入練精化氣、練氣化神的修

練。那麼，一般的鍛鍊和修練的區別在哪裡？由外形形體之動帶動拳式進行的，任一動作皆為鍛鍊。其結果是雙重的，練法是後天的；由神和內氣作主導帶動拳式進行的，任一動作皆為鍛鍊。

其特點是「神主行，氣主動，腰主形」。表現為身不妄動，手不妄動。「動則至微」，也就是說讓人覺得行拳似「靜中觸動動猶靜」「神凝氣聚形不散」「動則歸靜靜歸無」。這種形不妄動、心無妄象、由內氣發動之動、動而歸靜的練拳法就是無形無象的大道之修。

《孫子兵法·虛實》中說：「微乎微乎，至於無形，神乎神乎，至於無聲。」所以，這種以神主行、以氣主動的修練必定是元神歸位、識神退位、元氣流動的後天返先天之修。所練出的功也是先天功。

太極推手的無形無象表現為，其身不妄動，手不妄動，靜定而捨己從人，無過不及。功夫有素者可以不式不招。當你伸手接他的手，想試他或問他的勁時，他的手不伸不曲，不轉不彎，腿腳不蹬不伸，似乎靜定在那裏一動也不動，此時只要你使勁，你就會感到功過來了。

不僅如此，他的內功通過你手的接點源源不斷地傳過來，更奇怪的是它一定反映到你的腳底，使你感到浮氣拔根而整身被彈擊出去，真是「如球碰壁回」。

這種功夫既不是用平送腰胯的方法把你推出，又不是用蹬腿蹬足的方法發力，更不是用肩手抖動或用腰勁發力。其實就是靜定之後，由無生有的一種內氣外放的場能作用，這是通過刻苦修練而得的。

同樣可以在無形無象的狀態下，能很輕鬆地把重一百

多斤的大漢平移出原站的地方，而對方在接觸點並未感到
有力推他，只是感到浮氣拔根而被一種很整的場能移過
去，這會使很多人感到不可思議。

此外，還可以在無形無象的狀態下，將對方　虛落
空，或者讓對方感到有「一揪就起」「一摸就空」「一碰
就出」的感覺。

(二)全身透空

不只是無形無象，還要進行全身透空的修練。透空者
是說要「身空、心空、內空、外空」，這樣才能「徹外徹
內，無內無外，內外一如與太虛同體」。

身空者，指體內無阻無塞，無僵無滯，管道通暢而無
阻塞之處。所以，身空乃能通氣，內功乃能外放。

心空者，心內無物無念。無物才能心空，無念才能心
虛。所以「外觀其身，身無其身，曰身空。內觀其心，心
無其心，口心空」。

內空者，指身內心空體空，虛無縹緲，空空洞洞，無
內無外。

外空者，指身體之外界空間為一片虛空，「放之則彌
六合」。

身空心空內空外空，再加上身內之氣空仍真透空也。
氣空者，氣散即空也，氣之能聚，也應氣之能散。陸錦川
在《氣道》一書中說：「其言空者，虛無之謂也。虛無而
後生有，故道立於一。」

可知空者，無也，惟無生有。空者，虛也，惟虛乃能
容實。空者，通也，惟空乃能道通。但是練空很難，因為

我之有身是個大患。

《道德經》第十三章云：「吾所以有大患者，為吾有身，及吾無身，吾有何患？」說的是我有個濁身是個大患，心裏裝著很多東西，身體背上很多包袱，生活緊張，壓力很大，不如老子說的「多聞數窮，不如守中」。就是說見聞愈多，想的愈多，愈是潦倒，不如保持清靜，抱中守一好。

抱中守一就是修練，當你能將身心修到虛空時，就沒有後患了，因為只有虛空不壞。《道德經》第七章說：「後其身而身先，外其身而身存。」這是說你不是有濁身嗎？那只有修練時要懂得不要想在自己的身上，也不要練在自己身上，這樣才能生命常存，與太虛同體。

那麼，怎樣修練才能漸漸進入全身透空呢？《道德經》中告訴我們要致虛守靜、清心寡欲，清除雜念是最好的入門之路。

具體地說，你必須把身上原有的僵勁、拙力消掉，最難的要把身上長期習慣養成的濁勁、濁力消去，還要把身上的剛氣清除，有些人還要下決心把練在身上的內貫勁消除掉。不要內勁，要內氣。根能虛漂，神能虛領，身能虛空，心中不裝一物，清淨無為，這時全身圓融無礙、內外如一了。這就是太極拳的全身透空。吳圖南老師在《太極拳之研究》一書中說：「全身透空對自己來講，任何一個東西都不能加在我們的身上，就叫全身透空。」

(三)應物自然

應物是指修練中和日常生活中應事接物。在太極推手

中指「應招接手」。不論在修練中或在推手中應物都要捨
己從人，純任自然。要以平常心去應事接物，應事接物要
不迷凡，不動心，就是說要不貪、不執、不欲，這樣心性
就湛然而清靜無為，就能凝神聚氣而不受傷害。

　　我們常聽說要「應物無心神化速」，即當應物無心
時，萬事萬物都會返回，不化而白化，所以，應物要純任
自然。吳老在《太極拳之研究》一書中說：「太極拳講的
應物自然，主要是能夠捨己從人，就是在對待時自己毫無
主動的意思，一切都服從客觀規律。不管敵人怎麼來，要
緊的是引導他讓他合乎咱們的規律，就是任敵人有千變萬
化，都不能離開咱們的太極原理，把它吸入到咱們的原理
裏邊來才叫應物自然。」他說：「練到無形無象，全身透
空的地步，然後才可以去應物自然。如此才是不用顧盼擬
合，信手而應，縱橫前後，悉逢肯綮，到達恰如其分的地
步。這主要是首先對我們身體內外、表裏精粗、無微不至
的所謂意氣為君、骨肉為臣，延年益壽常在了，這是太極
拳的真正目的。」

(四)西山懸磬

　　磬（ㄑㄧㄥ），玉石製成的缽，其體虛空。西者即西方，
為祖竅異名（見《性命圭旨·安神祖竅》）。在道家稱為
上丹田，即泥丸也，為元神所守處。山者即脊背也。這就
是說「西山懸磬」說的是要身正安舒、脊豎、頭虛懸之
意。在太極拳中稱為「頂頭懸」或「虛領頂勁」「神貫
頂」。

　　在楊澄甫的《太極拳十要說》中說：「虛領頂勁，即

是頂勁虛靈耳，亦即所謂頂頭懸之意也。」「頂頭懸者，譬如人蓄有辮子時，將其辮子繫於樑上時，體亦懸空離地，此時使之全身旋轉則可。若單使頭部俯仰及左右擺動，則不可得也。虛領頂勁及頂頭懸之意，亦若此而已。須於練功架時，將頭頸豎起，而神與氣不期然而然相遇到頂焉。」

「神虛領」在我們這兒是非常重視的，作為入門的第一要領。我們的要求是「神要領、氣要沉」。就是說神要在泥丸百會處虛領，氣要沉到腹以下，心要收到與氣相合，稱為「心息相依」。如果做靜坐的功夫，則要求氣沉腹丹田。你如果在做靜立的功夫，則要求氣沉到湧泉丹田。這是不二法門，但沉氣不能意重，意重就是力，要勿忘勿助，「用之不勤，綿綿若存」。

(五) 虎吼猿鳴

「虎吼猿鳴」講的是「坎離既濟」「心腎相交」「龍虎交媾」的修練，也就是說的是「神氣相合，以神練氣」的內容了。「虎」，道家修練學問中指的是金虎，或有水虎、白虎之稱，多為隱語。有虎必有龍。黃元吉的《樂育堂語錄·卷四》中說：「虎者，猛物也，坎中空陽之氣，此氣純陽，陽則易動，有如虎之難防。此氣最剛，剛則性烈，有如虎之難制，惟有龍之下降，可以伏虎也。」所以喻之以虎吼。

猿者，心也。有心猿之說。《悟真篇》講：「心猿方寸機，三千功夫與天齊，自然有鼎烹龍虎。」可見心猿也與龍虎相比喻，猿鳴指心氣活躍，心氣之活躍與腎陽之活

躍，正是內練的好時機。

心者在卦為離，在五行屬火，在身屬心。可見火中有空陽之神，在道家又稱為龍。惟能於大靜之後，真陰真陽方能兆象，此兆象不正是指此時「虎吼猿鳴」嗎？所以，此時以離宮之元神下照水府之元陽而鼓蕩。此之鼓蕩正是靜極而動，是太極之動也。

在《張三豐注呂祖百字碑》中又說：「當太極靜而生動時，陽產於西南之坤，此時，腹中如烈風之吼，如震雷之氣，即復卦天根現也。」又在《煉丹秘訣》中說：「冬至一陽來復始，霹靂一聲震動天，龍又叫，虎又歡……」張伯端的《悟真篇》中提示抽坎填離的概念：「取將坎位中心實，點化離宮腹內陰，從此變成乾健體……」這些說的都是一個意思，可知這種修練是何等重要啊。再說得清楚些，這就是「後天返先天」的修練概念。

吳老（圖南）在修練時也有同感，其在《宗氣論》一文中說：「當太極拳初練氣功時，並無若何感覺，只覺練習後，身體略感輕快耳，練至相當之時日，則腹內腸胃略有腸鳴，漸至龍吟虎嘯之勢……」

上面這些都說明太極靜而生動時要以神火助之，達到火逼金行，逆上過尾閭，撞三關，直達泥丸。此時在泥丸要凝神片刻。黃元吉在《樂育堂語錄·卷五》中說：「世之修士，多有知下田凝神之法，而泥丸一所，能知凝神片晌者少矣。」

（六）泉清河靜

太極動而生靜，靜至「泉清河靜」，心泉淨而清，身

體靜而虛。這樣由陽而陰，於是化成神水甘露。在《呂祖百字碑》中說「白雲朝頂上，甘露灑須彌」。白雲指清剛之氣上頂，頂即頭上之泥丸。甘露為神水，灑須彌指神水灑至通身遍體。神水亦稱泉水，為生命之母。泉水通常指津、唾、血、汗、涕、精。練功者口中所生之津液，俗稱口水，口水愈多，身體愈健康。陳攖寧在詮釋《黃庭》其文時說：「口中之津液，譬如山中之泉水，水性本就下，而泉上能至水頂者，何也？地下之水氣循土脈透石隙而上蒸也。水氣何以上蒸，則以地中含熱力使然。」所以「泉清」就是指人的「泉水清澈」。

《黃庭經講義》中說：「入靜以後，口中將產生一種甘津，如『泉水之清澈』，清涼爽淡，是因身中團聚之熱力，蒸發下焦之水氣，循經路而上升至口中，遂為津液。此津液由練氣而生，吞入腹中，大有補益，再吞再化氣，循環不休，即為古人所稱的『玉液還丹』。」

「河靜」指的是「河海靜默」。在《周易參同契發微》中說：「當其寂然不動，萬慮俱泯之時，『河海靜默』，出岳藏煙，日月停景，璿璣不行，八脈歸源，呼吸俱無，既深入竊冥之中……」所以，太極動而生靜，靜則「泉清河靜」。由此可知，太極動而生靜，靜則「泉清河靜」神水落口，甘露灑須彌。又如長生酒，所以，要珍惜這種練功狀態。

（七）翻江攪海

「翻江攪海」說的是元氣流動。「翻江」指練功時在大靜之後要進行養氣和沉氣的修練，這是「氣宜直養而無

害」，氣滿則沉，沉則一沉到底。在靜站和行拳時，沉則沉到腳底湧泉，此時之氣又將會如泉水之湧，源源不斷而取之不盡，卻像翻江一樣沉下去又翻上來。翻江是喻氣翻上頂又降下而通小周天，也即是說氣從湧泉走足三陽而過背之督脈翻上去，稱「進陽火」，到泥丸後，再從身前任脈沉下去，稱「退陰符」。

「攪海」指元氣流動如簸海之鼓蕩。「翻江攪海」使人身之大小周天全部導通了。

在太極拳的修練中，還要使身內大小周天和身體外界的虛空環境相和諧，就可以逐步完成「天人合一」通入身內，也可通入身左右或身後。與人推手時，由大周天上翻經督脈和手三陰而出到身前空間，也可出到對方身上，此即拳論說的「氣貼背」。如果由身前入而通過手三陰及任脈下到湧泉丹田或入地空間，也可由任脈內散到身的左右或後方，此即拳論說的「引進落空」。

這樣經過相當時日的修練後，就能達到徹內徹外、無內無外、內外一如的狀態。這樣就可以達到很純的無形無象和全身透空狀態。

當然正如吳老所說的在「當你本人準備和別人搖手之前，你自己的五臟六腑卻在那裏翻江倒海」。也就是說元氣流動，周天通暢，應用自如了。

(八)盡性立命

「盡性立命」是太極拳修練的目的和歸宿。正如《周易·說卦傳》所提示的，修練的目的是：「窮理盡性以至於命。」窮理是窮盡天地間事物之理。盡性是完善人性到

和天性相同。窮理是知其理，盡性是行其德，知和行合一就可以安身立命。所以，我們必須要後天返先天，就是說讓後天神氣還原為先天的性命，合二為一。因為宇宙造化是無極而太極，太極生二儀，二儀即是性命，性命即是神氣。所以要性命雙修，神氣合一，才能使二儀返太極，太極返無極，性命合一，虛空真無。

如只練命功，不修性功，則心不明，不能獲大智慧、大自在。對一個太極拳手來說，武功很好，但心不清，性不明，亦只是一介武夫而已。這就是「性無命則不立，命無性則不得明」。

見性就是見到自己的本性，本性就是天性。所以，修性是明白方向，方向不對，則離目標越遠。練命功，就是修練自己的陽氣，改善人體生命物質。命功屬陽，性功屬陰。只有性命雙修，才能陰陽合一。落實到太極拳裏，要「性修神、命修氣、氣修形」。

神是生命的本源，形是生命的依靠，神過用會耗竭，所以要養神和少費神。形過累會敗壞，所以要養形。當然養形先養氣，性命雙修即神氣合一之修，能神氣合一，即是性命合一，則返回太極了，然後就接近道了。

簡釋「人體處處皆太極」

張楚全

「人體處處皆太極」之辭，出自清末民初時期陳式太極拳理論家陳鑫，與著名太極拳家顧留馨先生的「太極渾身都是手」之說有同工異曲之妙。顧先生的「太極渾身都是手」，一針見血地指出了太極拳中的攻防功能，而陳鑫之辭既含有人體的陰陽學理，又合太極拳走架出圓和攻防原理。

一、何謂「人體處處皆太極」

王宗岳太極拳諺說：「太極者，無極而生，陰陽之母。」這說明惟有一陰一陽才算合太極之義，有陰無陽，或有陽無陰均非太極。「人體處處皆太極」第一層含義指的是人體中固有的部位和機能，陰陽在機體內外的分佈及其功能的發揮。

人體部位有上下、內外之分，上屬陽，下屬陰；外屬陽，內屬陰。

比如，頭頂的「百會」是人體諸陽脈彙集之穴，它屬陽；襠內的會陰穴，它是各條陰脈總會，所以屬陰；十二經脈的手三陽、足三陽經循行於手、足外側，屬陽；手三陰，足三陰，循行於手足內側，屬陰；督脈位於背後中線由下而上，屬陽；任脈位於胸腹前由上而下，屬陰；陽

維、陽蹺，屬陽；陰維、陰蹺，屬陰。

沖脈、帶脈都與陰陽經相交。

體內的五臟六腑，臟屬陰，腑屬陽。

十二經脈、奇經八脈雖有陰陽之分，卻是兩者貫通，陰不離陽，陽不離陰，脈氣循經運行，脈脈相通，依此去維持體內氣血平衡，促使機體健康。如果陰陽失和、氣機失調，就會導致不同疾病產生。

人們經過練習太極拳，可以促進體內氣機的旺盛及陰陽平衡，提高人體機能，這與太極拳諺說的「想推用意終何在，益壽延年不老春」的本意是相統一的，此乃人體處處皆太極的第一層含義。

第二層含義，是說太極拳動作必須出圓弧。所謂圓弧，不僅指平面正圓形，而且有立圓弧、平弧、斜弧、後弧、順弧、逆弧等等的圓弧形線路出現在全身周圍，從頭至尾閭，從手至腳，凡是能夠活動的部位，均有各種不同圓形出現。

全身上下左右，有近百個大小不同、構造不同、形狀不同、活動程度不同的關節，在太極拳走架之間，這些關節極大部分均有各自的圓弧表達出來。

軀幹是個大太極，各個部位是小太極，大太極一轉，各小太極隨之而轉，不存在一處死角，周身形成了大小不一的圓弧的連環，真可謂人體處處皆是圓。

太極圓中分陰陽，根據太極拳的虛實和技擊原理，各個不同的圓弧中，均含有陰與陽兩個點，陽點為實，它是技擊中的觸著點，陰點隨於陽點之後作為後盾。

動作時圓弧中有陰陽之分。它不同於第一層人體固定

的陰陽部位。如胸腹部前中線的任脈（陰），背部由下而上的督脈（陽），手、臂內側的手三陰經，外側的手三陽經，這些陰陽位置是固定不變的，陰經不能變為陽經，陽經也不會變成陰經。

但是，它們之間陰陽的脈氣卻是循徑相通，陰陽相和的，循行太極之道。

而太極拳動作畫圓弧分陰陽也不是固定的，而是靈活的，有變化的。在同一個部位上，並非一成不變，而是陰可亦陽，陽能變陰。

以攬雀尾擠勢為例：右掌由後向前擠出，以掌背為勁點，這是與對方推手時的觸著點，故掌背為實、為陽，掌心在後為虛、為陰；待擠勁到位後，右掌平弧內旋，手心翻向下形成擺勢，在右掌內旋之間，便是陰陽變化的過程。這時，掌心由陰變陽，掌背由陽轉為陰，以上陰陽變化的過程就在於右掌內旋之間，每一個進退之中，全身上下所有部位各自都有不同的圓弧產生，而這些圓弧中，均存在著一陰一陽兩個點。

根據實際的用法不同，有時陽（擊點）在圓弧的外側，這時內側為陰（虛）；也有陽（擊點）在圓弧的內側，這時外側為陰（虛）。陽（擊點）在圓弧外側的，運用的是由裏向外起離心力作用的招式，如：掤、擠、按、蹬、穿、靠等這些招式，勁均是由內向外發出。陽（擊點）在圓弧內側的，一般的運用在由外向裏起向心力作用的招式。如：採、擺、套、扣、封、拿、擒、滾等招法。

當然，在技擊實用之間的陰陽變化也不是紙上所談的那麼刻板，而是相當靈活、變化無窮，這方面的感受要在

實際操作過程中去獲得，逐一去領悟陳鑫「人體處處皆太極」這一論點。

二、何說「太極渾身都是手」

「太極渾身都是手」一辭，是太極拳先輩在長期太極拳走架中的經驗總結，它與「人體處處皆太極」中第二層含義相互融貫，同出一源。

人體本來只有一雙手，何談「渾身都是手」呢？這主要是指習太極拳者經過長期的太極拳鍛鍊，走架鬆柔沉穩，自頭至尾椎，從肩至指梢，從胯至腳趾，上下均能一概放鬆，使其節節鬆開，又能處處合住，毫無僵硬出現。

在此基礎上，動作時，逐一去琢磨人體中各個關節和部位的骨骼構造，以及它們運動中的旋轉角度，對這些有了認識之後，再經過耐心的、有經驗的老師指點，與有這個方面體會的好友切磋，透過實踐，漸漸悟出自己的心得，這時候就會感覺到，自己的身上不只是一雙手了，而是「渾身都是手」。

也就是，周身上下的各個部位，都含有攻防作用。有了這方面心得之後，練拳時就會感到妙處無窮，以致進一步增強太極拳鍛鍊的信心和提高拳藝品質。

渾身究竟有幾雙手？太極拳就其技擊內容來說它不拘泥於推手。

論技擊的真正含義，人體各個部位的運用不該有限制，應根據客觀情況，從實際出發，遇到不同的物件，不同的場合，不同的時間，採用不同的招法對敵。

指、拳、腕、臂、肘、肱、肩、頭、胸、背、腹、

臀、胯、股、腿、膝、腳、踝、跟、趾全身20個部位，左右並有40個部位，各自都能使出不同程度、不同方向和不同角度的招法，並可一處多用。全身上下左右前後，各種招法能在100個以上，根據應用需要，施出它們各種的招法，去對付犯己之敵。

　　要使全身每個部位均能參與技擊應用之列，這還要明白各部位的構造及其形態，知道它們的活動範圍和轉動的極限度，並與太極拳的基本要求相符合。

　　為闡明各部位「一處多用」這個概念，本文只從以下三個部位略作簡釋：

　　比如肩部，肩有內、背側上靠的技法；肘有前、後、上、下、外、滾的用法，還不包括屈肘的拿法；臀部在人們印象中在太極拳技擊上沒有什麼地位，總以為臀部僅是起平衡重心的作用，其實，臀部在打擊對方下部時很有威力，可從左、右、後三方靠擊側後之敵，並能向下坐壓對手的膝部，還可配合兩手將背後之敵挑起，向前翻出等。

　　這三個部位，都不如手和腳那樣圓活靈巧，不屬於變化多端的部位。肩、肘、臀尚且一處有四個以上的招法，那麼，全身上下的左右面，含有100個以上的招法可施是客觀存在的，只不過是部位、構造不同，它們的力量與作用不相等而已。

　　以上便是「太極渾身都是手」的概況和簡釋。

　　「人體處處皆太極」「太極渾身都是手」，是對太極拳走架和應用的高度概括。這兩個論點的創導者，對太極「拳」內涵的掌握，其見解非同一般。

　　他們是透過對太極陰陽之義與人體周身上下、內外的

每個部位做過無微不至的深刻研究、分析，並在長期走架實踐中取得極豐富的經驗之後，所悟出來的心得體會。所以能夠把全身上下、內外一切部位的活動，包容在一句話之中。它既不乏具體內容，又能將那些具體複雜的內容，從陰陽兩儀至拳術原理提煉到高度的抽象之中，辭簡義深。先輩們的練拳境界確令後人敬佩之至。

《拳經總歌》臆解

李和生

　　《拳經總歌》初見於河南溫縣陳家溝陳氏兩儀堂古拳譜，屬太極拳的原始理論。全文共七言二十二句，如總結古代技擊（踢、打、拿、跌）的一首古拳歌，它闡述了攻擊與防禦的戰略、戰術，故稱得上是太極拳概括性的拳論。據武術史家唐豪先生（1897～1957 年）考證認為：這是明末清初陳家溝陳氏九世祖陳奏庭所作。

　　《拳經總歌》文字淺近，唐豪先生也認為是「粗率」之作。但在粗率通俗之中，也頗見其拳法真髓。這確是一篇具有實用價值和歷史研究價值的古代拳法歌訣。

　　《拳經總歌》雖然文字淺近，通俗易懂，卻非粗讀所能理解。個中術語須從陳式太極拳法中反覆實踐，細加揣摩，方能正確認識。

　　太極拳流派日多，教者、學者的認識方法、功夫水準各有不同。雖然有人曾作注解，而仁者見仁，智者見智。現就個人從習練太極拳四十餘年實踐中體會予以臆解，俾有利於共同研究切磋。至其粗疏謬訛之處，在所難免，敬請方家指正。

《拳經總歌》全文

　　　　縱放屈伸人莫知，諸靠纏繞我皆依。
　　　　劈打推壓得進步，搬撂橫採也難敵。

鉤掤逼攬人人曉，閃驚取巧有誰知？
佯輸詐走誰云敗，引誘回沖制勝歸。
滾拴搭掃靈微妙，橫直劈砍奇更奇。
截進遮攔穿心肘，迎風接步紅包捶；
二換掃壓掛面腳，左右邊簪莊跟腿；
截前壓後無縫鎖，聲東擊西要熟識；
上籠下提君須記，進攻退閃莫遲遲。
藏頭蓋面天下有，攢心剁肋世間稀。
教師不識此中理，難將武藝論高低。

《拳經總歌》臆解

【原文】縱放屈伸人莫知，諸靠纏繞我皆依。

【解】這兩句講的是戰略，當然也包括戰術。縱放屈
伸，是指身法、步法、手法在旋轉中不拘方向角度或伸、
或屈；在勁力上，或縱或放，沒有任何約束。縱敵而去，
欲擒故縱，發而不放，放而不發，隨意變化，做到「著隨
敵變，勁隨著變」人莫知的戰術。

說到「知」與「不知」，是大有講究的。知人的方
法，一般是從外形觀察。首先，觀察對方與我站立的方
向，是在我的前方，還是左、右方；再看他的腳如何站
立，哪隻腳在前；看他身體會先向何方轉動；最後注意他
的眼注視我身體哪個部位。我們如能經過推手、散手階段
的實踐，從中取得經驗，便可以從對方的外形變化中明斷
其動向，而因敵變化時適當應付。但是，仍然遵守「彼不
動，己不動」的原則，以靜待動。

如果要使「人莫知」，首先在知人之先，能有自知之

明。自知是知個人所學拳套的著法作用和變化，並且善於在什麼時間變什麼方向，恰如其分地，毫釐、分秒不差地去順應對方的變化。能達到這個程度，便是懂得太極拳法的對手，也難以預知我將怎樣變化。何況陳式太極拳的轉關出奇處，不完全是「縱放屈伸」，而是螺旋形的「纏法」。它的橫、直、斜、正又是周身多變的，不但人不能知，我也不能預知。

陳鑫先生詩云：「周身上下都是拳，挨著何處何處擊，我也不知玄又玄。」確能道出實際情況。

古今拳家常說：「兵拳同源。」例如《孫子兵法·形篇》說：「善守者，藏於九地之下；善攻者，動於九天之上，故能自保而全勝也。」這些話中都包含了「人莫知」的意思。這充分說明，兵法與拳法一樣，不僅僅是較力、較巧，而重要的是鬥智、鬥法。

《孫子兵法·謀攻篇》說：「知彼知己者，百戰不殆；……不知彼，不知己，每戰必殆。」王宗岳《太極拳論》也明確提出「人不知我，我獨知人」的戰略要求。反之，若「人獨知我，我不知人」，則個人功力再大，招法再多，也無法發揮其應有的效用。

「諸靠纏繞我皆依」，是指雙方交手接觸的部位，我隨勢黏住對方，不丟不頂地順勢變化，使對方不知我的招法從何而來，同時我能察覺他的招法從何而去。只有「我皆依」才能「人不知我，我獨知人」，知與不知是戰略，我皆依是戰術。

【原文】劈打推壓得進步，搬撂橫採也難敵。

347

拳論解析篇

【解】這兩句歌訣中，劈、打、推、壓、搬、摺、橫、採，是指陳式老架太極拳（七種套路）常用的八種基本手法，前四法以進攻為主，後四法以引化防守反攻為主。但是，陳式老架太極拳的進攻和防守，是因敵相互轉變的，「攻就是防，防就是攻」，攻防變化一勢之中。防則守，不防則攻，這是太極拳特有的戰術。「得進步」，是劈、打、推、壓配合步法的進攻，如果配合得不好，進攻就不能成功，配合得好，才能體現「得」的妙用。

得，是得機得勢的得。「得機得勢」是不斷學習，實踐，反覆總結出來的。陳鑫先生說：「手到步到，發人巧妙，手到步不到，發人不巧妙。」充分說明了手法與步法配合的重要性。

「壓」是太極拳「按」的前身，在古太極拳中稱「壓」，也含有「封」的方法，是破解橫的手法。洪均生先生在傳授散手時常說：「直來橫撥，橫來捧壓。」

難敵，是對方不瞭解我使用八種手法和步法配合變化，是攻是守難於招架。

搬摺橫採，搬摺，是隨勢引化反攻的手法，橫採，是撥轉來勁的擒拿等法。

【原文】鉤捌逼攬人人曉，閃驚取巧有誰知。

【解】鉤、捌、逼、攬是太極拳常用的手法。人人都知道其外形的動作手法，但應用起來是很難掌握的，其中虛實變化、驚人的速度、巧妙的心理戰法，都要在實踐中揣摩。

閃驚取巧，是為了迷惑對方，使對方判斷失誤而導致

攻守失敗。驚，是引起對方驚惶失措。閃，在這裏指的是閃擊，也屬身法的應用。閃驚取巧，是鉤挪逼攬外形與內勁虛實巧妙的應用，我們必須從實踐中去體會，不是人人可從外觀知道的。

【原文】佯輸詐走誰云敗？引誘回沖制勝歸。

【解】佯輸，以假象迷惑對方，把真相隱藏起來。詐走，為誘引對手而裝作敗走。誰云敗？誰說我真的敗了?! 引誘回沖，虛引誘惑對方，使其失機失勢（重心失去平衡），我迅速回轉沖其要害之處。制勝歸，得到勝利的結果。歸，歸還原來的樣子（動作），借喻結果或目的，由虛到實，歸回原來勢子。

正如陳鑫先生在《太極拳經譜》中，言簡意賅地描述這兩句話：「虛籠詐誘，只為一轉。」可見太極拳的技擊打法都離不開一圈的變化。

《拳經總歌》所言戰略、戰術和諸著的應用，都是由圓而生，圈中而變。到今天為止，太極拳每個動作都是由「圓」到「圈」練習和應用的。

【原文】滾拴搭掃靈微妙，橫直劈砍奇更奇。

【解】滾拴，即擒與拿的連環運用。但在連環擒拿中，不能給對手一絲的空隙與時間要在滾轉因敵變化中施展擒與拿。滾拴，為陳式太極拳老架擒拿法的早期名稱。

搭掃，上搭下掃，指手腳併用。如陳式太極拳「十字腳，擺腳，風掃梅花」等勢，都含有上拱下掃之法。在陳式太極拳推手、散手的「封手用腳」和「搭手動步、滾拴

拳論解析篇

提膝」等法中，必須具有「靈敏」「微小」，上引下擊，才能顯示出「滾拴搭掃」精細奧妙。

橫直劈砍，即前、後、左、右的打法。聯繫到上一句，上搭下掃（上下打法），成為六方的連環進攻手法。橫直，含有「直來橫撥，橫來捧壓」的打法。劈，是陳式老架太極拳法上下分開的打法（也是撩陰法），此勢練法現存陳式太極拳炮捶（二路）動作的「劈架子」一勢。砍，是從上到下，從下到上連環手法，此勢練法，是陳式太極拳炮捶「翻花舞袖」一勢。劈砍，劈砍的練法與應用，是陳式太極拳連環之法。如炮捶（俗稱二路）中的「劈架子和翻花舞袖」相連練法二勢。

奇更奇，是讚譽「滾拴搭掃，橫劈直砍」的著法奇妙罕見。

【原文】截進遮攔穿心肘，迎風接步紅包捶。

【解】目前流傳的陳式太極拳包捶（今稱二路），仍有「穿心肘」一勢。從攻防的部位來計，一名穿心肘；從肘部配合來講，一名順攔肘。一勢兩名。截進，截擊和進步。遮攔，即封閉。

全句大意是說：當對手來攻，我順勢截擊進步，遇到封閉遮攔時，可隨勢應用穿心肘，因為穿心肘從其臂、腋下穿入，既可利用對方封閉遮攔自障其目，又可適時乘隙發肘，取其要害。

迎風接步，是接穿心肘連擊的紅包捶打法。即對方化解了我的穿心肘進攻，我立刻沉肘發捶擊其臉部，如果又被對方掤化，我順勢用靠，再接步（有進，有退）迎風

（鋒）發捶。「紅包捶」即當今陳式太極拳「窩裏包」一勢。「窩裏包」一勢名稱，在陳式古拳譜《文修堂拳譜》中，有歌訣為「低引高打紅包捶，迎鋒接步又一捶」的練法和圖解。

「紅捶」一名，在陳式太極拳中有很多叫法。如：演手紅捶（也名掩手紅捶）、下演手紅捶等等。因陳式太極拳有出拳見紅和陳鑫先生講解的「如紅爐出鐵，人不敢摸」之說，可見陳式老架太極拳「演手紅捶」之勢名用這個「紅」字的深遠意義。拳（捶）的變化，在於手的變化，適應對方著法相互轉變，成拳、成掌、成鉤，所以陳鑫先生也一說：「去時撒手，著人成拳。」

陳式太極拳出拳有「擊」和「發」的區別：擊，主要目的在於擊傷，發，主要目的在於發倒，所以擊傷與發倒兩者，在方法、勁力的使用上是不盡相同的。實際應用，在不同的情況下，既可使之擊傷而不倒，又可使發倒而不傷。這就是太極拳「理精法密」實施於拳法運用的不同方法。因此，我們必須從實踐中與理法相結合去研究太極拳的打法。

我認為寫文章，最好是從理論到實踐、從實踐到理論反覆的研究探討，不能主觀，要客觀地去分析。不是某某人怎麼說和某某拳譜怎樣講，我們必須從實踐中深究，才能正確地對待某某人和某某拳譜講的是否正確，不能盲目相從。

要由理論與實踐的深究，進一步體會，在驗證中勝是怎麼樣勝的？敗是什麼原因？是和誰驗證？是一般還是高手都要正確的對待。不能因為和高手驗證，敗了，就認為

某某人講的、某某拳譜講的都錯了；也不能因為和不如自己的人去驗證，勝了，認為一切都對了。

我們要相對地去比較、研究，在實踐中細心揣摩，萬萬不可粗心大意……尤其是對待「古拳譜」的講解研究，要更加慎重，不要單從字面上去理解，要在原拳套路中，從練到應用詳加分析。

【原文】二換掃壓掛面腳，左右邊攢莊跟腿。

【解】這兩句講的是腿法的應用。二換，手腳二次的轉換（二換，不單純是手腳的轉換）。掃壓，下掃上壓，手腳並用。大凡太極拳的腿法，在轉身時都含有「掃」法，且不限於「掃趟腿」一法。掛面腳，即二起腳，雖說法不一，但在目前流傳的陳式太極拳中的「踢二起」或「二起腳」名稱確實存在，我認為「掛面腳」是二起腳的前身。

左右邊攢，是指左右手分開，宛如古代婦女髮髻兩邊翹出的玉簪。莊跟腿，即當今陳式太極拳的「蹬一根」。但在陳式老架太極第三路（又名大四套捶）第二十勢中的「分門莊去喪殘生」一勢的練法和作用，就是左右邊簪莊跟腳的動作。

例如，當對方把我雙手分開封住或者我把對方雙手封住，隨勢提膝蹬其對方襠部，使對方不死即傷。如果對方逼貼我身，距離較近，提膝之法，正好擊其襠部。所以，陳式太極拳腿法的應用，都是先提膝再出腳；或踢、或蹬、或掃、或摔等等因敵變化發著。雖然有「近便提膝」的攻擊，但同時也有「提膝護襠，護臁骨」的防法，用於

對付撩陰腿、克膝腿，一著兩用，以腿破腿，因敵變化。

【原文】截前壓後無縫鎖，聲東擊西要熟識。

【解】截，截中有借（指太極拳截勁中有借勁，借勁中有截勁），截擊，伏擊。凡對方出手來攻，我可從不同的角度，適時順勢前截（借）他的來勁，使他無法施展，或擒或拿。「無縫鎖」一名，現存陳式老架太極拳「金剛十八拿」第三勢，「前鎖後拴縫無跡，沾衣十八跌中奇」。

「鎖」之法，有進攻，有防守，有單手攻，雙手攻之分。單手進攻手法有鎖喉、鎖陰。雙手有鎖頭、鎖腳等。「無縫」是指此鎖無縫可開，比喻擒拿手法嚴密，不留縫隙，使對方不易解脫。更重要的是鎖法要擒拿住對方薄弱部位和要害之處，使對方無法反抗，這樣才能稱得起無縫之「鎖」。

聲東擊西，語本《通典·兵曲六》：「聲音其東，其實擊西。」這也是迷惑對手的一種戰術，與「閃驚取巧」及下句「上籠下提」同屬一類。

「聲東擊西」在陳式老架太極拳散手訓練的「紅拳破壁」中有詳細的講解和畫圖，把手法演化為「指東打西，指西打東」和「指上打下」及「鋪前掃後」的方法勢子。

這些方法同屬一類，僅僅是巧妙虛實與方向各有不同而已。「要熟識」是指「截前壓後無縫鎖」不但要練的熟而又熟，還要認識其虛實變化中的「聲東擊西」各種方向的戰術。

353

拳論解析篇

【原文】上籠下提君須記，進攻退閃莫遲遲。

【解】「上籠下提」與「聲東擊西」一樣，是一種戰術，而不限於一法。在方法上，它既可上虛下取，又可下虛上取，虛實同擊；防則虛，不防則實，虛虛實實變化一圈之中。因為太極拳的一切打法無不從圓而生，無不從圈中變出來的，如果沒有「圓」也沒有「圈」，那就不是太極拳了。

太極拳的戰略、戰術是透過用「圓和圈」闡明論述的。其中的「圓和圈」包括屈伸、縱放、上下、左右、前後、大小。「圈」中有公轉與自轉之分；伸是自轉，屈屬公轉，屈伸變化於公轉自轉之中。明白了自轉與公轉變化一圈中，也就明白了太極拳。陳鑫先生說：「無非一圈一太極。」又說：「不明此，即不明拳。」

進攻退閃，講明進要攻、退要閃，是先發制人與後發制人的戰術。這裏的「閃」是指「閃展」，是在進退中閃展之法，也是進退中速戰之法。進攻退閃，有進步、退步的進攻、退閃，也有不動步的身法旋轉進攻和退閃，那就要看對方如何進攻，攻擊我身體的什麼部位，我才能隨勢，毫釐、分秒不差地去適應對方。

莫遲遲，是講適時地順應對方，不能過早、過晚地進攻退閃，要做到恰如其分。「莫」字在這裏有兩層意思，一是進攻退閃時間差，二是進攻退閃，是攻、是退閃很難分辨。

【原文】藏頭蓋面天下有，攢心剁肋世間稀。

【解】「藏頭蓋面」，是防守的技法，但使用起來有

拙巧之分。巧妙的防守是適時地進攻，笨拙的防守是為了防守而防守。「攢心剁肋」是擊其要害的進攻方法，也是最巧妙的防守法。

這兩句聯結在一起，銓其大意是說：懂得藏頭蓋面防守技術的人很多，但大多數人只知道為了防守而防守的消極防守，而能明確藏頭蓋面方法達到攢心剁肋的「攻」就是「防」的巧妙防法的高手，在實踐中很少見。

【原文】教師不識此中理，難將武藝論高低。

【解】最後兩句是結語，強調全文所敘理法的重要性。此中之「理」識與不識，關係重大。這個「理」根本在哪裡，怎樣去認識？值得我們去研究、探討。

這裏說的「理」當然是指陳式太極拳的理，太極拳的理，只有一個。按舊的說法是陰陽對待學說，按新的說法就是矛盾對立統一法則。

實際說來，有理必有合理的技法。它的基本規律是螺旋運動的順、逆自轉和正、反公轉的「纏法」。由於雙方交手時需要因敵變化，除了眼法必須注視對方，不許隨著手亂轉而外，身的左右旋轉、步的進退、手的自轉與公轉的方向和角度大小，莫不由對方變化而適當應加的加，應減的減。而且加減的尺寸與時間，要做到毫釐不差，分秒必爭。真是千變萬化，卻還是一貫用纏法進行。

所以，我認為識了拳理固然必要，而掌握運用拳法更為重要。講理不懂法，不去實踐，等於善於紙上談兵的趙括，徒有虛名。

明理，又識得其法，不去實踐等於空談其說，也無法

與人較量武藝高低。鑒於此，我們既知實踐與理法的重要性。必須從實踐到理法反覆學習，反覆實踐，在實踐中體會勝是怎麼勝的，敗又是怎麼敗的。勝是什麼感覺，敗又是什麼感覺。我們要從中吸取教訓，總結經驗，再去身體力行，反覆體會實踐中的拳理拳法巧在何處，妙在何處，我們才會從中理解太極拳「理精法密」的所在，才有資格去談論武藝高低。

綜上所解，《拳經總歌》概括論述了陳式太極拳法的戰略、戰術和基本規律。看來它與目前流傳的各式太極拳在淵源和脈絡上確有其一脈相承之處。

但陳氏《拳經總歌》是太極拳較為古老的拳論，所敘述的古拳法技擊性較強，是從實戰中來的，攻擊的部位與戰術的目的和當今「體育競技」是大不相同的，研究者不可不知。

技擊篇

辨虛實者辨勝負
得剛柔者得機勢

篇首語

技擊是不變的靈魂

余功保

太極拳姓「拳」，她血管裏流的血液叫「武」，她的靈魂是技擊。

有人說，現在習拳，用不上技擊，可以放棄對技擊的追求。這是對拳的表面化理解。太極拳對人體的鍛鍊作用主要表現在三個方面，一是精神層面的，對於進取、勇毅、氣勢等方面的陶冶；二是身體素質上的，對於快捷、靈敏、爆發力等方面的加強；三是動作上的，在技術層面解決身體動靜節奏、空間運動問題。

這幾個方面都始終貫穿著技擊的意識，在技擊意念的支配下，實現身體內外的完整協調。沒有技擊的意識，太極拳的許多招法、招式就成了空蕩蕩的行屍走肉。

技擊對於練太極拳不是需要，是必須。

幾千年來武術的形式、價值中樞在不斷變化、移動，但技擊的核心沒有變。我們不應追求泛技擊論，即技擊惟一，技擊惟上，但應堅持技擊為本。離開了技擊特性，太極拳就不能稱其為「拳」，這一點在任何時候都應當旗幟鮮明地加以堅持。

看待傳統太極拳的技擊要客觀。歷史地看待太極拳家的技擊功夫。分清太極拳的技擊和現代搏擊競賽的異同，

區別今人的練習方法和古人練習方法的差異，以及造成技擊功夫的表現不同。目的在於，最大限度地繼承傳統的技擊精髓。

對於傳統太極拳技擊的認識還要全面。技擊不同於單純的打鬥，太極拳的技擊是反映人類智慧、體能、勇毅的智慧型搏擊。今天我們宣導技擊，是透由這種方式去有效地感悟太極拳的精深，去體驗太極拳技擊中所包含的技術理論內涵，如技擊的力學結構和技擊的美學價值在太極拳技擊中蘊藏的兵法玄機，太極拳技擊中所體現的重人貴生的道德情懷等等。

學習太極拳，不管是什麼目的，健身、娛樂、研究文化，任何情況，任何時候，太極拳的技擊屬性不能丟。否則就失去了傳統，失落了自我。

技擊是太極拳的身份證。

太極拳推手的十大陰陽關係

周家和

太極拳推手是一項由兩人進行的徒手對抗性運動。由於它不按固定的套路，而是因人因勢靈活地運用太極拳招式、手法進行無傷害性的攻防技擊競技比賽，所以，不但要求運動員具有深厚的功力、大無畏的勇氣，更要有靈活的頭腦、積極的思維。

太極拳的動與靜、剛與柔、虛與實、蓄與發、開與合、呼與吸、攻與守、黏與走、意與力、內與外等等陰陽關係，對太極拳推手極為重要。充分理解和掌握太極拳十大關係，學好陰陽相濟、陰陽互易的辯證原理，就能在推手中不僅知其然，更知其所以然，開拓視野，博採眾長，不斷提高推手水準。

一、動與靜

靜為動之源，動為靜之效。太極拳推手特別強調「動中求靜，以靜制動」的原則。李亦畬老師說：「心不靜則不專。一舉手前後、左右全無定向，故要靜。」心不靜，自身散亂，自立尚且不穩，何談推手取勝？所以拳經說：「能動能靜，道之聖也，動而不靜，道之病也。」靜不是思想空虛，消極地待敵來攻，而是心靜心專，思想集中，排除雜念，全身處於整裝待發的備戰狀態。這樣就不會盲

目亂動，而是意念先行，沉著穩定。

「彼不動，我不動，彼若動，我先動」「似動似靜不露形」，以期達到思想家王夫之所說的「靜即含動，動亦含靜」之理想境界。

二、剛與柔

太極拳推手要求動作柔韌纏綿，順行不悖，不丟不頂，不即不離，以柔為主。如果剛而不柔，則如枯木之僵脆，易遭摧折，且動作呆滯不活，缺少彈抖之力，動則露形，易為敵乘。但如柔而無剛，則必過柔而不堅，軟弱無骨，同樣缺少靈活性與抖彈之力，與人推手，易被對方切入壓扁，被人得實。「太極推手乃柔中寓剛，綿內藏針的藝術」。以柔為主，就是使筋肌、骨節經常處於極度放鬆的狀態。柔中寓剛，就是使骨骼、肢體、筋肌保持相對穩定性，這樣，搭手後肢體就像安上了彈簧，彼張我弛，彼縮我張。因為發勁前充分放鬆，發勁時短暫極度收縮，就會產生極大的爆發力。拳譜云：「用剛不可無柔，無柔剛環繞不速；用柔不可無剛，無剛則摧迫不捷。」剛與柔又是陰陽交替、相互轉化的。

一般說來，進攻時以剛為主，退守走化時以柔為主。剛柔之變，必須根據推手中攻守不斷變換和勁力不斷變化，及時調整勁力中剛與柔的主次、多少、大小的比例。這樣，就能進攻得法，顧守有方。

三、虛與實

在推手中要時時處處注意兩手兩足的虛實分佈及其調

節變化。拳論用「輕、重、沉、浮」四個字概括了 12 種虛實狀態，如雙重、雙輕、雙沉等等。推手中常見的毛病是雙重和偏輕、偏重。雙重容易形成「頂」。偏輕、偏重都容易失之平衡。輕與浮是虛，但浮是過虛、全然無力，輕則是虛中寓實、恰到好處。重與沉是實，但重是過實，以致肢體僵化失靈；沉是實中寓虛，穩重而不失靈巧。所以合格的虛是輕而不浮，合格的實是沉而不重。

兩手、兩足要一虛一實，左手、左足要一虛一實，右手、右足也要一虛一實。做到了虛實分清，虛實適度，並能因勢調整虛實變化，就能在推手中保持重心穩定，肢體平衡，保持最佳競技狀態。

四、蓄與發

沒有蓄勁，就沒有發勁，蓄勁是發勁的準備。人體有五弓。蓄勁時周身屈曲，呈蓄勁狀態，大腦與肢體徹底放鬆，深長吸氣，將勁蓄足，就像射箭前拉滿弓一樣。得勢時周身鬆沉一屈（屈身、屈腿、屈足、屈臂、屈指），然後突然一緊，全身肌肉猛然收縮（蹬腳、直腿、挺腰、長身、伸臂、彈指），結合吐氣，提起全副精神，乾淨俐落地將爆發力發傳給對方，就像射出的利箭一樣。所以，發勁是蓄勁的目的，蓄勁的效果。

推手發勁的關鍵是全身內外合一，整體用勁，這樣就會形成極大的威力。

五、開與合

開勁是化開之意。對方攻來，我即用輕柔之勁化開、

引進，使之落空，然後聚全身之氣合發之，使之無法逃避。拳論云：「引進落空含即出。」開勁要用腰腿之勁，不要用臂硬開。合勁同樣要含胸拔背，鬆肩沉肘，氣貼脊背，氣沉丹田，用腰腿整體之勁發之。開勁與合勁是一對矛盾，開中有合，合中有開，一開一合，交替運用，所以又合稱開合勁。

六、呼與吸

正確的呼吸能夠充分供應推手時所需氧氣，減少運動中氧的消耗，保持充分的體能，動作始終靈活如意。其基本規律是當蓄勁、走化時為吸，發勁、出擊時為呼。吸氣宜輕緩細長，將勁蓄足；呼氣要短促有力，有利於肌肉驟然收縮，產生巨大能量。「呼氣時擊人不狠也狠」。

推手時不論急應還是緩隨，不論蓄勁還是發勁，雖然要遵循上述呼吸的規律，但呼吸宜順其自然，不要把意識硬性貫注到呼吸上去，否則就會引起氣血上湧，出現氣促的不適感覺。《十三勢行功心解》所說「全身意在精神，不在氣，在氣則滯」，就是這個道理。

推手中蓄吸發呼的自然調節與配合，是靠平時勤走架過程的刻苦練就的。練習走架時一般進行「逆腹式呼吸」，並按蓄吸發呼的原則習之，但也應以順其自然、循序漸進為宜。

除上述原則外，還有結合拳勢動作，以手臂伸為呼，屈為吸；以軀幹俯為呼，仰為吸；以身法進為呼，退為吸；以身體降為呼，升為吸；以內在勁路實為呼，虛為吸；以外形開為呼，合為吸等等。我們在太極推手演練過

技擊篇

程中要掌握陰陽學說理論，辯證地靈活運用。

七、攻與守

在推手中攻為陽，守為陰，守為攻創造條件，攻是守的目的。當自己處於背勢時宜守勢，引走化解對方來勢勁力。己處順勢，彼處背勢，即乘隙進招攻之。所以攻與守是相互依存、交替進行的。「攻中有守，守中有攻，攻即是守，守即是攻」。不論主動進攻，還是被動進攻，也不論接觸性防守，還是非接觸性防守，都要認真對待，一絲不苟；沾連黏隨，引化走發，自能攻守相宜，得機得勢，克敵制勝。

一般攻時身進，守時身退，但守勢中當引化得勢時也可伺機發勁攻之。不論活步推手中的進步或退步，還是定步推手中弓步進身或後坐退身，都不能單靠腿部肌肉收縮蹬屈產生的拙力，而要上、下肢配合協調。就像一位武術家所描述，把身軀設想為一座古鐘，那麼，鐘前後擺動象徵著身體重心的移動，這樣就不會發生膝、踝不適，影響身法、步法的靈活性。

在太極拳走架與推手中手臂一般要求「曲而不曲，直而不直」，過曲則與對方距離不適，進攻時勁力不易發放到對方身上，而且動作幅度過大露形易於暴露；防守時易為彼方切入壓扁，於己不利。手臂太直，則防守時肢體僵脆沒有彈性；進攻時蓄勁不夠，發勁不狠，動作呆滯，易為彼乘。所以，攻守中一定要掌握好手臂曲直適度及相應變化，處理好曲與直這一對陰陽辯證關係。

八、黏與走

黏勁與走勁都是化解敵勁之勁，屬於化勁。黏勁是在推手時利用雙手乃至肢體任何著力處，黏住對方勁力，不丟不離控制對方，並有撐逼和隨從之意。走勁是在控制敵勁的基礎上走避化解敵勁之勁。

黏勁主進，是陰中之陽，柔中之剛，虛中之實。走勁主退，是陽中之陰，柔中之柔，虛中之虛。拳論云：「黏即是走，走即是黏。」它精闢概括了黏勁與走勁的陰陽辯證關係。

在黏逼敵勁中隨時將所知敵勁予以走化，在走化中不可丟掉黏連，兩者之間不能有任何間斷停頓。黏走相生，貫串於推手全過程。

九、意與力

意是指意識、意念、精神、思想，是大腦思維活動。力是指在意念的支配下，由氣息吐納、肌肉收縮舒張，按照一定的規格將動作有序化配合所產生的力量。

太極拳的力叫內力、內勁或太極勁，是適合於太極拳走架和推手的一種巧勁。意與力是太極拳走架和推手運動中的一對矛盾的兩個方面，是相互依存、彼此制約的。所謂「用意不用力」，是違背太極拳陰陽辯證原理的，在實踐中是不可能做到的。

推手時雙方都處於激烈的對抗中，雙方都是在不斷遭到對方撐逼威脅下較技的，一定要加強意念，在感知對方來勢、來勁的前提下，做出正確的反應，合理用力，儘量

365

用小力取得推手最大的效果。練習拳架或推手時都要做到
「意念領先」，動作輕鬆，培養和提高感知靈敏度，以期
達到著熟、懂勁、神明的高級階段。

十、內與外

外形，如招勢、手法等為拳，內功為術。術為陰，拳
為陽。拳法招勢必須以深厚的功力為基礎、為後盾，否則
即成無本之木，離淵之魚，花拳繡腿，外秀內朽，華而無
用。沒有靈巧多變的手法，招勢、內功、功力也將無的放
矢。必須拳中有術，術隨拳出，才是內外結合的太極拳
術。

要做到內外結合，必須處理好「內三合」與「外三
合」的關係。

「心與意合，意與氣合，氣與力合」是謂內三合。我
國古代醫學認為人的大腦思維活動是「心」的功能，推手
時憑藉聽勁，將感知傳到大腦，大腦思維活動當即判斷應
該做出何種反應，並且透過「意」下達號令，命令內臟、
肢體付諸行動。大腦接受資訊並作出判斷的過程是為
「心」，是主帥，下達命令的過程是為「意」，是號令。
兩者是同時存在、同時進行的，即「心與意合」。「意與
氣合」就是以意領氣，氣貼脊背，氣沉丹田，積蓄「能
量」。「氣與力合」就是根據推手攻與守的需要，透過沾
連黏隨，引化走發，以招勢手法的形式，將蓄積的能量化
為力量，作用於對方，將其發出。

「手與足合，膝與肘合，肩與胯合」是外三合。「手
與足」不僅要外形相合，更重要的是勁力相合，上下相

隨，勁力才會完整不散，動轉靈活沉穩。「肘與膝合」要求兩肘之間、兩膝之間、左肘與右膝、右肘與左膝之間都要相合。「肩與胯合」同樣要求兩肩之間、左肩與右胯、右肩與左胯之間相合。手與足合出巧步，肘與膝合變化靈，肩與胯合根基穩。

　　「內三合」的三合之間與「外三合」的三合之間，都有相合的問題。「內三合」與「外三合」兩者之間也有相合的問題。所謂「相合」，就是要注意到它們之間相互依存、同時存在、不分先後次序出現的特點；要隨時注意它們之間的配合，加強其協調性；要時時不忘「六合」，則前進不栽，後退不仰，左右轉動不偏不倚，中立沉穩，出招自如。

　　太極陰陽關係學說是歷代宗師畢生習武授業、傳徒實踐中經驗心得的高度結晶，內涵淵博高深。以上論述是筆者習練太極拳和推手的初步體會，掛一漏萬，在所難免。不當之處，希予賜教指正。

大鬆大軟——太極技擊之必需

陳龍驤

太極拳本是一種武術，是武術就必然要講技擊，講技擊就必然要求快、準、狠。太極拳的技擊原則是以靜制動，後發先至，引進落空，以柔克剛，避實擊虛，四兩撥千斤。而太極拳的特點是舉動輕靈，運行和緩，連綿不斷如行雲流水，往復轉折用意不用力。如此練法使很多人對太極拳的技擊功能產生疑惑，以為太極拳的鬆柔練法只能健身，不能技擊。要不是楊露禪在北京爭得了「神拳楊無敵」的美譽，楊健侯、楊班侯、楊澄甫以及其高徒李雅軒、田兆林、董英傑、鄭曼青等前輩在武林中留下的技藝佳話軼事，太極拳的技擊作用就很難讓人信服。

先師李雅軒給我們留下的一生心血總結《太極拳隨筆》，其中提出「鬆軟是太極拳的寶貝」。練太極拳要「大鬆大軟」的練法，這使很多人都想知道技擊與太極拳「大鬆大軟」的因果關係，怎樣做才是大鬆大軟的正確練法，怎樣做才能獲得入裏透內的冷快絕倫的內勁。

我們知道，人身之靈機，最為寶貴。凡一切處事接物，皆全賴於此，非獨打拳推手也。太極拳的技擊，離不開快，縱有萬千手法，若無神明的感應，沒有靈性，也是毫無作用。大鬆大軟的練法正是為了培養和訓練這種靈機，有了這種靈機即所謂「一羽不能加、蠅蟲不能落」的

神明的感應後，在技擊中才能有「動急則急應，動緩則緩隨」的反應，才能生出莫測的變化，才能應付突然之來手。練太極拳時心存靜養，蓄神養氣，澄心定性，穩靜安舒，緩緩出動，鬆柔沉穩。

先師總結提出大鬆大軟的練法，是穩靜心性、修養腦力、清醒智慧、感覺靈敏、增長內勁最佳的手段方法。練太極拳要鬆，而且要大鬆，要鬆透。所謂一鬆百鬆，鬆得周身毫無拘滯主力，鬆得兩臂如繩兒吊著重物一樣，經常有沉甸甸重墜腕的感覺，身勢鬆得軟若無骨的樣子。但是這種大鬆大軟，不是軟塌塌，不是鬆懈懈，不是鬆得軟得如一攤稀泥。先師告誡說：「它不是死巴巴的軟，而是以神氣將身勢鼓勵起來，使它動盪起來，有強大而又靈敏的柔彈力。」又說，在太極拳功夫方面，只是做些軟活柔動還是不夠的，需要在這些軟活柔動中做到均勻的心勁和雄偉的氣勢才夠味，也就是要有虛無的氣勢來指導大鬆大軟。當然，以上這些情況，是要在練拳日子久了，功夫有了基礎以後，再經老師詳細的口傳面授，說些比喻，做些示範，形容其氣勢，慢慢地悟會才會有的。

這種大鬆大軟的練法，練習日久，兩臂如綿裹鐵異常鬆沉，有如軟節鋼鞭又軟又重，內勁則自然增長，發出勁去入裏透內，傷人內臟。拳論所謂「極柔軟而後極堅剛」的無堅不摧的內勁就是這樣長期以大鬆大軟的思想為指導，再加之老師口傳心授而逐漸積累轉化而成的。由於這種大鬆大軟的練法是持以虛無的氣勢，是以神、以意、以氣來率領，感覺異常靈敏，身勢練得柔若百折若無骨樣，故在推手中能做到「彼不動己不動，彼微動我先動」，

「我意在先」，故化敵來勢時能不先不後化之於無形，在攻敵發勁時出其不意，勁起陡然，冷快絕倫，入裏透內，所謂撒去全身皆是手也。

老師曾形容此勁時說，火燒神經動，急雷響五中，打丹田雄壯之勁，又沉、又冷、又狠，機警萬變，靈覺無比，毛髮畢豎，如烈馬之發威，身勢矯捷如怪蟒之鑽騰。其節短，其勢險，力如強弩急如發機，使其不能抵抗，也無從抵抗。對於太極拳這種由著熟而漸悟懂勁，由懂勁而階及神明，英雄所向無敵的技擊功用來說，拳來不知，腳去不曉，打人於不知不覺之中方為太極拳。

我從小隨先師學藝至先師 1976 年逝世的 20 年中，未曾離其左右，深知先師傳授的大鬆大軟練法所言不虛。先師器宇軒昂，體格雄壯，但出手輕妙無比，兩臂鬆軟如綿，與其較技者都深服其技，沒有一個說先師散手或推手是憑力大手硬而勝的。

在 20 世紀 50 年代中期，先師一次在北京參加全國武術活動時與某人推手，輕輕一去勁，此人則騰空跌出，倒在床上。此人起來後說：先生真得楊家所傳也。恰另一人在旁也與此人推手，此人也處劣勢被推在床上，但此人起來生氣地說：「你這哪裡是推手，我是輸於氣力不濟，被你用硬力鼓搗推出的。你哪裡像李先生的手，鬆軟如綿輕靈異常。和李先生推手有一種舒服感，我是在不知不覺中就跌出去了，真正是靈妙無比。」

先師在教我們推手時，我們也有同樣感覺。先師的手輕輕地往我們臂上一放，我則感覺毫無辦法，感覺周身全被控制，抵抗不行，不抵抗也不行，東倒西歪，不能自

主，弄得滿頭大汗。但先師卻神態安詳，好像一點都沒有用力。每次與先師推一回手，兩臂感覺自己勁力全消，一兩週內打拳卻感覺兩臂鬆沉，氣血貫通，十分舒服。每次與先師見面，先師總是反覆叮囑：功夫多在拳上找，大鬆大軟是太極拳的寶貝。

先師說：「以前有人問楊澄甫老師，未見您用多大勁，何以將人打出去那麼遠，打得那麼脆呢？」楊老師答曰：「我是鬆著勁打的。」有人問楊少侯先生：「你發勁時看著是很鬆軟的，如這樣子鬆軟還能有力嗎？」少侯先生答曰：「就是因為是鬆著勁、軟軟的，打出勁去，才大得很咧。」以上楊澄甫與楊少侯老先生的答話，證明練太極拳的功夫，無論是打拳或是推手，都必須將身勢鬆開才行。如不專心練功，則無益也。

堅信大鬆大軟的練法是太極拳技擊之必需，堅信大鬆大軟的練法，成就了一批真正的太極拳高手，而真正的太極拳師才能傳授真正的大鬆大軟的練法，「入門引路須口授，功夫不息法自修」。名師的言傳身教對悟學太極拳至關重要。如果對太極拳的鬆軟練法心有疑慮，不知練太極拳從鬆柔入手，練推手時又心存堅剛硬力的念頭，心神意氣不能真正放鬆，而只是在外形上柔柔扭扭，矯揉造作，做些柔和的假姿態，追求所謂太極拳處處走弧形，而不知太極拳的動作之所以會處處帶弧形的道理，這種練法和思想必誤以漂浮為輕靈，誤以僵滯為沉穩。如此練法而想求真正的太極拳技擊功夫，可謂緣木求魚不可得也。

太極拳推手十大勁論

王西安

懂 勁 論

懂勁，是太極拳推手中必須弄懂的關鍵問題。所謂懂勁，就是在運動中能夠辨別出對方勁的虛實、剛柔、快慢、長短、緩急、方向、曲直、大小、落點以及可能的變化，並且能夠把握好節奏、時機，使引、化、拿、發恰到好處，克敵制勝。

懂勁，是建立在聽勁基礎上的，能聽出彼勁，才能懂勁，如不能聽出彼勁，即不能懂勁。所以初學者對於懂勁甚感困難，一時難以做到，只有經過相當一段時間勤學苦練和細心揣摩，並有名師給予指點，才能逐步悟到懂勁。

所以，在未能懂勁之前，推手就容易犯僵、直、丟、頂之病。待懂勁後，在推手中又會犯爭強好勝之弊。此時要注意克服訓練中 35 病，即：抽、拔、遮、架、磕、猛、躲、閃、侵、凌、斬、摟、搓、欺、壓、掛、離、賺、撥、推、混、硬、排、擋、挺、霸、騰、擊、直、實、鉤、按、掤、抵、滾。否則，即使僥倖取勝，也並非真正達到了懂勁的階段。

所謂病，是在推手中脫離了中正圓活，背離了沾、連、黏、隨之原則，故曰「病手」「病身」。

懂勁也是對推手及練拳的方位、角度及功夫好壞的大檢驗。練拳時前進、後退、左顧、右盼、中定及推手中的掤、攦、擠、按、採、挒、肘、靠八種方法和勁別，能否在交手中運用自如，在推手中能否做到沾、連、黏、隨，搭手便知其拳藝和功夫如何。所以說招勢是方法、途徑，八法是手段。透過這些方法、途徑及手段，目的是歸結到抓、拿、摔、化、打、騰、閃、折、空、活，兼施並用，而不僅僅局限於一個「打」字。

中華武術門類繁多，無一不獨具自己的特色和風格。太極拳是其中的重要門派之一，所以懂勁不能只限於推手，和其他武術一樣，同樣適用於自由搏擊和交手散打，這才是太極拳的真正面目和實用價值。推手是以沾、連、黏、隨、懂勁為準則的實戰訓練形式，散打交手也同樣不能離開上述四字的懂勁原則，無非散打是技藝昇華到相當階段後，擺脫推手這一訓練形式而成為實戰交手散打這一實用形態罷了。但它還必須合乎規矩繩墨，這就是太極拳及散手的辯證統一關係。有些人不瞭解太極拳，把太極拳看成是女子健身、老弱病殘及文人、書生療病消遣的無實戰用處的體操，是十分錯誤的。

陳式著名太極拳家陳長興在《太極拳歌訣》中云：「放縱屈伸人莫知，諸靠纏繞我皆依，劈打推壓得進步，扳挒橫採也難敵，鉤掤逼攔人人曉，閃驚取巧有誰知！」這首歌明確指出，「縱」是前進之意，「放」是打擊之意，「屈」是合之意，「伸」是展之意。

這就是說，無論在前進擊打，或屈合開展時都應做到知己知彼，隨心所欲，人不知我，我獨知人，此即有沾、

黏、連、隨，聽勁懂勁之意。第二句是說雙方互靠纏繞時即以連隨應之，這裏「依」就是隨從，捨己從人之意。第三、四、五句都是太極拳散手法。所以從歌訣中可以看到太極拳不是單純的推手，而是推散兼宜的博大精深的實用武術。正如前面所述，推手是訓練前期為了避免傷害事故而採取的實戰訓練方式，交手散打是實戰搏擊的運用形態。只是由於歷史的發展和時代的前進，先進的武器出現後，武術相應演變成了技擊體育。

由於現代科學技術的發展，人們對太極拳有了較深的認識，為了健身、防身、自衛，在推手四要和懂勁基礎上，對太極散手也進行了同步練習。只有這樣，既懂得推手，也懂得散手，才是太極拳的真諦。

常言道，「多練能生巧」「苦學入靈境」。要想真正達到懂勁，除了名師指點，還需與對象切磋，但最主要的還是要靠自己多下工夫。陳鑫在《太極拳論》中說：「由著熟而漸悟懂勁，由懂勁而階及神明。」這說明首先要練習著法，達到著熟能生巧以後，才能漸漸明白各種勁的運動規律，懂得了各種勁的運動規律，才能愈練愈精，從而達到運用自如的地步。

這說明著熟———懂勁———神明是三個階段，懂勁只是中級階段，只有達到神明階段後，無論是身體哪一個部位，一經與他人肌膚毫毛接觸，就敏銳地覺察對方勁路的來龍去脈，輕重虛實，剛柔順逆，直橫方圓，高低左右等變化，並沾著對方使之不能逃脫，在得機得勢的條件下順人之勢，化人之勁，借人之力，還力於人，使自己在運動中始終居於主動地位。演練者一定要循規蹈矩，不急不

躁，由著熟而懂勁，至於階及神明，那是窮畢生精力而達
爐火純青、登峰造極之事了。

聽勁論

聽勁，是太極拳及推手中的專用術語。聽勁，含雙重
之意，是耳聽、眼觀及周身肌膚觸覺、覺察和心靈、神經
系統的感知。至於感知靈敏度的高低，是由練拳和推手功
夫的深淺所決定的。聽勁大致可分如下三個階段：一是骨
感聽之，二是皮感聽之，三是毫感聽之。

何謂骨感？骨感是指初學者皮感不靈，待拿、擠、按
受制時，才知自己已經被動，方才緊急應變。何謂皮感？
皮感是指以心意為統率，以沾、連、黏、隨為根本，以肌
膚為主導，在推手時，以肌膚感觸覺察彼之左旋右轉、上
起下落及輕重變化。待拳練到相當高級階段時，內氣非常
充足，能體現出周身空靈，周身各處皮感相當靈敏。此時
與人交手，定是先有毫感傳至皮感，在毫感傳到皮感的一
瞬間，已能做出極端靈敏準確的反應。所謂毫感，就是功
夫達到五陰五陽（陰陽相等）的境界時，周身隨心所欲而
不逾矩，身心進入一片靈境、化境，那時毫毛皆空，一羽
不能加，蠅蟲不能落，人之勁初觸我毫毛，我之勁已入彼
之骨髓，所以人不知我，我獨知人，英雄所向無敵。

現在由於各種自然條件所限，下工夫練拳缺乏幽靜之
處，意念不能高度集中，所以影響聽勁靈感，一般學者只
有骨感，少數才能達到皮感程度。

聽勁是千變萬化的，全憑皮毛的神經感知判斷，是非
易練之功。故在未練聽勁之前，應先練沾黏勁，若不懂沾

黏勁，則不能聽勁，不能聽勁，則不能懂勁。猶如聾啞人聽人說話，耳不能聽之，則不能解他人之意。故欲懂勁非先聽勁不可。聽勁除必須符合太極拳的「快、慢、沉、穩、虛、實、開、合」八字要訣外，還必須嚴格遵守「沾、黏、連、隨」這一推手「四要」。

其關鍵在於快慢相兼，氣沉步穩，虛實分明，內外相合，連綿不斷。周身關節處處開張，而不能有絲毫拙勁呆力，只有這樣長期鍛鍊下去，使周身神經日感敏銳，才能達到微感靈知地步。正如《孫子兵法》所云：「神乎神乎，至於無形，微乎微乎，至於無聲，故能制強敵於死命。」達到那種高智慧境界，那種神明超妙的形神奧妙，是不言而喻的。反之，橫氣填胸，血氣上浮，周身肌膚僵硬，則必然反應遲鈍，敵之來勁聽不真切，判斷不准，甚至視而不知，聽而不覺，及至勢危，方才慌忙應戰，盲目攻守，導致失敗，故學者不可不詳察焉。

連隨勁論

「連隨」離不開「沾黏」。連隨是在沾黏的基礎上緊緊順隨對方，使之不能擺脫。「沾、黏、連、隨」四字相互依存，缺一不可，只有在沾黏的基礎上做好連隨不斷，才能天衣無縫，與人交手時使對方無隙可乘，然後可隨時引進落空，化空打人，得機制敵。

連建立在「黏」的基礎上，只有黏住對方，才能連，否則黏不住對方，讓其滑脫而走化，就談不上連。連是不斷之意，在推手中緊緊連住對方，不丟不頂，動急則應急，動緩則緩隨，使敵無法逃脫走化。這就是將己動有意

識地與彼動相互連接在一起，此起彼伏，此伏彼起，連綿不斷，並借機探窺對方的沾黏程度和勁別。

隨是建立在連的基礎上的。推手時如不能與對方連貫，如何能隨。隨是彼走我應、我順、我跟。

在推手時隨從彼動，緩急相隨，進退相依，只要與對方搭手，就不能使其逃脫，無論對方如何企圖擺脫，都要緊緊順勢跟隨彼動，沾黏不離，不丟不頂，此時正是窺隙戰勝對方的大好時機。所以說，「連、隨」是誘敵陷入被動局面的手段，連與隨不可分割，無論行功練拳和推手，都要重視二者的結合。

初學者在推手時只能做到一般地連隨，那只是隨彼動的一面。真正做到「連隨」住對方，使其不能逃脫或出手擊我，主要還是看自己周身上下內勁相連相隨如何，能否達到標準和預期目的。拳論曰：「上欲動而下自隨之，下欲動而上自領之，上下動而中部應之，中部動而上下和之，內外相隨，前後相依，能一氣貫通者，其活為貴。」

總而言之，這裏說的是自我連隨、周身一家。只有做到主觀上的自我連隨、周身一家，才能做到與敵交手中的客觀連隨、順隨敵勁、連綿不斷。

引化勁論

引，即牽引之意也。是在推手或散手搏擊運動中引動彼勁，是有意誘敵深入。引勁實為引化勁，無引則不能化，不化則無所謂引，所以引與化二者是相輔相成的，都是建立在沾、黏的基礎上，將對方勁納入自己的軌道上來，使敵千鈞之力化為烏有，我在引進落空的基礎上同時

377

技擊篇

發勁，即化即打，從而取勝。

引化應做到不丟不頂，隨著對彼勁變化的感知，自己無論前進、後退、向左、向右、向上、向下，無形無跡，捨己從人，順隨彼勁，沾黏連隨，使彼勁陷入被動局面，然後用肩、肘、胯、膝、手、足，或拿、或打，任我發落，此時彼即落空失勢。

陳鑫曰：「引進落空合即出。」這是講在運動中如何將彼引化到落空而發揮不出威力的境地，而我在引化過程中勁已合好，蓄而待發，隨時都可以從任何角度、方位，恰到好處地彈抖出來。例如：對方雙手按住我右臂，我即走下弧線順纏，漸而向上引，將其勁化空。在引的過程中，身下蹲，繼而右腳插入彼襠，背先內旋而後向外擊之。這樣的引化技擊方法甚多，演練時可根據招勢變化，練習單勢，反覆練習，認真揣摩，熟透於心，嫻悉於手，才能接敵交手，出手即太極，一運一方圓。神鬼莫測，變化多端，四兩撥千斤，人不知我，我獨知人，所向無敵。陳長興曰「滾拴搭掃，閃驚取巧，聲東擊西」，都不外乎誘敵落空，化勁制敵。但凡交手引進時，勁必須合好。陳鑫曰「蓄勁如開弓，出勁如放箭」，這就是說，發人要想乾脆俐落，那麼蓄勁的弓拉得越滿，勁引得越空，化得越淨，箭就放得愈遠愈有力。在練習推手和散手時，先學習引、化、蓄之勁，漸而才能達到蓄發相兼的更高境界。

沾黏勁論

沾黏勁是陳式太極拳推手中最基本的勁別。其勁主前進，是經過長期苦練纏絲功夫達到一定程度後在推手中的

技擊篇

外在沾黏表現（所謂外在表現是指由內行於外，達於肌膚毫毛的知感）。所以說，練拳是知己功夫，推手是知彼功夫，只有知彼知己，方能百戰百勝。換言之，就是纏絲勁的沾黏相隨達到使對方無法脫身的高精度功夫，就能百戰百勝。故曰：練拳是培養沾黏的基礎，推手是對沾黏功夫的檢驗。

所謂「沾」，是在推手中如膠似漆地沾住對方，即用纏絲勁纏住對方，使其不能逃脫，亦有主進之意。所謂「黏」，即有撺逼、隨從之意，使其不能脫身離去。

沾黏是以沾為主導，不能沾，就不能黏，只有沾勁由內形於外，並佈滿全身，在推手時才能緊緊沾黏住對方，隨彼動而動，「捨己從人」「彼不動，己不動，彼微動，己先動」，後發先至，後發制人，體現「動急則急應，動緩則緩隨」，沾黏不離，周身才無破綻。只有黏住對方，推手時才能使對方無機可乘，無懈可擊，收到己順人背的效果。

沾黏勁對初學者來說是不易明白的，甚至練拳多年的人在實踐上也並非完全明白此勁。因初學者周身僵硬，筋骨、肌肉、關節都不鬆活，猶如木棍一根，即使久練者如無純厚功夫，也不能達到沾黏程度。只有在理論上弄明白道理，並在時間上掌握具體方法之後，再多下工夫細心研練，才會漸懂此勁。始於手，然後而臂、而肩、而背直至周身，先有感覺而後有此勁生成。有知感而漸生沾黏，有沾黏而再下一番工夫可產生吸感。故與人推手時，搭手即可知對方沾黏圓圈面積和化勁功夫的高低。瞬間即可勝敗定論，這才是高級階段。

單具有一般功夫的人是不易做到這一點的，必須由名師指點，加上自己多下工夫苦練，方可逐漸掌握，由不知而漸知，由生疏而漸熟，由熟而巧而精。

拿勁論

所謂拿勁，就是用手拿住對方臂、肘、腕、指關節處，使之進入死角，不能轉動關節而筋斷骨折，痛徹肺腑骨髓，因而被制伏，此為拿勁，也可以叫做「拿法」。雖各家各門派對此都有獨到的研究，但太極拳對此研究更為精細。無須大身法及反關節去拿對方，只需略使小巧合力，彼即受制，此為拿合兼用。只有拿與抓、摔、化、打並用，才能較為全面地發揮太極武術神威。所以「拿」在推手中的運用也是十分重要的，決不可等閒視之。

如在推手中忽視拿法，就等於削弱太極拳的技擊功能。在推手中，沾、黏、連、隨、抓、拿、摔、化是打的先決條件，都是以「打」為目的的。俗話說「凡拿必打，欲打先拿」，就是這個道理。只有各種手段兼施並用，才能在推手時使對方陷於被動局面，擊打才能達到預期目的。故曰「拿」是「打」的前提。

只有運用靈巧的手法將對方拿住，使其不能逃脫與走化，「打」才能不假思索、左右逢源。在應用拿法時，出手要輕靈活巧，使對方在不知不覺中被擒，才算《孫子兵法》所說的「善之善者」。

所謂輕靈活巧是指在欲拿時手上不可持力，接纏彼手應輕靈隨順，待敵察覺，已由輕變重，不能走化逃脫了。拿法應順逆交替應用，只有根據對方的變化靈活掌握，隨

機應變，才能奏效。如果出手時未能輕靈，彼知我勁後則逃之，我應在彼逃之時迎上再向彼靠近，在彼手將要抽走時，急速復拿也還可以成功。

這些補救措施，仍不外乎沾、黏、連、隨和手法上的輕靈巧變，對此切不可忽視。

在拿法的使用上，還必須注意周身放鬆下沉與拿法相配合，千萬不能因使用拿法使氣往上浮，腳下拔根。氣若上浮，根基自然不穩，重心不穩則自身難保，何以拿人？所以，欲拿人時，周身關節非處處放鬆不可。若能放鬆，胸即自然含合，兩肋也自然下束，並與襠扣肩合，周身上下處處皆能呼應。說鬆周身上下無有不鬆，說合四肢百骸無處不合，這樣才能做到一靜周身上下無有不靜，一動全身上下隨之俱動。說拿內外合一，由輕轉重，力點清晰，猶如子彈出膛，螺旋直進，手無虛發，一拿即中。

拿與採應相合。拿、採的範圍一般應是兩臂、胸前、腹部、肩三角肌凹凸處和兩肋處等。這些部位一般在對方用掌向前按時和被拿時向前擠進。彼如能向前擠進，則是由於我在拿時前掤勁不足之故。雖彼向前擠進，我照樣拿之，我由拿變擴，先將彼擠勁引空，我左手纏繞住彼右臂，同時，雙手蓋於對方右手腕部，急速於胸二勁合一，拿、採並用，在勁力上可比單純拿勁增加一倍之多，故一拿彼必被降伏。

拿法的種類甚多，無論是手與胸拿，手與肋拿，手與腹拿，手與腿拿，雙手合拿等，都須運用適當，切不可在練拿法時輕易傷人。

特別是初學者，對拿法的速度、輕重、手法、角度的

381

技擊篇

掌握均無分寸，更覺察不准對方關節處所承受的力量大
小，所以，出手時就容易出現傷害事故。這是演練者雙方
在相互對練中一個很值得注意的重要問題。歌訣曰：

　　　初拿不可太魯莽，由生到熟記心上。

　　　合襠實腹須含胸，束肋扣肩隨腰動。

　　　拿閉兼施聽勁路，欲拿周身節節鬆。

　　　合勁力點須清晰，靈活機巧全在功。

開 合 勁 論

　　所謂開，是伸放開展之意；所謂合，是引、蓄、化、
屈、收之意。所謂開合，即是太極拳中的一陰一陽、一剛
一柔、一蓄一發的概稱。開與合是對立的，又是統一的，
是相輔相成的。如欲開必先合，有合則才能開。開與合概
括了太極勁這個統一體中的兩個方面。開合勁是引發雙重
之意，它無論在練習套路、推手、散打中處處皆用。因為
套路和推手，一動周身各部位都處在一開一合之中，所以
對開合要有足夠的認識。

　　陳鑫曰：「動靜循環，豈有向哉！吾所謂一動一靜，
一開一合，足盡拳中之妙。」「一開一合妙無微，上下四
旁成化機。縱有六子具巧舌，也難描寫雪花飛。」「一開
一合，變化無常，虛實兼備，忽現忽藏。」都是形容周身
開合的精論。而且有很多哲理存在其中，用無論多麼巧妙
的語言描述，也難以窮盡奧妙，真可謂只可意會不可言
傳。故陳鑫用「縱有六子具巧舌，也難描繪雪花飛」來概
括，其含義是何等深刻啊！即使歷代的聖哲和語言大師，
也難用語言表達和描述太極拳開合中的微妙和美景。只有

自己狠下工夫練習，在實踐中去仔細體會方可明白。

開合首先是建立在合的基礎上。欲開必先合，只有合得好，才能開得有力，並迅猛透徹。合得不好，則開得無力、生硬，速度也不快，故未開非先合好不行。合，不是單純的上肢縮，而是心、意、氣、形、神一起合住。心意一合，四肢百骸，肌肉、精神無一處不合。猶如捲炮一樣，炮捲得越緊，爆炸的聲音越大，這和發勁是一個道理。勁蓄（合）得好，發勁時就自然、剛猛、迅速、有力。發勁時要注意，心是主導，是統帥，心意一開，周身上下無不俱開，這樣才能心到意至，意往形催，氣隨勁達，發勁擊敵才能落點清晰，無堅不摧。

只有以意統率走架及推手中的開合之勁，才能周身之氣無所不達，並且英氣浩然。

開勁，勁先由腳跟而起，腳在蹬地時，五趾和腳掌要抓住地，腳後跟隨之用力，使腳心橋空，腳心湧泉穴要虛，這樣在蹬地向上沖時，才能借助大地的反彈力，發勁才能威力無比，下盤穩固，動作才能天機靈應。發勁後則周身恢復鬆柔穩固狀態。

發勁時腳內側為主、為實，外側為副、為虛，繼而內勁上行於腿，貫於腰，然後達於梢節。發開勁時要在適宜範圍內，因開勁是周身之勁，剛猛迅速，節奏短促，打擊目標距離不宜太遠。遠則非但不能及敵之身，反而自我落空失勢，致敵乘我之際，擊我之虛。為了使合勁有圓活緊湊、引進落空之效，合勁時須沉肩墜肘，含胸塌腰，氣貼脊背，發勁是一呼一吸一瞬間，切莫遲疑蛀滯，滯則氣柔勁散，發擊無力。

發勁論

發勁和抖勁的關係是一個概念中的大概念和小概念的關係。發勁包括長勁和短勁，抖勁只是短勁，又稱寸勁。他們都是在周身鬆沉蓄勁後產生的爆發勁。發勁、彈抖勁均起於腳跟，行於腿，主宰於腰，達於四梢。

發勁是經過長期練拳和推手實踐練出來的一種靈活集中、運用自如的彈性勁。要練出這樣的彈性勁，不僅要注意到周身肌肉鬆弛與收縮的鍛鍊，而且更要重視感覺靈敏和反應速度訓練，同時十分強調運用正確的技術，合理發揮肌肉的力量。所謂「用意不用力」，這裏是指不用緊張的僵力、笨力和呆力。在練習推手時，必須明辨內力和外力的作用，揣摩和研究它們之間的相互關係。人們的外力，主要是重力。重力是地心引力，人的體重是由於地球的吸引力而使身體受到的力。

此外，還有支撐力及反作用力、摩擦力、慣性力、螺旋力、直力、橫力等。推手時對方所進之力屬外力，如果自己的引化勁達不到隨心所欲的程度，就無法走化、利用、分解和消化外力。此時彼此雙方的外力都互相影響著各自的內勁，並在內力合勁相爭的情況下，勝負取決於各自內勁大小、靈敏度以及發揮的好壞。否則，即使取勝，把對方擊倒，也相當勉強，只是拖泥帶水而已，難以達到斬釘截鐵的剛、猛、冷、脆，一哼一哈，內勁抖發而勝負立判。這與平時培養先天元氣、周身氣勁是有密切關係的。只有平時多下工夫，內勁充實，在發勁時雙足抓地，借用大地的反彈力，五臟六腑、四肢百骸合為一家，勁專

注一方，與人交手時彈抖發勁才能如摧枯拉朽，勢不可擋，決無拖泥帶水現象。

化、蓄是發勁的前提，所謂化蓄是欲擊人之意，擊人不化則發勁生硬，化而不蓄則發勁無力，故三者緊密關聯，缺一不可。化與蓄是相輔相成的，化中含蓄，蓄中有發，方可化、蓄、發一條龍。但發勁一定練得非常熟練、靈活、協調，經常在周身放長的情況下練習長勁和彈抖勁的短勁。如：在打上挑肘時，身體要形成上下對拉之勢，前面以肚臍、背以命門為界限，在發肘的一側，肚臍、命門以下氣向下行，肚臍、命門以上氣則上行，另一側氣向下行，為發擊一側發揮好輔助作用。只有這樣，發勁時才能保持下盤穩固和發擊力點清晰、準確，發勁才能迅猛疾速。只有把握好發勁的關鍵，才能在一吸一呼、一開一合的瞬間，達到向預期目標發勁之目的。

長勁雖然急速猛烈，但其屬「三陰七陽尤覺硬」和「四陰六陽類好手」的過渡階段，雖發擊勇猛逼人，但卻不可取。這也是由中級向高級階段過渡的必經之路。所以說沒有遠打一丈，就沒有近打一寸。這樣遠打一丈，讓人觀之也可算得高藝，但發擊時生猛激烈，是以迅猛疾速取人，並非十分乾淨俐落，故曰此功夫只是向高級階段彈抖寸勁的過渡。在以上水準的基礎上，再刻苦研練，就可邁入高層次境界。那時發擊全在用心意巧發，心意一動，自然彈抖，周身協調一致，上下形成一個合勁，處處皆是自然反應。如果發擊對方，只要彈抖一震，就能以迅雷不及掩耳之勢，使對方騰跳躲避不及，飛擲而出，此則為玄妙的上乘功夫。初學者可根據發勁的要點及要求，由大圈而

385

技擊篇

中圈，由中圈而小圈，再由小圈到圓點，由慢而快，由快而速，由速到疾，直至自然反射彈抖。循序研練，探討攀登，逐步登堂入室，爐火純青，登峰造極，進入化境。

提 勁 論

所謂提，即用螺旋勁向上提拔之意。在沾、黏、連、隨的基礎上，以螺旋纏勁將對方重心掀起，使彼拔跟失重，為我所制。提勁須與驚彈勁兼施並用，方能克敵制勝。用提勁時，步法須輕靈，以不易被對方察覺為妙。若對方知我勁而欲逃脫，就不易使用提勁，否則勉強提則有失控之危險。

著名太極拳家陳長興曰：「上攏下提君須記，閃驚巧取有誰知。」這句話說明在推手時無論用何招法，在使用招法之前，都不能讓對方對我勁有任何覺察。上步出手要輕靈，隨彼動而動，然後隨彼動而引之變招，待彼欲有覺察時，重心已被掀起、傾斜，無法挽回。這樣才能達到上攏下提、閃驚巧取之目的。

提勁是腿、腰、臂三勁合一同時上提的，在上腿時，另一腿一定要穩固好重心，將出之腿才能輕靈地向前邁出，插於對方一腿內側。閃驚螺旋向外上提，在欲提時先破壞對方重心，然後前臂隨腰同時螺旋上提（破壞對方重心是在閃驚的同時完成的）。此時彼如不失重心，上部一臂已被我掀起，身拔助長，彼已完全處於失控之勢，我再急速改變勁路，向下攟加採，使其傾撲於地。

總之，要想使用提法，須得周身上下一致，出其不意，乘其不備，腿腰並進，手腳齊發，螺旋上提。但在運

用時必須注意：頂勁領起，心神凝聚，目視神往，丹田翻轉，氣貼脊背，輕鬆提搭，閃電出擊，穩準冷脆。

還應注意：我守我疆，莫要失界。勝敗無謂，不可失勢。藝高膽大，勇敢善戰，順者隨從，逆者折之。出手猶如蛇龍騰空，投足定叫神鬼震驚，與人交手有正無偏，滾、拴、搭、掃隨機應變。或捲或提，或進或退，眼觀六路，耳聽八方，出手神速，先占地利。如此方能使敵如覆球上，動輒失重，動輒拔根，動輒顛撲。

初學者可根據基本原則循序漸進，不可開始學習就打人，要多下工夫演練，功到自然成。

纏 絲 勁 論

太極拳纏絲勁，是呈螺旋形，始於內、形於外的一種勁別。螺旋勁始於內而形於外，然後達於肌膚、毫毛之上。此勁是因平時練習太極拳皆以螺旋纏絲旋轉為核心所得到的。始而不覺，久而漸現，其勁始於腳、行於腿，通脊背，越兩前臂達於梢節。日復一日，年復一年，久之則能形成自然規律，舉手投足無須再加思考，則自然能隨心所欲，階及神明。故與人交手時，此勁能自然行於肌膚、毫毛之上，順而引之，逆而擊之，敵來化之，即化即打，純是心起勁達，而不知身之為己，己之為身，不知威力從何而來。如明白此勁，並轉化為實際能力，非下很大工夫不可。必須在實踐中不斷地揣摩、體會，才能漸而知之。

纏絲勁的類別有內纏、外纏、上纏、下纏、左纏、右纏、大纏、小纏、順纏、逆纏、進纏、退纏、正纏、側纏、平纏、立纏，百般纏繞，環環相扣，端端互生。總

技擊篇

之，是以中氣貫於其間。而引即是進，進即是引，此皆是陰陽循環、正反轉化的道理。

纏絲勁是周身上下內外一動皆以螺旋形旋轉，始發於內、後形於外的內勁。此勁既不可太柔，也不可太剛。過柔，則不適應於交手作戰，純屬軟手，軟手則不能接物應敵；過剛，則轉動不靈，死板呆滯，不能隨機應變，徒受敵制。所以，應擇其中而已，即剛柔相濟，虛實相兼。其周身規矩，頂勁領起，脖項自然懸直，腰勁下塌，平心靜氣，兩腿虛實分明，周身開中寓合，合中寓開，支撐八面。行功練拳，靜若處女，注內不注外，切不可外帶張狂之氣，表面觀之應是一片悠閒神情，大雅風範。至於接手應變如何，權衡皆本於心，拳來順應自然，進退、緩急、輕重，則隨機應變，本著太極陰陽對稱，不偏不倚之理，一開一合自有妙用，何須再論招勢。

纏絲勁表現在太極拳套路演練中的形象，是一個立體空間螺旋形（亦稱弧形）纏絲運動路線圖。若從單招看來，因中間有間斷，似乎不算複雜；若從太極起勢到太極的完整路線圖來看，那是無始無終，無端無倪，相互穿插，相互交錯，如絲縷，如雲煙，嫋嫋娜娜，儀態萬千；千象共生。這個惟妙惟肖的立體空間螺旋纏絲路線圖，太和元氣纏絲勁貫穿其始終並鼓蕩不已，如兵家的天門陣、八卦圖，撲朔迷離，這才是真正的太極圖。我們通常所見到的用陰陽二魚所表達的太極圖，只不過是古人對太極陰陽相等、對立統一、陰陽互依、陰中有陽、陽中有陰的太極哲理的抽象理性概括罷了。這個立體空間螺旋纏絲路線圖，才是真正提示和表達了纏絲勁的奧妙。

太極拳的技擊特點

姚繼祖

太極拳技擊的出發點是為了自衛，這就決定了其必然站在弱者的立場，研究的是弱者在守勢時制服強敵的技法，所以才有了在「引進落空」的基礎上「牽動四兩撥千斤」「借力打人」的戰略思想。

其技擊特點，概括起來不外乎「以靜制動」「以柔克剛」、以慢打快、以退為進、以小勝大。而這一切皆是在柔和靜的主導下進行的，皆是道家「反者道之動」思想的具體應用。

「反者道之動」是老子哲學思想的著名命題，意思是說，事物的運動和發展，都有著向其相反的方向轉化的規律。太極拳把這一辯證真理應用於其技擊實踐的戰略之中，是對武術理論的一大貢獻。

1.「靜」在技擊中的作用

太極拳講究「以靜制動」，講究「靜以含機，動以變化」。李亦畬《五字訣》之首即為「一曰心靜」，武禹襄《打手要言》也指出要「視動猶靜，視靜猶動」。顯然，在這裏的「靜」並不是死水一潭的靜止，並不是沒有變化的靜，而是從動靜相生、陰陽相輔的辯證觀點出發，強調動與靜的相互轉化，是「動中寓靜，靜中觸動」。所以，

「靜」只是方法，「動」才是目的，靜是為了更有效地動，這就是「以靜制動」。

太極拳的每一次技擊，都是在從靜到動的轉化中完成的。這就是「反者道之動」。

靜的含意，包含三個方面的內容：一是物我兩忘、臻入化境的意識「虛靜」，二是安定沉著、從容不迫的頭腦「冷靜」，三是「氣斂入骨」「周身罔間」的體勢「鬆靜」，這就是「一靜無有不靜」。

「虛靜」和「冷靜」都是心靜的一個方面。太極拳的「虛靜」須從無極入手，只有練到思想靜、意識靜、物我兩忘，才能氣順神凝，心如明鏡，才能精、氣、神一體，才能真正達到頭腦的「冷靜」。而只有頭腦「冷靜」，才能沉著應敵，從容不迫，才能「精神貫注，開合有致，虛實清楚」，才能審勢知機。武禹襄說：「心為令，氣為旗」「身雖動，心貴靜」。然而，要達到「心靜」，非苦練不可。只有練到一定火候，身上有了一定功夫，心才能靜，氣才能沉，神才能聚。

體勢鬆靜，就是要「兩肩鬆開，氣向下沉」（即氣沉丹田），也即「腹內鬆靜」。這是要以心靜為基礎的，就是武禹襄說的「先在心，後在身」。只有體勢鬆靜，才能使「氣斂入脊骨」，才能「呼吸通靈，周身罔間」「前進後退無絲毫散亂」，也只有鬆靜到「呼吸通靈，周身罔間」「剛柔俱泯，一片神行」，才能「一羽不能加，蠅蟲不能落；人不知我，我獨知人」，才能得機得勢。

李亦畬的《走架打手行功要言》把動與靜的關係闡述得十分清楚。他說，要想引進落空、四兩撥千斤，首先要

知己知彼，而知己知彼的關鍵，是在得機得勢基礎上的捨己從人。要想得機得勢，就必須周身一家，神氣鼓蕩，神不外散，使神氣收斂入骨。而「欲要神氣收斂入骨，先要兩股前節有力，兩肩鬆開，氣向下沉」。

由此可見，「兩肩鬆開，氣向下沉」的鬆靜，對於太極拳的技擊是何等重要。若將此比作一棵大樹，那麼，「鬆靜」就是根，神氣就是身，捨己從人是枝，引進落空、四兩撥千斤才是果。所以，可以說沒有「鬆靜」就沒有技擊的成功。

2.「柔」在技擊中的作用

太極拳不同於其他拳術的最大特點就是「柔」。「以弱勝強」「以柔克剛」是太極拳技擊的核心，也是「反者道之動」的方法論在技擊上的具體運用。

「以柔克剛」「以弱勝強」從表面看來是矛盾的，可是其內涵卻十分豐富，它所揭示的哲理也是極其深刻的。老子就認為「天下至柔，馳騁天下之至堅」。在這裏，「柔」並不是退縮、保守、狹隘，而是柔而不軟、韌而不折。對太極拳來說，「柔」無處不在。心靈的仁、義、善是柔，行功的鬆、穩、慢、勻、連綿不斷是柔，技擊的「捨己從人」「沾連黏隨」「不丟不頂」「隨屈就伸」也是柔，特別是對太極拳的技擊來說，「柔」只是一種手段，其目的則是為了「克剛」，其效果就是小之勝大，弱之勝強。

「柔」在技擊中的作用包括三個方面，一是走化，二是黏依，三是蓄勁。王宗岳《太極拳論》說：「人剛我柔

391

技擊篇

謂之走，我順人背謂之黏。」這裏的「走」就是走化，是避其銳氣。當對方用「剛」勁進攻時，自己可以用弧形動作予以接引，用腰的旋轉運動隨接隨轉，將其進攻的著力點引開自己的重心，消解對方來勢。可以說這是以柔化剛。然而，光有走化還不行，因為走化只是被動的應付，只有在走化的過程中能夠黏依，才能變被動為主動。黏依就是「沾連黏隨」「隨屈就伸」。

武禹襄《打手要言》說：「以己依人務要知己，乃能隨轉隨接；以己黏人必須知人，乃能不先不後。」所以黏依必須懂勁，必須以知己知彼為基礎。

黏依的具體表現為按之則下，起之則上，進之則退，退之則跟，彼動一分，我動一分，彼動一寸，我動一寸，不先不後，不丟不頂。顯然，如果沒有走化，這是絕對辦不到的。所以，黏依和走化也不能截然分開。王宗岳《太極拳論》說：「黏即是走，走即是黏。」這從根本上指出了走化和黏依的關係，這就是互依互存、相輔相生。

黏依的同時也有走化，走化的過程又離不開黏依。只有在隨對方進退的同時，用走化改變其勁力的大小、方向和作用點，避實就虛，才能引進落空，達到我順人背。

走化和黏依的「柔」雖然可以達到我順人背，把雙方對抗的主動權掌握在自己手裏。但是，這並沒有給對方以打擊，所以這還沒有完成技擊的全過程。而只有將這種「柔」轉化為「剛」，形成「剛柔相濟」，達到「以柔濟剛」發放出來，才能表現出「柔」在技擊中的威力。

從這一方面來看，「柔」又是一種蓄。只有將「柔」蓄到一定程度，隨著蓄勁的增加，最終由量變到質

變———積柔成剛,才能一擊成功。這就是武禹襄《打手要言》所說的「蓄勁如開弓,發勁如放箭」「極柔軟,然後能極堅剛」。

剛柔的相互轉化是事物運動的重要表現形式,從茫茫宇宙的生、化、返,到自然世界的陰陽盛衰,任何剛都包含著柔,任何柔又都離不開剛,剛柔互為其根,共生互補,消長轉變,循環不已。這就是太極陰陽變化的至理,也是事物發展變化的規律。這一點已從太極圖中充分地表現出來。陽極生陰,陰極生陽,陰陽的彼此消長,正是剛和柔這一矛盾的雙方激烈鬥爭的表現。因此,剛與柔的相互轉化才是技擊的根本所在。

總而言之,「靜」和「柔」是太極拳的核心,是其技擊的主導,只有將太極拳練到至靜至柔,才能做到動靜相輔、剛柔相濟,才能領略太極三昧,達到「人不知我,我獨知人」的神明階段。

技
擊
篇

推手精義

汪永泉

一、關於勁

老拳譜中講的勁法很多,也比較繁瑣。這裏我著重對滾、錯、折、磨、彈、冷、正、側、定、斷、刀、鋸、拍、揮、拽、擎、踏、重、離這十九種比較重要的勁法做些解說:

(一)滾 勁

「滾」是沿立圓軌跡旋轉的意思。與對方一接觸,就在接觸點上根據接觸方式,向上、向下或向側前、側後方滾動。滾動時要內外相合,使對方勁頭落空,並將自身的內勁滲入對方體內。

(二)錯 勁

「錯」是前後左右錯開對方來力之頂點的意思。在與對方接手時,在接觸點不變的情況下,可向前、向後、向左、向右稍轉動,避開對方來力的頂端,再將自身的內勁滲入對方體內。

(三)折 勁

折勁如翻板。向上下翻滾或內外折動,使對方的來力落空。與對方一接手,接觸點就是翻板的正中。翻板向上翻,內勁自下而上地滲入對方體內。翻板向下壓,內勁則

由上而下地滲入對方體內。

(四)磨　勁

「磨」是研磨的意思。接手時，在接觸點上沿平圓軌跡轉動，手與肘相互配合，恰似在研墨。

圓圈的大小要根據對方來力的大小而定。對方力大則圈大，對方力小則圈小。手、肘由內向外磨轉時，要有拋出之意，來力必被甩出。由外向內磨轉時，猶如漩渦向裏旋捲，使來力墜入漩渦之中。

(五)彈　勁

即彈簧力。在用彈勁時要先蓄後發。彈勁是先借對方之力壓縮彈簧，然後猛然撒放，將對方彈出。彈簧力取決於內氣的鼓蕩和體內「鐘錘」的前後擺動。

(六)冷　勁

發冷勁要突然。看準對方身體的重要部位，以短暫、剛健的內勁突然擊之。冷勁實為柔中剛、軟中硬的厲害勁法，擊到對方軀體上雖不傷表皮，卻使內臟不適。突發冷勁極易使對方受內傷，故不可輕易使用。

(七)正　勁

即上直之勁。與對方一接手，要很快聽出對方來勁的方向。凡來勁都有兩端，一端是勁頭，一端是勁源。對方勁頭無論有什麼變化，勁源始終與勁頭保持直線聯繫。迎面直接對方的來力，由其勁頭控制其勁源即為正勁。

(八)側　勁

與對方一接手，即避開對方來力的頂峰（即勁頭的正面）轉接頂峰周圍（即接側），然後利用側點控制對方的勁源，並由側點向對方勁源發內勁將其擊出。接側點和發

側勁都是為了避開對方來力的正頂，迂迴進攻。

（九）定 勁

與對方接手後，首先要聽對方力的變化情況，如果對方旋轉靈活毫無定向，此時發之必然落空。必須先把對方靈活變動的身形定住，然後才能發之。

定勁有兩種：一種是「指定」，亦稱「點定」，就是要在對方身體上任何部位，以手指的刺勁向其勁源上刺點，使對方產生反應，並借此反應發之；第二種是「吸定」。當對方變動不定時，可用手法聽出對方來力的方向，用掌心吸引其來力，使對方感覺一空而產生暫時的停滯，我可借此時機擊發對方。

（十）斷 勁

拳譜中講「要勁斷意不斷」。使用斷勁擊發時，亦不能斷意，必須在沾、連、黏、隨的基礎上，掌握對方的中心。然後與對方脫離接觸，手距對方身體的遠近以利於吸引對方和便於發勁為宜。

斷後即拍為「斷拍」。發拍勁如投石。拍勁影響人的內氣。用斷勁順對方來力方向吸引，稱為「斷吸」或「斷引」。用斷勁憋住對方的內氣，稱做「斷截」。用斷勁要求得機得勢，掌握好時機是非常關鍵的。發斷勁時，必須用手法找出對方的缺陷，一斷即發。

（十一）刀 勁

此勁由「手如刀鋸」而來。刀勁是以前臂的尺骨側為刀切入對方接觸處。切入時肘往腰圈上沉墜。刀勁要求短促。向前切要配合以按、擠、採內勁，向後切要配合以採、攦、挒內勁。

(十二)鋸　勁

亦由「手如刀鋸」而來。在刀勁未能切入時，前臂立即內旋，用前臂內側向前或向後銼鋸，以肘為後援力。往前鋸不奏效就向後鋸。使用鋸勁時腰圈要攤開與肘虛接。向前鋸要配合以採、按、擠內勁，向後鋸要配合以採、攦、挒內勁。

(十三)拍　勁

要求手不用力，腕部靈活不能僵硬。將腰部的內勁由肘通向掌，由掌拍出手外。

使用拍勁時，掌不能與肘、腰接死，只有腕部鬆活，內勁才能拍出。拍在對方身上如同把東西從手中投出，對方不應感到疼痛。拍要拍在對方的頂力上，哪裡有力就在哪裡使用拍勁。對方被拍後，會像皮球那樣跳起。如果拍一次不能奏效，可連續拍之，直至將對方拍跳起。

(十四)揮　勁

就是要像揮東西那樣，用手將內勁揮向對方中心。使揮勁時，自己之手必須離對方的中心近，否則就揮不動對方。發揮勁內勁必須先到手，再由手揮出。只有揮得既快又準，對方才能被擊出。

(十五)拽　勁

這種勁可看成是向對方扔過去的勁，與拍勁相似。與對方接手時，中指根要虛含，然後手一張，將內勁由中指根拽出。同時要以腰作為後援，才能把對方發出。

(十六)擎　勁

在接手時，若遇對方來力的頂點，要先下按其頂點。再微向內含，使對方腳跟提起。然後立即將肘下沉，朝對

方中心發之。

(十七)踏 勁

與對方接手，我即將心氣放鬆，隨之肩肘鬆沉，手的動作如同足之下踏一樣，將內勁踏向對方臀後或足跟。踏勁與採勁相似，踏勁不能用在頂點上，而應用在頂點之側。踏可有微左、微右、微上、微下的變化。

踏勁有三種使用方法：

1. 踏發：用按、擠、彈簧勁、螺旋勁等勁法與踏勁相混合，將對方發出稱為踏發。

2. 踏離：是踏上對方又急分開，使對方失中，並將對方撲來之勢引向自身後側。絕不能有任何阻攔對方的動作，才能將對方順利引出。

3. 踏斷：是踏上對方後再用斷拍勁，將對方發出。步驟為踏上、分開、斷拍。

(十八)重 勁

是與對方接觸時，將自己的鬆沉勁施放在對方的中心上。自己的內力越充足，對方便越感沉重。

(十九)離 勁

在對方欲聽我勁時，我要用似離非離、似沾非沾之勁，不讓對方聽清我之勁點。此勁稱為離勁。若對方欲發我時，我還可用離勁引化。同時聽清對方的力，再施內勁將對方發出。

二、關於點

下面就揉手中怎樣區別「實點」「滯點」「聚點」「空點」和「拿點」，怎樣運用楊健侯論古鐘五個點的發

法問題做些解說。

「實點」

是指對方能夠發揮、運用其實力的集中點。不能在這個點上與之相頂。因此，接手時，要設法接觸對方實點的周圍（即接側），再由實點之側面將自身的內勁發出。如果一時找不到對方的實點之側，可以採用引進落空的方法重接尋找。

「滯點」

是對方不能靈活變化、不舒服之處。如我用內勁控制住了對方的滯點，對方就不敢再用力頂碰。若頂碰，對方必自跌出。

「聚點」

是對方內勁凝聚之點、不能靈活變動之處。

「空點」

是對方沒有力或使不出力之處，如果我控制或擊發對方的「空點」，對方便無力反抗。只有先將對方引進落空，才能擊發對方的空點。

「拿點」

是用來掌握、控制對方中心的點。

「發點」

是用來擊發對方中心的點。拿點和發點的區別需在學習揉手時口傳心授才能體會清楚。拿點不是發點，有些人將拿點當發點，向拿點擊發對方，是不正確的。這樣擊發，對方不會彈跳而出。

楊健侯總把人的身體比做寺廟內懸掛的大鐘。大意是說，古鐘的中間，有一條垂直的繩線，吊著鐘錘可以擺

動，鐘錘的高低可以自行調節。借鐘喻人，可分為四段正點。

(一)五點部位名稱

1.頂點：位於人的咽喉下方。

2.上死點：在頂點和靈活點之間。

3.靈活點：相當於人的心口處。

4.下死點：在靈活點和下垂點之間。

5.下垂點：位於兩胯之中。

(二)各點的性質和作用

1.頂點：乃點穴之門，故又稱絕命點。因它不易動轉，是權衡對方身體變動的準星。

2.上死點：因受頂點的牽連而活動範圍很小，受力後不易化解，故稱死點。

3.靈活點：是人身旋轉靈活、最難控制的一處。揉手時要由此點探出反應再擊死點。

4.下死點：由於受鐘錘下墜的影響，活動範圍不大，內勁向此點擊發易於奏效。

5.下垂點，位於垂直線最下端，是鐘錘所在處。此點在人的兩胯之中，因它一動便影響全身，所以，通常把它作為穩固下盤之用。

以上各點分佈在一條垂直線上，相互間都有連帶關係。例如，上死點和下死點的中間是靈活點，因此，這兩個點又都含有靈活性。一旦被擊時，都會受到靈活點的影響而變靈活。

當對方的上死點轉變靈活後，其頂點就會僵滯，此時應向頂點擊之。若下死點轉變靈活後，靈活點就會僵滯，

此時須向靈活點擊之。

由於各點是在一條垂直線上，當某個點受擊時，必然牽扯到上下兩個點，垂直線也會因而變為弧形。此時要迅速脫離已經形成弧線的所在，使之恢復垂直狀，再向死點擊之。當與對方接觸時，就應把對方來力的頂點聽清楚。要用手中的圓球來接對方頂力，並利用此球的旋轉將內勁由頂點滲入到對方體內，對方此時必感不適。

只要對方一變動，我手即微旋回收，把滲入對方體內之內勁通過頂點吸回，對方的反應力必隨之而出，此時是拿是發便皆從我願。

在與對方接實之前就應聽清對方來力的方向。若對方的來力對我之中心並無影響，便不要妄動。否則，就會暴露自己的中心。

若一接手對方之勁就影響我中心時，要及時轉換接手的方法，將對方來力引離中心。但要注意一定要使對方之力落空一半，仍保留一半作為發勁時的借用之力，這樣才能做到太極拳譜上所講的「化即是發」。當與對方接觸而未能聽清對方的問點和發點時，要速離再問，連問幾次，一次要比一次跟得緊，迫使對方因不適而暴露出滯點。發「問送勁」時，要利用對方的滯點。如果對方變化很快，就須用「斷拍勁」「點斷勁」擊之。

武派太極拳技擊訓練紀要

吳文翰

　　武派太極拳自清代咸豐初由武禹襄創始以來，是最早形成的文人化太極拳。透過研究太極拳藝，追求高尚的文化品位、良好的道德情操，強調「實習實用」，既講「文事」（深入地探索太極拳深層理論），也求「武備」（積極地研究太極拳拳勢運作規律和技擊手法）。

　　李亦畬曾說：練拳是體，打手是用；練拳就是打手，打手也是練拳。學用結合，學用一致，學以致用是武派太極拳的特點之一。

　　當前有些人懷疑太極拳能否用於技擊，太極拳的技擊術應是什麼模式？說明大家對太極拳前途的殷切關懷。我不揣淺陋，將所知武派太極拳傳統訓練技擊教程擇要寫出，供研習者參考，藉作引玉之磚，以期更多熟知太極拳技擊術的行家裏手寫出自己的心得，讓國之瑰寶太極拳能全面健康地得到弘揚發展。

　　武派太極拳傳統技擊訓練的第一步是選材。選材主要著眼於以下三點：

　　首先，太極拳的技擊術並不是任何人都可以學到手甚至成為上駟之才的。學習者的身體素質十分重要。以清代武科為例，考生名簿上印有「用、月、日、氣」四字。點名時，對身高體寬的考生，主考官在「用」字上點一點；

考生身材細高的，在「月」字上點一點；考生身形粗壯的，在「日」字上點一點；考生身形不大端正的則點「氣」字。這一規定說明當時政府對考武者的身形相貌極為重視，也成為民間武師選材的依據。武派太極拳的選材多以「同、天、貫、日」四種體型為佳。

其次，學習者要敏而好學。教拳比教書要累，一招一勢老師要反覆地身演口授。如果學生領會能力太差，或者不大用功，或者朝秦暮楚不能專心研習師門心法，都會挫傷老師教學的積極性。舊時武派太極拳名家大都家資殷實，不以教拳為生，遇上這類學生就不再繼續教授，如礙於情面也只能因陋就簡，不會過於上心在意了。

再其次，學生的家境和時間都得有保障。整日奔波為衣食操勞者，哪有更多的時間練拳？沒有時間練拳和與師友切磋，哪能出功夫？

以上三項缺一都不可能練好太極拳技擊術。

此外，武派太極拳在選材上更為重視學生的品德教養。如一代大家郝為真師事李亦畬就是一個範例，開始「僅得粗跡，歷六載，努力不怠，奉事敬謹。亦畬曰：『可謂誠篤也已。』乃授之真訣，殫極精微，自此發悟，日月有獲」（徐震《太極拳大師永年郝公之碑》）。為真先生宅心仁厚，事師若父。李亦畬前輩的曾孫李光藩先生曾和我說，他小時聽他祖母講，亦畬公去世時，長子寶廉（字石泉，李光藩的祖父）、次子寶讓（字遜之）都還年幼，難以支撐門戶。為真先生常去李府問候師母起居，協助料理家務，這一美德懿行迄今仍被傳為佳話。

武禹襄、李亦畬、李啟軒都是望族儒生，不輕以拳技

授人，卒賴郝為真光大其學，「無士農，無遠近，咸師事焉，以故桃李滿門，演成一派，流傳弗替」。由此可見選材時重視學生品德之重要。

我過去接觸過的武派前輩師尊大都學與行兼優，教學方法雖不完全相同，歸納起來大致可分為：

一、先學拳勢

當前拳界有的人認為應當練習拳勢套路，有的認為勿須練習拳勢套路。仁者見仁，智者見智，我不想對此評論。但就太極拳來說，限於其技法特點，如果不從練習傳統拳勢入手，是不易掌握的。

舊時老師在教拳勢之前，多要學生練習鍛鍊腰腿的若干基本功。腿是根基，腰可控制全身，築基扎實，練拳架時易於準確到位。

武派教學首重身法合度。為此，武禹襄訂出《身法八要》：提頂、吊襠、涵胸、拔背、鬆肩、沉肘、裹襠、護肫。郝月如又總結前輩心法，增加了騰挪、閃戰、尾閭正中、氣沉丹田、虛實分清。

以上身法必須一一求對，一處不合，全身都乖，所以拳勢盡可不同，身法卻不許錯謬。

徐震在《太極拳發微》中指出：「故演架至於合度，於弁指（指技擊）與養生咸可得效矣。」然而這些身法要求不是初學生很快就可掌握的，可先掌握提頂、吊襠、尾閭正中，以便學生軀體「立身中正安舒」，然後再掌握鬆肩、沉肘、涵胸、拔背。提頂、吊襠是對人體豎的要求，鬆肩、沉肘是對人體橫的要求，一豎一橫安排得當，再掌

握其他要領就比較容易，從而融會貫通，成為一體。

身法要求應從學生練基本功時開始，貫徹到走架打手散手各個階段。

腰腿功有了一定基礎就可練習拳勢。武派舊傳太極拳勢只有一套，即武禹襄首創、李亦畬、李啟軒承襲修潤、由郝為真廣為傳播的拳勢，但練法卻有大、中、小之區分，如同書法有大、中、小楷的不同。練習拳架要求：

1. 中正

《易》曰：「一陰一陽之謂道。」天下萬物皆相反而又相濟，不可偏執一端，故武派太極拳以陰陽為體，中庸為綱，虛實為用。拳勢要求中正工整、嚴謹規矩、六合對襯、陰陽互托、平衡對稱、湧泉根深、尾閭下垂、神貫於頂、雙臂如翅。拳勢運作動度適中，不可過，過則僵硬，失之粗野；也不可不及，不及則柔弱，失之漂浮；要不溫不火，恰到好處。靜時聚斂則內氣凝重，動時虛靈則外形飄逸，內外合一，漸臻佳境。

2. 舒展

武禹襄在《十三勢行功解要》中要求習者走架打手要「立身中正安舒，八面支撐」。「安」則氣度從容，動無虛妄；「舒」則動作舒展，呼吸平和，穩靜沉著。要求舉止大方，動作儒雅，氣魄雄渾，招勢到位。勢勢貫以起、承、開、合，既可避免拳勢浮滑潦草，又可放開筋骨關節，氣血通暢，勁力順達於應用部位。待拳勢熟練後，再求緊湊縝密。如同有經驗的書法家教人寫字從大字入手，再依次練習中楷、小楷一樣。武派教拳也是由大架而中架而小架。如此則緊湊不忘舒展，舒展蘊寓緊湊。手不離

技擊篇

中，肘不離肋，手不妄動，足不虛行，有的放矢，乾淨俐落。而非一味追求舒展，也非一味追求緊湊，二者相輔相承，才合「一陰二陽之謂道」的哲理。

3.柔順

王宗岳在《太極拳論》中要求打手「無過不及，隨曲就伸。人剛我柔謂之走，我順人背謂之沾」。欲達此境必須肢體柔順，欲求肢體柔順，得從鬆緩入手。軀體能鬆，才可與意識一致，內外相合，聽命於意識（「意氣君來骨內臣」）；走架徐緩，才易做到姿勢正確，運作到位，眼與心合，心與氣合，氣與身合，身與手合，手與足合，足與腰胯合，「六合歸一」。軀體鬆淨，動作徐緩，柔順即在其中了。

4.圓和

在「立身中正安舒、八面支撐」的前提下，拳勢運作力求圓和，以兩足為軸構成立體的螺旋運動，宛如天體運行，有「公轉」也有「自轉」，招勢清楚而不含糊，更忌直入直出，僵如木偶。

拳勢無缺陷，身法不凸凹，運作少斷續，勁力則可「八面轉換」，無論從何方來力，都可運用圓（螺旋勁）的流動滑移使來力改變方向和著力點而引進落空，又可運用旋轉彈回之力將對方發出。拳勢合度，運作嫻熟，意氣融洽，則進入於「和」，和諧完美，拳藝則臻於精純。

5.明拳理、知用法

郝月如在《太極拳的走架打手》中說：「練拳要明白拳理。」拳理是練拳指南，只有明白拳理，練拳才有準繩，才有章可循。由走架弄清每一拳勢的「法」和

「術」，才能越練越精。武派前輩名家教拳多要求學生對每一拳勢知其名稱，熟其法度，明其用法，曉其變化。明規矩、守規矩，進而脫規矩、合規矩，神、意、氣、體合一。

關於走架的速度，舊時有「三年慢練，三年快練，然後再不快不慢」的練法。近人習拳多不快練，養生則可。如習太極拳技擊術，在拳勢慢練熟悉後，仍須快練。如整套拳架不能快練，則某些拳勢必須快練，還要從「八面支撐」做到「八面轉換」。快練仍然和慢練一樣講求身法、拳勢結構、運作要領，不能因快亂了章法。

總之，走架要做到「快而不亂，慢而不斷，生而不緊（緊張、僵滯、呆板），熟而不油（油滑、草率），遵循法度，穩準貫徹始終才好。

二、繼練推手

推手舊名打手，含義較推手廣泛。為了便於讀者閱讀，本文亦稱推手。

推手是太極拳術的重要組成部分，拳架是基礎，推手是練習用法。李亦畬在《走架打手行功要言》中明確指出：「平日走架是知己功夫，……打手是知人功夫。」知己知彼始可「百戰不殆」，欲學習太極拳技擊術者必須練好推手。太極拳是一家「柔」性拳術，以自衛為主，技法強調以靜制動，以柔克剛，借力使力，寓反擊於防守之中。如果不練習推手，就無法掌握這些技法，與人相搏就不易做到因敵變化，順勢走化，以俟我順人背隙反擊。

武派太極拳著重練習活步推手（即進退各三步半的推

407

技擊篇

手）。練習推手必須認真遵守王宗岳《打手歌》和李亦畬《八法打手歌》的規定，從嚴從難從實戰出發，不可虛與委蛇。

有關推手理論和具體要求，武禹襄、李亦畬以及郝月如等前輩均有著作，讀者可閱讀。本文只著重介紹武派訓練推手的傳統教程。

1.練習手法、步法、身法

因為推手是由掤、攦、擠、按四法組成，兩人的手臂要不停地在一起纏繞。根據這一練習形式，武派前輩在教推手之前，教學生先練習有關手法、步法、身法，在立身中正安舒、八面支撐的前提下，雙臂練習若干圈法，如平圈、豎圈、橫圈、斜圈、前後圈等。結合圈法、身法著重練習揉胸轉脊、磨腰虛胯。諸圈和腰脊身法熟練後，接來手就可如牛舌捲草，靈蛇吸物。

步法主要練進退和虛實變化。進之步管、逼、插，後退之步為跟、橫、側。步式不可過大，也不可過小。過大不靈活，身體易起伏不穩，過小不易到位，氣勢弱小。手法、步法、身法嫻熟後，再練推手就容易做到手上乾淨，腳下清楚。手上乾淨即上肢虛實變化、勁頭方位、運用方向可以準確到位，不至於含糊不清。腳下清楚則步法正確，前進後退才有準地方，而無廢步。腰脊圓轉，易於走化發放。李亦畬曾說：「手與足是首與尾的關係，首尾相應，互相默契配合，中以胯虛與磨腰，才能進者得機得勢，退者靈動圓活，無僵硬之病。膝與肘、肩與胯也同此理。百骸如出一心，才能發之有效。」說明先練好手法、步法、身法的重要。

2.保持懶紮衣的正確姿勢，身備五弓

推手是據懶紮衣衍化而成，練習推手無論是定步還是活步都要始終保持懶紮衣拳勢的間架結構，身備五弓，才能蓄發相變、中規中矩。對此，李亦畬前輩在《身備五弓圖》中有明確的闡述，寫出供讀者參考研習：

「五弓者，上有兩膊，下有兩腿，中有腰脊，總稱五弓。五弓者總歸二弓。一弓張，四弓張，一弓合，四弓合，五弓為一弓，才好實用。大弓張，四弓張，大弓合，四弓合。總須節節貫串，一氣呵成，方能人為箭，我為弓。」（引自《武派太極拳譜》第七節《太極五弓圖解》）

3.熟悉八法，先求順隨

推手是由掤、攦、擠、按（暗寓採、挒、肘、靠）組成。首先要學生熟悉這一程式，然後由有經驗者帶領學生練習，先求順隨。對方快我也快，對方慢我也慢，對方有力我也有力，對方無力我也無力。總之，我意在先，時時留意對方的虛實變化，逐漸就練出了「聽勁」的功夫。然後再練習順勢走化，改變來力方向，做到處處圓轉自如，不給對方以可乘之機，逐漸達到處處可以引進落空，破壞對方平衡。順隨勁練好，有了上下相隨的功夫，再進而掌握沾連黏隨四法，克服頂、匾、丟、抗四病就較容易了。韓欽賢在《走架打手白話歌》中說：「彼此進退跟隨勁，無窮變化在腰中……四正四斜全是意，不丟不頂隨意行。」說明推手先要練習順隨功夫。這是經驗之談。

4.研習「五技」「八法」等技法

推手有一定功夫後，就應結合拳勢研習在推手中如何

409

技擊篇

運用掤、攦、擠、按、採、挒、肘、靠八法和跌、打、踢、拿、擲五技以及接（沾住來勁）、化（引進落空）、拿（制彼不能走化）、發（乘隙反擊）等技法，並為散手奠定基礎。

5. 要在巧妙上下工夫

太極拳術之妙在於巧，不在於力。「巧」才能「四兩撥千斤」，故武派傳統推手強調技巧，而不鬥力。當各種技法掌握後，更應在巧妙上苦下工夫，做到身要靈，靈則空；手要隨，隨則疾；步要穩，穩則敏；眼要銳，顧三前，盼七星；腰要活，虛實變化從心所欲；手、眼、身、腰、步在心意統帥下「六合歸一」，則可達到吞吐浮沉、綿軟巧脆之境地。

6. 遵循顧、逆、變、空、玄的練習順序

武派太極拳推手教程大體上可分為順、逆、變、空、玄五個階段，各個階段都有練習重點，但又不是截然分開。

三、精研散手

拳勢是基礎，推手是練習技擊的重要手段，散手是「學以致用」的目的，因而武派太極拳前輩對此都很重視，並培育出不少好手，如郝門弟子閻志高、李聖端、李香遠以及霍夢魁、陳明潔、陳固安等均以散手著稱。

散手訓練程式是：

1. 先練手法、步法

經過拳勢、推手以及刀劍等器械鍛鍊，進入散手訓練可謂水到渠成，順理成章。然而推手有一定程式規矩，是

兩人雙臂纏繞膠著狀態下進行較技，而散手是自由搏擊，沒有固定程式，二者大不相同。因此，武派前輩訓練散手多以 36 式短打作為由推手向散手的過渡練習。

此外，還要練習一些適應散手的手法、步法。手法是先練定步接手。由兩人對練，一人出拳擊打，一人練習接化。如甲雙拳向乙臉部胸部連續進擊，乙用紜手（武派拳勢，下同）或摟膝拗步等手法沾截走化，引進落空，俟乙接手熟練後，再改用單手接化甲的雙拳。定勢接手熟練後，再練活步接手。能熟練地接化一人雙拳，可繼練兩人進擊，一人接化。

這種練法說來簡單，練時卻要付出不少精力，且能熟練地掌握各種化解來拳的手法，不可等閒視之。比如郝為真接手擅用「旋腕提（截）肘」，很巧妙，也很實用，只有練習接化來拳才能較好地掌握這些技巧。

在實際搏擊中，「手快不如腿快」，除著意練習「野馬分鬃」「玉女穿梭」等拳勢步法外，還要多練「五行步」，以便搏擊時「閃開正中定橫中」，斜進正擊。

傳統拳法分長拳短打，武派太極屬短打拳，更要刻意練好裹襠、護肫、騰挪、閃戰等身法。

2.融會貫通各種技法

掤、攦、擠、按、採、挒、肘、靠八法多用於推手，跌、打、踢、拿、擲五技卻是散手的核心，但是二者不可分割，應相輔相承。此外，太極十三槍中的圈槍纏拿、出槍滾轉、進槍順步隨、回槍要抽拿；太極劍中的順人勢、借人力、蹈人虛、乘人隙；太極刀中的轉折迅疾、勇於接敵、閃進逼取等等技法都應融會貫通於散手之中。

411

技擊篇

3.多予實踐

「實習實用」、理論聯繫實際是武派太極的優良傳統。武禹襄、李亦畬常與青壯年精通武技者比手，藉以印證所學，故其術始能精妙。實事證明，只有不斷實踐，由實踐總結經驗教訓，才能提高拳藝技巧。

在實踐時一要著重研習本門心傳技法。二要留意其他拳術的技擊特點，再據本門手法練習破解之術。如我的家鄉練習梅花拳的人很多，梅花拳手多擅擒拿術，我小時就練過一些化解擒拿的技巧。前年暑假回家，我一族兄練梅花拳，我倆在一塊兒切磋，他用擒拿術，我一一化解，並能乘隙回擊，這說明有針對性練習之必要。

4.重視學生的品質修養

舊時師長在教學之同時更著重育人，對學生的品質修養極為重視。武禹襄在《太極拳解》中提出「氣以直養而無害」，此話源於《孟子》。這句話中的「氣」並非養生家所說的氣，它包含個人情操修養在內。

徐震《太極拳發微‧德藝》中曾說：「少私寡欲，則氣定矣，是為善養。」又云：「德成而上，藝成而下。」就是對「氣以直養」的說明。

太極拳技擊十要

林泉寶

一、以柔克剛

太極拳以柔克剛，這很符合老子的道家思想。老子認為，天下之柔弱莫過於水，最卑下的也莫過於水，然而，最堅強的勝利者也是水。老子曾說：「天下之至柔，馳騁天下之堅。無有入無間，吾是以知無之有益。不言之教無為之益天下希及之。」氣和水最柔弱，但它無所不入，又無所不能出。所以，虛無柔弱者無所不通，又無有不可窮者。至柔不可折，那也就是無為之益了。

何謂以柔克剛？即與對方交手時，跟隨對方之勁路，隨曲就伸，人剛我柔，我順人背，雖變幻無窮，但絲毫不含抵抗性。以柔克剛，關鍵在不頂抗對方，而讓它的力量在我之圈裏走化掉，使之引進而落空。如果你加力於對方身上，原想可以把對方擊倒，然後你進入對方的圈裏，感覺到什麼都沒有，就像是一座空城，突然失去方向，失去光明，自己的破綻又暴露無遺，你會不戰而自慄。

在推手中就怕遇到這樣的高手，他的內勁忽隱忽現，若有若無，見之有形，按之無跡。你用的剛勁越猛，跌得就越慘。所以筆者和侯春秀老師推手時，根本不敢用力，因為用的勁越大，它的反作用力以及慣性力量就越大，最

413

技擊篇

後還是回擊到我的身上。

柔是無限的，取之不盡，用之不完；而剛勁則是有限的，不管有多大力量，其能量既有限又易折損。拳經云：「任他巨力來打我，牽動四兩撥千斤。」此即是以小力勝大力，避實就虛，以柔克剛，實非虛語。

二、以明對暗

何謂以明對暗，即是「人不知我，我獨知人」。透過長期練太極拳的走架和推手，可使之由著熟而漸悟懂勁，由懂勁階及神明，也就是功夫到了懂勁和知己知彼的程度。功夫由聽勁而來，能聽才能懂。所謂稱斤量尺，知己知彼，百戰不殆。

太極拳的懂勁功夫是經過長期訓練得出來的。推手專用以訓練這種聽勁，使之感覺特別靈敏，能聽懂對方勁之動向。所謂「聽之於心，疑之於耳，行之於氣，運之於手」「以心行意，以意行氣，以氣運身，聽而後發」。聽勁要準確，能聽懂對方的勁路就能控制他，這樣就能「人不知我，而我獨知人」，進擊的目標就特別精確。如果你的偵察不明，判斷錯誤，則你的進擊只能是盲目和危險的舉動。

三、後發先至

後發者是以靜待動，不是不動而是等機會發動。所謂後發先至是動作的準確性以及時間、地點和程度的確定性。兩人在交手時，「彼不動，己不動；彼微動，己先動」。太極拳以「動急則急應，動緩則緩隨」，心神鎮

靜，觀敵來勢，審勢待機，手、眼、步法相一致。對方打不著你的時候，距離不夠不可先發，發則失誤，浪費精力，且易至被動的位置或反被對方擊倒。

《天遠機論》曰：「見空不打，見人不上。拳不往空打，打起不空落。手起腳要落，足落手要起。心要佔先，意要勝人。身要攻人，步要過人。前腿似弓，後腿是蹬。頭要仰起，腰要長起，丹田要運起，自頂至腳，一氣相貫。」當敵與你的距離、時間足以威脅到你的安全，也就是對方能在瞬間擊到你時，你之意在先，其速更捷。所謂起手如閃電，打下如迅雷，能在更短的距離和時間內擊倒對方，即是後發先至。

其關鍵是時間、地點和速度三合為一，身法要靈敏，速度要恰當，動作要輕快，變化要精微。

後發先至還表現在雙方推手時，對方用勁向我發來，其破綻必露，我以即化即發，後發制人，即在對方將發未發時，我之意先，把對方擊出、擊倒。

四、以靜制動

以靜制動，遇敵不亂，沉著機智。在行拳走架時，意念要做到面前無人如有人；與人搭手或散打時，要做到面前有手不見手，胸前有肘不見肘。也就是在交手時起手不空落，不發則已，一發必中。諸如「彼不動，己不動；彼微動，己先動」這些技擊上的策略，都必須靜觀敵情，找準出擊時機。以靜制動，並非不動，所謂心機一發，四肢皆動。發手以得人為準，以不見形為妙。靜候伏機，如貓之捕鼠、鷹之捉兔、虎豹之撲牛追羊，無不驚心動魄，先

技擊篇

靜後動。

以靜制動，主要是觀察來勢之機，揣敵人之短長，靜以待動，動以處靜。靜如山岳，動若處子。一觸即發，一擊必勝，這就是以靜制動的效果。

五、貴化不抗

貴化不貴抗，主要是在對方向我攻擊時，我以化解的方法，使對方的攻擊力量不能作用在我身上，我的化勁分散和削弱了對方的攻擊力，使之對我構不成重大威脅。

化功是一種高級的技擊防衛法。太極拳推手的化勁方法，主要是在接觸發勁的一瞬間，及時依靠自身（身法）極小的運動，把對方的進攻力量消耗掉。貴化不抗，應不丟不頂，而不是一味地化解。化者不能招招化盡。趙堡太極拳化解的方法，主要是半圈化半圈發，即化即發。化而不發，還是會受對方的牽制而導致失敗。

化勁是太極拳推手之重要手段。推手盤架時，要求「人剛我柔謂之走，我順人背謂之黏」，進退轉換要有折疊往復，使對方無法知道我的動向與勁路而處於被動狀態。即以半圈化半圈發，既不化盡，又不早化或遲化，要隨化隨發，攻守兼顧。只知抗不懂化，非太極拳之真諦。

六、以順應逆

太極拳運動主要是畫圈走弧，凡舉動則無處不畫圓，無處不陰陽，無處不太極，形成自然的逆來順受之規律，這是在太極拳推手時常用的法則。

太極拳推手是對抗性的技擊賽，以破壞對方的平衡為

標準。傳統的太極拳推手受人喜愛，是因它不提倡鬥力。雙方表現為沾連黏隨，不丟不頂，引進落空，借力打力。太極拳推手處處走圓弧，以逆順受，以順應逆，進而達到以順制逆之目的。所以說，太極拳推手是圓的較量，不是力的抗衡。從推手中化解對方的力，偵探對方的勁路，鬥智鬥勇，從而體味勁在人體內部的變化。使人在推手中找到樂趣。

以順應逆必須捨己從人，掤、攦、擠、按、採、挒、肘、靠，是主要的技擊方法。沾、連、黏、隨是以不丟不頂、順從不離、隨屈就伸、人剛我柔為原則，使對手進退不得，完全被我之勁所控制，以致「敵欲變而不得其變，敵欲攻而難得逞，敵欲逃而不得脫」，最終導致對方出現極為被動的挨打局面。

七、以整擊散

以整擊散，主要是我運用周身如一家之整勁，去擊打對方的即零碎而又散亂的偏剛勁。我勁不整不發，敵力不散不擊，乘勢借力，以整擊散。經過化引造成對方失勢落空及重心不穩時，我順人背，且對方又顯出破綻，以我之整擊彼之散。正如《打手歌》曰：「掤攦擠按須認真，上下相隨人難進，任他巨力來打我，牽動四兩撥千斤。引進落空合即出，沾連黏隨不丟頂。」

如何才能做到周身如一家？《拳經》指出：必須做到內外相合，即外三合和內三合。內外相合，上下相隨，使之節節貫穿。外三合不僅是為了保證動作外形姿勢的正確，更是為了整勁的集中。不管練哪種太極拳都要做到：

417

技擊篇

手與腳合、肘與膝合、肩與胯合，心與意合、氣與力合、筋與骨合。內三合以意領氣，以氣促勁，意到氣到，氣到勁到。

太極拳的動作雖形於外而實源於內，外形之蓄發，必須是心意的蓄發，這是意、氣、勁在太極拳中的運用。周身如一家，要以我之整勁，趁彼勁之大小及散亂程度而擊之，無不應手而即仆者，這正是以整擊散的效應。

八、捨己從人

捨己從人即因對手之變化而變，使我順人背。趙堡太極拳世代流傳著一句口頭語，就是「要啥給啥」。在推手競技中，對方加力於我身之某處，我就把這處讓給對方，把這處受力走化掉，絲毫不加抵抗，讓對方的勁在我身上毫無作用，瞬間化為烏有，使對方落空。緊接著以我的整勁擊敗對手，即以聽、化、拿、發的手段，使之引進落空合即出。

捨己從人，要啥給啥，也是攻與守的競技過程。捨己從人，是給對方一個錯誤的感覺，讓對方進得來出不去。

捨己從人是太極拳推手的一種戰術和策略。捨己是誘敵入設好的圈套，候機擊發制勝。具有實戰經驗者，必然捨己從人，處處謹慎小心，不輕易進攻，所謂抑制其長，攻擊其短。

一旦掌握對方的勁路、破綻，或是敵強我弱，為了儘量減少失誤，採用避實就虛，或用偶角的打法，從側面擊打，「攻其所必救，守其所不攻」。

只要對方進攻，我即捨己從人，用沾連黏隨之法牽制

著對手,當其有破綻出現時,即攻其實點;或者在擊其第一個破綻時,對方必然因吃勁而出現相應的相援,我即攻其救援之處,在其要害處一擊,使其根本無法逃脫。

九、吃啥還啥

吃啥還啥,其關鍵也是在走化的功夫上。人家吃你一個餅,你得還給人家一個饃。吃啥還啥,你打我高探馬,我還你高探馬;你打我白鶴亮翅,我還你白鶴亮翅。你用什麼打我,我還你什麼,這是長期鍛鍊出來的一種功夫、一層功夫、一層化法。

比如筆者與老師推手時,可以觸摸到他的手肘,當我要拿發的時候,他的腕、肘、肩活如泥鰍,輕滑一下就走脫了,反過來我的被擊點就暴露出來。所以,習者首先要鍛鍊化腕、化肘與化肩,然後化腳、化膝、再化胯。化胯最難,它統領各大關節,為根節之根節,活與不活全賴於此。關節要活絡,猶如萬向接節,不斷變換重心,調整虛實,使對方無法進擊,周身如一家,內勁渾厚,無論對方用什麼招數打我,我隨即走化,即走其招還制其身,吃啥還啥,攻其不守。

吃啥還啥,還要看各人的功夫深淺、經驗多少而定。一般拿法還容易走化,拿人要拿根,技術高者不僅拿人手肘,還能拿至腰胯,使對方不能轉換求變而陷於絕地。

十、圓之較量

有人把太極拳叫做太極圈,因練太極拳走架自始自終都在畫圈,所以,不管是大圓、小圓、平圓、斜圓、形形

式式之弧圓，都能貫穿於全身各個部位。推手時也同樣走弧形，處處有圈，無處不太極。進退走化亦畫圓，沾連黏隨亦是圓。小圈剋大圈，大圈套小圈。半圈進，半圈退；半圈化，半圈發。無論對方有多大力量，經過圓的化解，就可消除其給你的力量和威脅。

圓周是以一點為圓心，半徑小即圓小，半徑大則圓也大。大圈的周長比小圈的周長大，所以，走小圈的路線比走大圈的路線要短。小圈的轉換動作小，很快能化掉對方的力，並藉由慣性把力作用於對方。由於動作小，路線短，節省了時間，使對方不及走化而被擊出。這當然也不是一概而論，而是要看雙方技擊的實力。

圈裏有圈，圈外有圈，連環進擊，一圈套一圈；要啥給啥，吃餅還饃。手上有圈，腳下有圈，進是圈，退是圈，環環相扣，無圈不太極。大圈帶小圈，小圈克大圈，若到功夫深，有圈似無圈，無圈亦是圈。若得規中意，太極圖中求。

太極亂環訣

亂環求法最難通，上下相合妙無窮。

陷敵落入亂環內，四兩千斤招法成。

手腳齊進橫豎找，掌中亂環落不空。

欲知環中法何在，發落點對即成功。

「法」和「勁」在推手中的運用

孫南馨

任何拳種，都離不開「法」和「勁」。所謂「法」，就是著法、招法，即攻防破解的方法；「勁」或稱之謂「勁路」，即把自身的力量發揮出去作用於對方。「法」與「勁」是不能分割的，「法」離不開「勁」，「勁」寓於「法」之中。

太極拳的推手，更講究「法」與「勁」的運用，而且把「勁」的範圍更加擴大，內容更加豐富起來。太極拳中所謂的「懂勁」，不僅把自身力量的發揮應用作為「勁」的內容，而且把接觸對方以探聽虛實動靜的靈敏度，以及如何審敵度勢等等，都放在「勁」的範圍以內，懂勁就成了瞭解和掌握勁的運用的專門術語。拳論說：「由著熟而漸悟懂勁，由懂勁而階及神明。」又說：「懂勁後愈練愈精，默識揣摩，漸至從心所欲。」可見太極拳把懂勁作為達到神明和從心所欲的階梯。

太極拳推手中「法」與「勁」的運用，雖千變萬化，但一般須遵循以下基本原則。

一、沉勁於下，以下制上

如對方將力作用於我身上某一點前推時，我於同一點以反方向進行對抗，那麼，力大者前進，力小者後退。如

果我反抗之點與對方作用之點並不重合而有一個距離，那麼，勢必產生力偶而發生旋轉。

例如，對方把力作用於我胸部，我即上身鬆開，沉勁於下，用腰腿之勁，使之低於對方的作用點之下形成一段相當的距離，這樣就產生了一個上下旋轉的力偶。在這個力偶的作用下，對方立即上身前傾，雙腳浮起而不浮力，這樣就能輕易地把對方推出。可見，「沉勁於下，以下制上」，是太極拳克敵制勝的一個重要法則。

二、轉變虛實，避實擊虛

如果對方亦運用沉勁於下的法則向我進攻，這時須運用轉變腰胯的虛實。例如，對方進攻的力點偏於我身的左方，這時我則將左胯變虛，使對方進攻之勁落空，同時沉勁於右胯，用右腰胯之勁向對方左胯部進攻，這樣就產生一個水平方向的旋轉力偶。這個力偶的產生，對方是無意識的、被動的，而我方是有意識的、主動的，其作用可使對方往右旋轉面前傾失勢。

轉變虛實，避實擊虛，不僅指在腰胯、左右兩手之間有虛實，一手之間有虛實、一掌之中有虛實，乃至周身處處有虛實。正如拳論所說：「一處有一處虛實，處處總此一虛實。」

三、節節鬆開，節節貫串

這是太極拳運勁中的兩個方面。節節鬆開，是走、是化、是隱；節節貫串，是黏、是發、是現。當對方加力於我時，我必須節節鬆開：拿住手，腕鬆開；拿住腕，肘鬆

開；拿住肘，肩鬆開；拿住肩，腰鬆開。每個關節好似互不相聯，全身好比節節鏈子，讓對方之勁落空，不使牽一髮而動全身。但在黏拿對方之時，必須節節貫串，使腰腿之勁直貫手指。拳論講：「其根在腳，發於腿，主宰於腰，形於手指。」「由腳而腿、而腰，總須完整一氣。」所謂完整一氣，就是節節貫串。然而，節節鬆開與節節貫串是不能截然分開的，好比一個環，環而無端。拳論講：「黏即是走，走即是黏，陽不離陰，陰不離陽。」黏走之間，只是瞬間的轉換，而且還是相互滲透、相互銜接的。鬆開與節節貫串，是太極拳推手中運勁的重要法則。

四、沾黏連隨，不丟不頂

沾就是肢體與對方接觸。借肢體接觸的感覺，以探聽對方的動靜虛實，從而進行攻防，這是太極拳術特有的審敵方法。

黏就是膠黏。接觸著的表面，要有一定的黏著之力，也就是說，與對方接觸之處，並不僅是輕輕地挨上，而是要有一定的黏著強度，按太極拳的術語來說，要有掤勁，有了掤勁，雙方接觸之處才有黏著之力，這在太極拳推手中是十分重要的，有了掤勁，可以致對方處於背勢。

連即連續不斷之意。包括有三個方面：一是黏著力的強度要連續不斷，不能忽大忽小、忽斷忽續；二是運勁的速度要均勻，不能忽快忽慢，忽停忽行；三是運勁的路線要和順，要走弧線，不能有棱角，不能直來直去走折線。拳論講：「無使有缺陷處，無使有凸凹處，無使有斷續處。」這就是連，否則就會給對方可乘之機而被擊出。

隨即跟隨。就是把自己運勁的方向跟在對方運勁方向的後面，即是捨己從人之意。讓對方先動，先動則虛實先暴露，自己就可根據對方的虛實跟進而變換虛實，看來被動，實際掌握了主動權，所謂「從人還是由己」，就是這個道理。

丟是指在運勁過程中，與對方接觸著的肢體突然離開，或接觸的強度突然減小。這時往往造成一個空隙，而被對方進攻跌出。不丟，就是要避免這種「丟」的缺點。

頂是指與對方的勁發生頂撞，術語叫雙重。「雙重則滯」，初學者往往容易犯「頂」的錯誤。

沾、黏、連、隨和不丟、不頂，是長期堅持太極拳盤架和推手實踐累積起來的功夫，兩者是一致的。能沾、黏、連、隨，就能不丟、不頂。然而，沾、黏、連、隨和不丟、不頂的功夫亦是相對的，其程度是永無止境。沾、黏、連、隨的功夫愈深，愈能感到對方的不足，可隨時找到進攻和發放對方的機會。

五、以靜待動，後發先至

這是太極拳推手中「法」與「勁」運用的重要原則之一。靜，一是指思想安靜，精神集中，只有這樣，才能「聽」出對方的動靜虛實，才能提高自己肢體反應的靈敏度，才能使氣下沉，達到沉勁於下，腹實胸虛的目的。二是指肢體不亂動，靜以待對方先動，所謂「彼微動，己先動」，能以靜待動，讓對方動在先，然後才能做到「隨」。但是，光以靜待動和「隨」是不夠的，必須提高聽勁和快速反應的能力，做到後發先至，才能克敵制勝。

技擊篇

太極拳推手的餵勁

李迪生

餵勁不是太極拳勁法中一個勁的名稱，而是在太極拳推手練習的過程中，有一段「餵勁」的學習過程。這是在學習推手一段時間後所需要練習的。因為太極拳需要鍛鍊到「知己知人」的功夫，從而達到身知，才能有用。

練習餵勁就是幫助解決這個問題。對自己的「知己」要求，要做到「一羽不能加，蠅蟲不能落」的靈敏程度。這就需要別人向自己身上加力，而自己感到來勁後，不管來力大小，能立刻採取某種相應的走化。

不論如何走化，必須使自己處於順，佔優勢，即我順。反之，是自己對別人主動進擊，應當特別注意觀看、體測對方有無缺陷。當對方出現缺陷後，應立即用什麼勁法迅速跟上去，使對方處於劣勢，即「人背」，而且，還不能被對方走化。就在走化的一瞬間，要將爆發力發出，將對方擊出。

倘若自己思維反應不靈敏，所有的動作不夠要求，即當進而進得不夠尺寸，勁法變化無方，爆發力不及時或爆發時方向不對路等等，就會貽誤戰機，遲則生變，甚而反被對方反擊而處於劣勢。所以，必須練習「喂勁」來鍛鍊自己，彌補自己感覺上的不足和走化無法的缺陷，練成胸有成竹、隨動隨化、渾圓一體的功能。

練習方法是兩人互相餵勁法。通過長期實踐，體測靈敏，手足有措，互相提高。

如何學習「餵勁」？根據筆者數十年練功體會，學習餵勁有「四字訣」，也叫「餵勁四要素」，現淺釋於此，以期與同好共勉。

一、觀（看）字訣

所謂觀字訣，即觀其外形，看其眸子。這是學習餵勁的第一個訣竅，即觀察對方外形，看對方眼神。因為人的動作都是受內心支配，也即腦神經支配，心中所想由眼神傳出。俗話說：「眉頭一皺，計上心來。」捕捉其心神之苗，即是知人動作的預感之一。

故必須聚精會神時刻注意對方眼神和兩頰之變化，甚至嘴唇、鼻尖的波動也在視野之中，用於推測對方心靈的變化，而達到細緻知人的本能。如對方眼神突然直視而呆滯，這時其則想加爆發力於對方。因我在靜中早有準備，故能乘其來勢而走化，而且這時他也正處於中定，我若在這時突然加內勁而發之，彼必被挫而出。

另外，觀其身體運動是否有所俯仰偏倚。這是觀對方進攻的方法。如對方兩峰上揚，必想擠按而蓄力，單峰上揚（左或右），必想起腿；單峰沉斜（左或右），必想擊肋或摟腿。對方身形若有俯仰偏倚，要隨即依其形而進，將對方攦起而拔斷其根。總之，對方一有缺陷，隨即跟上，切勿停留。

以上細微捕捉對方缺陷的方法，鍛鍊日久，自我敏感性越強，洞察能力就越高，即能在自身協調變化之中而漸

達身知矣。

二、轉（閃）字訣

轉（閃）字訣，即旋轉落空，閃其勁力。這是學習餵勁的第二個訣竅，即怎樣旋轉。在與對方接勁後，隨其所動，太極拳運動即是圓圈。不論這個圈所轉弧度大小、方正，走的都是曲線，而不是直線，如環無端。因而左轉而擊右，右轉而擊左。

圓環之轉動，要隨其來力方向而變化，在轉閃過程中，自己必須周身一家、節節協調，勿使旋轉有過或不及之病。如我方引入超過我之子午線後，對方即背，即能曲中求直，放對方於空位而發之。若我被對方引過對方的子午線時，而腰身沒有隨其轉動而進，即受制於人造成被動。故須在其行動之時要有準備，即隨引隨進，將我進之力旋轉進於其力之下而求直，對方即背。

最好是在被引之時，注意腿功的配合，周身一家，上動下隨，腿不動則背，隨動之中覺得輕靈，即是我順，故輕靈即發，切勿停留。

三、進（輕）字訣

進（輕）字訣，即輕靈前進，攻其虛處。這是學習餵勁的第三個訣竅。太極拳以靜制動，故在餵勁練習階段中，既要練習知人，也要練習知己。而自己在進攻對方時，應當如何前進，應練好八個字：「輕靈前進，攻其不備。」拳論上指出「邁步如貓行」，這個比喻說明兩個字：一個字是穩，另一個字是輕。因貓在捕捉獵物時，是

427

技擊篇

矬腿往前平跑，表現出平穩和蓄力的動作。

但在人的動作上該如何做呢？這就得保持「虛領頂勁，豎起脊椎」，前進後退、左顧右盼都不許身形歪斜。否則，自身必致偏倚，造成背勢為人所制。

如左手在前與對方搭手，向前進步必須左手掤好對方左手，而左腳先踏實，膝微屈，右腳抬起後從左腳內側上前，隨勢而進。若右手在前，向前進時與左手相同。

進步時身體要微沉，進步距離要短，腳尖先輕輕落地再急速往前滑行，而後腿即跟上，若繼續前進，即再滑步再跟步，其勢有前擁之勢。在退步時，動作稍快（不是逃跑），我手掤好對方，注意對方抬腿進步時，我才退前撤腿，用乙字步法，即前腳輕抬，從實腳之側後撤，或三尖撤退。切忌不要環腿出圈而致身斜，反被對方得勢而進，造成背勢。

四、發（整）字訣

發（整）字訣，即整勁爆發，勿使有曲。這是餵勁的第四個訣竅，是練習爆發力與練習爆發力點的準確性，來彌補推手中發力點不準確的缺陷。

因為在推手練習中，單純對發力點的鍛鍊是比較少的，也不容易做得恰到好處，更不容易掌握，故而在餵勁學習中要特別指明。

爆發力量什麼時候發出比較好？這沒有固定的模式。總的來說，你必須將對方拿住，乘其背勢而發之。不易之處是這一瞬間的機會難於掌握，提前了沒拿死，稍遲機會錯過，做到準確恰到好處是不易的。故必須在實踐中專心

練習，由一方餵勁，一方練發，互相學習，共同提高。如當你與對方推手時，首先應當求順。這就得隨其所動而將其黏住，在往返走化中將對方拿住（我順），使對方沒有還手的餘地而將其擁起。

這一剎那間的機會不能錯過，而且這是自身化、蓄、發的焦點，也正是化、蓄、發一氣完成的時刻。就在這時，爆發力突然向對方發出，而且是向對方傾斜不穩處發的。

應特別注意，發點與落點的位置應在一條線上，要目視落點好像拋物一樣。發勁要周身一家，勿使有曲，但發人遠近與目視落點及手上揚有關。

綜上所述，餵勁的四個要素，在講法上雖然是分別說的，但在用法上是一個整體。經由一段時間鍛鍊後，自然融會貫通，能達到這個目的，懂勁就有了基礎，即能愈練愈精而向高層次進一步延伸了。

太極拳推手的發放

孟正源

推手中若想做到發放致遠應注意下列幾方面練習：

一、合拍

對方向我發手時，我應按動急則急應、動緩則緩隨的原則順應其勢，不丟不頂，接住彼手，引進使其落空，待其力盡，必有回意，我即可順勢而發。《打手歌》中說「引進落空合即出」的「合」字，應該是指對方力盡我即發出的轉化時刻，即合拍時刻。《十三勢行功心解》中說「收即是放」，也就是收到最後就是放，轉化並不明顯，但是要掌握這一時刻，才能順勢發出。

二、牽動

引進對方來手時，如對方來手停止不前，重心穩定，我若發勁必然效果不佳，難將對方發出。我應牽動對方來手，使其重心前傾，對方必急回撤，我即順勢而發，可收事半功倍之效。

三、驟發

對方一有回意，我即以爆發力驟然發勁，如迅雷閃電，疾風驟雨，引發之間，合而為一，使對方在毫無思想準備下驟然被發出，不及走化。已故太極拳家顧留馨老師曾稱讚楊澄甫先師推手是「動之至微，引之至長，發之至驟」「凡身受之者未覺其動而已騰空跌出」。故牽動手法

更能得到順勢借力的效果。

四、寸勁

向對方發動時，應以在極短之時間發出的最大之勁發之，才能將對方發之致遠，即所謂「寸勁」。這樣就會使對方猝不及避，不易走化。

五、勁整

上述所發之寸勁亦應集周身之勁，所謂「周身一家」。《拳論》中也指出「發動須沉著鬆淨，專注一方」「由腳而腿而腰，總須完整一氣」「向前退後，乃能得機得勢」「運勁如百煉鋼，何堅不摧」。故如欲使發放效果最大，必須勁整。

六、螺旋

在向對方發勁時，無論用單手或雙手均應畫或大或小之圈，含有螺旋之意，以使對方不知我勁之所向。陳式太極拳中強調纏絲勁，楊式太極拳亦然。發動時畫極小之圈，而後適時發出，所謂「意在驚彈走螺旋」「人不知我，我獨知人」，才能發之致遠。

七、略偏

在向對方發勁時，一般是向對方之正面方向發動，對方之抵抗方向也多在正方，故雙方之勁可能抵消一部或全部。如我發勁時方向略偏，不論上下左右，隨機應變，必然能出其不意，其抵抗力必小，使我之發勁效果更大。

八、發點

向對方發勁時，無論用擠或按，用單手或雙手，勁力均應集中在一點，意在對方中樞。《拳論》中說：「蓄勁如開弓，發勁如放箭。」力點集中在箭的尖端，才能有穿

透力。如力量不集中，發放不能致遠。已故太極拳汪永泉老師總結為一句話「要點不要面，要面兩不便」。意思是說發勁一定發點，否則發得不遠會造成雙方糾纏在一起進退維谷的局面。

九、跟步

向對方發勁時，必須有步法的配合才能取得最大的效果，《十三勢行功心解》中說：「力由脊發，步隨身換。」即步須根據發勁的需要而轉換，如發勁時後腿跟上半步，前腿亦隨之前進半步，使我之步伐前移，發勁範圍加大，將對方發之更遠。即所謂「進之則愈長」。進退步伐大小，均應根據實際需要而定。

十、挫意

我發勁時應含有挫意。《拳論》中說：「若將物掀起而加以挫之之力，斯其根自斷，乃壞之速而無疑。」此處挫力應為發手時先下後上走曲線的發力，應使對方在著力時有騰空而起似斷線風箏般的被發出的感覺。

以上所談為推手時對於如何發放致遠的點滴膚淺體會，而如何用於實踐並做到恰到好處，仍需不斷反覆練習。即所謂「工彌久，技彌精」「然非用力之久，不能豁然貫通焉」。

談太極拳推手中幾個重要技法

楊金堂

　　太極拳推手是一種高層次的拳法，沒有幾年拳架功夫是推不好的。武式太極拳推手中技法甚多，出手即能制人。其基本技法有如下幾個方面，也是在推手中必須遵循的法度和要訣。

　　我國太極名家陳固安老師生前在推手技擊中創造了許多極為重要的推手之絕技，如：「身要欺人」「步要過人」「捨其正中定橫中」即捨正打橫，「手足貫用要訣」「八法使用要訣」，推手中如何應用「聽、引、化、拿、發」五種勁法，並創造性地把推手畫分為「順、逆、變、空、玄」五個階段，在推手實踐中創出了「定步、活步、左顧右盼、裏旋肘、外旋肘」等多種推手之法。

　　今就上述推手之法分四個方面，淺述如下：

　　一、何謂「捨其正中定橫中」？

　　常言說「人少橫力」，特別在推手技擊中，兩人掤手相觸，儘管周身含有彈力，兩足前後分開時，其力均貫注於前後縱向，對方雖有橫向之力，但橫力總是要少於縱力的。中心、重心，二點均在於縱，而進招引其離開支撐點，我捨其正面，擊其橫面，因對方力點不能集中合一，對方一旦離開其支撐點，身形自然傾斜，我從橫面擊之，對方即行跌出。如向對方進招「雲手」，我右手由對方腋

433

技擊篇

下向上旋臂翻掌搗住對方右肩，左掌按對方胯部，對方整個半側身明顯露出，並成麻花狀，我當即正身發力，對方即行跌出。這是「捨正定橫」的舉例。

二、所謂「進身欺人」之術，應知人體之「三節」。

從整個人體來講，頭為梢節，腰為中節，足為根節，如對方三節被欺，對方即不能活便，更無法使招，而我則運轉自如，左右逢源，對方處於背勢。

因此說，「制梢節」「欺中節」「盤根節」三法，是武式太極拳推手之絕技。「身、手、足，上下相隨，以塌梢節、摝根節、堵中節，此為控制上肢兩臂之法。制梢節、欺中節、盤根節是控制對方身手足上下三節之法」。如進身欺人，欺得越緊，對方整個身形越不能靈活運轉，皆因對方處於背勢，而我處於順勢。

三、所謂「步要過人」，即是便於貫、扣、插三法之應用，便於步法之進退及身法上靈活變換。

貫者發勁，扣者合勁，插者鑽勁，可稱勁練三法。欲將發人，步要暗進，靈活掌握貫、扣、插三法，與人交手無不穩操勝券。

例如，拳勢中上可擊其下腭，下可使用貫扣二法，應左貫左，需右扣右，使對方雙腿處於我控制之範圍。如對方閃身後退，我即由拳變掌，雙掌齊出，進招連環，「懶紮衣」招法猛擊胸前，此仍三法應用之舉例。

又如我方使用拳勢中「頂心掌」，在對方前進一步之機，在我退第一步之時，急速貫注對方右腿，而「頂心掌」招法即打胸前。使用此招法上下必須協調一致，速度尤為重要，否則起不到頂心掌驚彈寸勁之威力。

又如在推手中使用左右採法，如不用貫扣二法，那就起不到應有之效。

四、如何做到「不丟不頂」之術，亦是推手技擊中必須遵循的一種法度。

說具體點，就是推手雙方均不能離開，雙方均做到沾連不脫，並不與對方抗力，這就叫「不丟不頂」。惟有不丟不頂，才能「沾連黏隨」，並能做到「捨己從人」，能捨己從人，方能「力從人借」。

上述諸法均有相連，可稱環環相合，勢勢相承。清代李亦畬先生「五字訣」中講「由己則滯，從人者活」，要想做到不丟不頂，必須做到彼退我進，彼剛我柔，彼伸我屈，彼屈我伸，方能達到不丟不頂之目的。

在此基礎上如能圓形走化，陰陽開合運轉全身，才會「引進落空」，使對方不能穩定中心，處處陷於被動地位。要做到不丟不頂，另一個方面就必須要做到「掤要撐、勁要崩」。崩者彈也，更無驚彈之能。因此說，必須精神提得起，氣斂神隨，中氣貫通，運轉全身，使全身有一股彈性，兩臂圓撐，無凹凸之弊，意、氣、形密切配合，即能做到不丟不頂。所以做此技是多方面的。以上所講，須在應招運勢實踐中潛心加以體驗。

太極拳技擊哲理探奧

夏　濤

　　太極拳是中華武術園地中的一朵奇葩。它熔鑄了中華民族古樸而燦爛的文化，使習練者不僅從中得到健身、修身、養性的無窮樂趣，更感受到其中奧妙無窮的哲學魅力。本文試從太極拳的技擊特點入手，來探討太極拳與老子哲學思想的關係。

以柔克剛

　　太極拳作為武術，與其他拳術相比，有著獨特的技擊特色。其主要的特色是：以柔克剛。

　　以柔克剛包含了以靜制動和以弱勝強的特點。王宗岳的《太極拳論》說：「察『四兩撥千斤』之句，顯非力勝，觀耄耋能禦眾之形，快何能為。」以柔克剛正是《道德經》所強調的一點。老子說：「堅強者死之徒；柔弱者生之徒。是以兵強則滅，木強則折。」（《道德經》76章）一般地說，柔弱的東西代表新生，充滿生機；剛強的東西代表盛大，失去生機。柔弱的東西含蓄，具有韌性；剛強的東西顯露，具有脆性。柔弱的東西持久；剛強的東西短暫。「抽刀斷水水更流」「滴水穿石」等等都說明了「柔勝剛」的道理。

　　太極拳的技擊和盤架子一樣，具有鬆、柔、圓、緩、

匀的特色。中正安舒、輕鬆柔和的動作能使內氣無微不至地運行，同時能使神意主導吞化和發放。

太極拳以柔為主的技擊藝術與其他的技擊藝術相比，有著非常明顯的區別。

武術名家吳圖南曾概述為：「太極拳不同於其他拳術，從外形上約略有以下四點：第一，太極拳不使拙力，重意不重力，不跳跳蹦蹦，始終是體氣平和的；第二，太極拳以靜制動，練拳時一直保持身心鬆靜的狀態，應變時也是保持以靜制動的狀態；第三，太極拳以柔克剛，也就是柔柔韌韌地不用力，就能戰勝力氣很大的對方；第四，太極拳能以弱勝強，在年歲體質相差很懸殊的狀況下，弱者可以戰勝強者。」這正好說明老子的「柔弱勝剛強」的哲理所具備的科學性和生命力。

引進落空

何謂「引進落空」？

就是引動交手對方的重心，使其失去平衡，為我的取勝創造條件。

其技藝以「柔弱」為前提。「柔弱」者能麻痹對方，促使對方造成錯覺，率先行動，過早地暴露重心和弱點。這樣，主動者就給被動者創造了擊敗自己的條件。「吾不敢為主而為客，不敢進寸而退尺」（《道德經》69章）。「為客」不是為客而客，「退尺」不是為退而退。「客」和「退」只是一種現象和手段，其目的是為了讓對方造成過失，讓己方取得「我順人背」的優勢。

可見，老子所說的「客」與「退」，其本質是為了掌

437

技擊篇

握主動權。太極拳以「柔」為主的指導思想與老子的論兵思想同出一轍。

「引進落空」的條件之一是需要有靈敏的「聽覺」。為了取得主動權，對方總是不間斷地調整自己的重心和勁點，因此我方必須先於對方掌握變化的動態。倘若稍有疏忽，就將陷於盲目，從而失去「引進落空」的機會。

老子說：「見小曰明。」「見小」就是要謹小慎微，防微杜漸，十分細緻地瞭解對方變化的機兆。「明」即清楚，要心中有數。靈敏的「聽覺」，需要進入「見小曰明」的高層次。

「引進落空」的條件之二是「靜」和「蓄」。「牝常以靜勝牡」（《道德經》61 章），雌柔常以靜定而勝雄強。「引進落空」中的「柔」與「靈」如果失去「靜定」，其功夫就像建築在沙漠上的樓房，彼若以重兵壓城，己方就必然煩躁，內氣上浮，手腳散亂，最後導致行動的莽撞。「心不靜則不專，一舉手前後、左右全無定向」（李亦畬《五字訣》）。

心愈靜，分辨對方的虛實愈細緻，掌握對方的動向愈精確，這一層功夫是無止境的。「靜定」的功夫需要有很高的武德修養和深厚的太極拳功底。「靜定」者含蓄，含蓄能吞化彼勁，以達到「引進落空」的目的。「知其雄，守其雌，為天下谿，常德不離，復歸於嬰兒」（《道德經》28 章）。

瞭解雄強，卻安於雌柔，作為天下的溪澗處下而含垢，包容大度，吞化一切，太極之道得矣！這一切始終貫串著老子的以柔弱為起點的哲學思想：「弱者道之用」

（《道德經》40章）。

捨己從人

「引進落空」只是具備戰勝對方的條件，要最後戰勝對手，還須把功夫上升到「捨己從人」的高度。

「捨己從人」同樣建立在「柔弱」的基礎之上。它是在表面的被動中操持主動，調動對手，最後戰勝對手的一門功夫。

「捨己從人」有兩層意思：其一是「從人」，「以奇用兵」（《道德經》57章）；其二是「捨己」，能「載營魄抱一」（《道德經》10章）。「從人」指戰術，「捨己」講實質。

「從人」的中心思想是根據「偵察」到的情況，作出分析判斷，然後運用各種手段，迷惑對方，調動對方，最後為我所制。

交手雙方。假如對方內勁渾厚，力量很大，接手就有「山雨欲來風滿樓」之勢，我方首先要避其鋒芒。待對方舊力已去新力未至之際，我方立即抓住時機進行滲透，爭取主動。若對方攻勢過急，重心暴露，失去平衡，我就立即利用對方的慣性進行突如其來的打擊。

如果對方內勁欠足而聽覺靈敏。又老是與我迂迴，那麼，我方可以穩住丹田之氣而步步逼進，就像壓路機隆隆而進一樣，逼其勁點暴露，為我所制。

總之，雙方交手，揚長避短，聲東擊西，靈活機動，出奇制勝。「兵者，詭道也」（《孫子》1章）。

「捨己」的功夫具有忘我無私的品格，它不但是技擊

技擊篇

功夫，也是修德功夫，使太極拳從「拳」上升到「道」。「為道日損」（《道德經》48章），真正進入「捨己」的境界，則需要約繁至簡，在眾多的規律中抽象出最基本、最簡單的規律應物自然。

「捨己」要求得機得勢，身心合一，練氣歸神，氣勢騰挪，雖動猶靜，雖靜猶動，渾沌不分，最後進入忘我和天人合一的境界。這時，與人交手，全身透空，在身「不知手之舞之，足之蹈之」，在心「有心運到無心處」，自身的小宇宙與天地的大宇宙融和，太極拳的技擊進入「無有入無間」的妙境。

「捨己從人」是太極拳用於技擊的精華。它是「四兩撥千斤」的終點，又是起點。因此，王宗岳在《太極拳論》中告誡道：「本是捨己從人，多誤捨近求遠，所謂差之毫釐，謬以千里，學者不可不詳辨焉。」

太極拳的「捨己從人」不但使太極拳在技擊方面進入高一層境界，而且使太極拳在人們的日常生活方面和精神陶冶方面都享受到「無為而無不為」的無窮樂趣。

健身篇

法於陰陽
和於天地

篇首語

武以養生　千古一拳

余功保

　　太極拳的健身特性是它鮮明的標誌之一。

　　有人甚至說，隨著社會的發展，拳術功能也在變化，健身已經成為當代太極拳的第一作用。無論如何，許多人的確是因為健身開始接觸太極拳的。

　　太極拳能健身，但也要科學練習才能起到很好的效果。好經不好好念，也容易念歪。

　　太極拳健身應該破除迷信，更新觀念。這其中有兩點值得注意。

　　其一，練太極拳健身要從易處入手。過去很多人強調太極拳難練，有「十年不出門」之說，把「難」字高懸，嚇退多少人。綜觀許多推廣普及較好的項目，無不在「易」字上大做文章。其實太極拳入門易，練出健身效果來也不難，關鍵在於把握幾條基本性原則，練太極拳健身應該力戒繁複。

　　其二，要提倡「快樂太極」。練太極拳是一種享受。有的人可能是因為疾病尋求健康來練習，這是有功利性的。一旦回復健康還能否堅持？現代社會我們很難苛求大家不帶有功利性地去做一件事。因為時間和經濟都要追求效率。但能否做到以功利入，以享受出？還有很多人身體

是健康的，練習太極拳是為了保持健康，保持健康才能有真正的快樂，快樂是健康最好的「潤滑劑」。

我們提倡「快樂太極」就是以一種享受的、娛樂的心態、形式去練習。

這一方面取決於太極拳本身的內涵、魅力，一方面取決於練拳的入手和立意。

書法講書品，書有品則意自高，意高才能藝高。太極拳亦然，有品才能高，才能長，才能長遠。太極拳的品，最大者為快樂。

為快樂而練拳，因快樂而練拳。

沒有健康就沒有快樂。但健康不能於有病治病。應在未病之時勤於鍛鍊。在鍛鍊中要能享受到身心的愉悅。把健身貫穿於練拳的始終。這才是一種從裏到外的健康。

要做到這一點，就要練得對，如何對？依照太極拳的基本法則。還要練得輕鬆，如何輕鬆？就是把自己的心靈感受和拳架規範結合起來，在行拳中讓快樂洋溢起來，這樣就讓身、心俱泰。

快樂是健康的大境界。所以，衡量太極拳練的效果好壞的指標之一就是你練得是否快樂。

至於一不小心練成了「大家」，那是「無心插柳柳成蔭了」。

以現代科技全面揭開太極拳
優化生命質量之奧秘

曹一民　等

　　太極拳哲理博大精深，是中國傳統健身瑰寶，具有獨特的修身、健身、防身理論和效果，受到廣大群眾喜愛，並以其特有的魅力不斷地走向世界。

　　當前關鍵的問題是：如何在現有成績的基礎上，用現代科技來深入系統地闡明和發掘太極拳的深邃內涵，進一步繼承和發揚其精華，更系統和科學地對之進行研究、教學和習練，使之更好地為人類健康服務。

　　21世紀人類社會的發展，為太極拳的深入發展和走向世界提供了一個挑戰性機遇，也使我們必須作出戰略部署，使之為人類的健康水準和精神素質的提高作出貢獻，完成其新的歷史使命。

一、21世紀社會面臨人口老化、中年人有待提高健康水準、少年人有待智力開發、腦力勞動強化等重大社會問題，必須預先安排戰略性對策

1. 提高老年人群的健康水準和生活品質。

1999年是國際老年人年，世界衛生組織（WHO）確

444

健身篇

定其主題為「積極健康的老年生活」。全球人口的老齡化是21世紀人類面臨的最大挑戰之一。

由於人類壽命的延長和生活方式的改變，慢性非傳染性疾病的比例將繼續提高。心腦血管疾病、癌症、糖尿病，以及折磨老人的癡呆、骨質疏鬆症將成為主要死亡原因。據統計，我國的癡呆老人至少在 600 萬以上，隨著人口老齡化，這個數字還將逐年增加。骨折是老年骨質疏鬆症最常見的併發症。

我國老年人骨折發生率為 6.3%～24.4%　尤以高齡女性為最顯著。心腦血管疾病、老年癡呆症、骨質疏鬆症成為老年人生活不能自理的主要病因。21 世紀人口的老齡化，形成社會的重大負擔。如何提高老年人的健康水準和生活品質，最大限度地減輕家庭和社會負擔，是必須提到戰略高度來對待和處理的社會問題。

2. 成年人是社會的中堅，但是他們處在劇烈的競爭狀態之中，因此尋求有效的鍛鍊模式，使成年人保持充沛的精力、提高工作效率、提高心理承受力，延緩推遲他們的衰老進程，這也成為一項具有重大戰略意義的課題。

3. 全面發展青少年的體質，備受社會關注。研究證明：開發右腦是使智力、體質全面發展的重要環節。它不僅能充分開發青少年的聰明才智，而且也將為青少年體質全面發展打下良好的基礎。目前中國青少年的學歷和體質呈反比態勢：學歷（知識水準）越高，體質越差。因此採用什麼手段和途徑開發青少年的右腦潛能、全面發展體質，就成為青少年教育科學的戰略性的重要課題。

4. 社會的高科技化對腦力勞動者的能力和水準提出了

445

健身篇

前所未有的要求。因此，如何有效地提高和增強人們的智力以及神經系統持續和高效的工作能力，是一項具有重大戰略意義的課題。

綜上所述，林林總總，均必須妥善安排戰略性對策。多年實踐和初步研究結果表明：中國傳統健身瑰寶太極拳可以在上述諸問題中發揮其獨特作用，起到顯著甚至意想不到的效果。

二、太極拳的健身功效和對其深入研究的必要性

1. 研究表明太極拳確實具有強身健體的特殊功效。

《太極拳論》「精神內收，病安從來」，充分強調人的精神能動性的巨大作用。太極拳講究鬆靜安舒，周身協調，通暢氣血，陰陽平衡，以意領行，導引經絡，氣貫全身，神形合一；它從整體上把握人體狀態的鍛鍊調整，對神經系統和內臟器官狀態的調整具有特效。

太極拳講究柔化，剛柔相濟，隨機轉化，捨己從人，以柔克剛，利於人們的心態、心理的調整，發揮正面 A 型性格，減少內向性格影響，增進人們身心的健康。

太極拳被譽為「精神體操」，對於解除精神狀態，提高精神對環境的適應能力具有特殊的功效。

太極拳講究保持舒暢的腹式深呼吸，促進內臟的蠕動，起到調整內臟、提高功能的作用。

從事太極拳鍛鍊的人群普遍感受到它具有強身健體的特殊功效。

多年來，我們對中老年人群的心電、腦電及血脂水準

的定量測試表明，太極拳鍛鍊對心腦功能狀態有一定程度的改善，長期練太極拳的人的腦電波中 α 波（覺醒波）占明顯主導地位，主峰突出，α 波頻率同步化、有序化，大腦機能進入良好的覺醒狀態。從現代醫學觀點看，這種狀態能極大地增強人體內臟功能及免疫能力。

研究結果還表明，太極拳能改善老年人的情緒、睡眠、性格、記憶力與動作穩定性，促進心臟功能、代謝功能的提高，有顯著的抗衰老效果。對人群的微循環測試結果顯示，太極拳鍛鍊能使人體微循環狀態得到改善。我們相信進一步系統、深入地科學研究，終將全面揭示太極拳提高人體生命品質的奧秘。

2. 太極拳深入研究的必要性。

隨著社會的發展和生命科學、醫學科學的進步，太極拳顯示了東方文化的特色和魅力，並展示出在強身健體方面的巨大潛能。但亟待在理論形態和方法論上獲得提高與更新。

人體科學是多學科的交叉，人體又是一個複雜的「巨系統」，必須以系統工程的方法來處理。為此，我們需先抓住主導、關鍵的問題，然後分解課題，分析綜合。

太極拳科研的特點是：生理參數多，測試資料量大，需要跟蹤時間長，影響人體狀況因素複雜多樣。因此，在對太極拳進行深入研究時，必須嚴格地應用現代統計學對試驗專案進行科學的設計和評價。

要探討太極拳的健身效果還必須研究正確傳授和科學習練的作用。因此，必須進一步科學地繼承、理解、把握太極拳的內涵。

健身篇

人們反映太極拳難學，因此，我們應進一步改進太極拳的傳授和習練模式，擬定一整套簡明易學、逐步提高、深入淺出的教材，建立人們易於理解、掌握的理論體系。

三、太極拳發展的戰略目標

「以現代科學全面系統地揭示太極拳優化生命品質的奧秘」，應是太極拳科技發展的戰略目標。

(一)太極拳健身祛病機理的研究

1. 發揮多學科的優勢，深入進行太極拳習練人群的科學測試。

（1）在全面總結已有研究成果的基礎上，積極運用現代自然科學、邊緣科學的先進理論和儀器設備，系統地、針對性地進行人群樣本的生理、生化、病理、心理指標測試，研究其複雜的深層規律，揭示其內在機制。

（2）研究中，要注重學練太極拳對大腦功能、腦電、內分泌（如胸腺）、微循環，以及中醫的經絡、脈象、心理參數的測試和分析，把人體作為高度統一的閉環調控的整體系統，從發揮精神能動性的觀點出發，探索經絡、氣血、呼吸方法的特殊作用，由此揭示其強身、祛病功效的特有機制。

（3）研究太極拳運動在「生理———心理———社會」現代醫學模式中的作用和地位，發揮其在人們心理素質的提高和適應社會群體的交互作用方面的特點。

（4）長期抓好不同行業、年齡段習練太極拳人群樣本的培育、選拔及監測，考察其對不同人群健身的普適性。

2.研究太極拳鍛鍊優化生命品質效果的指標及其機理。其指標是多方面的,主要包括如增強免疫功能、平衡內分泌、內臟功能協調、能量代謝平衡、腦功能興奮平衡、精神安詳、心理平衡、反應靈敏、動作協調等。

(1)研究太極拳抗衰老、防治老年病的效果及其機制。針對老年人的特點,研究其對心腦血管疾病、糖尿病、高血壓、高血脂、骨質疏鬆,防止摔跌,延緩大腦退化的防治效果和相應機理。

(2)研究太極拳對解除精神緊張的作用。針對成年人特點,研究其在減緩和解除精神緊張狀態、提高健康水準、增強免疫功能、提高對環境的適應能力方面的特殊功效和相應機理。

(3)研究太極拳對開發青少年右腦潛能、形象思維、生長發育和全面發展智力的效果、鍛鍊模式及有關機制。

(4)研究太極拳有效的消除精神疲勞的功效和機制。現代科學證明:在進行思維、分析、判斷等緊張的心智活動時,神經系統產生的疲勞深度要大大超過同等強度體力運動的作用。精神疲勞消除的時間,也大大高於消除機體疲勞所需要的時間。有針對性的太極拳訓練,可以有效地提高人群的腦力持續高強度的工作能力。

(二)太極拳拳理、功法、內涵、教學的研究

1.用現代語言和現代科學系統地闡述詮釋太極拳拳理。

在保持太極拳東方文化特色的前提下,用現代語言和現代科學來系統地闡述和詮釋,使其成為人們易於把握的

449

健身篇

具有現代特徵的理論體系，這對太極拳的現代科學研究向深度和廣度進軍，走向世界，都有十分重要的意義。

2.改進太極拳的傳授和習練方法。

改進太極拳的傳授和習練方法，科學地把握太極拳的套路和內涵，也需加速對太極拳內涵的深入淺出的傳授和初步掌握，以適應現代社會快節奏生活的需要。為此，還應當在已推廣的太極拳分級套路中加入行之有效的樁功、基本功、單勢訓練等，以便於掌握。另外，還需注重科學練拳，防止方法不當造成運動損傷。

為了太極拳的進一步提高，還應體現繼承和創新相結合。加強學院和民間傳統的融合，相互補充。在深入理解太極拳內在特點的基礎上，發展相對簡單易學、具有明顯專項健身功能的太極拳套路。在科學實驗配合下，太極拳不僅汲取古典拳種的精華，還將根據不同病症的醫學要求，發展新風格，創編出人們喜聞樂見的新套路。

四、太極拳科研戰略發展實施的建議

1.在有關上級的領導下，設置專項基金和專業委員會，如太極拳科研委員會，從資金管理、科研題目選擇和學術交流三個方面，使全國有關的科研力量進行有機的組織和配合。

2.在有關領導的主持下，組織科研人員、體育界、醫學界、太極拳名家、傳人、教練員和愛好者共同研討，提出全面系統、切實可行的中、長期的科研規畫，進行合理的分工配合。在此基礎上建立一支相對穩定的科研隊伍。

3.對關鍵和重大的科研課題組織攻關，落實經費，實

行公開招標，對太極拳科研實現重點突破，達到導向和高效的作用。

4. 太極拳的研究涉及生理、心理、生物、化學、電子、力學、醫學和生命科學等。必須強調和重視多學科、多領域協作的重要意義，實行協作方式的制度化。大力提倡學術思想的交流，協作成果共用和協作精神的培養。

5. 定期展開專題的國際、國內學術交流，並盡力引進利用國外資金及先進的測試手段，開展合作研究。

6. 組織科研成果的評議、鑒定和宣傳，避免以推廣成果為名做違反科學的事情。對功法、用品、藥物的推廣建立評審制度，防止自行其是，謬種流傳。對科技成果建立先評議後發表的制度，既避免偽科學的氾濫，也促進全國性的交流。

總之，太極拳理、拳論從經典理論向現代語言和現代科技詮釋的過渡，將推動太極拳運動的更大普及和向世界傳播。將古老的東方文明與現代科技相結合，應用現代科技手段和理論方法來弘揚中國傳統文化，繼承與創新相結合，必將加速探索太極拳優化生命品質奧秘的進程。

在可以預見的將來，系統的太極拳鍛鍊，可能成為促進人們聰明智慧、身強力壯、精力充沛、延緩衰老、益壽延年的一個重要手段，為解除 21 世紀社會的人口老化的壓力，為提高中年人健康水準、開發青少年人智力、加強腦力勞動者的能力，全面提高 21 世紀人類的健康水準和精神文明作出獨特的貢獻。

論太極拳之以內養外

劉一隱

　　太極拳者，自然之法成，是為以拳而演繹天地運化之道，時人若得之法，乃祛病、體健、延年、益壽。

　　余於幼年修習禪、密心法至今，時年與太極結緣，雖拳之粗拙，幸略有所得。余以為：習太極者，旨應以祛病延年為要，於拳理應有所知，於理處踐行，方到彼岸。凡事不明理而行，其如竹籃打水———空必至矣　太極拳理者，諸門宗於各有其論，但多以論之技法為重。余於此另闢一徑，試以此闡明太極與性命攸關之寓義。

論於大———

　　以古聖賢之論，世者所成，為道生一，一生二，二生三，三生萬物。道者，謂曰無極；一者謂曰太極；二者為之陰陽；三者是曰三才，為之上、中、下是也。故拳之謂太極，於其內涵之要，實乃以拳術而演繹天地運化之機是也。

　　天地運化之機何以為是？

　　古人曰：天地之機，在於陰陽之升降，一升一降，太極相生，相生相成，周而復始，不失於道，而得長久。天地行道，萬物生成。《黃帝內經》有言：「氣之升降，天地更用也。升己而降，降者謂天；降己而升，升者謂地。天氣下降，氣流於地；地氣上升，氣騰於天。」故天地運化之機，乃天地之交合，氣行於天地之間是也。

論於小————

太極者，衍生陰陽。以古聖賢之論，人之所成，乃形與神為之表裏。神者，形之主；形者，神之舍。形中之精以生氣，氣以生神。《黃帝內經》有言：「夫人生於地，懸命於天，天地合氣，命之曰人。人生有形，不離陰陽……陰陽者血氣之男女也……故曰：陰在內，陽之守也，陽在外，陰之使也。」

「在外」，曰形體。謂之形體，非單指人之軀體而言，五臟六腑、四肢百骸，筋、骨、血、肉無一不在其中。

「在內」，為神意。謂之神意，亦作思維講。古稱之為「精神活動」。《黃帝內經》有言：「所以任物謂之心，心有所憶謂之意，意有所存謂之志，因志而存變謂之思，因思而遠慕謂之慮，因慮而處物謂之智。」若於生理，則謂曰人腦之特殊功能是也。

人寓之生命，乃於內外相合之故，而成於內外相合者，惟「氣」是也。《黃帝內經》有言：「夫自古通天者生之本，本於陰陽。天地之間，六合之內，其氣九洲九竅，五臟、十二節，皆通乎天氣。其生五、其氣三，數犯此者，則邪氣傷人，此壽命之本也。此因時之序，故聖人傳精神，服天氣，而通神明。」《淮南子———道原訓》中說：「夫形者，生之舍也；氣者，生之充也；神者，生之制也。」故於人體而論，神主意，意帥氣，氣引形。人體之神與形體活動乃為「氣」所充養。

太極拳者，為意、氣、形三者之共用，內外相合，互為表裏，滲透、促進，相得益彰。《易筋經》有言，若專培無形而棄有形，則不可；專練有形而棄無形，則更不

可。練有形者為無形之佐，培無形者為有形之輔。是一而二，二而一者也。有形之身必得無形之氣，相依而不相違，乃成不壞之體。《紫清指玄集》中說：「心者，氣之主；氣者，形之根；形者，氣之宅；神者，形之具。」故習拳成者，須以氣養形，以內養外是也。

內者，寓神意，謂之「主人」；外者，曰形體，謂之「店舍」。若堅固城郭，不使房屋倒塌，即須築基是也。築基者，當以心性為之澆培。故以內養外者，調養「神意」為之首要。

然神意視之不見，何以為養？古人有曰：精化氣，氣生神，氣足而神自明，氣虛而神自衰。故調養神意，當以練氣為之首要。

氣者，非指人體呼吸之氣，《紫清指玄集》中說：「其氣即非呼吸氣，乃知卻是太素煙。」人體呼吸之氣，若論於道，謂之後天。謂生神者，乃為先天之「氣」也。

不得先天氣者，切不可勉強使後天之氣降沉丹田。丹田者，惟呈先天之氣，謂曰先天氣之「爐」也。若勉強使後天之氣降沉丹田，勢必誤入歧途，下部發痔疾、腸疝之類病疾。

先天氣之採煉，國之中華法門眾多，事者當選於己相宜者為之。為眾之方便，時將太極祖師張三豐先天氣之採煉節選於此，僅作拋磚引玉之用。

「每日先靜一時，待身心安定、氣息平和，始將雙目微閉，垂簾觀照心下腎上一寸三分之間，不即不離，勿忘勿助，萬念俱泯，一靈獨存，謂之正念」。先天氣之採煉，法惟凝神調息，調息凝神。息要注入丹田氣穴，神要

注入丹田氣穴，兩者形影不離，一出一入，故曰「心息相依」。張三豐說：「調息不難，心神一靜，隨息自然，我只守自然，加以神光下照，即調息也。調息者，調陰蹻之息，與吾心中之氣相合於氣穴之中也。」

調息者，乃用後天之氣煉出先天氣是也。「但知即日動止間，一物相處常團圓」。即待丹田有「物」，即先天氣到時，自然真氣由尾閭穿夾脊，升泥丸，下鵲橋，過重樓，至絳宮，落入下丹田，是為河車初動，為練精化氣小周天是也。

氣者若成，即行練氣化神之功。

張三豐說：「入定坐下，閉目存神，使心靜息調，即練精化氣之功也。迴光返照，凝神氣穴，使真氣往來內中，靜極而動，動極而靜，無限天機，既是練氣化神之功。」待神意有感，於此行拳乃為以內養外是也。「其神即非思慮神，可與元始相比肩」。

養外者，初當以行拳之時，自然而然，以呼吸為之配合。太極名家陳炎林言：大抵在盤架子時收手為吸，出手為呼；升為吸，降為呼；提為吸，降為呼；開為吸，合為呼；動步轉身及各式過渡之時，為小呼吸。小呼吸者，即呼吸不長，又呼又吸，而含有稍停息之象也。在推手時，按為呼，擠為吸，攦為吸，掤為吸。諸如此類。

行之熟練，即以後天之氣引動先天之「氣」，再若行拳，方始於以神主意，以意引氣，以氣引形，得入太極狀態。時人在氣中，氣在人中，天、地、人合一而事於混沌，陰陽不調而自調。時而久之，把握陰陽，呼吸精氣，獨立守神，形與神俱，盡終其天年，度百歲乃去。

455

試論太極拳與健康長壽

謝文德

健康長壽是古今中外人們不懈追求的目標，在科學高度發達的今天，已經成為許多學者以畢生之精力研究的課題。它涉及人類的遺傳學、老年醫學、心理學、營養學等。這裏我想從太極拳與健康長壽的關係這一側面，談談個人的一些粗淺認識。

一、促進人類健康長壽是太極拳的重要功能

一個人能否健康長壽，是由諸多因素決定的，但概括起來，無非是兩個：一個是遺傳基因；一個是後天的調攝。前者決定於父母及祖輩，生命一旦落地即已鑄就，本人無法改變；後者則在於人的主觀能動性，就一般人來講，追求健康長壽主要從這方面努力。

所謂後天的調攝，又分兩個方面，即攝取生命活動的必需的營養和預防有損健康的各種疾病，想方設法延緩人的肌體衰老的過程。

如何延緩人的衰老過程？在我國歷史上有許多眾所周知的經驗教訓。早在 2000 多年以前，秦始皇曾派遣徐福帶領 3000 童男童女出東海去尋找「長生不老藥」，這個故事在我國幾乎家喻戶曉。但是 2000 多年來，沒有一個人見到

過真正的「長生不老藥」，也沒有一個長生不老之人。

事實恰好相反，那些企圖通過服用「長生不老藥」達到長生不老之人，反而由於藥物中毒加速了死亡。譬如唐代的憲宗、穆宗、敬宗、武宗、宣宗等，都是因為服用「仙丹」而死的。一代明君唐太宗也是因為服用「延年藥」而一命嗚呼。武則天曾經服用過三年「長生不老藥」，結果也是沒有「長生」。明代的「宮廷秘方」非常馳名，直到現在某些人為了獲得暴利仍在喋喋不休地宣傳它是「萬應靈藥」。

事實上當時享用過這些「宮廷秘方」的皇帝，長壽者屈指可數。明朝的 16 位皇帝，除了最末一代的朱由儉即崇禎皇帝因為丟了江山，於 1644 年吊死在北京的煤山即現在的景山之外，其餘 15 位按實足年齡計算，活到 60 歲以上的只有 3 人，50 歲以上不滿 60 歲的 2 人，40 歲以上不滿 50 歲的 1 人，30 歲以上不滿 40 歲的 8 人，不滿 30 歲的 1 人。可見絕大多數是壽命不長的。

根據《後漢書》記載，名醫華佗精於方藥，能治許多疑難病症。但他對於養生之道，卻沒有提倡用藥，而是主張運動。他曾對他的弟子吳普說過：運動有助於食物消化，血脈流通，病不得生，就好像戶樞不會腐朽一樣。他發明一套體操，叫做「五禽之戲」。他說，如果身體不舒適，只要做一禽之戲，愉快地出一身汗，然後在身上撲一撲粉，就會感到身體輕鬆、食慾旺盛起來。華佗的這個見解符合科學道理。

而今，「真正的財富是健康的身體」已成為世界流行語。世界衛生組織反映了人們的願望，提出「2000 年人人

457

健身篇

享有保健」的目標。現在看來要實現人類這一願望，困難
是很大的。美國是當今世界頭號強國。美國一年的醫藥費
開支就達數千億美元，占美國國民經濟總收入的 13%，占
全世界醫藥費開支的 40%。然而就是這樣一個國家，仍有
3700 萬「窮人」缺醫少藥，無法保證享有保健。那些處於
第三世界的不發達國家的老百姓，人人享有保健更是不知
何時才能實現。

　　人們會產生疑問：是不是在現在和將來一個很長的時
間，人們無法享受到「健康長壽」的幸福生活呢？

　　回答是否定的。遵照《黃帝內經》「治未病」的戰略
思想，1994 年在北京舉行的首屆世界太極拳修練大會上，
向全世界推出太極拳、靜坐氣功、保健按摩三套中國寶貴
的傳統健身方法。1995 年第二屆太極修練大會推廣三套傳
統健身方法譽為人類健康長壽的「百歲工程」，因而在國
內外引起極其濃厚的興趣。

　　「太極」一詞最早出現於古書《易》。相傳這部書是
3000 年前周文王所著，故又稱《周易》。書中寫道：「易
生太極，太極生兩儀，兩儀生四象，四象生八卦，八卦定
吉凶，吉凶生大業。」這裏「太極」是指一切變化的起
點，派生萬物的來源。

　　後來的中國學者紛紛以此學說解釋世界，表達哲學觀
點。如宋代的朱熹提出：天地萬物之理便是太極。唐代孔
穎達、明代王廷相認為，天地未分之前的「渾沌清虛之
氣」是太極。宋代的周敦頤則說：「太極動而生陽，動極
而靜；靜而生陰，靜極而動。一動一形，互為其根；分陰
分陽，兩儀立焉。」宋代的邵雍主張「心為太極」「道為

健身篇

太極」。太極陰陽學說在中國哲學、醫學、養生學中佔有重要地位。

關於太極拳的起源，歷來流傳著不少具神秘色彩的傳說。如傳說 12 世紀（宋代）一位在武當山修練的丹士張三豐，在應皇帝召見途中遇阻，夢中由武當山神授以拳法，擊敗了強盜，從而創造了太極拳。也有的說張三豐在修練中觀察了蛇鵲爭鬥的情形，產生悟性，創造了太極拳。以上說法儘管流傳廣泛，但史料並不確鑿。

現有的確切材料是，17 世紀中期，太極拳流傳於河南省黃河流域以溫縣為中心的農村。當地對太極拳有兩種說法，一是由當地武術家陳王廷在民間拳法基礎上創造；一是由蔣發自山西省拜師學藝後傳入。如果從此時算起，太極拳至少已經有 350 年以上的歷史了（時為明末清初）。

有文字記載的「太極拳」一名之由來，可以從王宗岳的《太極拳論》找到。王宗岳是山西人氏，是武術著作家。清乾隆 60 年（1736 年，距今 260 年）尚健在，晚年曾於河南洛陽、開封設館教書，如今，他的《太極拳論》已成為太極拳經典。

早期的太極拳是健身和實戰並重的。關於太極拳的戰術、技術，王宗岳的論文中明確指出了是捨己從人、以柔克剛、後發制人、以變制快、以旋轉勝強攻的原則。在健身方面，太極拳吸取了中國古代養生法則，要求心靜體鬆，中正安舒，意念引導，氣沉丹田，從而形成了一種動中寓靜、柔中寓剛、內外兼修的健身運動。

如今，陳王廷所創之太極拳已傳到第 19 代孫，並演化為陳、楊、吳、武、孫等多種流派。而在國內外流行最

廣、最受人們青睞的是楊式太極拳。

楊式太極拳的宗師是楊露禪。19世紀中葉，河北省永年縣人氏楊露禪跟陳氏14代孫陳長興學拳，前後三次計18年之久。由於刻苦自勵，得其真傳，練得武藝高強，技藝超群，威震武林，當時有「楊無敵」之美譽。楊露禪學成之後，到北京端王府傳習拳藝。為了適應清王朝貴族到平民各階層的健身需要，將拳法加以改造，減少發勁、縱跳、震足等動作，突出柔和平穩、均勻連貫的特點，使太極拳變成一種人人可練，重在養生的運動。

自楊露禪之後，中經第二代傳人楊班侯改小架，楊健侯改中架，到第三代楊澄甫改為大架，遂定型為現在流行國內外的楊式太極拳大架子。

楊式太極拳舒展簡捷，結構嚴謹，身法中正，動作和順，輕沉兼備，剛柔相濟，氣魄大，形象美，因而深受國內外太極拳愛好者喜愛。有人說，中國的太極拳集武術、藝術、醫術為一體，是東方文化的瑰寶，是中華武術園地的一枝奇葩，這一評價是恰如其分毫不誇張的。

我們都知道，具有5000年光輝燦爛歷史的中華民族，在悠久的歷史長河中，創造和積累了數不清的武術門類和健身手段，尤其是近年來，社會上的各式各樣的健身功法、拳法如雨後春筍，向渴望健康長壽的人們推出。但是，許許多多的功法、拳法從炙手可熱很快就銷聲匿跡，人們卻對太極拳情有獨鍾，使太極拳在平靜中發展，沒有大起大落。在山西，自從1982年4月4日成立了以楊式太極拳第四代嫡傳人、太極拳名家楊振鐸為會長的山西省楊氏太極拳研究會後（後改為協會），太極拳愛好者有了自

己的組織。會員由當時的 274 人已發展到現在的 35000 多人，基層團體會員（分會）已發展到 85 個，遍及三晉大地。據瞭解，這是目前國內群眾性武術團體中人數最多、發展最為健康的組織之一。

從山西看全國，北京、西安、上海、成都、廣州、濟南等城市，習練太極拳也十分普遍。在國外，日本習練太極拳的人號稱「百萬大軍」，出版了《太極拳》刊物；在歐美、東南亞、澳洲也形成了一股「太極熱」。

1995 年 10 月，在北京舉辦的第二屆世界太極修練大會，就吸引了十幾個國家 200 多名代表前來參加。2002 年，7 月 20～23 日，山西省楊式太極拳協會慶祝協會成立 20 周年時，同時舉辦傳統楊式太極拳第二屆國際邀請賽，前來祝賀和參賽的外國友人包括美國、英國、德國、義大利、巴西、瑞典、韓國、法國、加拿大、瑞士、新加坡、馬來西亞 12 個國家的拳友就有 243 名。另外，還來了我國香港特區和臺灣數十名太極拳愛好者。人們不分國籍，不分地區，在「天下太極拳是一家」的口號下，共同切磋拳藝，相互學習，取長補短，使人們意識到太極拳確實具有強身健體、開發智慧、延年益壽的功能，而且還具有使世界人民團結起來，促進世界和平的功能。這也正是當代世界千百萬人如此熱愛太極拳的奧秘所在吧。

二、太極拳促進健身防病、延年益壽的科學機理

早在 200 年前，太極拳的古老歌訣中就提出：「詳推用意終何在？延年益壽不老春。」實踐證明，太極拳確實

461

是一項對健身、養生、醫療、美容十分有益的體育活動。

解剖學告訴人們：人體器官按形態和功能可分為九個系統，即運動系統、呼吸系統、消化系統、泌尿系統、循環系統、內分泌系統、生殖系統、感覺器官和神經系統。人體的各個系統雖有分工，但在身體控制、調節之下密切配合、協調一致地工作，使人體成為一個有機整體，在千變萬化的環境中得以生存。各個系統或某一系統一旦失去平衡，疾病就會發生，輕者影響肌體的健康，重者使人的生命停止。太極拳對於人體各個系統及其整體有良好的影響，這是它能夠促進健身防病、延年益壽的根本。

1. 太極拳對於神經系統和內分泌系統的影響

習練太極拳要遵循太極拳宗師楊澄甫的《太極拳之練習談》和《太極拳十要》，要求習拳者全身放鬆。所謂全身放鬆，就不僅僅是肢體要放鬆，尤其要求思想、意識要放鬆。思想、意識放鬆的意思不是空洞無物，不思不想，而是要求思想、意識集中，以意行氣，以氣運身。這樣就使大腦皮層內的興奮點集中於某一區域。

根據生理學中的負誘導現象，大腦皮層某一區域興奮的加強，勢必使其他區域的興奮減弱，起到抑制的作用。根據這一原理，經常從事太極拳的鍛鍊，可以抑制大腦皮層中某些慢性病灶的興奮，起到對某些慢性疾病的積極康復和醫療作用。

現代社會是競爭激烈的社會，現代生活的一大特點是快節奏，高效率，許多人長期處於高度緊張的狀態。身心長期處於超負荷的緊張狀態，勢必會危害身體健康。因為當人們的精神負擔處於極限狀態時，血液及內分泌的免疫

球蛋白便趨於消失。這種狀態會持續好幾個星期，直到緊張狀態完全鬆弛才能恢復。正是這一時期人體的免疫力很低，各種傳染病、腫瘤等就會乘虛而入。

據美國醫學專家調查發現，有60％的患者所患疾病與生活緊張有關，其中尤以胃腸病、動脈硬化、心臟病、偏頭痛和精神疾病為甚。

練習太極拳要求放鬆，思想集中，使大腦皮層進入保護性抑制狀態，消除大腦疲勞，活躍情緒，恢復神經系統的平衡，從而直接影響內分泌的平衡和免疫力的增強，提高了人們對疾病的抵抗力。

2.太極拳對於循環系統的影響

循環系統是一個封閉的管道系統，因管道內流動的物質不同，分為心血管系統和淋巴系統。這裏著重談談太極拳對心血管系統的影響。

美國心臟協會稱：患心臟病的主要原因，是由於高血壓、吸煙和血液中膽固醇過多（有的說是膽固醇中低密度脂蛋白過多）所致。根據調查，全美國約有3700萬人得高血壓，約有180萬人患中風，對於2億多人口的美國，這已構成了相當大的威脅。

據《健康報》披露，中國現有心腦疾病患者8000萬人，70％的人不同程度地喪失了勞動能力，全國每年病亡人數的40.7％，源於心腦血管疾病。

不難看出，無論歐美和中國，人類的「第一殺手」是心腦血管疾病。防治了心腦血管疾病，人們就獲得了更多的健康長壽的機遇。

預防心腦血管疾病，除了戒煙和調節飲食外，最主要

的手段是運動。而太極拳則是最有效的運動項目。因為太極拳要求「用意不用力」，其勢如長江大河，滔滔不絕，用勁如蠶吐絲，綿綿不斷。這種緩慢柔和的運動，會促使血管彈性增加，毛細血管增強，加強心肌的營養，同時使血管神經穩定性增強，更能適應外界的刺激。

醫學科學家證實，運動可以增加膽固醇高密度脂蛋白（簡稱 HDL），它是血液中的良性膽固醇，可以幫助身體除去或減低惡性的低密度脂蛋白（簡稱 LDL），進而減低動脈硬化以致心腦血管梗塞的危險。科學實驗證明，柔和緩慢的運動可以稀釋血液。因此，太極拳對於預防心腦血管疾病無疑是理想的手段。

高血壓的病因，除繼發性高血壓又稱症狀性高血壓即某疾病引起的高血壓外，大約 90％的患者都是查不出原因的原發性高血壓。一般認為這類高血壓係長期的精神緊張刺激和情緒激動，致使大腦皮層功能減退，導致皮層下神經中樞功能紊亂，引起全身小動脈痙攣（收縮）所致。因此，除了遵照醫生囑咐服藥外，透過練習太極拳，使精神放鬆，恢復神經中樞的功能，使全身小動脈避免痙攣是有效的辦法。

據北京運動醫學研究對此觀察，經常打太極拳的老人平均血壓為 134.1／80.8mmHg，動脈硬化率為 39.5％；而對照組一般正常老人，平均血壓為 154.5／82.7mmHg，即高壓比練太極拳的老人高出 20mmHg，動脈硬化率為 46.4％，比練太極拳的老人高出 7 個百分點。

3.太極拳對於呼吸系統的影響

氧是人生命活動不可缺少的物質，成人每分鐘耗氧量

464

健
身
篇

至少在 0.25 立升以上，人體內氧的貯量僅為 1.5 立升左右，因此，生命活動所需氧氣就只有靠呼吸空氣中的氧獲得。吸入人體的氧氣經過肺臟，由血液運送到全身各個器官組織。組織細胞利用氧將攝入人體內的脂肪、蛋白質、糖等氧化分解，產生可供人體吸收的營養物質，供給人在勞動及生命活動中應用。與此同時，身體中還會產生二氧化碳，它在人體內不能大量滯留，由血液被輸送到肺臟，再由肺臟由呼吸排除。

這是氧在人體內參與生物氧化的正常生理過程。正是這種頻繁的不間斷的呼吸及氧參與能量轉化的過程，才維護了人體生長發育和代謝過程。

我們可以看到一些病人缺氧的情況。此外，工作繁重、學習緊張、生活節奏加快，均可造成缺氧。缺氧對人的健康影響很大，輕者頭暈乏力，心悸氣短，注意力不易集中，反應遲鈍，思維難以條理；重者頭痛噁心，嘔吐，四肢動作欠協調，意識喪失，血壓下降，甚至死亡；慢性長期缺氧，表現為疲乏無力，心煩急躁，可帶來全身各器官不同程度損傷。

對缺氧者可以使用氧保健，如氧吧、氧亭、微小型便攜式制氧器，等等。但是，最有效的補氧方式是堅持鍛鍊。太極拳要求採用腹式呼吸，呼吸保持深、長、細、勻，並且與動作協調，這就使呼肌（橫膈肌和肋間肌）得到很好的鍛鍊。長期習練，可以加強呼吸深度，增大肺活量。

這樣，當人們負擔較重的工作時（如負重、爬山），只要調整呼吸深度，就不會感到「上氣不接下氣」了。同

時，由於腹式呼吸，使橫膈肌的運動範圍增大，使胸腔的體積變化增大，腔內的負壓和腹壓變動也就增大，使下部的靜脈血更快地回流心臟，從而加快了血液循環，促進了新陳代謝。

4.太極拳對於消化系統的影響

腰為一身之主宰，太極拳活動能鬆腰，然後兩足有力，下盤穩固，虛實變化皆由腰轉動。故曰：「命意源頭在腰際。」腰的轉動幅度大，帶動胃、腸、肝、膽、胰做大幅度轉動。同時，深、長、細、勻的呼吸，橫膈肌活動範圍的擴大，對於肝、膽起按摩作用，可以消除肝臟淤血，改善肝功能，甚至治癒肝炎等疾病。同時，加強胃腸的蠕動，促進消化液的分泌，進而改善整個消化系統，治療胃腸方面的慢性疾病，效果非常明顯。

習練太極拳，要求舌頂上腭，此時津液頻生，徐徐送入丹田，對於助消化、養容顏都有好處。正如養生秘訣所云：

津液頻生在舌端　　尋常咽津在丹田，
於中暢美無凝滯　　百日功靈可駐顏。

實踐證明：太極拳採用腹式呼吸，兼咽津液，則使人精氣常留，顏色不槁，青春常在，病痛解除，步履矯健。

5.太極拳對於運動系統的影響

人老從腳上開始。許多老人說自己老了，口頭禪就是「腿腳不靈便」。這就說明，腳這一人體的運動器官，是一個奇怪的器官，它雖然被人們踩在下面，但卻與人的健

健
身
篇

康有著密切的關係。我們不能小看一雙腳，人的全身 206
塊骨頭中，一隻腳就有 26 塊；它還有 33 個關節，20 條肌
肉，100 多條韌帶。

　　更令人驚訝的是，《黃帝內經》就曾記載了中國古代
傳統醫學有觀趾法，即由對人的一雙腳的觀察來診斷人的
健康與否。現在臺灣有國際（吳）若石健康研究會。這個
研究會研究人們的兩足與健康的關係，新加坡吳星瑩據此
編了一本書叫《足道養生》（《中國人口出版社》1990 年
8 月出版）。作者認為，足部本身是一個小宇宙，每一個細
胞也是一個小天地。透過足部反射區的按摩，刺激位於足
部的神經末梢，能對細胞之活動產生重要及直接的影響，
也影響人體各組織系統的活動，甚至消化吸收、生長發
育、內分泌、胃腸蠕動、神經反射、生殖等功能。簡言
之，即通過足部反射區之按摩，使神經系統得到調節，從
而達到體內各器官系統之功能平衡。

　　腳的狀況標誌著一個人的健康狀況，人到中年，步履
開始蹣跚，行動也漸遲緩，特別是現代人物質條件好，交
通方便，步行機會很少，腳趾活動的減少已成為許多「文
明病」的原因。

　　除了腳，運動系統最主要的器官之一就是膝關節。人
在 40 歲左右，肌肉開始萎縮，與膝關節有關的肌肉力量也
弱化。由於重力作用，膝關節上下關節面上的軟骨遭到破
壞，關節間隙狹窄，骨刺形成，有時還有關節積液，及發
生退行性關節炎，也就是人們常說的關節老化。

　　人在走路時，膝關節要承受相當於 2～3 倍體重的力
量，上下臺階時更大些。如果是已經發生病變的關節就會

467

健
身
篇

產生劇烈疼痛。疼痛時使人不願活動，而活動減少又會使肌肉進一步弱化，肌肉弱化又促進關節進一步老化，這樣就形成惡性循環。

太極拳要求分清虛實，步法穩健，動作輕靈，邁步如貓行，對運動系統尤其是膝關節、雙腳的骨骼、肌肉、韌帶是很好的鍛鍊。如果按照足道養生闡述的觀點，我們在習練太極拳過程中，要求腳踩湧泉，經常是獨立支撐全身，對雙腳反射區是一種良性刺激，因此，不僅可以鍛鍊有力的雙腳，提高關節、韌帶的靈活性、柔韌性，而且對全身其他臟腑等組織也會產生良好作用。

美國華盛頓大學醫學院的科學家發現，中國太極拳之類的鍛鍊方式有助於加強老人雙腿的穩定能力，降低因為摔倒而受傷的可能性。這一發現是基於從美國 8 個治療中心為老年人規畫的鍛鍊專案獲得的結果。

這些持續時間從 10 週到 9 個月不等的項目分別涉及舉重、肢體伸展、耐力和平衡訓練等內容，參與者隨後接受最長達 4 年之久的跟蹤調查。結果發現，參加鍛鍊的 2328 名年齡在 60 歲以上的老年人，摔倒的可能性減少了大約 13％。而這些鍛鍊形式中，太極拳效果最好，年齡至少在 70 歲以上者摔倒的可能性下降了 25％。

就美國老年人而言，摔倒是其最嚴重的健康問題之一。大約 30％的 65 歲以上的老人一年至少摔倒一次，其中 10％～15％的摔倒過程會導致股骨或其他部位骨折，進而促使老年人整體健康狀況惡化甚至死亡。

科學家們指出，比較之下，動作舒緩、注意平衡的太極拳或許能幫助老年人意識到自己的體能、靈活和耐力的

極限，使其在行動中更為小心，達到防止摔倒的目的。

綜上所述，太極拳對於人體的神經系統和內分泌系統、循環系統、呼吸系統、消化系統、運動系統等均有良好的防病治病的作用。對於泌尿系統和生殖系統也有良好的保健作用，限於篇幅不再贅述。只要長期堅持習練，就可以使少年智慧超群，青年人朝氣蓬勃，老年人煥發青春。

人們歷來都說：「人活七十古來稀。」現在變了，由於社會進步，生活改善，再加上堅持修練太極拳，就有可能變成：「七十古稀不古稀，八十還是小弟弟，九十賽場去比武，百歲擺設壽星宴。」應當特別指出的是，太極拳對於陶冶人的情操，提高人的整體素質也非常靈驗。

我們可以從觀察到的大量事例證明，凡是長期堅持習練太極拳的人，絕大多數舉止沉穩、性情溫和、談吐不俗、氣質高雅。我們說太極拳是身心兼修的高級典雅的文化活動和健身運動，這是多少代人通過實踐總結的經驗之談，不是一句空話。

太極拳運動與中國醫學

李　璉

　　太極拳運動是由中國古老的導引吐納術結合技擊之術演化而來的，是中國傳統武術、醫學、文化的結晶。尤其經過武當山張三豐祖師系統的整理以後，流傳至今，已經成為了一種被世界人民廣泛接受的傳統養生保健方法。

　　近代太極拳名宿吳圖南師爺曾說：「生命在於運動。」「我的運動就是練習太極拳。」又說：「我們研究養生長壽學，就是利用自身做試驗，利用鍛鍊太極拳的方法，向『天年』靠近。」吳師爺每天堅持太極拳鍛鍊，至105歲仙逝。

　　不僅如此，吳老先生的夫人劉桂貞師奶，婚後即隨師爺練習太極拳，堅持不懈，直至今年年初方仙逝，享年104歲。他們的實踐證明，堅持太極拳的鍛鍊，就能達到人體的健康長壽。

　　太極拳的創造者和發展者們，其中有許多道士和養生家，他們都深通醫理和易經，在修練太極拳的過程中將其融合了進來。

　　而且太極和中醫的基礎理論又都是與易經的基本思想密切關聯，因此，二者有許多相通之處。

　　以下我們把二者在陰陽五行、氣血臟象等方面的認識和對疾病的防治等逐一加以探討。

一、陰陽五行

老子云：「萬物負陰而抱陽。」古人認為陰陽的變化是宇宙的基本規律。中醫講：「陰陽者，天地之道也，萬物之綱紀，變化之父母，神明之府也。」太極拳家講：「陰陽分，天地判，始成太極。」所謂陰陽分是指陰靜陽動、陰息陽生；天地判是指清濁二氣分、陰陽相交化生萬物。由此可見中醫與太極拳理論對於揭示宇宙的基本規律上看法是一致的。

在中醫理論中，講陰陽對立、陰陽消長、陰陽互根、陰陽轉換，並且用這些規律來說明人體的組織結構、生理功能、病理變化，以及用其指導臨床診斷與治療。

而太極拳理論是以太極圖為中心而推演的，圖中黑白分別為陰陽的各自屬性，S線代表陰陽的消長變化和運動中的平衡關係，其中黑中之白眼、白中之黑眼，代表著陰中有陽、陽中有陰，並隱喻著陰陽中具有無限可分性。

在中醫治療學中有寒熱、虛實、表裏等陰陽屬性不同的病症，有溫、清、補、瀉和解表、治裏等相應治法。

在太極拳運動中則有動靜、開合、剛柔、虛實等陰陽屬性之不同，並有動靜變化、開合鼓蕩、虛實分明、剛柔相濟等陰陽屬性不同的人體內外運動變化。

在中醫學中，五行學說是用來取類比象進行推演、歸類人體的臟腑之間的生理功能病理影響的相互關係，以及用來指導臨床診斷、擬定治則的。其具體方法是以木、火、土、金、水五行之間的生剋乘侮關係進行推演的。而在太極拳法中，講掤、攦、擠、按、採、挒、肘、靠八

門，進、退、顧、盼、定五步，也是按五行區分和掌握生克變化規律的。

由此可知，中醫學與太極拳在陰陽五行理論上是相通的，在養生治病的目的上也是一致的。二者都強調要不斷地調整陰陽關係和五行生剋乘侮關係（只是一是用藥物，一是用動作導引而已），從而達到人體內環境的平衡，即所謂「陰平陽秘，精神乃治」。

二、氣血關係

中醫學認為氣、血是構成人體的基本物質，是人體臟腑、經絡、組織器官活動的物質基礎。氣為血帥，血為氣母，氣血的調和與通暢是人體健康的關鍵。

太極拳著重於對精、氣、神的修練，尤其在鍛鍊時要求以意導體、以體導氣，從而使氣血運行流暢而致平和。因此常見一般練習太極拳有年之人，即使冬天在戶外打拳，也無需戴手套，練習後手還是暖暖的。這僅說明練習太極拳能促進氣血運行的只鱗片甲而已。

中醫學將氣歸納成元氣、宗氣、營氣、衛氣。其中元氣是人體生命的原動力。宗氣是水穀精微之氣與大自然空氣的混合體，積於胸中，以補充元氣。營氣行於脈中，濡養五臟六腑、四肢百骸。衛氣行於脈外，有溫分肉、肥腠理、司開合的作用。它們的協同作用，保證了血脈的暢通，維持了人體周身各部的功能作用。

太極拳則將元氣、宗氣、營氣流歸成內氣，將衛氣歸為外氣，透過養、蓄、運、使四個方面來練氣養生。尤其是吳圖南師爺提出的養蓄宗氣、培補元氣、運行營氣、開

發衛氣，更是太極拳養生保健的關要之說。

三、臟腑經絡

無論中醫學還是太極拳，其防病治病、養生保健，最後都要落實在臟腑功能上。中醫學中的臟腑經絡學說是其核心部分。因為人是一個有機的整體，五臟六腑之間各有專司，又互相依存，相互制約、相互協調。而且在五臟與形，體外竅之間、五臟與情志活動之間都有密切的聯繫。所以五臟之健康與臟腑之間生理功能的平衡協調，是維持人體內外環境相對恒定的關鍵所在。同時保持良好的情志狀態又能穩定五臟六腑的正常活動。太極拳運動即利用動作導引、調息吐納、神意鍛鍊等，對臟腑功能正常、內外關係協調來進行保健防病的。

中醫學認為心主血脈、主神志，心血運行不暢、心血虧虛都可以影響心臟的功能。而太極拳講以意導體、以體導氣、氣隨意走，進而推動血液運行，也就是做到拳論中提到的「氣遍周身不少滯」，另一方面靜心養氣，有利於心血的濡養和心神的安寧。

據近代人研究，在練習太極拳時，圓活舒展的動作，全身肌肉有節奏的收縮弛張，使毛細血管反射性擴張，使血液流暢，靜脈回流增加，從而加速了血液循環，減輕了心臟負擔，對人體和心臟都起到了保健作用。

中醫學認為，脾主運化、胃主受納、肝主流泄，三者的功能影響著正常的氣機升降出入和人體的正常消化功能。太極拳由中正安舒、起落輾轉的動作和開合鼓盪的內氣配合，使胸、膈、腹、背、腰等處肌肉有規律、有節奏

地收縮舒張，這種導引方法不但使內臟得到了「自我按摩」，同時也導引了氣機的升降出入，從而調節了脾之運化、胃之受納、肝之疏泄，對消化系統有防病治療的作用。同時脾主肌肉，消化吸收正常了，肌肉骨骼的營養得到了補給，加之運動導引又可使肌肉及骨關節得到鍛鍊，從而使運動系統的疾痛得以康復。

中醫學認為肺司呼吸、朝百脈，有宣發肅降功能。肺若有病則咳，多痰、呼吸不暢，宣肅功能失調、衛外功能減弱。

太極拳運動首先要求「深、長、細、勻」地自然呼吸，進而要做到「氣沉丹田」，這樣可以鍛鍊呼吸肌，改進胸廓活動度，保持肺組織的彈性，使肺活量加大。太極拳要求「腹內鬆淨氣騰然」，這樣可能加大毛孔通氣量、開發衛氣，有利於肺之宣肅功能和肺朝百脈的作用。

中醫學認為腎藏精、主水、主納氣，腎功能失調（主要是陰陽氣血失調），元陰元陽受損，影響人體生長、發育和生殖功能。腎主水功能失常則全身水液代謝障礙。太極拳要求「刻刻留心在腰隙」，首先要動作導引對腎進行了「自我按摩」，運動後消化功能增強、新陳代謝加快，又由氣之吐納修練，後天之本與宗氣得到充分補充，進而也對腎中之元陰、元陽進行了補給，即所謂練後天補先天的作用。同時由導引三焦氣機升降出入加強，有利於腎蒸騰氣化的主水功能。

太極拳對氣的養、蓄修練，本身就是對主納氣的修練。因此，太極拳對中醫所說的腎系病人，也能起到良好的體療作用。

在中醫經絡學中分經脈、絡脈、十二經筋、十二皮部，太極拳以通任督二脈為基礎，要求「以氣運身，如九曲珠無微不至」，又講「運之於身、發之於毛」。故而通過太極拳的導引吐納，自然而然地調節了經絡氣血，使之運行流暢無滯。這樣可以消除經絡氣血盛衰不調和經絡氣血逆亂阻滯等致病因素。練拳有年者可使氣由經絡———經筋———皮部，由裏及表，由表至裏無微不至。久而久之，可改善人體微循環和臟腑之間的聯繫，加快人體新陳代謝，從而達到身體健康的目的。

四、情志調節

中醫學認為情志活動是以臟腑為功能基礎的。《素問·陰陽應象大論》說：「人有五臟，化五氣，以生喜怒悲憂恐。」又認為心在志為喜、肝在志為怒、肺在志為悲、脾在志為思、腎在志為恐。人體情志的變化異常會導致氣機逆亂，從而造成臟腑功能失調和損傷。

太極拳曾被前人稱之為「知覺運動」，其原因在於其鍛鍊是與人的意念感覺分不開的。最初練習者要注意動作是否正確，再者要注意在練習中掌握每一個要領。如是否做到虛領頂勁、含胸拔背、沉肩墜肘、鬆腰鬆胯、氣沉丹田等等。

然而這只是初步的以意導體，以後漸漸地還要以意導氣、以氣運身……太極拳用意方法是用意控制人體的動作和內外運轉，排除雜念，求得虛靜。

據研究，在練拳時大腦皮質運動中樞處於興奮狀態，其他區則處於相對抑制狀態，這種相對的意靜使人在練拳

475

時把一切煩雜思緒拋在腦後，全神貫注於拳中，故而在練拳後不但能使人神清氣爽、精力充沛，而且長期鍛鍊更能讓人心胸開闊、情志健康。另一方面，太極拳對神經功能調節也有利於病人病情的恢復。

上述正如《素問・上古天真論》所說：「恬淡虛無，真氣從之，精神內守，病安從來。」

以上是我們多年以來利用中醫學和太極拳對人體進行保健，對患者進行體療的一些體會。雖說現代人沒有條件隱居於青山綠水、蒼松碧竹中間去陶冶情趣、體驗古代隱士們的感受，但我們還是可以用中醫理論結合太極拳實踐去修養身心，強健體魄，以達到「益壽延年不老春」的目的。

太極拳養生文化考

郭志禹

現代文明社會，高科技的發展使素有養生文化意識的中國人越來越關注起自己的生命症候。「養生」內涵大至優化生存環境，小至每餐飲食等改善生命品質的一切內容。太極拳原是一門技術，人們習慣將指導其運動的知識應用於解決實際問題俗稱謂技藝、方法或竅門。可以說，太極拳創始初衷是凝聚在所謂捨己從人的「諸靠纏繞」論高低之「武藝」上（見陳王廷的《拳經總歌》）。

然而，養生卻又是亙古而常新的話題。曾幾何時人們拿起了「太極拳養生」這個武器？一個是專攻推手較技難免損傷的武術太極拳，一個是始終重視營衛攝養身心、追求健康長壽之道，為什麼兩者可以結合？它們是怎樣結合的？這種結合意味著什麼？考釋回答這些問題，歸納無條理之文思，形成有系統之學理，昭示人們對「太極拳養生」之正確認識，正是本文立意之所在。

本文主要借助於歷史文化學的研究方法，即運用文獻法獲取養生和太極拳的相關資料和論據；在考量、論證中採用交參文化比較法、同異交比法和因素分析法、實證分析法等；在發闡論點時以現實的評述與歷史的解釋相結合；以整體思維、辯證思維及其邏輯方法解讀「太極拳養生」的時代價值和學術意義。

477

健身篇

一、典無出處

1.重要文獻典籍中，養生延壽跨越古今時空。我國豐富的傳統養生內容散見於眾多文獻典籍中，綜括起來大致有以**動養生**：搖筋骨動身體的引舞宣導之類，如陰康氏之舞、陶唐氏之舞、百獸率舞等；

食氣養生：食氣盈腹，善行腹中元氣之類，如仿蛇吐吸、效龜鼻息、鹿運尾閭，無骨子食氣、飲露吸氣、鼓腹而遊（淘氣）等；

導引養生：導氣令和，引體令柔，行氣練形之類，如三步做一閉氣的禹步、吐故納新，熊經鳥伸、出土馬王堆帛書導引圖、華佗五禽戲等；

自然養生：道法自然，自然適意，順四時適寒暑之類，如長於水而安於水的「游水之道」、水澤野雞雖野外覓食艱難卻不願困於籠中等；

習靜養生：致虛守靜，無視無聽，必清必靜之類，如坐忘、心齋等；以德養生：「大德必得其壽」之類，如仁者壽、善養浩然之氣、存心養性、修身積德等；

飲膳養生：「食不厭精，膾不厭細」之烹調飲食類，如熟食「失飪不食」、蔬食「不時不食」「不多食」「食不語」、彭祖好和滋味，善調鼎，常喝雉羹等；

藥食養生：凡藥五味，滋補筋骨，濡養氣脈之類，如皆有大驗的黃精，華佗以為佳，授樊阿食之，阿壽百餘歲，又如孫思邈善以醫藥拯天枉求長生等；

按摩養生：摩揉肢體之類，如醫典《內經》所謂的「按蹻」、《千金方》中的「老子按摩法」、白居易的

「食飽摩挲腹」、陸遊的「身衰賴按摩」等；

房事養生：知七損八益陰陽可調的房中術之類，如《天下至道談》《合陰陽》《素問‧陰陽應象大論》等。

用《千金翼方》語總結：「故其大要，一曰嗇神，二曰愛氣，三曰養形，四曰導引，五曰言論，六曰飲食，七曰房室，八曰反俗，九曰醫藥，十曰禁忌。」同感，流覽中國古典群書，我們未見傳統養生文論中有「太極拳養生」一類的記載。

2. 養生高壽人物中彭祖、姜太公、老子、樂師竇公、高僧佛圖澄、名醫孫思邈等都是越百歲而享盡天年的人物，他們生活的時代各不相同，養生延年的方法也各不一樣，但歷史都未記載他們中有人是練過太極拳養生獲得長壽的。即使是得益於五禽戲而九十歲耳不聾眼不花的吳普，或者是對刀楯、單刀雙戟等口訣要素、秘法均有瞭解，又精於養生術的道家人物葛洪，還有精武功兼養生，經常「不動成羆臥，微勞學鳥伸」的陸遊，他們都年過八旬，也沒有一位是由太極拳養生獲古稀之年。

清康、乾年間舉辦過多次「千叟宴」。康熙慶六十設宴招待 1900 多名老人。乾隆慶五十赴宴者越七十歲的達 3900 餘人。乾隆八十壽辰時，特選一位一百六十一歲的老人為他舉觥賀壽。但沒有任何資料證明這些壽星之所以高壽是得益於太極拳養生。

因為陳王廷創太極拳約在明亡後三十年，時值康熙在位，初創的太極拳源自戚繼光《拳經三十二式》，技擊性強，養生還不是它的主要功能，並且它的傳人體系尚未形成，所以，不可能在宮廷或更廣大的區域傳播。到乾隆故

479

健身篇

去那年，楊露禪出生，楊氏是變革太極拳和將太極拳傳入北京的重要人物，然而享年八十八歲的乾隆也未能趕上「太極拳養生」這件新事兒。

清史稿有云：嘉慶時年有八十的曹竹齋在分析「氣浮於上而立腳虛」與「靜定之氣」的區別時說，精其術者，無虛囂之氣，精神貫注，氣體健舉，內充實而外和平。他認為這種被稱為古先舞蹈之遺的拳棒功夫，君子習之，即可調血脈養壽命，又應手自然，以接四面。而今看來，這就是武術的多元功能。

然而當時的太極拳還在發展之中，它的拳架結構，即老架、新架、大架和小架的變化過程還沒有完成，雖然乾隆年間有了《太極拳論》，但它在當時並未像後來的理論發展將太極拳帶入健身養生的境界。

二、始源技擊

從陳王廷《拳經總歌》所錄的方法：「縱放屈伸」「諸靠纏繞」「劈打推壓」「搬撂橫採」「鉤掤逼攬」「滾拴搭掃」「截進遮攔」「攢心剁脇」等可以看到七言22 句歌訣中有 20 句是完全寫攻防技戰術，其中「穿心肘」「紅炮捶」「掛面腳」「莊跟腿」等動作繼承了中國武術「寧挨十手，不挨一肘」「手是兩扇門，全憑腿打人」的傳統，技擊性非常強。而且歌訣中沒有一句涉及養生。歌訣最後兩句是「教師不識此中理，難將武藝論高低」，純屬談術論道。陳王廷造拳七路，《拳經總歌》是其概括性拳論。由此可知太極拳的原始技理中並無「養生」內容可考。

逮乎咸豐，武禹襄得見王宗岳《太極拳論》，後人輾轉傳抄，被各流派奉為經典沿用。《太極拳論》是推手佳作，也是我國武術文明「反應堆」中最具哲理能量的代表作之一。從這篇太極文章中，我們發現「動之則分，靜之則合」「無過不及，隨曲就伸」「虛領頂勁，氣沉丹田」與人們理解的「養生」有了一定的聯繫。但就其通篇而言，指導推手技藝是其要旨，精、氣、神之類遠未登堂入室。

三、益壽之說

自武禹襄四字密訣披露，其敷、蓋、對、吞皆為一個「氣」字，且他的《打手要言》以論「氣」為要，可見太極拳理論到了武氏一輩，對「氣」在太極拳中的應用已有深入研究，而「氣」恰恰又是傳統養生中千古不朽的話題。

繼之，李亦畬集前人論著，抄錄傳世。其中《十三勢行工歌訣》第一次揭示了太極拳養生的新概念：「若言體用何為準，意氣君來骨肉臣，詳推用意終何在？益壽延年不老春。」說明意與氣合、以意導氣是太極拳養生的真諦。這段歷史距今一百三十多年。也就是說在此之前太極拳沒有「養生」的明確概念和具體指南。

四、略難易套

太極拳在短短一百多年裏，從豫北鄉村傳入北京，廣播各地，走向世界，應變、創新始終是它的不竭動力。陳王廷選擇戚繼光建立在十六家拳法基礎上的《拳經三十二

式》為動作源泉，首先樹立了在創造之上的再創造的「造拳」意識。如果把陳式太極拳喻之為「陳王廷的衣服、戚繼光的身體」也不為過。

陳王廷是站在戚繼光的肩膀上創造了陳氏太極拳，那麼，這個起點無疑是一個高起點。在陳式太極拳的再傳過程中，為了適應傳習的需要，產生了老架和新架，後又在新架中稍略難度，增加了「圈」的練法，架式趨小，動作變緩，遂派生出趙堡架。

到了楊露禪進京授藝，適應習拳者的保健需要，在大架基礎上開始改編套路，形成了有別於陳氏拳系的楊式太極拳流派。後來楊式太極拳為適應老年人練習，逐漸又有了中架、小架之分。

考察太極拳的演變發展，武式、吳式、孫式又都是分別繼承了陳式、楊式小架的基礎上創造出來的新流派。

這些流派的共同特點是在不同程度上揚棄了竄蹦跳躍、震足發勁、剛猛快速的舊有動作，如吳式的不縱不跳、孫式的開合活步都很典型。沒有這些「略難易套」的改造，太極拳不可能有廣泛的適應性。正因為這些流派的創始人順時應人，擺脫了局限於鄉里人家、宗族門戶的藩籬，順應社會保健療病的需求，不斷改造創新，才逐漸形成「太極拳有益於健康」的廣泛認同。

三、簡化普及

太極拳的發展不僅得益於「略難易套」的奠基，更重要的是「去繁從簡」的推廣普及。

20世紀下半葉，太極拳在傳統套路的基礎上向簡化方

向發展，從50年代中的簡化太極拳（二十四式），70年代末的四十八式太極拳，80年代的四十二式等競賽套路到90年代的八式、十六式太極拳等，一個簡化太極拳系列逐步形成。它與各流派的傳統太極拳共同構成有利於當代「全民健身」的運動體系。

這個體系已突破過去的「適應性」，它既適合中老年人、體弱病患者、上班族，也適合運動員競賽和青少年鍛鍊。太極拳適合不同人群需求，已成為人民大眾共識的「國寶」。這一發展過程不能不歸功於「簡化普及」。

六、文化根脈

太極拳的產生意味著給了我們第一個法寶：「創新」。同時在「諸靠纏繞我皆依」中又給了第二個法寶：「捨己從人」。這就是它的「適應性」，這種「適應性」持續至今。早先體現在推手「須要從人，不要由己；從人則活，由己則滯」，後來長期體現在適應中老年人運動。太極拳始終圍繞「從人」而變化創造著，它像流動著的活水，給人生命力。《黃帝內經》說：天地萬物「莫貴於人」。但，人生苦短，多少人「哀吾生之須臾，羨長江之無窮」（《赤壁賦》）。

太極拳始創有一百零八勢，謂之「長拳者，如長江大海，滔滔不絕也」，似乎早就預示我命在我不在天，太極拳養生可以延年！太極拳「不丟不頂，勿自伸縮」和「不丟不頂中討消息」的特點，始終使其與時俱進，緊緊順應人的需求而變化。

它貢獻的第三個法寶是將切入點定位在亙古話題「養

483

健身篇

生」之上，契合現時代最廣大人群的願望。太極拳養生具
有底蘊深厚的文化根脈，由此我們從它的養生文化舉隅中
可見一斑。

　　傳統養生思想，它的流派分支所形成的「要慢不要
快」的套路節奏，奠定了太極拳運動普遍適合人體延年益
壽的基本生理需求。太極拳發展中產生的要領、要點，許
多都有利於人體的健康，然而靜、柔、意、氣、緩則是與
傳統養生聯繫最緊密的。有了這些相通的要素，太極拳才
會由技擊發展為健身，進而邁入養生領域。

七、理論發展

　　太極拳理論的發展豐富了它的養生延年內容。最初的
太極拳歌訣、拳論中沒有腳步之類的提法，《太極拳論》
也只有從推手角度而論的「走」與「雙重」。俗話說：
「人老先老腿」，步履蹣跚，拐棍助行，是人衰老的明顯
特徵。而太極拳「上虛下實」的練法中包含有承載著人體
運動負荷的步法鍛鍊。

　　到了武禹襄時，他在《打手要言》中形象地總結為
「邁步如臨淵」和「邁步如貓行」，認為太極拳運動「其
根在腳」。這與佛家、道家的養生格言有異曲同工之妙。
《摩得勒伽論》中說，「比丘徑行時，不得搖身行」「不
得大低頭」「當正直行」。而道家則比喻為：「行作鵝王
步」（《備急千金要方・養性》），要求像鵝踱步，腳不
交叉，頸項昂起，目視前方。

　　李亦畬又進一步發揮了「走」和「腳」的理論，「勁
起於腳跟，變換在腿」「上於兩膊相繫，下於兩腿相隨」

（《走架打手行工要言》）。

陳式太極拳的大理論家陳鑫更有發展，他說：「上雖憑手，下尤憑足。」他還將「兩腿之勁，皆由足大拇趾領起」與「湧泉」等人體穴位聯繫起來論其勁法和經絡運行（顧留馨《太極拳術》）。

後來各派太極拳對「邁步」又有許多新的闡述。楊澄甫「以分虛實為第一要義」，認為虛實「如不能分，則邁步重滯，自立不穩」（《楊式太極拳》），孫式太極拳還編成口訣：「兩腿彎曲分虛實」，也認為「太極要義在裏邊」（《孫式太極拳》）。吳式太極拳在姿勢上提出指導邁步行走的「溜臀裹襠，疊胯屈膝，折踝展趾」等要領（《吳式太極拳拳械述真》）。

人從嬰孩到老年是用腳「走」完人生之路的，可見腳對每天的行走是多麼重要。而太極拳在它的特殊的行步規律下產生發展的理論已介入人們的生活，指導著人們的養生活動。

氣，是人生存必不可缺的，而養生莫不談「氣」。陳王廷《拳經總歌》沒有一個「氣」字，王宗岳《太極拳論》有了第一個「氣」字，但只點到關鍵的「氣沉」問題就一帶而過，下無旁文。《十三勢行工歌訣》有了「氣遍身軀」「氣騰然」「意氣」三處關於「氣」的不同說法，一是講周身之氣，二是講腹中之氣，三是講意與氣的關係。武禹襄在《打手要言》中提出「以心行氣」「以氣運身」「行氣如九曲珠，無微不到」「氣宜鼓盪」「氣如車輪」「氣斂入骨」「氣以直養而無害」「意氣須換得靈」「全身意在蓄神，不在氣，在氣則滯」等十多條有關

「氣」的要言。他的「四字不傳密訣」：運氣敷布，以氣蓋彼，以氣對彼和以氣全吞深化了「氣」的運用。

後人李亦畬較為準確地提出了「以意運氣」的概念，並指出「練氣歸神」（《五字訣》）這樣一個更多地可被養生所用而不是僅對「彼」所言的用語。從「以心行氣」發展到「以意運氣」，太極拳理論家開始注意起氣的運行。李亦畬解釋「氣沉」時說：「氣向下沉，由兩肩收於脊骨，注於腰間。此氣之由上而下也，謂之合。由腰形於脊骨，布於兩膊，施於手指，此氣之由下而上也，謂之開。」到陳鑫論太極之氣就更具體了，什麼「清氣」「濁氣」「中氣」「橫氣」「元氣」「浩然之氣」都用上了。但「此言任督之升降順逆，佐中氣以成功」（顧留馨《太極拳術》），卻是他的最具體地對太極拳養生的貢獻，而且是別人沒有這麼深刻認識和論及過的。

陳鑫將心、意、氣、經絡聯繫在一起融入拳理，豐富和發展了「虛領頂勁，氣沉丹田」，形成了有利於太極拳向養生方向發展的理論雛形。

八、邊緣學問

馮伯英著《中國醫學文化史》認為，中國人發明的武術功夫等都有益於健身祛病，其中包括太極拳。他說：「作為一般拳法，鍛鍊、運動身體而已。」但究其根柢，「其內裏功夫，則在經絡氣運行。」由於人們的普遍認同，《現代漢語詞典》的「太極拳」詞條的注釋是「動作柔和緩慢，既可用於技擊，又有增強體質和防治疾病的作用」。《長壽精要》一書的運動健身篇列入了太極拳治療

關節炎的有關文章。近年出版的養生保健要訣叢書之一《抗衰老要訣》，在「抗衰老的運動療法」一節中介紹了太極拳。也許太極拳發展到一定階段，其養生文化果實必然會凸現出來而受到人們的重視。

隨著現代醫學理念、科學革命、教育改革、市場需求等的發展，社會體育、休閒體育、老年體育、康復體育應運而生，設置《傳統養生學》成為這些學科的必修課程，而太極拳是這門課程的一項重要內容。於是產生了「太極拳養生」的新理念。

太極拳是一門學問，屬於武術；養生也是一門學問，它們的共通之處構建了一個交叉邊緣帶，而這個交叉邊緣帶是可以繼續擴展的。這似乎給我們昭示一條門津：發掘太極拳的潛能，創建「太極拳養生學」為當代養生服務，必將水到渠成。

我國的導引養生源遠流長，但它的運動方式不外乎單式的用意、運氣、活動肢體；另一種則是按摩，主要是疏通經絡調和氣血，它也是分動進行，如搓手浴臉、按摩湧泉等一個一個動作分開來做。而太極拳不僅具有用意、運氣、活動肢體等傳統導引術的優點，還有勢勢相承，綿綿不斷，貫通一氣的特點。

這一特點有利於人的精神和氣息較長時間集中在自身體內按套路規律運行，這是單個動作所不具備的。以資訊理論機制來理解太極拳柔和緩慢、綿綿不斷的、弱而持久的刺激，能使腦電基本節律同步，這種維持較長時間的正常有規律的腦電波，顯然是有益於人的大腦皮層及各受支配的器官系統的健康的。就這一點，太極拳的導引養生功

效就別具一格。

其二，太極拳是一項「動中求靜」的運動，它對坐忘、心齋、心養、坐禪、面壁、靜坐等幾千年來以「靜」為主的靜功養生是一種挑戰。那種擇居地、遁山林的修身養性方式，對現時代鬧市喧囂、車水馬龍氛圍中的大眾健身養生顯然曲高和寡，干擾甚多，效仿甚少。太極拳則不然，它有鬧中取靜、足徑通幽之功能，因此，在城鄉各地都普遍受歡迎，推廣到國外也是如此。這就是現時有人稱太極拳是「黃金項目」的重要原因。

其三，太極拳養生是發揮太極拳養生內涵，指導人們養生活動的一個長期的教育實踐過程。太極拳文化具有多元性，其中的養生文化道理深邃，是許多人結合我國傳統養生長期實踐體悟得來的，它的技理主要為拳術服務，以如何制勝對手為出發點。從「凡經絡皆益於拳」可以看出，太極拳吸取、融入經絡等養生內容首先考慮的是如何打好拳，而不是以養生為主。現在人們把「太極拳養生」單獨從太極拳的多元文化中提挈出來，試圖弘揚其精髓，那麼，勢必會突出太極拳的養生文化，發展、發揮其養生內涵。

作為一種技藝到形成為一種文化，作為文化發展為一門學問，作為學問開設了課程，乃至可望拓展為專業，「太極拳養生」的前景將比上世紀更明晰，它將在新世紀集中國傳統養生之大成於太極拳的特殊運動形式中，給人類貢獻一份養生文化之精晶。

研究篇

神以知來
智以藏往

解 析 陰 陽

余功保

太極拳的研究相對於發展來說，還是薄弱環節。

不正視這樣的現實，太極拳理論體系就難以有大的、新的建樹。

發展好比是飛快的火車頭，高速賓士，速度越快，對車體、對車軌的要求越高。研究就是塑造車身、鋪軌的工作，研究工作跟不上，最終會影響車的速度。

太極拳研究的薄弱性具體反映在：

1. 研究的手段還不夠寬，特別是與現代前沿科技和社會前沿思維的聯繫不夠緊密。

2. 研究成果的突破性不大。如對於太極拳健身的研究，幾十年來沒有特別大的進展，系統性還沒有建立起來。

3. 缺乏大批多學科、一流科研人員的長期、有效性地進入，並開展一以貫之的持續性攻關。

4. 在科研上缺乏穩定資金的支持。

5. 在研究系統性上缺乏明確的系統規劃。

儘管如此，太極拳的研究還是呈現了許多可喜之處，我們有理由對未來充滿期待。如近幾年來，結合社會的需

求，對太極拳健身的研究已越來越引起重視，許多針對性課題正在開展；對太極拳文化的研究已越來越深入，層次也越來越高；對太極拳產業化的研究已取得重要成果，並且將理論與實踐相結合。對太極拳源流的研究更加趨於理性。各種太極拳活動都增加了學術研討、報告的內容，各太極拳流派的深入性研究工作也逐步展開。

太極拳研究在當前來說，主要應開展三個方面的內容。

基礎研究：

對於太極拳最基本的技術、理論問題的研究。與千百萬人的實踐緊密相關的問題尤其應該放在重中之重。包括太極拳的要領、練法、原則等。

應用研究：

關於太極拳的發展，太極拳健身原理，太極拳的社會化，太極拳產業、活動、推廣等。

結構性研究：

太極拳的內涵、太極拳文化、古典太極拳論，太極拳的重大理論問題、太極拳源流、太極拳的多學科交叉等。

太極拳學術的研究應該無禁區，但也有章法可循，根於傳統但不能囿於傳統。無禁區是指學術思維，有章法是指研究邏輯、程式，根於傳統是指技術的標準，不囿於傳統是指研究方法。

前人是無法超越的，但我們可以永遠向前。

前人是可以超越的，因為我們站在前人的肩上。

太極拳要發展，太極拳的研究要不斷繼續，不斷深入。

研
究
篇

　　古典、經典拳論的光輝一直在照耀著，也必將還照耀後人的練拳之路。

　　現在的，將來也是古典，也許會成為經典。

　　太極拳的發展，不僅體現在人數越來越多，也體現在研究越來越廣，越來越深入。在各地，都有一批勤於練拳、勤於研拳的人，他們文武兼修，是太極拳發展的中堅力量。每年，都產生了大量的太極拳研究文章，這是太極拳的時代精華。

研
究
篇

太極拳簡說

徐哲東

一、內 容

（一）太極拳是成套拳架的名稱，和拳套聯繫在一起的，還有太極拳推手，是練習對角的程式。

太極拳已有二百幾十年的歷史，經過若干教師專家的改動，拳套已有多種不同的形式。但除新編的幾套外，從陳家溝傳衍的楊、武（郝）、吳、孫四派大體上是相同的。至於姿勢的規矩、動作的準則，基本上是一致的。至於推手的程式，大體上可分為兩種：一種是不動步的，稱為定步或站步推手。

一種是動步的，包括活步、大攦等等。進入自由的對角，稱為散手，這就不受程式的限制了。

太極拳的套子，有技擊與養生兩個作用。王宗岳傳下的拳譜《十三勢歌》說：「靜中觸動動猶靜，因敵變化示神奇。」這指出了它的技擊作用。又說：「詳推用意終何在，益壽延年不老春。」這指出了它的養生作用。

太極拳推手雖然以練技擊為主，也有益於養生。技擊術與養生法是太極拳整個內容的兩個方面。

（二）太極拳的內容的兩方面是統一於姿勢的規矩與操作的準則上的，但又可以分別發展，各起作用。

研
究
篇

從練法上說，為健身、治病而練，單練拳套也可以，要練技擊，就非加練推手不可。不練推手，即使拳套練得很熟，姿勢與操作也都基本正確，也不會用於攻守。因為缺乏對角的經驗，臨敵就不知所措，功夫用不上了。

其次，攻守的練法，要求全身內外部的反射活動增加不少複雜性；要不斷地提高大腦皮質與本體感受器（即肌肉、腱和關節的感受器）靈敏的反應，才能精確地使用自己的力，捕捉對方的空隙，利用對方的力。這種技巧，不從推手實踐中是得不到的。

二百多年前，從蔣發在清朝乾隆年間把太極拳傳入陳家溝以後，直到光緒年間，楊、武兩家都是以技擊為重。從清末到民國期間，有人注意到了養生方面，但發展得很少。這一時期內，技擊則處於保守狀態，雖然不乏專家名師，其造詣已不如前人了。這都和舊社會的歷史條件有關係，從陳、楊以來，掌握這套技術的專家，或者本身就是剝削者中人，或者是從屬於剝削者。

太極拳的名手，有的曾經為清廷鎮壓太平軍與撚軍，有的充當貴族官僚的家庭教師。清亡以後，要學太極拳，至少是生活比較寬裕的人，能夠出得起相當數量的學費，還要有空閒時間。即便如此，教師也不是輕易肯把關竅傳出來的，故傳授不廣；其次由於太極拳逐步趨於商品化，一般人難於學到真功夫。

新中國成立以來，在黨和政府的正確的方針政策推動下，太極拳開始為廣大勞動人民服務。現已正式應用於醫療，列入體育運動項目，對大眾健康起了巨大的作用，並且運用現代科學的理論和科學方法進行分析研究，取得不

少成績。這是空前的一大發展。

但從太極拳的整個內容來看，未免偏重於養生的一面，技擊的一面幾乎沒有新的發展。這是什麼原因呢？這裏面似乎存在著對太極拳技擊術的認識問題。

其一，太極拳有無技擊內容的問題。有的看法以為太極拳最初是有技擊作用的，像陳家的拳架和練法，沉著有力，並有顯著的難度動作，這樣的太極拳是有技擊內容的。到楊、武兩家手裏，變為輕鬆柔緩，就只有養生的內容了。因此，有人稱太極拳是衛生拳。其實楊、武兩家變得輕柔，絲毫沒有忽略技擊的內容，而是在陳式太極拳的基礎上，創造了一種新的練法，這不是取消或削弱了太極拳的技擊作用，相反倒是豐富了太極拳的整個內容。這一點下面還要詳談。

其二，現今社會練習武術還要不要重視技擊作用的問題。有人認為，在現今社會，練技擊無大作用，太極拳既然能強身、治病，就可以單獨發展它的養生一面，不須重視它的技擊一面。

我認為，在現今社會，發展武術中的技擊術，正為國防軍事技術所需要，也符合勞衛制體育運動的目的。太極拳的技擊術有其獨到的精妙之處，而且重視它的技擊術，對強身、保健、醫療等，還能起推進作用。我們沒有理由只讓太極拳的內容單面發展。

其三，技擊與養生兩方面的關係問題。有人問，如果練太極拳的目的只為治病健身、延年益壽，是否可以不練技擊？這當然可以，但是能練技擊更好。況且養生與技擊在太極拳的基本原理上是一致的，在練法上雖然有所區

研
究
篇

別，也是有共同的原則的。

第一，有些患病者只在醫院中或在療治時每日練習，病好就不練了。如果病好後能向技擊術上追求，進而練習推手、發勁各種攻守法門，就會引起許多興趣，保證經常鍛鍊。

第二，在推手上，只要證明姿勢與操作做得正確，就能有技擊上的效果；做得不正確或不夠正確，就不能生效，或者效果不夠好。認識掌握了正確的姿勢與操作，就會深入探究，愈練愈精，由表向裏，使機體各系統的器官加強其機能，乃至引起生理機制的變化。在經常鍛鍊中，既能阻止疾病侵犯，又能提高工作能力。大腦對內外部環境的感應都極靈敏，倘有病因萌生，很快就會感覺到，並能有意識地運用內功去消除它。

第三，太極拳並不是專為老弱有病者設的體育運動項目，它的推手，可以看做與拳擊、擊劍、摔跤相類的運動項目，是具備加強體力、耐力、速度、靈敏四個體育要素的訓練課程。它能養成沉著、勇敢、機智、精細的能耐。尤其是功夫達到高水準，神經會受到最充分的深刻鍛鍊。所以精通太極，可使精神活潑，而頭腦冷靜。

第四，太極拳在醫療上的作用，不僅能幫助患病者恢復健康，還能對針灸醫生、按摩醫生在運指運掌中起提高技術的作用。而這許多功能都要從練習技擊的方法中取得。

綜觀以上的分析，可見太極拳的內容雖分兩面，卻有其統一的整體性，因此有全面發展的必要。練者最好能夠全面掌握。

當然，如果年齡已有五六十歲，又是從未學過武術的人，可以不去研究技擊。至於體弱或有病的中青年人，只要他有研究技擊的興趣，一旦身體恢復健康後，還是可以學，而且可以取得良好的成績。

總而言之，發展太極拳的技擊一面，並不與發展它的養生一面相矛盾。至於怎樣來運用，怎樣來指導，那是理論研究和教學方法上的問題了。

（三）全面掌握，應特別注意於操練拳套。

上面說過，「太極拳的內容是統一於姿勢的規矩與操作的準則上的」，這一系列的規矩與準則，又必須由拳套的架式來實現。所以，全面掌握必須經常演練拳套。

有人練出技擊的興趣後，專愛推手，把拳套放下，這是不妥當的。前輩楊澄甫先生、我師郝月如先生都是第一流太極拳師，功夫出自家傳，推手技術極為精能。但楊先生生年只有五十四歲，郝師生年只有五十九歲。楊先生年過五十時，身體就極肥胖，顯然脂肪長得太多了。郝師則是由腳氣病逝世的。如果病因一起，及時發覺，是可以運用內功診治的，但郝師卻沒有這樣做。這都是偏重於技擊，忽略了養生的缺點。

他們在晚年有一相同的情況，都是只與人推手而擱下了拳套。這樣做，雖然對本體感受性反射與運動反射能保持高度的靈敏性，但對機體各組織與內臟器官缺乏深細的日常鍛鍊，就不能常保證各組織與各器官的健康，內部感受性反射也就會不大敏銳，大腦皮質調節控制內部器官的能力也就不夠強。所以，他們的技擊功夫雖好，仍不能延年益壽。

497

研
究
篇

我們不該用迷信的宿命論來解釋，而應當從他們的環境和生活情況來研究，他們壽數不大，自然還有其他原因，但在太極拳練法上確有偏向。這是我們應該重視的一個問題。

二、特　點

太極拳的特點在外形上就很明顯。一般外功拳要有昂首挺胸、勇武威壯的氣概。太極拳要「提頂、收臀、鬆肩、沉肘、含胸、拔背、裹襠、束肋」，表現為一種平靜安舒的神態。一般外功拳要做剛強迅捷的活動，太極拳卻要活動得「鬆、慢、圓、和」。這是一望可知的特點。

太極拳這樣的姿勢是有其特殊意義的。提頂、收臀、含胸、拔背，是提起精神、氣沉丹田、使呼吸深細的主要練法。加上鬆肩、束肋，能使呼吸動作範圍擴大，也為腹壁肌和膈肌對深細呼吸活動的配合創造有利條件。沉肘是保證兩臂轉動尤其是兩臂上抬時鬆肩、束肋的姿勢不受牽掣破壞，同時它又是練成兩臂靈活、不受人控制的主要練法。裹襠是保證「收臀」做得地道的關竅，同時又是利於運腰時穩定氣沉丹田的一個重要環節。這是互相制約而又相輔相成的身法規矩，對練氣有巨大的作用。

有種方法，是以呼吸配合動作，據我的體驗，這是不必要的。只要拿準身法和操作的規矩，在操作時，身法能不走樣，內部之氣自調，深呼吸的功效就在其中了。

練拳時要顧呼吸的配合，反而會分散拿准姿勢的注意力，使精神不夠集中。因為初學時，架式與路子還不熟練，來不及顧呼吸，強求配合，或生流弊。到架式與套路

熟練後，又要注意到進一步掌握姿勢與操作上的新條件，如又要注意呼吸的配合，只能使動作拘滯，犯了武禹襄所說「在氣則滯」的毛病。

因此，我是主張不斷地在姿勢與操作的精確上講究練氣，而不主張有意用呼吸來配合。至於另外做一種深呼吸運動，那就不是練太極拳的問題了。

關於在姿勢與操作的精確上講究練氣，還須作進一步的說明。姿勢的八項規矩與操作的四項準則，是以加強運動系統與神經系統的精密感受性反射為基礎的。由此促進呼吸系統機能的提高，進而促進循環、消化系統機能的提高。反過來更增進各系統的器官組織對養分的吸收，使器官本身增進健康，得到改進。如此一環扣一環，相互推動向前。所以經久練習可以延年益壽，常保肌體旺盛，富有工作能力。

武禹襄所傳姿勢共有十個規矩，提、收臀等八項，是以穩定為主的姿勢，還有「騰挪」「閃展」兩個規矩，是穩定與活動相兼的姿勢。

「騰挪」是指動步和站定都要分清楚虛實，全身只許用一條腿來支持。「閃展」是指每個架式變動時，整體的活動和各部分的筋節肌肉活動相結合呼應。

這和外功拳中的騰挪閃展有所不同，並不用大閃大避、翻騰跳躍等形式來實現，而是在不大顯著的變動中轉換。同時要使八個姿勢（即提、頂等）盡合規矩，在變動中不走樣。所以「騰挪」「閃展」雖然也歸入姿勢內，它又是聯繫八項規矩、四個準則的紐帶。

騰挪與裹襠結合，做到下肢動得圓勻，這就能使腿肌

鬆柔，下肢輕靈，步法敏妙（下肢能鬆，功夫才進入高級的程度）。閃展與束肋結合，做到胸腰動得極其自如，這才會使全身處處能做協調的隨意轉動。總之，十項姿勢的規矩，個個互相聯繫，互相助成，合為一個完整的姿勢，才能表現複雜細緻連綿的鬆、緩、圓運動。

這樣的動作，也是有其特殊意義的。王宗岳《太極拳論》說：「察四兩撥千斤之句，顯非力勝；觀耄耋禦眾之形，快何能為。」這指出了太極拳的技擊特點。

要達到這一目標，必須精確地掌握物理力學的規律，養成生理反射的機能。由隨意運用自身的力進到隨意運用對方的力。這種技巧的練成，一面要使自身運動系統的各個部分———肌、腱、關節的協調共濟動作進入自動化，另一面要清楚感覺外力的動機（即對方起意要動的一刹那）和動向，這才能在符合客觀情況下，充分發揮主觀能動作用，把對方的力，用得像自己的力一樣。這是以少力勝多力（四兩撥千斤）、以寡弱勝眾強（耄耋禦眾）的基本理法。

十項姿勢規矩、四個動作準則，就是從實踐的經驗中認識了物理力學的規律與生理反射的規律而概括出來的有效練法。把十項規矩、四個準則交織起來，使有定的法則起無窮的變化，水準可以不斷提高，內容可以不斷豐富。

四個準則，第一是「鬆」。鬆的作用，是使自己的身體各部分橫紋肌能夠與意識一致，完全聽命於意識，在對待攻擊的力量時才能迅速地分解之。

慢的作用，是為掌握姿勢正確，亦為深入鍛鍊運動系統的各內部組織，使關節、肌腱能以微小的活動霎時轉換

方向與集中力量。太極拳家說「練得慢，用得快」就是這個道理。

圓的作用是練整體活動的安穩靈活。太極拳的圓，不僅是外形的圓，而且是外部與內部一致的圓。這就是形式要圓，氣機也要圓，是全身的渾圓活動中，包含著身體各部分與整個渾圓圈相應的許多複雜的小圓圈。有如一個大圓球包含著一連串小圓珠，俱在流轉。這才是太極拳的圓。外力一碰上，它就能在接觸之際，將來力甩開。李亦畬《走架打手行功要言》中說：「觸之則旋轉自如，無不得力，才能引進落空，四兩撥千斤。」這話精確地說出太極拳圓動作的技擊作用，其練法是在鬆和慢的基礎上不斷地提高起來的。

「和」是前三種動作熟練到意氣融洽的階段，但造詣還是大有差別的。譬如達到《十三勢歌》中所說的「滿身輕利頂頭懸」是一種境界，達到《莊子·養生主》所說的「官知止而神欲行」又是一種境界了。總之，進入「和」便將步步淨化，愈來愈精純，這是可以想像得到的。

四個動作準則，必先重視鬆慢，鬆與慢可以減少運動時體力的浪費，增加技擊運用時的緊湊與靈活。而且只有把四個動作準則做好，才能使十項姿勢生動起來。不論為養生，還是為技擊，如果要深採力取，都要以嚴格地遵守姿勢的規矩與動作的準則為基礎功夫，而後進到渾化的。有些人只從形式上看太極拳，並未悉心研究，即下斷語，說太極拳只有養生作用，沒有技擊作用，這是沒有瞭解太極拳的特點。

501

三、展　望

太極拳的內容還有很多東西可以挖掘，挖掘得愈深，結合的方面也會愈廣。現在已經與氣功等結合服務於醫療、保健，但是，推手技巧還遠沒有趕上前人已經取得的成績。

近代造詣至深的拳師，如楊少侯、楊澄甫、郝月如、孫祿堂諸先生都說自己功夫沒有趕上上一輩。這話並不是故作謙虛，給老一輩誇張，而是有事實可證的。

世傳楊露禪與董海川同遊，海川精八卦掌，嘗手取飛燕以與露禪，露禪伸掌接之，燕在掌上不能飛起。因露禪掌上感覺極敏銳，不使燕足踏穩，所以不能借力聳身舉翼。傅鍾文曾記其事。

又郝月如先生說，武禹襄、李亦畬、郝為真皆能於推手時將對方擲出丈餘，坐於一椅之上，其椅四面皆空，一無靠著，而竟不傾倒。

此種功夫，並非不可做到，只要依法久練，自然得心應手。但近代名手與現代專家都未達到，可見推手技術還須急起直追，先努力趕上前人已有的技能，再進而求超過他們。這並非幻想，只要一面吸取前人用過的方法，一面憑著新的科學理論來指導，創造新的教練法，打破一代不如一代的錯誤觀點，就會取得後勝於前的成績。

中國太極拳對人的修心養性價值超論

邱丕相

引 論

現代物理學帶來了人類新的產業革命和資訊社會,毫無置疑地推進了人類的科技進步和物質文明。然而在人、自然、社會三者之間,也引起了人們嚴峻的思考。

恩格斯根據歷史的經驗曾告誡說:「不要過分陶醉於我們對自然界的勝利,而要正視自然界對我們的報復。」這一深刻的批評,同樣在當今社會中得到了印證,世界範圍的環境保護運動引起了西方人的反省。托夫勒在《第三次浪潮》中認為:這「迫使我們去重新考慮關於人類對自然界的依賴問題,結果非但沒有使我們相信人們與大自然處於血淋淋的爭鬥之中,反而使我們產生一種新的觀點,強調人與自然的和睦共處,可以改變以往的對抗狀況。」

從社會學的角度,一些發達國家中個人本位主義的極端發展導致家庭解體,家庭關係置於冷冰冰的現金交易之中,同樣使人們困擾和焦慮。

在這場矛盾之中,強調人與自然、人與人和諧的東方傳統文化引起了人們的注意,發現東方哲學的宇宙觀、人生觀大有可取之處,興起了對《易經》的研究,對瑜伽

術、太極拳的追求，以及對中國文化的熱望等等。我們不能僅僅視為一種學術現象、生活現象或追求獵奇，它正是在新形勢下人類的一種尋求和回歸。

人生的慾望和追求，在西方宣導「知識之樹」獲得了碩果之時，人們自然將崇仰東方宣導的「生命之樹」，追求樂於人間的養生延年和倫理道德。

中國傳統的太極拳，具有東方民族體育的濃厚色彩，蘊含著中國傳統哲學中的養生思想、倫理觀念，注重內外兼修，融健身與修性於一體，有人稱其為「哲拳」，正是當今太極拳熱的原因之一。

在古希臘文化的「力的崇拜」、奧林匹克奮強進取的競技運動延續中，出現的「SOPOT OF ALL」，與社會的發展大有關係，在興起的大眾體育中，太極拳被視為「未來體育的一束新光」。

對太極拳的健身價值已有大量的研究和探索。本文試從體育人類學的角度，探索太極拳對人類在修心養性方面的價值與意義，研究它所透發出的人生哲理和道理觀念，以及通過太極拳運動達到的人生修為效果。

一、貴自然，陶冶人的和諧觀念

太極拳是受中國傳統哲學影響最深的一個拳種，它依附於太極陰陽學說，以此為拳理的理論基礎，以此為行拳的本根，謂之「凡身處處皆太極，一動一靜俱渾然」（陳鑫《太極拳論》）。

太極拳陰陽學說是東方的宇宙本體論和認識論，認為自然界周而復始，由無極而生太極，陰陽對轉，化生萬

研
究
篇

物。其核心是「天人合一」觀，強調人與自然同樣對應，人身一「小太極」，自然一「大太極」，兩者應當和諧，人應「道法自然」（《老子》），泰戈爾稱之為東方文明要素。

太極拳正是以「道法自然」為指導思想，諸多要領合起來的整體要求，符合人的生理，符合運動規律，符合自然，符合道德原則。

首先，太極拳從技術上要求鬆淨自然，無拘無束，「全身處處毫無牽制」「動靜作勢，純任自然」，胸部微含而寬舒自然，鬆腰斂臀，「無使有凹凸，無使有缺陷」。運行中，「調息綿綿」，呼吸要順其自然，行拳要圓活流暢，隨屈就伸，做到「屈伸開合聽自由」（《十三勢歌》）；運動中以意導動，遵循自然而不任意作為。

從宏觀的太極論中，更為強調拳理與「天道」的一致性。太極拳先哲陳鑫說：「打拳皆隨天機動宕，太極原象皆自吾身流露」「闔闢剛柔順自然，一揚一抑理循環」。太極拳中的虛實、閉合、剛柔等變化，處處包含了陰陽對轉，故「習太極拳須悟陰陽要義」（《武式太極拳的走架打手》），使人與天有渾然相通之妙。

其實，中國人並不僅僅把「天人合一」視為一種與自然關係的學說，也是關於人生理想、人生覺悟的學說，將本體論、認識論與道德論三合為一，「天道」與人性（道德原則）一致起來。認為「因為私欲作怪，人往往以小我為我，私欲才會帶來煩憂、困惑」，主張以「天人合一」為「誠明」，提高道德修養。當西方科技日益發達的時候，伴同著文化也隨之加劇，個人的焦慮、苦惱、孤獨感

導致那種脫離世界「神人合一」觀念的加強，相對來說，引導人如何與自然、社會相處的「天人合一」觀念，成為一種入世之學，必然引起人們的嚮往。

以順乎自然、天人相通觀念來行拳的太極拳，使人在精神上處於一種空明的「無人之境」的心態，與大自然靜靜地進行心靈交流，這種和諧不僅可以排遣憂慮、忘掉煩惱、拋卻浮躁，還可使人的身心昇華至一種輕鬆自如的境界，對陶冶人的風儀、格調、內在心境是頗有裨益的。

當然，人處在現實社會中，不可能置於一種「世外桃源」，太極拳這種修性效應也只能是一個調節，啟迪引導人們在改造自然的同時，也應遵循自然規律，適應自然。這正是伏爾泰所說的，哲學家們在東方發現了一個新的精神世界和物質世界。

太極拳在行拳中還強調「中正」「不偏不倚」「無過而無不及」的適中，講究實中有虛、虛中有實、柔中寓剛、動中求靜、陰陽相生、渾然一體，達到一種中和的完美。把人的和諧觀念納入一個新的框架，正是「致中和」「中庸之道」的倫理觀念推行。這種處世之學儘管也有一定的局限性，但對西方人那種極端主義會帶來一種新的思考。一種局面發展到極端就會走向它的反面，無過而不及的信念可以使人們在成功時謙虛謹慎，在苦難中堅韌不拔，以柔弱勝剛強。

二、求虛靜，培養人的最佳情感

立論於清代中期的《太極拳論》開宗明義：「太極者，無極而生，動靜之機，陰陽之母也。動之則分，靜之

則合。」中國哲學史中的主動學說與主靜學說相對相引，主靜學說是主動學說的補充。從道家思想的主靜，到道教內丹養生術的主靜，導致了太極拳主靜貴柔拳理的出現。

老子提出了「致虛極，守靜篤」「不欲以靜」，希望恢復一種符合人道的人際社會；莊子要人「抱神以靜」「必靜必清」，既是長生之法，又是人生境界；道教內丹學說的精要在「養氣守靜」，主張「守靜去燥」「忘形靜寂」，達到「神靜則心和，心和則神全」（《雲笈七籤》）。無論從思維方式還是養生思想，都注重道德修養，企求由人的內心清淨達到社會的安寧，由個人的修養去化解社會的紛爭，所謂「人徒知從心為快，不悟制得此人，有無窮真樂」（《秋澗集》）。

太極拳將這樣一種虛靜理念注入運動技術之中。練拳前首先要入靜，做到心靜體鬆，「上場時先洗心滌慮，去其妄念，平心靜氣，以待其動」（陳鑫《太極拳論》），使人的身心處於極寧靜、極鬆脫的狀態。太極拳要「心靜用意」，在運動中把精神和意念貫注於一招一式之中，也是一種求靜的方法。

真正進入虛靜則被視為練太極拳的高級階段，即「實中求虛，動中求靜」的練法，把各式各樣的動作意念皆歸納為一動一靜的現象，再專心一意地做由動而靜、由實而虛，使我們的意志集中在求靜的一點上，去影響動作，才能越練越純靜，做到「心中無一物，極其虛靈」「性以靜持之，養其誠以至動靜咸宜，變化不測」（《陳式太極拳圖說》），最後達到「以靜禦動」「雖動猶靜」的高級階段，能以一法應萬法，化萬法為一法，在推手中後發制人。

研究篇

虛靜，從人生修為的角度則為安靜閑恬，虛融澹泊，要有一種虛懷若谷、恬靜無欲的平和心境。而這種心境借助於一種拳術活動來實現是頗有情趣的。在擺脫了激烈競爭、緊張節奏的工作後，練太極拳而進入一種無干擾、無欲念的寧靜之中，會獲得清心悅目的最佳情感，去感知人生的另一面。

「人生而靜，天之情也」。尤其是對一些退、離休的老齡人，忙碌一生之後，突然體會到這種空靈寧靜的心境，會給人生帶來新的情趣，可謂「大都心足力還足，只恐身閑心未閑，但得心閑隨處樂，不須朝市與雲山」。太極拳對老齡人修心養性來說，是不可多得的「清心劑」。

約翰·奈斯比特在他的《大趨勢》一書中提到：「每當一個新技術引進社會，人類必然產生一種加以平衡的反應，也就是說產生一種高情感。」今天，在這種科技進步、經濟發展的世界中，太極拳以靜心養性、動中求靜的運動方式，作為一種與之平衡的高情感活動，是非常可取的。「淵靜以明志，德修而道行」。在不少發達國家中，有興趣練太極拳的人們聚集一起，無欲無爭，陶然忘返，不失為凝聚人們情感的「魔杖」。

三、重養氣融健身、修心於一體

氣，是中國哲學範疇的一個極為重要的命題，是傳統養生學的精要。西方的華達哥拉斯也曾提出「天人合一」，在「數」，中國的「天人合一」則在「氣」。氣的內涵奧妙複雜，眾說紛紜，概括地說，它既是客觀存在的實體，又是主體的道德精神。「萬物負陰而抱陽，沖氣以

為和」（《老子》），陰陽之氣充塞於宇宙間，也存在於人類自身，天地為一氣流行，故天人相副，彼此感應。

從養生學的角度，氣被視為生命之本原。「人之生、氣之聚也，聚之則生，散則為死」（《莊子‧知北游》），「長生之要，以養氣為根」（《天隱子》）。養生之大，在於愛氣。道教的養生術對中國醫學作出了重要貢獻，其內丹學說為太極拳所汲取。詩云「身中一寶，隱在丹田，輕如密霧，淡似飛煙」（《道藏輯要》）。

中國的太極拳集技擊、養生、哲理於一身，從實踐到理論，從觀念到方法，都十分關注於氣，注重運氣、練氣、養氣。練太極拳要求「氣沉丹田」，呼吸要勻、細、深、長，自然平和，「綿綿若存，用之不勤」，尚屬氣息的調養運行。

更為重要的是中氣，「須以直養而無害」（《十三勢行功心經》），有人稱其為元氣的最佳狀態。太極拳論中要求「以虛靈之心，養剛中之氣」「浩然之心行之，無往不宜」（《太極拳全書》），強調中氣貫於脊中，收於丹田。太極拳理論中認為，它是陵園子所說的「浩然之氣」，因此「心上功夫，不在吞津咽氣」，而虛靜的心理才稱得上「心」。《十三勢行功心經》中對太極拳的氣做了精到的開發：「以心行氣，務令沉著，乃能收斂入骨。以氣運身，務令順遂，乃能便利從心。」這裏氣指正是心意、精神，使氣如九曲珠遍至全身，無微不到，並非以力使氣，全身「意在神，不在氣，在氣則滯」。正是這種主觀精神，心境貫於行拳之中，太極拳才會達到「外示安逸，內宜鼓蕩」「氣如車輪」，做到「心為令，氣為

509

研究篇

旗」，才會「牽動往來氣貼背」「腹內鬆靜氣騰然」。

　　精神、心境與人的道德修養分不開。《管子》較為深入地論述了精氣在自然、社會和人的心性修養的作用：「不以物亂官，不以官亂心，是謂中的。」達此境界就須虛靜其心，寧靜其意，使精氣浩然和平，可以怡然安樂。也就是說人不為物所累，不為利所誘，恬淡自然，才能養好精氣，可見養生在於養氣，養氣必須修心，修心則應修德。

　　太極拳用意練拳，行拳練氣，虛靜其心，以心行氣，既蘊含著生命本原論，又涉及道德精神論。將氣與心結合，猶如道教內丹學說以人的思想、精神、心理狀態為修練的基礎。所不同的，道教內丹術以靜坐導氣，而太極拳則在綿亙不斷的運動中動中求靜，氣遍全身，「隨勢揚氣」。至此把人的心理———生理———人生哲學連在一起，把心理平衡———延年益壽———生活情趣融成一團，人生哲理與太極拳的養氣全神統一起來。哲學為太極拳提供了宇宙觀、人生觀的理論基礎，太極拳為人生哲學提供了具體實踐方式，實現人的身與心的兩個健康，是一種不可多得的修心養性的體育形式。《重陽全真集》的「勤道歌」說得好：「自然消息自然恬，不論金丹不論仙，一氣養成神愈靜，萬金難買日高眠。」

四、尚直覺體悟拳理與人生

　　中國傳統思維中的一個重要特點是重整體，重直覺，主張認知方式與修養方法一致起來，把本體論、認知論、道德論三合為一。這種思維方法顯然有偏頗、模糊的一面，也有它可取的一面。由於「它的功用不在增加積極的

510
研究篇

知識，而在於提高心靈的境界」（《中國哲學簡史》），不妨說，它既是重現實的，又是重理想的。

老子主張「為道」，以無欲之心直覺萬物的規律，莊子為「體道」，孟子為「盡心」，朱熹提出了頓悟式的直覺，「致知在格物」，積習既久，就能豁然貫通。

這種傳統的思想方式對太極拳學習、鍛鍊方法也有很深的影響。太極拳拳諺中說「拳打千遍，神理自現」，不重分析而強調體驗，要求人們在實練中去體會拳法、拳理，去體悟人生、道德，將練與修熔為一爐。

太極拳在學習認識過程中，主張由自然入手而知虛實；把握陰陽和諧變化而明勁法；求虛靜而懂神明，最後達到一個無形無跡、出神入化的最高境界。要求由熟而悟、由語而通、漸熟漸悟，「一旦無障礙，豁然悟太空」（《太極拳全書》）。

人們把太極拳稱作「終身不書之藝」「非知惟艱，行之惟艱，所圖之勢皆太極大自然之機」（《陳鑫太極拳論》），「故終身行之不能書」，要學到老，修練到老，正是太極拳以直覺磨礪修練的路程。

在習拳過程中，其拳勢、拳法、拳理都需要漸悟漸徹，「工夫無息法自修」「每一拳勢，往往數千擊其妙」，要靠下工夫去體味、去悟通。至於內勁、內意、內功則更難以言傳，須在不懈的修練中「得意忘形」，才會逐漸得心應手、順遂自如，達到「無形無象，全身透空」的境界。

在日常生活中，直接的直覺領悟往往是短暫的，而太極拳則把它延長為一種持久的意識，由體悟，使「求自

511

研
究
篇

然」「貴虛靜」「重養氣」在整體意識中得以實現。

拳技非一日之功，人的道德修養更是一個長期的陶冶過程，只要人們堅持技能上的直覺體悟，理論上會漸通，人生修為會漸悟。中國太極拳正是這樣一種特殊的運動形式和學習方法，才會成為人們借助運動修為人生的有效之途，達到內外兼修、德藝兼備的效果。猶如道教養生觀所說的：「當人們按照自然的程式自然地採取行動並信賴他們直覺的知識時，就會獲得人類的快樂」（《現代物理學與東方神秘主義》）。

餘 論

當本文行將結束之時，我們又回到了現代物理學上，人們發現它所包含的世界觀並不能充分適應人類社會，最終「要有體驗統一自然和協調生活的藝術」，太極拳運動在修心養性方面的價值功能，不妨說是其中的一支，應當引起人們的重視。

同時，也必須指出，第一，主靜學說仍有偏頗、消極的一面，和諧恬淡只是人類奮進競取的補充；第二，太極拳作為一種體育運動，修心養性只是強身健體的補充。

「隨著未來科學的進步，宗教及其教條和迷信必將讓位於科學，可是對於人世的渴望，必須由未來的哲學來滿足，在這方面，中國哲學可能有所貢獻。」（《中國哲學簡史》）

我們深信，蘊含中國哲學的太極拳在推廣中，會對未來世界產生更大的影響和意義，為人類的生存和進步作出貢獻。

太極拳的心理軌跡

王資鑫

　　人在任何活動中都有心理現象。在中國武術運動中亦然。其中，對「主身心合修」（徐致一《太極拳淺說》），即特別講神求意的太極拳而言，其心理現象就更為顯著、深刻和豐富了。

　　現在，本文試從心理學角度，概略地探覓太極拳的心理過程和個性心理特徵的產生與發展的軌跡。也許，對進一步加深與開拓對於太極拳整個屬性本質的認知，對進一步控制與改善太極拳心理活動，強調與突出太極拳個性心理特徵，以更有效地提高太極拳運動水準，闡揚其科學價值，似乎是不無益處的。

一、太極拳運動心理現象是如何發生的

　　眾所周知，太極拳是一門個性相當強烈的拳種。其個性，不但表現於以式式連貫、處處圓活為標誌的拳架之中，而且也體現在神無上下南北之感的「無極」心理狀態之中。太極拳外形動作以及由此產生的心理現象的特色，是其他任何一門外國的或中國的形體運動（體操、舞蹈、其他拳術等等）都不具備的。

　　那麼，獨特的太極拳及其心理現象是如何產生的呢？

　　1.太極拳是中華民族對客觀世界認識的動作反映。其

513

研究篇

心理現象的產生是太極拳家對外界事物感知之後，由客觀生活與人相互作用的結果。

沒有被反映者，就不能有反映。太極拳心理現象的存在，首先在於太極拳運動的存在，這是由它對太極拳客觀條件的依存性所決定的。據諸多名家考據，太極拳源於明末清初。若此論不誤，則我們要問，為什麼太極拳獨獨產生於中國，又獨獨產生於那個歷史年代？

這不能不說，我國明末清初政治、經濟、思想、文化等客觀影響決定了太極拳創始人對客觀現實的反映。當他們以自創的太極拳運動去反映客觀世界並積極作用於周圍生活時，其心理活動及其個性心理特徵不能不受到客觀世界的影響、決定乃至制約。

明清之際，是中國封建專制制度面臨嚴重危機的天崩地解的大動盪年代。在李自成、張獻忠農民戰爭的推動下，在清王朝統治下日益尖銳的矛盾中，伴隨著資本主義萌芽的開始孕育及對程、朱理學和陸、王心學的批判，樸素唯物主義思想有了極大發展，不能不對古代人民中的習武者及太極拳創始人的世界觀產生程度不等的影響。

應當看到，他們由此所產生的心理、意識、主觀世界不過「是在人類頭腦中變位了的變形了的物質」（馬克思《資本論》第1卷第17頁），不過是物質世界的映象。為此，當他們去表達對那個世界的認識和解釋時，必然帶有武術特點，必然不是通過一般手段和語言，而是運用了武術家所獨有的手段，所獨有的語言———以靜、柔、勻、沉、穩、變為特色的運動體型作為物質外殼，以一定要求的手、眼、身、步、勁作為建築材料，以攻防目的作為結

構規律而構成的運動系統語彙。而且，這一運動系統語彙
所表達的，不是古代武術家對生活中枝末微節的理解，恰
恰表達的是對整個大千世界的態度、對派生萬物本原的探
求。「易有太極，是生兩儀，兩儀生四象，四象生八卦」
（《易繫辭上》），「總天地萬物之理，便是太極」
（《朱子語類》卷九四）。

　　也許正是從這個角度講，古代武術家才將這一表達自
己心理意識的拳術，稱為「太極」。進一步說，倘將明清
之際的社會狀況及思想潮流與太極拳的哲學因素稍作比
較，我們不難發現，太極拳及其心理現象的產生，曾經多
麼強烈地受到當時客觀世界的影響。比如，在黃宗羲「理
在氣中」「道寓於器」「無氣則無理」的唯物論命題的影
響下，太極拳講究「心為令，氣為旗，腰為纛」，內外相
合，精神寓於動作之中；在王夫之《周易外傳》「日新變
化」的發展觀和「方動即靜，方靜即動」（《思問錄》外
篇）的物質運動絕對觀的影響下，太極拳形成了「一動無
有不動」「如長江大海、滔滔不絕」的特色；在王夫之
「形也、神也、物也，三相遇而知覺乃發」（《太和篇》
注）的強調思維觀的影響下，太極拳尤重「用意不用力」
「意動身隨」；在戴震的「大圓氣固而內行」（《續天文
略》）的宇宙「氣化流行」觀的影響下，太極拳「周而復
始、循環無窮」，動作多呈圓形、弧形或螺旋形。

　　當然，太極拳創始人也不可能不受到程、朱理學的干
擾，如「主靜」說就在太極拳家心理上留下深痕。自然，
隨著時代變遷而不斷前進的太極拳，終於反其「靜」意，
而創立了自己的「動中求靜」的新的心靜說。

研
究
篇

　　總之，太極拳及其心理現象，是 16 世紀以來的中國社會客觀事物的作用所決定的，是明清之際哲學觀的活的具象化與凝固體，同時，也是古代武術家在實踐活動中感知、思索與處理事物時，不斷擴展、精確、豐富自己認識的可能性而產生的。看到太極拳及其心理現象具有高級物質形態的屬性，是中國人民特殊身體活動的表現，乃是我們應具的唯物主義觀。

　　四百多年來，在太極拳普及活動中，似乎中、老年人比青年人更感興趣於此道，諸多原因之外，是不是還與太極拳更接近於他們對世界有一定深度的認識有關？

　　2.太極拳心理現象，是在太極拳運動的實踐中產生和發展的。

　　太極拳心理現象是有意識的反映，是自覺的反映，它產生於武術家對自然與對自己的運動改造———在具體歷史條件下的實際生活，即太極拳實踐活動。離開了這一實踐，太極拳家就不可能獲得對這一拳種的直接印象，也不可能進而掌握有關太極拳的知識、情緒、意志、能力與性格，更談不上將二者聯繫起來，產生太極拳心理現象了。四個多世紀以來，太極拳走過漫長的歷程，其間，無論多麼艱難，它始終不曾有一天停止過運動，停止過腳步。

　　迄今，在其實體已經蔚然形成擁有楊、陳、吳、武、孫等多種流派的洋洋大觀的同時，其心理現象也日益富瞻、深沉與高雅。達到了「神為主帥」的境界，更加佐證了太極拳心理現象對於太極拳存在和實踐的依存性。自然，另一面，鑒於太極拳運動的目的方向性，太極拳心理對太極拳運動的調節性也是不可忽略的。

3. 太極拳心理現象是武術家們神經組織活動所產生的，是他們大腦的功能。

有位老拳師談練拳經驗時說：「外部情況一經觸動，內部行動和外部動作便自然合格而起」，這裏內外「自然」相合的紐帶（或環扣）是什麼呢？我以為正是他練拳時所產生的心理現象。列寧說：「心理的東西意識等等是物質（即物理的東西）的最高產物。是叫做人腦的這樣一塊特別複雜的物質的機能。」（《列寧全集》第14卷第238頁）

太極拳心理現象也不例外，歸根結底，其基本原則也是反射，是由神經興奮過程———心理活動———效應器官的活動———「回饋」四個環節組成，心理現象是這互相聯繫、制約的四環中的一環。例如，練拳者以周身協調、虛實分清、輕靈柔和、呼吸自然的動作作為開始環節，促使人的大腦活動，而大腦活動的心理過程作為意識的物質基礎，使腦中樞發生了沉靜集中的心理表現。

在這一意識引導下，神經過程由中樞傳至效應器官，意動身隨，以靜禦動，使動作始終鬆和，內固精神，外示安逸，而動作又終成刺激，引起神經回程傳至中樞。所以，凡有造詣者練至酣處，總感到飄飄似在太空，忘己身之所在，此乃太極拳運動「回饋」的一個妙處。

二、太極拳運動中的心理過程

太極拳運動中的心理過程發生於太極拳運動的每個方面及貫串於全流程的自始至終。它的存在，不是一個階段，而是一個過程，不是一個點，而是一個體。在太極拳

517

研究篇

運動中，它無時不在，無處不在。只要有太極拳運動，便有與之相適應的心理過程。

1.太極拳運動中的「記憶」

凡練太極拳者，沒有不從學拳開始的。為什麼許多名家對於他童年所學的啟蒙拳術，即使荒廢多年，亦能起式便練，這便是「運動記憶」在「顯靈」。

太極拳運動記憶是人腦對過去所學所練拳理拳式的反映，即使是拳理拳式在相當時間內不再作用於練拳者的感官，但拳並未罷之即忘，而是在一個相當時間內和一定條件下，能以再現和認知的方式表現出來。這首先歸功於學拳伊始的心理活動———有意識記。

何謂太極拳有意識記？學習的過程，或拜師學藝，或自臨拳譜，第一步不外模仿，進而將拳式套路式式相連地練下去，俗稱「盤架子」或「練架子」。這裏的教學方法無論是什麼，或單式（分解）練習法，或套路（完整）練習法，或單式套路結合法，或「先方後圓，方圓結合」，抑或「先求開展，後求緊湊」等等，然而有一點是共同的，即學拳者的心理活動是一致的。他對太極拳的手、肩、肘、腕、頸、胸、背、腹、腰、臀、襠、腿、步、眼……的形狀和運動方法，對動作之先後、幅度之大小、旋轉之角度、行拳之路線等，總要採取一定的措施，按一定的方法（不管這種措施與方法正確與否）去作意圖明確的記憶，這便是有意識記。

學拳的有意識記，是一個反覆的感知過程，藉以形成和保留對拳式拳理比較鞏固的聯繫。如古代拳師在描述拳式拳理時，往往抓其本質或特徵，創造了既生動形象又淺

顯常見的喻詞或事物來描繪、渲染、說明，像常見的拳訣「手揮琵琶」「白鶴亮翅」及拳喻「行雲流水」「運勁如抽絲」之類。

這種教學法能給學員帶來印象深刻鮮明、便於理解的裨益，比較容易清晰地被感知，可看作古代拳師傳授法的一大貢獻。這一貢獻的心理學意義在於他們巧妙地運用了喻訣和拳體之間在某一方面的相似點，利用了學員以往的活動積累與其他許多經驗的聯繫，因而促進了識記。這實際是一個建立聯繫和鞏固聯繫的過程。

學拳還有這樣一個現象：三千後學、七十二弟子師承一門，卻領會速度有先有後，記憶程度有深有淺，何以致此？這是各人學拳時的反應能力不同，記憶的效果不同，也就是說運動表象的鮮明程度不同而已。

表象的鮮明性，因人而異。我們要充分看到太極拳運動表象在運動記憶中非同小可的地位。有了表象，才有記憶；而有了記憶，練武經驗才能相聯，心理活動才能形成完整無缺地向前發展的過程。而學拳者在完成對拳式外部感知之後，也只有借助運動表象作為過渡橋樑，才能進入對太極拳拳理的思維階段。

2.太極拳運動中的「思維」

有位太極拳家回憶學拳初期曾走過一段彎路時說，當他不費思索地盤完拳架後，便滿足於現狀，對於太極拳本質的東西則往往忽略，仍長期停留在一般運動的水準上，最後甚至連外表拳式姿勢都覺得彆彆扭扭的。原因何在？很明顯：缺少運動思維。以後，他「對於前輩著作每常用心思索，一有心得即付諸實施，頗得裨益」，終成方家。

所謂「用心思索」，即運動思維。確實，太極拳精髓全在內（理），而外（式）只是手段，不但能「形如搏兔之鵠」，還能「神如捕鼠之貓」，就得啟動運動思維，這實在是一條頗具價值的經驗教訓。

太極拳運動思維產生並發展於運動實踐。太極拳名稱雖玄乎，而內容卻是樸實的。它的每一條行拳原理，每一個動作規範，都以人的自然安適的姿勢、以成功的經過檢驗的技擊、以美的形態作為土壤，作為感性材料，都植根於人們的實際生活之中。

太極拳師只有去從事這個拳種的鍛鍊並受其影響時，才能把思維這一特殊的獨立的智力活動融入運動實踐，反過來，由思維概括出來的對太極拳的認識結果，還要應用到鍛鍊實踐中去，以進一步發展思維。像上文提及老拳師的「一有心得即付諸實施」，正是對實踐———思維———實踐……這一心理活動鏈條式結構的極好注腳。

太極拳運動思維是一個高級而複雜的心理過程，它包括分析、綜合、比較、抽象、概括、概念、判斷、推理、想像等等。比如，太極拳之所以形成各具特點和風格的流派，或舒展、或緊湊、或剛柔並濟、或靈活輕捷，原因之一，便是太極拳家們在思想上把太極拳整體的個別特性、個別方面區分出來（分析），再加以結合、強化、系統化處理（綜合），這樣便有可能確定它們之間的同異，從而分出楊、陳、吳、武、孫等各系各類拳派（比較）等等。再如，太極拳中不少以動物技能和人與動物關係為基礎的象形動作的創造，如金雞獨立、白蛇吐信、野馬分鬃、彎弓射虎、攬雀尾之類，便是創造思維的結果。它是在發現

人及動物運動的事實與規律之後，透過聯繫想像和構思，利用人的自身形體動作來表現的。

太極拳運動思維所解決的，一是對太極拳共同的本質特徵的概括反映，如太極拳發勁原則是將全身運動之力集於一點瞬間爆發，太極拳家經多次直接感性實踐之後，經過思維總結出「力發於跟，主宰於腰，形於手指」等發勁原理。還有諸如對氣、意、身、心、勁、神等根本要領的本質系統理解，也都離不開運動思維。武禹襄的《十三勢行功心解》、王宗岳的《太極拳論》、楊澄甫的《太極拳說十要》等典籍，就是前輩武術大師集若干代、若干人的運動思維之大成，用以解釋太極拳本質的書面結晶。

二是解決了對太極拳各要素之間的本質聯繫的認識。如為了達到練拳強身健體的生理目的，在形上總結出中正安舒、虛實輾轉等動作規律，以期身軀自然、勞逸交替；而在神上則總結出意氣合一、精神內斂等神經活動規律，使人始終保持鎮定的生理狀態。

而只有形與神、上與下、內與外及各部位獨立功能得到充分發揮，進而相互呼應、默契配合、全面作用之後，太極拳的整體功能才能體現出來。

3.太極拳運動中的「感覺」和「知覺」

太極拳心理現象不但活躍於單練之中，更馳騁於對練之中，某種程度上，更為積極豐富，更有光彩。因為，對練不是一方面，而是雙方面，不僅有本體，還有客體。

它把心理活動「逼」上了相互激烈較量的電閃雷鳴的閃爆點。在太極拳對練或對壘（推手、散手、發放手等）中，雙方進攻（問勁）和防守（答勁）時，透過對手身體

521

研
究
篇

的任何一個部位的攻防作用於己方的感覺器官的作用，人腦中就產生了對這些勁力的針對性的反映，便是太極拳的運動感覺。

這一感覺過程，首先是從人體表面（外感受器）接受作用於它的攻防力量的方向、大小等（即刺激物）開始的，這屬於雙方對峙之初的審敵過程，依靠感覺摸底的階段。在這階段中，可依靠視覺瞭解對手神態、體型、實力、攻防路線及出手動向，亦可由聽覺（特別是對手背攻或側攻時），當對手因出擊引起振動所發出的音波，作用於自己的聽分析器，從而掌握進攻力度、力點和方向，而更重要的，可以透過膚覺，尤其是觸覺、壓覺和痛覺，實現「聽勁」，達到知彼。

凡高水準的太極拳技擊家都能不以目視，但以體測、以神遇便能將對方攻防真實意圖打探清楚。在觸覺中，作為特殊的感覺器官———人手，由於結合了膚覺和動覺，所以是最敏感、最有把握的察敵工具，手的觸摸印象往往起到驗證所獲得的視覺、聽覺形象的作用。

第二過程是決策階段，來自外周的神經興奮傳入中樞，將對方攻防的虛實強弱種種情況所帶來的神經衝動進行分析、綜合，據此確定應付措施及制勝對手的方法。

第三過程是制勝階段，返回資訊，轉入進攻，在曲橫閃戰、引進落空的運動中，能動地引導對方形成被動局勢，從而力從人借、以柔克剛，一舉發出或拿住對手。在決戰決勝階段，為什麼任何一個成功的動作都能上下相隨、全身協調，使身體各部位動員起來為一個目標而整體動作？這裏，恐怕也不能忘記人的身體運動和位置狀態的

研究篇

感覺———動覺和平衡覺———靜覺的功勞。

自然，太極拳對壘中能夠克敵制勝的心理活動，僅僅具有對對手攻防個別屬性和部分的反映———運動感覺是不夠的，還得具有對對手攻防各個部分和屬性的整體反映———運動知覺。由對練或對壘的奧妙無窮、瞬息萬變的雙方複雜態勢所構成的反射活動，只能是技擊知覺。而且，知覺主體狀態越優良，也就是格擊的信心越強，興趣越濃，態度越主動，以往格鬥經驗越豐富，過去的興奮痕跡與現在的興奮聯繫越緊密，也就越能理解對手的攻防實質，從而獲得的運動知覺也就越清晰。

在太極拳對練或對壘中，一般產生三種知覺。

一是空間知覺，即對彼對己攻防諸部位的形狀、方向、定位、距離等特性的知覺，如常說的「眼為先鋒」，手到眼到，便是通過視覺和動覺器官去做以尋找對手為目的的空間定向；而格鬥時「耳聽八方」，實際是聽覺空間定向。

二是時間知覺，其核心是對節奏的知覺性。張弛起伏的節奏性活動，不但能最經濟地消耗運動能量，消除疲勞，而且，快慢相間的恰當把握，也是制勝的重要因素之一，所以，時間知覺遲鈍者，說明他在反映對手攻防實質的延續性上碰到障礙，在順序之上產生紊亂，那是難以臨陣的。

三是對對手進退速度、距離及自己相應攻防狀態的知覺，即攻防知覺。所謂知己知彼，百戰不殆。己與彼的運動，總是相對的，倘若對己與彼在空間的位置移動理解不準，便會發生錯覺，只能在較量中敗北。

三、實現太極拳運動價值時的心理活動

太極拳的性質至少有健身性、技擊性和藝術性。因而評價其運動價值（或作用）時，恐怕至少也要看到這三方面。那麼，在實現這三方面價值時，心理活動是怎樣的呢？

1.「注意」是太極拳實現醫療保健價值時的主要心理活動。

太極拳多方面的健身價值固然是人體上下內外多方面運動所帶來的。但鑒於這種拳的「全身意在精神」（《拳經》）原則的規定，因而對「意」提出特別高的要求。聚精會神，專一到運動中去，從而使大腦皮層有關運動的部分趨向有規律的興奮，而使其他與日常工作有關的部分轉入保護性抑制狀態，消除疾病在大腦皮層引起的病理興奮。所以，調節和訓練腦的功能，應當看成是太極拳的首項任務，因而也是決定健身價值的關鍵。從心理角度看，這一運動產生於精神對「內」的指向和集中，有一定的方向性，自身運動成了注意中心，能夠清晰地認識出來；而其他物件，主觀的一切思慮、客觀的一切干擾成了注意邊緣，漸漸離開練拳者，變得沒有意識或意識模糊了。

「勢勢存心揆用意」（《十三勢歌》）的積極狀態，使大腦皮層的一定區域產生優勢興奮中心，並由此產生機體的各種反射活動，因而對預防和治療神經系統功能障礙及由此引起的其他疾病有功大焉！

太極拳家從初學入門———反覆實踐———爐火純青，其心理注意走過的歷程，一般是從無意注意———有

意注意———有意後的注意。初學階段產生注意有時沒有自覺目的，相當成分是出於對太極拳的興趣愛好或某個吸引，其後，隨實踐深入，水準提高，轉化為努力的自覺的有意注意，這是一個相當艱難的反覆過程。最高階段稱「神明」，當太極拳練到出神入化時，不需要意志努力也能保持注意了。比如對「意沉丹田」，初學者從不明白到有目的地將意識貫於臍下小腹的中心點，最後待功夫老到，一旦入靜，便自然而然地能意守臍下了。

太極拳醫療保健價值實現的程度如何，與能否產生和完成心理注意過程有極大關係，有四個問題要解決。

①太極拳心理注意要「穩定」，要排除其他刺激物，即一切思慮、一切外界的干擾，避免分散，心無二用，神寧志靜，以修養性情，休息肉體。

②太極拳心理注意要控制適當的「緊張度」。不必要的緊張固不足取，但有規律的緊張卻是強體固質的進取性方法。以意導體必先振奮精神，關鍵是把握好尺度。

③太極拳心理注意要提高「分配」水準，特別是同時進行的兩種以上的活動，如手與腳、肢與體、形與神相隨或相合，向前退後、左顧右盼要面面俱到，就必須在活動之間的聯繫上下工夫。

④太極拳注意還要做好「轉移」，把注意在自身或周圍環境之間能動靈活地轉移，對於「虛實宜分清楚」（《拳經》）極關至要。比如是左實右虛，還是上虛下實？關鍵看注意垂青於何方，一經轉移，原來的注意物件退居「虛」位，而受到意識貫注的新物件進入注意中心，感應與機能增強，雄踞「實」位，整個注意範圍便又是一

525

研究篇

番圖景。一趟太極拳，便是這樣一軸心理現象的萬景圖。

2.「意志」是太極拳實現技擊格鬥價值時的主要心理活動。

技擊，是太極拳的靈魂。太極拳技擊是一項要求高度意志力的運動。太極拳對練或對搏者自覺地確定進攻或防守目的，內具攻防意識，外示格擊搏鬥，以最終克敵制勝———這一心理過程，就是太極拳攻防意志。

太極拳攻防意志，來自於太極拳家對武打強烈而穩定的動機和對拳理拳技的認識。不同性質的動機對攻防意志具有不同的刺激作用；而不同程度的認識也決定了個人武打意志強弱的不同、技能高低的不同。自然，另一面，強烈的攻防意志往往有助於認真動作，壓倒對手並促使太極拳認識活動不斷昇華。俗說的「心中有，手中才有」，就是這個道理。

攻防意志對格擊實踐有個調節過程，其結構包括開始、完成兩個階段。一是攻防意志確定階段，即攻防意識從萌發到充溢，情緒從鬆弛到緊張，身體有關部位的勁力緊急調動起來，朝著意識所向，瞬間即發；二是攻防意志執行階段，力量爆發，矛盾揭開，勝負分定，雌雄見曉，目的成為結果，觀念轉化行動，攻防意志已在刀光劍影、拳來腳往之中成為現實。當然，太極拳意志再強烈也不意味著在格鬥中要咬牙切齒，露形於色，相反，內緊外鬆，從容安詳是太極拳格鬥外形的一個特徵。

3.「情緒」是太極拳實現藝術享受價值時的主要心理活動。

練太極拳時，往往還能喚起由輕微興奮、精神煥發所

帶來的舒暢、信心，由心境閑怡、無我無他所帶來的輕鬆、空靈等多種感情，在不知不覺之中去粗糙、掃滯鈍、除暴戾，使人獲得一種美的享受。而且，這種美有別於外功拳，其基本方面更多地展示事物相對的統一、平衡、和諧，是一種淡遠、平和、沉靜、含蘊之美。可以說，演練一趟太極拳，就是建築一座美的宮殿，以其獨特的美的境界而訴諸人的審美意識。

從心理學角度分析，這種使人領略到的藝術美，是由帶有某些特殊色彩的體驗的形式表現出來的，這便是太極拳運動情緒。這一情緒之所以引起愉悅快樂等肯定性質的體驗，完全在於它是在鍛鍊與武打實踐中，為滿足人們的身心需要而歷史地必然地產生出來，是美的動作性的反映形態，因而，能夠豐富人們的多種審美需要。

太極拳運動引起美感的情緒的產生是有物質基礎的，這就是人的活動。太極拳是一門透過人的活動實現的運動術，是一門流動的武技藝術，那連續不斷的動作出現於三度空間和流動不息的時間過程，像行雲，像流水，像綿綿不斷的雕塑，像滔滔不絕的音樂，正是對太極拳審美屬性基本內涵的形象化描摹。

太極拳運動引起美感的情緒表現形式特徵，還具有兩極性，有振奮與平靜、注意與閒適、緊張與輕鬆、強烈與柔和等等，這主要由太極拳運動自然美的諸因素所導致的。如：勢態的相對統一，任何一招一式皆具同一性，總存在內外、上下、左右、前後、伸縮、收放、舒捲、直彎、虛實、開合、輕沉、進退……雙方均衡，相得益彰，練拳者和欣賞者自然能領略到既有疏散美、又有整飭美的

對稱的審美愉悅，此其一。其二，節奏的快慢相間，動靜有致，一動無有不動，一靜無有不靜，視靜猶動，雖動猶靜。其三，韻律的剛柔相濟，彈韌兼備。尤其是陳式太極拳，更使人產生時而鐵馬金戈、時而風光霽月的和諧韻律美。太極拳的美的內涵越豐富，引起美感情緒的兩極性越明顯，整個自我被藝術美情緒薰陶的趨向越擴大。

這裏特別要提及的是太極拳區別於外功拳的一個顯著情緒狀態———心境，即使體驗染上獨特的情緒色彩。太極拳家一旦將靈魂、意志、精神融於一拳一腿之中，情動於中而形於本，就能做到拳中有人在。如此刻意求神的結果之一，便創造了藝術意境———這意境是心境的，也是拳境的。

四、太極拳運動高級人才選拔及培養的心理依據

選拔及培養太極拳運動專門的高級骨幹人才，已為當前太極拳走向世界所必需。至於選拔標準、培養方向的確定，似乎不能不將心理依據作為因素之一，對人才的技能、能力、素質及性格給予必要的審察。學會、乃至練熟一趟套路並不難，這屬於有目的地、機械地重複既定的動作組合；難的是跳進套路又跳出套路，掌握固定運動程式又擺脫固定運動程式，就是說，具有在對練或對搏中將鞏固的動作「自動化」地敏捷靈活運用的動作系統，這便是太極拳高級人才必備的「技能」。

一個太極拳家，能否在大腦皮層建立鞏固的太極拳運動的動力定型，是能否具備技能的生理關鍵。而能否具備

技能，又是一個人太極拳運動水準高低的分水嶺。技能的作用是決定性的，大致表現在六方面：

①技能決定動作的完整。只有具備技能，才能將身體局部的孤立動作協調成一個複雜的完整的動作系統。

②技能決定動作的輕快。技能一旦形成，意味著動力定型形成，有效動作逐步熟練而強化，無效動作受抑，緊張狀態逐漸消失，使拳勢日益自然而俐落。

③技能決定動作的準確。技能愈是熟練，肢體的運動方向（如攻防部位）愈能準確，運動幅度（如攻防距離）愈能適宜，運動速度愈能恰當，運動力量愈能自控。

④技能決定動作的選擇。形成了技能，才能在雙方較量中，針對性地選擇一種指向達到目的的反應，而且，技能越高，抉擇時間越短，形成快打慢。

⑤技能決定動作的調控。太極拳運動可以看作從感知———動作反應———感知———動作反應……相聯的循環的鏈索。因而呈綿綿不斷、式式相連，這就需要技能按連鎖反應的方式將複雜連續動作組合、調節、控制起來。其最高境界的標誌是以動覺控制取代視覺控制。

⑥技能決定動作的變化。武打技擊是千變萬化的，運動的條件反射也不是一成不變的。技能具備較高的靈活性，才有可能隨技擊勢態的改變、隨條件反射系統的改變，隨機應變，隨緣而動，相應地改變攻防順序，所謂「隨人所動，隨曲就伸」，沾黏連隨，不丟不頂，正是適應多變情境的成功表現。

當然，我們在選拔培養人才時，單純看到習拳者掌握的技術性運動方式———「技能」還不夠，還要審察「能

529

研究篇

力」，即習拳者調節與完成這些運動方式的個性心理特徵。往往，習拳者掌握與運用太極拳技能的程度是受其能力所制約的。一個太極拳家應當具備什麼能力呢？恐怕至少得有感應力、模仿力、分析力、綜合力、融匯力、想像力、表現力、協調力、應變力、耐久力、控制力、靈活性、堅韌性、蘊含性、節奏感、敏捷感等等。

各種能力在各個個體是有差異的，只有當各種能力比較完善地結合起來，才是一個理想的太極拳人才。

不可否認，太極拳能力是由運動實踐來實現的，但是，由於該拳「主柔、勁蘊於內」（徐致一《太極拳淺說》）的特殊要求，因而，其形成更講究有個自然前提：依賴於人先天具有的神經系統、腦的特性、感官及運動器官等特性所構成的自然基礎，這就是素質。太極拳對人才素質的要求是嚴格的，所以，選材一定要重素質，就像琢玉必須精選可雕石料一樣。當然，素質優劣也並非是具備能力的惟一條件。對太極拳運動的動機、態度、興趣、愛好、教育、訓練也還影響著、甚至決定著能力的發展，因而，重視後天實踐也同是重要的。

順便提及的是，任何一個習拳者在選擇主攻方向的拳術時，有必要將拳的風格與本人個性中鮮明表現出來的心理特徵———性格作一番比較，要盡可能地將性格與「拳格」統一協調起來，這樣似更有利於內外結合、形神一致。

最後說明一點，本節僅針對專門高級人才之選拔培養而論，至於群眾性太極拳運動的普及，無論婦孺老弱人人可練，則應又當別論了。

太極探真

王英琦

一

關於太極拳的定義，古今不乏其論：

有說太極拳的關鍵就是一個「掤」字；

有說太極拳的要義全在走圓畫弧；

有說太極拳的功夫就是纏絲勁、抽絲勁；

有說太極拳的奧妙就在以意行氣、以氣發人……

要我說，都對，但都不全面。倘抽象成一個辭彙，我的回答是：「對稱」。太極拳打的就是對稱勁。

因為對稱性原理的涵蓋面更大，它是物理學、包括宇宙宏觀現象的總括。

它泛指事物的不變性即相同性和變換性，即矛盾性兩大屬性。因為太極拳打的就是矛盾統一勁、對立互補勁———以及衝突中把握平衡、分歧中保持和諧、反差中體現奇異美的一種拳種。

還因為對稱原理，實質上與自然科學的守恆定律是連在一起的。任何事物，只要真正能夠達到太極、極致、極限，也就能夠通向另一極和多極。原來太極意味對稱，對稱意味守恆，守恆意味多元，多元又復歸統一……

研究篇

二

何以太極拳難學難精？何以太極「十年不出門」？照我說，全在它的「立名定義」上，全在它不幸而又萬幸地將無所不包的宇宙規律作為自己的拳名。

有趣的是，較之其他拳種，恰恰太極這個最難學的拳種卻又擁有最多的熱愛者與練習者。這不奇怪，因為既然太極拳的哲學背景就是道、宇宙法則，那麼，它就必然有超越一切的包容性和普適性，它的意義、價值也就必然是多元多維的。

任何人都可以從它那裏找到適合自己、對自己有用的東西：祛病、健身、技擊禦敵、昇華境界……

然而，這畢竟是從最基本、最低一級的層面去解說太極拳的。誠如金字塔一樣，越是基數的巨大，攀登到頂點也就越難。從終極性的角度說，任何人要想將太極拳打到完美狀態，都難上加難。

太極拳在極限處，同時又制約和考驗著人的終極力量、意志品質、智慧及整體協調力和靈敏性（當然那些只求練拳健身的人除外）。

誰想追求極致性的目標，誰就得有極致性的手段；誰欲達到高難度的太極諧美狀態，誰就得有高難度諧美的生命狀態。

三

常聽太極圈中人說到傳統套路與競賽套路的區別。就像它們純然是兩個娘養的，兩種截然不同的拳種。

我不明白，既然名分都是太極的，為何不首先肯定它本質上的相同性，卻偏強調它外在表現形式的不同？為何只側重它的一個方面、一種功能（如主要為了表演或主要為了對抗），而忽略甚至無視它的整體功能？

莫非，太極拳還分現代、傳統、民間以及專業？道、真理、宇宙法則還看人臉、分古今，還由於人的身份、目的不同而改變它的本性？太極拳既然冠名太極，就應當具有最廣義的統一性和恒常性，就不能因時空的變化而去變化，因練拳者的不同而改變其特殊性卻失去其普遍性。

不管是傳統套路或者是競賽套路，只可能有一個套路：老老實實按太極的本義去修練拳術。競賽套路絕不只是花架子，只具有表演功能；傳統套路也絕不只是借力打力，只具有技擊功能。

只有合乎拳道，綜合了多種對稱、多種矛盾、多種對立統一、多種「複雜的簡單」的太極拳，才是惟一正宗的太極拳。

任何企圖分裂、割捨、肢解太極拳的主張都是不允許的。

任何企圖在太極拳上搞投機取巧、玩花花繞的人，都會損害太極拳的精義，自己也難以立身。

四

有人提出了這樣的質疑：太極拳不是還有陳、楊、武、孫、吳等流派的區別嗎？難道那也是大謬的、不該的？

這就牽涉到事物的共性與個性、一般與特殊的哲學和

533

研究篇

美學的問題了。

如上所述，把太極拳人為地分為傳統與競賽，片面地強調它的本質不同、用途不同，當然不能允許。因為這實際是在抹殺太極拳的共性和屬性，否認它賴以存在的共同本原。

但這並不等於說在共性的基礎上，太極拳就不能有自己的多元個性。任何事物都同時兼有個性與共性、特殊與一般，太極拳也概莫能外，也有除了根本性的共同特徵外，還有豐富展現自己多重個性的不同流派和風格的一面。但這些歧異與支流畢竟只是大樹上的分枝，只是外部表像有差別，內在稟性卻不變。

不在你學的是哪一個流派的太極拳，也不在表面化的風格不一樣，關鍵在，你是否領悟了太極的真諦，抓住了太極的魂魄，體現了太極的精神。

研究篇

太極拳與書法藝術

張廣海

我國傳統文化中的武術與藝術，雖有各自相對獨立的內涵、法則，然而文武之道卻是相輔相異的。以太極拳與書法藝術為例，兩者同源而異流，其形象、神韻、剛柔之氣、學練程式、藝術效果等，彼此互通、交流、融會諸方，有廣泛而密切的聯繫。

一、同源異流

太極拳源遠流長，是中華民族高層次的文化遺產，其理論基礎是《易經》陰陽八卦學說。太極拳始自何時，尚無文字可考，但傳說甚古。據楊氏文獻記載，太極拳為宋、元時張三豐所傳，定名於明代王宗岳，在王宗岳之前已流傳於我國南北等地。太極拳內涵極厚，博大精深，是我國傳統辯證思維與武術、醫術、導引術最完美的結合。涵蓋著陰陽、動靜、虛實、開合、剛柔、化發、意力等一對對矛盾的辯證統一。

中華文化無不起源於《周易》，其中中醫學與漢字尤為明顯。漢字如同國畫、書法一樣，充滿了大寫意，每個字，每個筆畫，都折射出中華的根——東方傳統思維形態及內涵，因而成為世界上最發達、最完美、最富深邃哲理的意音文字。現在漢字已是世界上最有前途的文字，如

535

研究篇

今漢字是全世界輸入電腦速度最快的文字。專家們說，21世紀，新一代電子電腦將採用聲控系統，它將摒棄由英文字母組成的鍵盤。這樣象、數、形、聲兼備的漢字將成為聲控電腦的第一語言。

古老的漢字是我中華民族的驕傲。眾所周知，中國最早最完整系統的文字和書法藝術，是 1899 年在河南安陽小屯村「殷墟」出土的甲骨文。然而就在 1986 年，我國考古工作者又在西安市西郊一個原始社會遺址發掘出一批原始初民刻的甲骨文。這批甲骨文結構嚴謹、文字剛勁俊秀、清晰可辨，與殷代甲骨文相近，而且比殷墟甲骨文要早一千二百年。

從這次考古發現上，把我國最早使用文字的歷史提前到四千五百年到五千年以上。至於漢字的發端則更為久遠。「古人認為八卦為伏羲所畫，即文字之始，乃上古記事、記物之符號。」（《周易與文字》）「卦者其名，畫者非卦，乃伏羲初制文字。」（《誠齋易傳》）如果從伏羲畫卦表義算起，漢字已有七千年歷史了。

古老的中國漢字源於八卦，源於易學。漢字的藝術表現形式———書法，與中華民族的文明史也是同步的，它不僅與太極拳同源並且有許多相同和相通之處。書法藝術博大精深、內涵深邃，是中華民族傳統文化的最高形式之一，窮字體形態變化於筆端，融會作者的情性於紙上。

幾千年來，中國書法已形成一整套完整的藝術系統。概括書體主要可分為篆、隸、楷、行、草五大類。各類又可分為小類。

書法藝術講究用筆、結構、布白、墨法等。運筆是書

者基本功夫，主要有中鋒、側鋒、偏鋒、裏鋒、䟌鋒、圓筆、方筆等手法。

筆法內涵是指剛柔、濕枯、黑白、提按、頓挫、轉折、粗細、曲直、向背、疏密、揖讓、動靜等陰陽互補的矛盾統一形式。在筆畫的粗細搭配上，有粗細變化較小的；也有粗細對比強烈的。由於筆畫可長可短、可正可斜、可曲可直、可粗可細，它們之間又有種種不同的搭配形式，所以在書法藝術中，字的結構是千變萬化的，好比太極拳推手和散手的變化無窮一樣。

上述太極拳與書法藝術，一武一文，同根同源，皆源於史前的八卦學說：具有同樣深邃的理論知識，縝密的規範要求，同是易學難精、頂峰難攀的科學藝術。

二、皆繁而嚴

太極拳是中國武術的內家拳，乃柔中寓剛、棉裏裹鐵之術，在技術上、生理上、力學上都含有相當哲理，外形和內在的要求都非常嚴格。

先師楊澄甫在《太極拳十要》中，較為全面地提出：虛領頂勁、鬆腰、氣沉丹田、立身中正、沉肩墜肘、含胸拔背等項，是講練拳時要頭容正直，神貫於頂，方能精神提起；立身中正、氣沉丹田、鬆腰，是說腰為一身之主宰，能鬆腰，兩足有力，下盤穩固，轉動靈活；胸微內含利於氣沉丹田，拔背使氣貼於背，利於力由脊發；沉肩墜肘是鬆肘墜肩、氣集丹田，全身得力。

這些外形上的要求，還要時刻注意「外三合」，即肩與胯合、肘與膝合及手與足合。

537

研
究
篇

「十要」中的內在要求：要分虛實、用意不用力，上下相隨，內外相合，相連不斷，動中求靜。分虛實是陰陽變化之理，虛實能分，全身運轉輕靈；用意不用力是不使用分毫之拙勁，方能輕靈變化；上下相隨者，是周身完整一氣，一動無有不動，動作中腰動、手動、足動、眼神亦同時開或合；相連不斷是講練拳時用意不用力，自始至終，綿綿不斷，周而復始、循環無窮；動中求靜，即以靜禦動，雖動猶靜也。

這些內在要求已含有意與氣合，氣與力合的「內三合」的基本要領在其中也。

書法藝術歷史悠久，變化很多，同太極拳一樣，涵有深邃的理論、淵博的文化知識、嚴格的規範動作。書法藝術主要講究筆法。筆法是指書法的點畫和用筆的方法。筆法具體講是書者在掌握了一定的用筆技巧以後，用各種書體即真、草、隸、篆諸體學習和創作中的筆法。

在筆法中用筆主要有方、圓之別：有棱角者為「方筆」，無棱角者為「圓筆」。宋代姜夔在《續書譜》中講：「方圓者，真草之體用，真貴方，草貴圓，方者參之以圓，圓者參之以方，斯為妙矣。」用筆還講究澀筆，即筆與紙磨擦有聲，要筆筆送到盡處。如同太極拳之前式之末（做到位）為後式之始，是講用筆或出拳均要恰到好處。

筆法離不開「身法」，古人主張書法全身力到，即力送筆端。程瑤田說：「書成於筆、筆運於指、指運於腕、腕運於肘、肘運於肩……皆運於右體也，而右體則運於左體；下體者，兩足也，兩足著地，拇踵下勾，如屐之有齒

以刻於地者。」晉代王羲之說：「點、畫、波、撇、屈曲須盡一身之力而送之。」書法藝術所說的「力」與太極拳的「力」是一個意思，這個力決不是大力士或粗壯工的拙勁；而是久久練出的內勁，即意之所至，氣即至焉，力由意生，意到力至，恰到好處。

書法藝術與太極拳共同之處，無論是外形還是內在要求，不僅內容豐富，而且要求高、規範嚴，功夫深淺皆表現在藝術水準上，不管是拳架或交手，還是書法作品，行家一眼，便知高低。

三、很吃功夫

太極拳和書法藝術都是我國高層次的文化遺產，易學而難精則是它們的共性。如果按照一般要求，幾個月就能學練一趟拳，或者學幾個月書法，就能拿毛筆來寫字。但是，要達到入門的程度就不那麼容易了；如果要練到上乘境界，不是什麼人都能達到的。

先輩們為我們指明了學練太極拳的正確途徑，歸納以下三點：

一是太極拳是哲理深，要求嚴的一門學問，聰明人功夫不到，也接受不了。

二是學太極拳必須有名師教導，不然是摸不清門路的。

三是太極拳非常吃功夫，要靠恒心，多練，要循序漸進，還要靠多思、多悟、多體會，下苦工夫才能有成就。

以上三點，互為條件，缺一不可。但是，有這樣一些人，沒經正式老師，練了沒幾天，自己還沒找到拳味，就

研究篇

在社會上教拳。這樣的拳師，經內行一看，便知道他還沒有入門。正如姚繼祖老師說：「傳統套路嚴格，現在社會上許多人，比畫兩下架子，就說會太極拳了，那是不行的。」還有這樣一種人，接觸老師時間很短，自己也沒練多長時間拳，自稱「登堂入室」，豈非自欺欺人？另外，有的年輕人，在一定比賽場合拿到過獎牌，是不是就成了太極高手呢？我看是值得研究的問題。

學習書法，初學時不外臨摹，臨書得其筆意，摹書得其間架。臨摹的意義，是從碑帖吸取前人的經驗。學習用筆的方法、結構的規律，打好書法的基礎，提高書寫技能，堅持不懈地勤學苦練。這是學習書法的正確途徑。但由於書學之山頂峰難攀，千百年來，無數書家窮盡畢生精力，能盡其玄妙者寥若晨星。

王羲之之所以能成為書聖，因其天資聰慧，早年即有家教，又有名師，加上勤苦用功，終於大成。僅從其刻苦學習一例說明：關於用筆，古有「永字八法」之說，有傳永字八法是王羲之所創。他曾攻書「永」字十五年，用功之深，可見一斑。

唐代孫過庭在《書譜》中說：「……初謂未及，中則過之，後及通會，通會之際，人書俱老。」是講人們學書法，開始沒有達到平正，經過長期練習之後，用筆超過了平正，而後才將平正與險絕融會貫通，久而久之，窮盡字體形態變化於筆端，融合作者的情性於紙上，即是到了能夠融會貫通的境界之時，書法達到老成境地，此時人也到了老年了。說明書法達到老成的境地，已耗盡了畢生之精力。練太極拳又何嘗不是這樣呢？

前人在練習書法中總結出了三個步驟：一是不斷糾正自己的不足之處；二是不能求快；三是堅持在實踐上下工夫。

王羲之第七個兒子王獻之，在書法上的成就也相當高，曾經自以為不在其父之下。有一次王羲之去京，行前曾在牆上題字，獻之悄悄地把字跡擦掉另寫。自以為寫得不差，王羲之回來見後，歎道：「我走的時候，真是醉得太厲害了。」此時，王獻之才感到內心的慚愧。這個故事說明攀登書學頂峰是多麼不容易啊！

四、形式相合

太極拳是身心皆練、內外一體、剛柔相濟、集技擊與健身為一體的武術。每一著式皆含高深的技擊作用。

初學時，從學動作入手，在教者的指導下，以其示範為榜樣，細心模仿，一式一式地學。好比小學生學寫字，一筆一畫地學，一個字一個字地學和寫。拳式由手眼身法步組成，好比書法練字由點、直、橫、勾、撇、捺等組成一樣。太極拳的手法在拳、掌、勾手型的基礎上分掤、攦、擠、按、摟掌、分掌、雲掌、穿掌、插掌、抱掌、挑掌、搬拳、撇拳、沖拳等。步法有上步、退步、側行步、擺步、扣步、跟步、碾步等。腳法有分腳、蹬腳、擺蓮腳等。身法要求端正自然，不偏不倚，舒展鬆活，腰為主宰，完整貫串等。眼法：根據拳式變化需要，目視前方或前手上方或者動作方向，換勢時要做到精神貫注、意動勢隨、神態自然等。

學拳時務必貫串以下規則：立身中正，虛領頂勁，氣

沉丹田，鬆肩垂肘，含胸拔背，鬆腰斂臀，呼吸自然，用意不用力，上下相隨，內外相合，邁步如貓行，運勁如抽絲，分清虛實，連綿不斷，舉動輕靈，運行和緩等。

書法一般以每個漢字為基本單位，漢字筆畫繁簡懸殊，結構紛雜多變，其基本規律，謂之間架結構。間架是指字形安排；結構就是文字中筆畫的組織。兩者有非常緊密的聯繫，並稱間架結構。間架好就能使字體端正穩健，結構好，筆畫配置合理，就能使字有氣勢，給人以美的感受，好比一個拳式表現的美好是一樣的。

太極拳套路是指整趟拳的全部動作，打完一趟拳好比寫了一篇完整的書法作品。楊式太極拳的特點：動作和順，立身中正，由鬆入柔、剛柔相濟、圓活飽滿、沉穩渾厚、結構嚴謹、形象優美、氣勢宏大。

動作時要以心行氣，以氣運身，以腰為綱，帶動全身，綿綿柔柔，鬆鬆沉沉，勢如行雲流水，抽絲掛線，綿綿不斷，又如長江大河滔滔不絕。整個套路樸實無華，既自然又高雅，人們把它喻為「流暢的山水畫、優美的抒情詩、活的雕塑像、流動的音樂。如能連續練上幾趟傳統楊式大架（85式）太極拳，不僅感覺不到疲勞，相反會有輕鬆、舒適、心曠神怡、飄飄欲仙之感受」。

書法創作離不開章法，要注意其藝術形象特徵，講究筆畫優美，結構嚴謹，筆畫勻稱，章法佈局，計白當黑。起一筆決定這個字的大小、位置的偏正，第一個字決定了全篇的風格佈局。存乎一心，運用自如，筆畫強調有「力」。「力」是書法的內精神，線條要有血、有肉、有感情，有豐富的彈力。肥而不胖，瘦而不削，剛而非石、

柔而非泥。要筆實而墨沉，忌筆飄而墨浮。要筆到墨到，墨到之處，皆有筆在。

打拳好比書法創作，舉手動足好比寫一筆一畫，一個拳式的優劣，好比一個字的好壞，一趟拳演練好比完成一篇書法作品。在幽美的環境裏練一兩遍或幾遍太極拳，如同創作一幅滿意的條幅中堂或長卷。不僅文字美、章法美、整體美，而且輕鬆愉快、心曠神怡，得到無限美的享受。

五、皆可健身

太極拳與書法的健身功能也是相通相近的。太極拳是靜功，是內功，也是體育。

練習太極拳的步驟：先是練體，其次是練氣，最後是練神。但這三步又不能截然分開。練肢體是基礎，是練本體的柔順，用意不用力，動作到位，無過不及，久之，動作緩慢，呼吸深長，氣功自然進步。

太極拳是天然的氣功，不求自得。在此基礎上練神，則是更上一層樓。此時，體已柔順，氣已充盈，就要注意精神的涵養，靜境的追求。至此，體力消耗更少，精力聚集更多，身體更健康，追求技術上的虛無變化，即由著熟而漸悟懂勁，由懂勁而階及神明的境界。

太極拳的體育功能只不過是副產品而已。由於近代火器的發展，冷兵器的沒落，太極拳的健身價值越來越突出，對增強人們體質，對多種慢性病的體療效果越來越明顯，已成為人們所喜愛的健康長壽之道。

我國古代書法家作書皆運腕，全身力到。從前人作

543

研
究
篇

書，先磨墨，此時心靜，邊磨邊構思，心平氣和，然後揮毫於紙上，力送毫端，一氣呵成。久之，書法、氣功、功夫漸長。由於作書中每筆的點、畫、波、撇、屈曲，皆須盡一身之力而送之，久而久之，身體健康水準的提高是不求自得的。古今書法家多長壽者，列舉八十歲以上的高壽老人，如歐陽詢、虞世南、柳公權、文征明、董其昌、劉墉、齊白石、沈尹默、於右任和蕭龍士等。

　　太極拳與書法藝術同是我國傳統文化藝術，具有眾多相近、相同、相通之處，已作了初步介紹。至於如何運用太極拳功夫，結合運用到書法藝術中去，從而促進提高書法藝術的創作水準，這一課題，願與同好作進一步探討。

太極拳與修身

涂大春

太極拳是一門技擊性的運動，但它又有其獨自的特色。在它精妙的拳理中，還融入了中國的古典哲學、軍事學、物理學、醫學等思想，其中，道家、儒家思想體現得尤為突出。眾所周知，中國傳統哲學的任務並不在於增加實際的知識，而在於提高人的精神境界。

太極拳無論是從拳架的外形到功力的內涵，它都須達到一種統一（陰陽合和）。也就是說，練拳者，除了拳架的練習，還須有內在的修身，使練拳與陶冶性情結合起來，使太極拳「不徒作技擊之末也」。

一、從太極拳的演變來看道、儒思想的融入

太極拳的歷史源遠流長，它的出現，可以追溯到古代內功導引法。在南北朝時，武術中就出現了內功太極拳功法，在唐代有人把這種功法融合於技擊中，創出拳法。如唐許宣平所傳的三十七式、李道子所傳先天拳、殷利享所傳後天法（十六時）等。從這些拳法中不難看出（所謂「先天」「後天」）除了主要是強調技擊性外，還匯入了中國古典哲學的思想。到宋張三豐開創「武當派」，後稱為「內家拳」，此為一個里程碑。由於張三豐為道士，他

545

研究篇

就完全有可能把道家一些哲學思想、養身方法、修身方法融入武當拳中。至清代王宗岳，又為一個轉捩點。由於王宗岳是儒生，精於武術，又喜道家之言，他「黃帝、老子……無書不讀」。他又把儒家和道家的思想糅在一起融入他所著《太極拳論》中。這樣，道家的「無為」和儒家的「治世」就聯結在這一獨特的運動中。

太極拳發展至今，我們不難看出，它的健身價值、修身價值是越來越被人們重視。為什麼會這樣呢？

首先我們從太極拳的一些古典理論中不難看出，它把道家和儒家的修身、治世的思想，融會於技擊中，形成了一種綜合又獨特的運動學。

首先，「太極」這一名稱的引入拳術，就有其深遠意義。王宗岳在《太極拳論》中開章就曰：「太極者，無極而生，陰陽之母也。動之則分，靜之則合。」由此可看出，這是從宋代理學的奠基人周敦頤的《太極圖說》「無極而太極。太極動而生陽，靜而生陰。靜極復動。一動一靜，互為基根，分陰分陽，兩儀立焉」一說脫胎而來的。而《太極圖說》，則是周敦頤根據《易傳》和《中庸》思想，利用道士陳摶的《無極圖》和《參同契》的「水火匡廓」「二五至精」二圖演化而來的。

太極分陰陽，在太極拳中陰陽的體現就是虛實；太極是圓象，它如環無端，周流不斷，而這正是太極拳以腰為軸，走弧線和處處虛實分明要求的理論依據。「一陰一陽謂之道」，而「道」在道家思想中是指世界萬物變化規律，在儒家思想中則是指提高精神境界的方法。可見太極拳理主要是儒、道兩家思想結合技擊原理而形成的，由此

也就決定了太極拳這一運動必將有一個昇華。

它的昇華，即是指由技擊到健身和修身，由健身、修身到促使技術的提高，從而使太極拳滲透到其他科學領域。因為隨著人類文明的發展，任何一種運動，首先要使人們從中獲得健康的樂趣，它才能夠被社會所接受，從而促進它本身的發展、提高。

二、古典太極拳理論對修身的要求

在古典太極拳論中，勁力的剛柔、拳式的虛實、動作的疾緩、身法的吞吐等，歸其根本可概言「陰陽」二字。正如陳鑫的《太極拳經譜》開章明義寫道：「太極兩儀，天地陰陽，開合動靜，柔之與剛。」

按照中國的古典哲學，世界萬物的變化消長都離不開「陰陽」，而天地則是世間萬物變化的總源。《易·繫辭》說：「是故易有太極，是生兩儀，兩儀生四象，四象生八卦。」這裏所說的「是生兩儀」即是指「陰陽」。可見，太極拳的宗師先輩，已把太極拳作為一種「小道」合於「大道」之術了。他們已認識到，任何一門功夫的高低，除了在名師指導下積年累月地苦練外，還必須有「性」的修養、「道」的領悟。

這裏「性」和「道」的內涵在不同的時代、不同的社會就有不同的意義。老子主張靜觀，把內心世界掃除乾淨，以「玄覽」直覺去認識「道」。他認為：「凡有起於虛，動起於靜，故萬物雖並動，卒復歸於虛靜……」再從《太極拳論》上來看，要求習拳者要「先洗心滌慮，去其妄念，平心靜氣，以待其動」（陳鑫《太極拳論》）。在

這裏提出的「去其妄念，平心靜氣」不正是道家「無為」「虛靜」思想的體現嗎？而道家之所以要如此，就是要悟「道」。何為「道」？「一陰一陽謂之道」「道之為物，惟覺惟惚，恍兮惚兮，其中有像，覺兮惚兮，其中有物」（《老子》第二十一章）。「道」只是一個形式概念，說明了萬物之所以生者，也就是萬物生於「道」，沿著「道」而生滅，可見「道」是有規範、有規律的內涵。既然如此，那自然會產生「無為」的思想，因為「無為」的意義並不是「無所作為」，而是根據「道」──規律「無所不為」，就是不要追求絕對，以免「物極必反」，遭受懲罰。這就是道家的無為思想。

老子所提出的「道」，在人生觀的體現是「德」，或曰「玄德」，故又提出「修身」。從人性的角度來看就是要達到「返璞歸真」，恢復人的本性，也就是要「修性」。道家的修身與修性的內容，就是要使人的精神、行為與「道」合「一」。要人們由不斷的內省，消除雜念私欲，使心靈虛靜無為，當人體與外在環境接觸時，能保持心理上的平衡，最後達到由「無為」至「有為」「無所不為」的境地。

人的人生觀、倫理觀具有歷史的繼承性。而包含豐富道家思想的太極拳，它作為一種實踐，必然反作用於人的觀念，在修養方面起著潛移默化的作用。故陳鑫在《太極拳論》中寫道：「拳雖小技，皆本太極正德。」

前面講到太極拳理論綜合了儒道兩家思想，同樣在陳鑫的《太極拳論》裏也多處引入儒家的思想，要求練拳者要「養浩然之氣」。浩然之氣，是孟子獨創的名詞。《孟

研究篇

子‧公孫丑上》告訴我們，有一位弟子問孟子有什麼特長，孟子答道：「吾善養浩然之氣。」那麼，究竟什麼是「浩然之氣」呢？「其為氣也，至大至剛，以直養而無害，則塞於天地之間。其為氣也，配義與道，無是，餒也。」我們不能僅僅把它理解為勇氣、士氣，這種浩然之氣是宇宙與人之間的氣，有一種超越了人間道德的價值，所以孟子說它「塞於天地之間」。

雖然這種浩然之氣聽起來極神秘，但按孟子的說法，它仍然是每個人都能養成的，因為這浩然之氣就是充分發展了的人性，而每個人的人性基本上都是相同的。聖人之所以成為聖人，就是因為充分發揮了本性。正如孟子所言：「人皆可以為堯舜。」這是孟子的教育學說，歷來的儒家都堅持這個學說。

太極拳論中「養浩然之氣」的要求，正是這種思想的體現。養浩然之氣是最終目的，而練拳則是養「浩然之氣」的一種手段，這正體現了太極拳在「修身」及發展人性方面的作用。練拳者要用心意練拳，要明白孟子所提倡的「志者氣之帥，氣者體之充」。我們應當看到這裏所提出的「氣」與「志」，都不應該狹義地理解為人體這個小環境的「氣」，和每個人只是練好拳這個小目標的「志」，而應該把這種「養氣」與「志」，放到整個社會和宇宙這個大環境裏體驗。

我們知道儒家的思想主要體現在「格物」「致知」「誠意」「正心」「修身」「齊家」「治國」「平天下」，這八個方面，而其中最基本的則為「修身」。作為政治倫理學，它是為當時的統治階級服務的，但我們從練

549

研
究
篇

功修養上來看，卻又有其積極的一面。那麼，儒家是怎樣修身的呢？「欲修其身者，先正其心；欲正其心者，先誠其意；欲誠其意者，先致其知，致知在格物。」在此，最重要的是「正心」「誠意」。何為「正心」，也就是要去其私欲，使心講平和，正如《拳論》所言「去其妄念，平心靜氣」。也就是要求人們的行為符合於特定的倫理道德規範，達到一種「至善」的境地。

儒家的思想在於「治世」，要求練功與社會實踐和日常生活緊密地聯繫在一起，即所謂「道也者，須臾不可離也」。這種「道」無時不在的思想，在練習太極拳中的體現為「無時不太極」「無處不太極」，也就要求練拳者在日常的生活中時時處處都能在生理上保持一種「中正安舒」的狀態，在心理（精神）上與一定的社會道德、倫理道德相吻合，造成一種人體內環境與宇宙（社會）外環境的平衡。最後要使練拳者明白：「拳雖武藝，得其正道（中庸之道）。」

至此，我們不難看出，作為技擊性運動的太極拳在理論上，已經與每個練拳者的人生觀、倫理觀發生了密切的聯繫。太極拳練習者除了技擊性的功夫，還應加強人生諸方面的修養。

研究篇

太極拳與道家「九一」真言

張　章

太極拳乃由歷代先賢由易理參悟而成，故名之曰太極也。道家「九一」真言，從深層次探討了太極拳的理、炁、象及應用方面的全部道理，值得太極拳習練者重視，以便促進太極拳運動的發展。

「九一」真言共由三十六字組成，即「心無一塵，炁分兩儀，身含三才，肢為四象，腳踩五行，勁聚六合，動變居七，肘運八卦，交點九宮」。

為了便於學習者參悟理解，下面筆者根據個人的體會進行淺釋，僅供參考。

一、心無一塵

心非血肉之心，乃百神之帥。這裏指一清為無，無在不為，靜則生慧，心空者自入虛無，心動者妄生雜念。無並不是虛無沒有，無是達到無不為的過程。在太極拳拳招拳勢上，只有意識，行為、觀念保持無我、無敵、無勢的混沌狀態，才會陰中有陽、實中有虛。

二、炁分兩儀

即氣分陰陽，為呼吸之意。一吸氣，將胸腔內污濁之氣吐出，再把內黑下降，在身體裏面，即為一升一降，分

551

研究篇

為陰陽。練太極拳未開始之前，為無極混元，一動，重心落在左腳上，兩儀之行，吐納為先，拳勢才生生不息，綿綿不斷，似行雲流水。拳勢呼吸融會在形體之中。

三、身含三才

人生於天地之間，三者合一即為三才。人頭頂曰泥丸穴，司得天之氣；人足底心湧泉穴，可得接地之力；人腹部之中曰丹田穴，可得腎氣充盈。天氣獲靈氣，地氣獲根力，丹氣可令壽年無疆也。取太極無極之式，用意念將氣血導引下行，至湧泉地力之陰柔之炁，經奇經八脈，衝開玄關一竅，有吞天接地之力，練成純陽真體，獲神形俱忘之仙境矣。

四、肢為四象

無形之炁，分為內外。有形之體，分為上下。帶脈設定為陰陽太極，任督二脈便成四象。就太極拳勢而論，四門八法講究左腳實，左手虛，定中求虛實，負陰抱陽為虛為陰。右腳虛，右肘垂，定中求開展，是陰中生陽。反之，則犯太極拳雙重之病，即雙腳同時出力，或四肢發勁。上下雙重則滯，必撞擊落空自跌，此無四象之合矣。

五、腳踩五行

太極拳十三勢中有前進、後退、左顧、右盼、中定為五行，即進屬火、退屬水、左顧屬金、右盼屬木、中定屬土，合為五行。火烈而猛，出腳亦跟部捲起；水柔而漩，蹬腳亦側背相蹦；金脆而凶，提膝亦用膝部攻人；木折易

損，分腳宜順勢轉勢；土立乾坤，隨勢而定，虛實變幻。

六、勁聚六合

「形開氣合，形合氣開」是太極拳之不二法門。內炁藏存於丹田稱作斂，放是開，即手有氣感，通常指尖發麻、發脹。一開一合是築基，基礎完成，自會練到意到、勁到。六合者，可聚上下四方空間之真炁，為自己勁法之用。順意念而真炁遍佈周身，達至百骸，使有形之肢體反而微合，久之練成習慣，自然禦敵，渾身是手，練成純體之勁。

七、動變居七

七變七動即上、下、左、右、正、反、中，共七種動變形式組成一個太極拳名稱。例如：彎弓射虎整個動作完成，包括七種動變規律的組合，並完成轉身擺蓮，此勢是用意完成而非力所為。

八、肘運八卦

手以肘分，腳以膝分。以此演練，身轉步移，則變為八卦相盪，體現五行生剋、陰陽相濟、剛柔既摩之內涵。而垂肘在太極拳勢中，極能體現圓活的形體運動。垂肘，才能跟定，夾脊、湧泉一起動作。肘圓，則能自然行炁，令對手之根必浮躁無疑。

九、交點九宮

在太極拳推手時，與人接觸的第一著力點，必須要準

553

研究篇

確地接住對方來勁。九宮要接住中宮，這裏指中定。前輩說：定無常定，不失中定。在實戰搭手時，進以自己之中定，測對手不穩之中定，尋機破壞對手之中定，為妙訣和應用之道。

「九一」真言，三十六字，從「一」到「九」論述了太極拳哲理的內涵關係，從內炁到外形，從演練到實踐，都從一個「易」字入手，讓習練者悟出練好太極拳的一些最基本的道理，少走彎路，達到神形兼備的境界。

「九一」真言的心意部分，更側重於炁。現摘錄於此，與讀者共勉。

一動為善，善在若水。一善為念，念在初動。一念為誠，誠在篤行。一誠為真，真在不假。一真為定，定在守持。一定為靜，靜在心底。一靜為明，明在見性。一明為清，清在不染。一清為無，無在不為。

太極哲理與太極拳

曠文楠

　　太極拳是中華武術文化中獨具特色、有較大影響的一個拳種，它不僅因具有保健、技擊、陶冶性情、修養身心等功能，更以其有著深厚的哲學思想淵源而吸引著千百萬人們對它產生濃厚的習練與研究的興趣。

　　太極拳命名的「太極」二字來自《易經》。「易有太極，是生兩儀，兩儀生四象，四象生八卦，八卦定吉凶，吉凶生大業」。論者據此常認為太極拳哲理源於《易經》。太極拳汲取易經陰陽辯證等觀點是事實，但從整個太極拳理論著述及拳法技術所表現的內容與特色來看，太極拳實際上運用了自先秦、經宋明以來三千年哲學發展的一個成果———太極哲理。此太極哲理發端於《易經》，中經道教內丹養生家陳搏等人的研究與發展，融貫儒、道、釋三家而形成《無極圖說》用於內丹修練，後復由宋、明理學家周敦頤等人繼承推演成為新儒家用以闡明理學奧秘的《太極圖說》。這一哲學滲入武術文化而產生了太極拳。所以，太極拳所體現的「太極學說」是中國古代哲學的一個具有重大價值的思想成果。

　　中國古代以修練長生術為特色的道教自漢末產生之後，就不斷在古代哲學中汲取營養作為內煉術的理論。東漢魏伯陽所著煉丹經典《周易參同契》便以《易經》原理

555

解釋煉丹。宋初著名道教養生家陳摶繼承了《周易參同契》等早期煉丹理論，又得到麻衣道者所傳《正易心法》等著述，在此基礎上汲取了先秦道家老莊的陰陽學說，繪製出了對後世影響巨大的《太極圖》。此圖的含意是：「其外一圈者，太極也。中分黑白者陰陽也。黑中含一點白者，陰中有陽也；白中含一點黑者，陽中有陰也。陰陽交互，動靜相倚，周詳活潑，妙趣自然。」陳摶以道家學說為核心，對傳統易學加以改進，並汲取某些佛教禪定學說，形成了他的內丹理論，又繪《無極圖》加以說明。

《無極圖》的主要觀點是「順則生人生物，逆則成仙成佛」。由修身養性，經過練精化氣，練氣化神，練神還虛三個階段，最後達到脫胎成仙的境界。

內丹「修仙」的目的當然達不到，但道教內煉過程客觀上起到巨大的保健祛疾、養生長壽的作用。至北宋中葉，理學創始人之一的周敦頤完全採用了陳摶《無極圖》，但加上了不同的說明，用來作為理學宇宙生成論的學說。太極拳著名理論家王宗岳寫的有巨大影響的《太極拳論》，不僅汲取了周敦頤《太極圖說》的思想，甚至直接採用了《太極圖說》的某些語言。太極拳理論受太極學說的深刻影響。主要表現在三個觀點上。

1. 汲取太極學說「無極生太極」的宇宙本體論（生成論）作為太極拳的本體論。「無極生太極」的思想，本為道家哲學，太極理論中的「無極而太極」來自老莊思想。太極拳的本源亦為「無極」，這無極觀念在哲學上怎樣理解，或唯心，或唯物，自宋明以來就有許多不同的解釋和論爭，這裏不去說它。但從《無極圖》《太極圖》看，古

人均用一中空圓圈表「無極」，示天地未開、陰陽未分之茫茫宇宙。體現在太極拳上，便是拳勢未始之時，抱元守一，渾然無物之中始孕著陰陽變化。同時，亦顯示了太極拳勢的基本特徵———圓。太極拳動作的弧形來自圓，綿綿不斷地畫圈，大圈小圈的變化，圓與弧的連綿，均是「無極」的形象體現。這「無極」更要求練太極拳者心胸無比遼闊而純無雜念，意識如茫茫大宇，寧靜空寂。

這便是太極拳與道家的「守一」「純素」之道與佛家的「禪定」「空靈」的相通之處，亦即太極拳養心修性功能的來源。「無極而太極」這一觀念是太極拳的根本觀念，把握到這一點，才是把握到太極拳的精髓。

2.太極拳理論中貫穿始終的陰陽變化觀念，是受道家哲學的影響，同時，也是直接來自《太極圖說》。

太極拳的動靜、剛柔、進退、開合等等均是陰陽變化的表現；特別是太極拳的柔中寓剛、如棉裹鐵、靜中有動、陰陽相濟，亦可在周敦頤太極圖之陰陽互動與五行相交中找到解釋。道教內丹中的五行說認為最為重要的是水與火，心屬火、腎屬水，內煉要求水火相濟，關鍵是修心養腎。周氏《太極圖說》謂，「五行一陰陽也」，指五行各屬陰陽，特別是其中的水屬陰，火屬陽，水柔火剛，因而太極拳的剛柔相濟與道教內丹的心腎相交是完全相通的。故太極拳用之於養生則祛疾延年，用之於技擊則剛柔互用，以達克敵制勝。

3.太極拳理論中所反映的「形神統一觀」亦與《太極圖說》有一定聯繫。作為萬物之靈的人，是由「形」與「神」二者結合而成的。形與神二者的關係，是先秦以來

二千餘年古代哲學研究紛爭的重大課題，而「形神統一」的觀點早在上古便產生了。《黃帝內經》已從形神統一來認識人的健康：「上古之人……食飲有節，起居有常，不妄作勞，故能形與神俱而盡終其天年，度百歲乃去。」勸人們在武術實踐中體會到以人的血肉之軀為物件的武術，卻必須把人的精神（心、意等）置於重要地位，方能達到武藝的成功與完美。強調心、意的作用亦是太極拳理論的突出特色，這一方面是受《內經》等古代傳統形神統一觀的影響，同時，也與太極學說分不開。

周敦頤的《太極圖說》寫道：「形既生矣，神發知矣，五性感動而善惡分，萬事出矣。」其《太極圖說》自注指出：「人稟陰氣形成形體，稟受陽氣產生精神。」認為形與神密不可分，精神意識有重要作用。王宗岳在論述太極三要素心、氣、身說：「以心行氣，務令沉著，乃能收斂入骨。以氣運身，務令順遂，乃能便利從心。」「先在心，後在身。」「身雖動，心貴靜，氣宜斂，神宜舒。心為令，氣為旗，神為主帥，身為驅使。」這些要領口訣認為心、意的作用居於首要地位。楊澄甫《太極說十要》詳論「用意不用力」的道理，指出「意之所至，氣即至焉……則得其內勁。」強調精神意念的作用，不只太極拳是如此，整個武術都如此。這是因為古代武術文化與養生文化有著血肉聯繫，道教內丹、醫家導引行氣均強調「意守」「存思」「內視」等意念作用，而武術內功與內丹、導引氣功性質本來相同，在理論上也有許多相通之處，這實質上是中國古代同一文化在不同領域的不同運用。太極學說成為太極拳的理論基礎，便是一個典型的例證。

研究篇

論太極拳在全民健身中的作用

崔永勝

前 言

在國民經濟高速發展的今天，黨中央、國務院從提高中華民族的體質和健康水準出發，於 1995 年 10 月提出了《全民健身計畫綱要》，號召全社會廣泛開展全民健身運動。這是一項功在當代、利在千秋、造福子孫後代的偉大事業。它的實施有利於提高人民的生活品質，豐富業餘文化生活，促進社會進步，有利於人的全面發展，有利於加強社會主義精神文明和物質文明建設，提高我國的綜合國力，振奮民族精神，從而必將使一個健康、強盛的中華民族屹立於 21 世紀的世界強國之林。

太極拳是我們祖先在長期生活實踐中創造和逐漸發展起來的一個優秀拳種，由於蘊涵著豐富的東方文化哲理，常被稱之「哲拳」。特別是經過無數仁人志士的反覆研究和錘煉，已成為一項集健身、修身、防身於一體的獨具中國特色的健身術。

在舉國掀起全民健身熱潮的今天，本文希望透過對太極拳特有作用的探究，以求使人們進一步認識到太極拳的獨特魅力，同時也為如火如荼的全民健身運動推波助瀾。

研究篇

一、太極拳在全民健身中的作用

1.行之有效的健身手段

太極拳是我國寶貴的文化遺產。它的創編主要是結合古代的導引、吐納氣功之術和中國的經絡學說，並不斷汲取其他各家學說精華而成，從而使太極拳蘊涵著豐富的中國傳統文化，尤其是傳統養生文化精髓。

由於太極拳能夠有效地調節人們的身心「和諧」，目前國內外約有數千萬人以太極拳為主要健身康復手段而常年參加練習。大量文獻資料表明，練習太極拳可以提高人們全身各系統器官的機能，增強體質，達到有病治病、健身防病的作用。因此，太極拳是一種合乎生理和體育原理的健身運動，又是一種療病治病的有效手段。

《全民健身計畫綱要》指出：「推廣簡便易行的和適合不同年齡、性別、職業特點與體質狀況的體育健康方法。」太極拳就具備簡便易行和廣泛的適應性特點。太極拳在長期流傳過程中，不斷演變成風格各異的不同流派，既有保留發力、剛柔相濟、動作複雜的陳式太極拳，又有以慢、柔、輕、鬆為特點的其他各式太極拳。

原國家體委為適合各種不同的需要，還推陳出新，先後整理推廣了 24 式簡化太極拳，48 式以及 42 式、88 式太極拳；近年來，為配合全民健身計畫的實施，又推出了 8 式、16 式簡化太極拳，使人們可以根據自己的條件和興趣愛好選擇不同的太極拳進行練習。同時，練習太極拳對場地、器材的要求較低，練習者可以根據場地的大小選擇練習的內容和方式。

一般來說，練習太極拳受時間、季節影響也很小。太極拳較之不少體育運動項目具有更為廣泛的適應性，這也可能正是太極拳盛行的原因所在。實踐充分證明，太極拳是一種行之有效的健身手段，它必將為全民健身運動的深入開展發揮出無限的能量。

2.對現代人心理調節的作用

全民健身不僅要強其「身」，還要健其「心」。隨著現代社會競爭的加劇，生活節奏的加快，人們肩上負擔的加重，給現代人內心施加了無形的壓力，出現了諸如憂患、焦慮、精神失落、孤獨、寂寞等不良症狀，嚴重干擾了人們正常的生活。很難適應當今社會發展需要的現代人，必將為社會所拋棄。

古老的太極拳「取象於天」，要求「心靜用意」，使人處於一種極寧靜、極鬆弛的狀態。要「氣沉丹田」「以虛靈之心，養剛中之氣」「以浩然之心行氣，無往不宜」。強調中氣貫於腎中，收於丹田。在「致虛極，守篤靜」的意念下，由調心、調息、調身進入「抱元守一」的太極功能狀態，最終達到「拳無拳，意無意，無意之中是真意」的最高境界。

太極拳奉行的這種「身心合一」「形神兼修」的原則，是一種積極的、有著廣泛的社會意識的健心方法。透過太極拳的長期習練，不僅對身體健康起著關鍵的作用，還十分有利於消除現代人的煩惱和緩解內心的衝突，使人們從失衡的心理狀態中走出來，達到人生的自我感悟，人性的自我淨化，人格的自我完善，內心的自我更新，從而克服現代人的心理障礙。

561

研究篇

太極拳的「健心」功效，已為越來越多的人所認識、接受和運用，並取得顯著成效。

3.修身養性的教育作用

太極拳的學藝和練功歷來講究「冬練三九，夏練三伏」，並要求常年不懈、堅持有恆。由不斷克服訓練過程中的種種磨難，培養出刻苦耐勞、砥礪精進、永不自滿的品質。總之，透過太極拳長期系統的錘煉，不僅可以練就強健的體魄，而且可以培養勤奮進取、刻苦耐勞、堅忍不拔、勇敢無畏、振奮中華民族自強不息的民族精神。

「未曾習藝先識禮，未曾習武先明德」，是太極拳練習的首要條件。陳鑫說「拳為小道，而太極大道存焉」。練習太極拳還要追求「和諧」的價值取向，注意人與人之間的和諧，提倡武德，處理人際關係時強調寬厚、容忍。因此，由練武習德可以培養尊師重道、講理守信、見義勇為、不凌弱逞強等良好的心理素質和高尚的道德情操，有益於社會主義精神文明建設。

太極拳修身養性的教育功能對《全民健身計畫綱要》中提出的「建立起法制化的全民健身體系」「促進社會主義精神文明建設」都將起著重要積極的作用。

4.娛樂觀賞，增進交流的作用

太極拳在長期的發展過程中深受中國傳統美學的薰染，表現出濃郁的民族特徵的美，具有很高的娛樂觀賞價值。賽場上，各式太極拳淋漓盡致的發揮，無不充分展示了運動員渾厚的功力和嫻熟的演練技巧。觀賞太極拳表演時，會使人享受到形的飄逸、力的風采、健的英姿、神的韻味，能給人一種奮發向上的啟迪，在欣賞太極之美的過

研
究
篇

程中精神得到陶冶和昇華。

　　太極拳的習練，還可以為人們提供切磋技藝、交流思想、增進友誼、加強交往的機會，讓人們在增進太極拳技藝的同時，人與人之間的關係得到和諧的發展。鑒於太極拳此種重要的作用，國家在實施《全民健身計畫綱要》過程中多次推薦太極拳，希望太極拳這一古老的民族傳統體育在全民健身熱潮中大放異彩。

5.產業化的作用

　　全民健身計畫的實施，讓人們認識到體育是一種生活消費，與衣、食、住、行一樣，已成為生活中重要組成部分。「花錢買健康」的觀念也已逐漸在人們的心目中樹立起來，體育消費已由福利型向福利型與消費型相結合的方向轉變。

　　太極拳應適應社會主義市場經濟的發展，回應《全民健身計畫綱要》中提出的「建立起……產業化的全民健身體系的基本框架」，借全民健身熱潮的大好契機，走產業化發展的道路，為社會主義市場培植一個新的經濟增長點。太極拳產業化的開發應集科研、培訓、競賽於一體，除了太極拳館校、旅遊景點、服飾、器械、音像、書刊，多管道並進發展的道路外，還應建立太極拳健身俱樂部，組織俱樂部之間的交流與比賽，與國外的健身俱樂部建立長期穩定的聯繫，互派教師、學員，逐步實現自負盈虧，成為太極拳發展的物質支柱。

　　目前，透過各種有力的手段和措施，我國太極拳產業化已初見成效，取得了明顯的社會效益，也取得了較好的經濟效益，發展前景十分樂觀，有利地促進了社會主義市

563

研究篇

場經濟的繁榮。

二、結論與建議

1. 全民健身運動是一項造福社會的系統工程，涉及面廣，難度大，事關國家的發展、民族的強弱，以及國民的健康精神面貌，由分析討論表明，太極拳運動可以在全民健身運動中發揮巨大的作用，值得大力推廣和普及。

2. 太極拳是中華民族的文化瑰寶，是一種集健身、修心養性於一體的行之有效的健身手段，透過長期系統的練習，可以使人身心得到全面、健康的發展。

3. 太極拳練習不需要特殊的場地和服飾，且受季節、時間影響較小，花錢少，易於開展，特別是在基層單位體育經費不足的情況下，廣泛開展太極拳健身，可以起到投入少、收效大的明顯效果。因此，建議社會各界都能因地制宜地廣泛開展太極拳運動。

4. 在全民健身計畫的實施中，建議加大太極拳的宣傳力度，廣泛開展太極拳運動，發揮太極拳的優勢，將有利於全民健身運動的推廣實施，有利於增強國民素質，有利於社會主義兩個文明建設，有利於繼承民族文化遺產，振奮民族精神，有利於豐富人們的文化娛樂生活，增進交流，在社會主義物質文明和精神文明建設中起到不可估量的作用。

網路篇

網聚智慧精華
縱橫太極天地

太極拳的網路化生存

余功保

網路是人類最偉大的發明之一。

她讓世界變得很小，原來的遙不可及，現在輕點一下滑鼠，立即呈現眼前。

網路讓複雜變得簡單，針對一個專題，她可以把全世界的觀點集中給你。

網路也讓簡單變得複雜，資訊的海量爆炸、真偽混雜的堆積、八面來風的立體視點，增加了你「視覺」判斷的不確定性。

這一切是網路的特點，也是她的魅力，網路作為現代科技成果的代表之一，她不僅是一種技術，而且提供了一種生活、交流方式，也成為了現代生活的重要標誌。

數年前，上網還是一種時尚，現在對於很多人，上網成為了一種必需。

人們的生活、工作甚至生存已經離不開網路。

現代太極拳的發展也離不開網路。

許多傳統經濟因網路而插上翅膀，同樣傳統文化也因網路而煥發青春。

在網路盛行的「前網路時代」，武術沒有趕上熱鬧。

這可能是一種遲鈍，對新科技和新觀念的滯後。但這種遲鈍對武術卻是一種福分，使武術避免了沒有喘息就淹沒在「com」的泡沫中。

但武術不能永遠遲鈍，「網路時代」已經來臨，這是一個以腳踏實地為主要追求的網路時期，是一個網路不成其為特點，成為自然的一個時期。

太極拳的網路化生存不是要將其披上一件時尚的外衣，如果那樣，太極拳不需要。太極拳的陰陽互動是她經典的符號，幾千年的文化積澱使任何時尚都顯得輕浮。但太極拳需要翅膀，只有插上時代的翅膀，她才能風行天下。

從一脈單傳的師徒延續，到遍地城鄉公開的口傳身授，再到網路的「com」傳播，太極拳實現了三級跳。最後一跳的落地，才真正實現了一個完整的循環。

我們試著構想網路時代的太極拳：

一位太極拳學習者，要尋找一位名師，在 20 世紀之前，他所消耗的時間是以「年」為單位計算，在 20 世紀後期，他是以月為單位計算，而在網路天地裏，他只需以分、以秒為單位來計算。

一位太極拳研究者，要尋找一份珍貴的武術資料，在 20 世紀前幾乎不可能，在 20 世紀裏，他要遍查經書，上下求索，在網路天地裏，他只需輕擊鍵盤，立時顯現。文字、圖片、音頻、視頻，生動具體。

一位元太極拳名家，只需一條電話線（甚至電話線都不用），就可以不間斷 24 小時指導世界各地的學生，寶貴資源得到最大化運用。

網上的互動討論，使許多疑難問題充分解析。拳理明晰，互相印證，使拳學體系迅速豐富。

網上博覽會，使交流永不落幕。

網上商城，使世界上任何一個角落的學練者都能及時選到自己需要的產品、用品。

網上線上教育，使太極拳發展一種新型的傳播方式……

網路能夠給太極拳做太多的工作。

太極拳蘊積了「悠久」，一旦與網路有機結合，就會迅速增強她的「寬延」和「深透」。

沒有網路，太極拳已經傳播了很久，有了網路，太極拳會傳播得更快、更廣。

這也是我們在此大力提倡武術網路化的意義所在。

太極拳的網路化是必由之路，網路對於未來社會，對於文化，是一種生存方式，提升生存狀態的方法。

可喜的是，這方面的工作已經得到開展。中國已經構建了一批太極拳的專業網站，有的運作良好，具有一定的國際知名度。相關活動也逐步展開，並產生廣泛影響。2004年全球著名大型武術網站博武網（www. 21bowu. com）舉辦了首屆博武武術網路論帖大賽，太極拳研究是其中重要內容。這是第一次武術網路原創的展示，其中湧現了不少精彩之作，顯現武術、太極拳網路發展的潛力。在本書中也選取了這次「博武論帖大賽」的幾篇作品。在此也對博武網的支持表示感謝。

經典時尚

————與世界小姐關琦對話太極拳

易　周

　　第一次見關琦是 2003 年 9 月底，世界小姐比賽中國區決賽中。關琦在一群風姿各異、美侖美奐的女孩中間，並不是奪目而出的耀眼。但她的美在於靜，需要靜下來去觀賞的那種，用心去掃描一遍時，關琦就躍然而出了。關琦的時尚感是夾裹在傳統的感覺中，是沉澱後從湖底泛起衝破水面的前衛，這種時尚不張揚，但對神經的衝擊大於對眼睛的衝擊。這種感覺暗合了中國傳統哲學的境界，所以關琦給人的印象很中國。

　　第二次見關琦是 2003 年 12 月，第 53 屆世界小姐總決賽期間。三亞海濱，關琦作為中國小姐，盡展華夏文明風情，特別是在晨曦中帶領各國佳麗在天涯海角習練太極拳的場景，給經典下了一道時尚的詮釋。

　　第三次依然在三亞。關琦已獲得世界小姐第三名。2004 年元旦，在中國「散打王」年度總決賽的活動中，關琦與縱橫國際散打擂臺的高手們演繹了一場精彩的現代版「英雄美人」劇。

　　一個充滿陽光的下午，在三亞海邊，和關琦談起了太極拳。

感 受 生 命

易周：第53屆世界小姐總決賽在中國舉行，給了我們向世界展示中國文化、文明的一個機會。在整個活動中有著名的長城、故宮、秦始皇兵馬俑等的展現，最後在三亞的海濱，你和許多國家的佳麗們一起沐浴在晨光中認真習練太極拳的鏡頭讓世界上的許多觀眾感覺十分獨特。那一刻你的感受是怎樣的？

關琦：我很贊同你用的「認真」這個詞，我覺得我們當時是投入其中了。在那樣一個美麗的地方，椰風海韻，用一種很內在的節奏、感覺運動你的肢體，與意念相結合，很美妙。

易周：那些外國佳麗有什麼體會？

關琦：她們因為動作不太熟嘛，一開始是比畫動作，後來大家感覺上都很靜，很快樂。從運動中體驗的快樂。從簡單的幾個動作中體悟到很多東西。大家都很喜歡學。

易周：你的感受應該更特別一些。

關琦：對，那一刻你既覺得自己很偉大，感覺到生命的力量，又覺得自己很渺小。你只是自然的很小的一個組成。

易周：「渺滄海之一粟」，這也是中國文化對人和自然關係的感悟。在充滿希望的陽光中揮灑自己的生命，有一種天人合一的感受。我相信其他國家的美女們不會有你這樣深的體驗。

關琦：這需要有文化的基礎。

易周：其實現在有很多外國朋友，年輕的朋友，其中

有為數不少的時尚摩登者對東方文化有越來越大的興趣和越來越深的理解。

關琦：讓世界各國的人民不斷加深對中國文化的瞭解，不是局部的而是比較全面的瞭解，我覺得挺重要的。太極拳是中國傳統優秀文化的一個重要部分，又很形象化，值得大力宣傳。我也很高興能為太極拳宣傳做點工作。

易周：聽說你過去專門學習過太極拳。

關琦：對，我在上大學的時候專門學習過。我們有很多專業課，也有一些選修課，大家根據自己的興趣選擇學習的課程，我特地選修了太極拳。

易周：為什麼專門選學太極拳？

關琦：一是我喜歡運動，運動能給人帶來活力。太極拳雖然動作比較緩慢，但很有朝氣。

易周：太極拳總給人一種積極進取的感覺。它把你內在的激情調動起來。

關琦：對。好像在緩慢中積蓄能量，能讓人奮發起來。再者就是練太極拳能健身，我想將來畢業後要承擔很繁重的工作，沒有一個好的身體肯定不行，練練太極拳也可以打下一個好的基礎吧。還有一個原因就是我很喜歡舞蹈，還學習中國舞蹈，我覺得太極拳動作很優美，像舞蹈，應該和舞蹈相通吧，能互相促進。

周易：現在有一些很前衛的舞蹈從太極拳和其他一些中國功夫中吸收了不少藝術元素，呈現的東西很精采。

關琦：的確也是這樣，我把舞蹈和太極拳兩個東西結合在一起學，一邊學習，一邊推敲，很有趣味。比如太極

拳中有平衡的動作，像金雞獨立等等，舞蹈中平衡動作也很多，我就比較它們的要領，挺有意思的。

易周：你覺得女孩子學太極拳難不難？

關琦：學會應該是不難的，當然要學好還得長期堅持。太極拳的動作比較慢，你有很多時間去體會動作、糾正動作。另外，它對於力量、彈跳力等的一些素質要求也不高，練習的入門門檻比較低，絕大多數人都可以練吧。

和諧是一種高境界

易周：你學習太極拳有什麼收穫？

關琦：最大的收穫是我感覺我由學習太極拳進一步加深了對中國文化的認識，特別是傳統文化。文化對人很重要，沒有文化，一個人就很空。

易周：文化不僅僅是具體的知識，還包括觀念、視野、洞察力、生存境界等大的感受。太極拳中包含了很多中國文化的精髓資訊，它是形象化的中國哲學「讀本」。

練太極拳的確能「切身」感受中國文化的魅力。

關琦：太極拳的很多道理我覺得就很有哲理性，這些哲理在我們生活中都有，也很有用，不僅在古代，在現代社會也很有價值。我由學習太極拳對中國古代哲學產生了興趣，後來就專門找一些書來讀，關於社會的、人物的、歷史的。

易周：你覺得太極拳和生活聯繫得緊密嗎？

關琦：還是很緊密的，這種聯繫不是形式上的。很多太極拳的方法在現實生活中是相通的。比如我讀了曾國藩的書，我覺得其中講的很多待人接物、認識和處理事情的

方法和太極拳中的一些道理是一致的。但很多東西不是簡單的對應，是要用心體會的。

易周：所以很多太極拳家強調，練太極拳要「用心練」。同樣，太極拳對於陶冶人的性情、淨化心靈很有好處，這點對現代社會的人來說尤其有必要。隨著社會的發展，患有各種各樣心理疾病的人在增多，適當的心理調節是保證健康生活的必需，太極拳在這方面能發揮積極作用。

關琦：現代人工作生活節奏很快，大家比較浮躁，要保持一種良好的心態對每個人都很重要。我覺得太極拳講究「和諧」很對，是很高的一種境界。

易周：和諧是太極拳最核心的理論，也是最主要的要領。它講究一個人自身要和諧，形與神的和諧，內與外的和諧，意與力的和諧等等；人和外界要和諧，與自然、與四時變化、與環境要和諧；每個人還要和他人和諧、與社會和諧，達到了和諧就達到了「圓融」的境界。和諧是化解一切不利因素的良方妙法。

關琦：我們有太多的損害來源於不和諧的思維和行為。我覺得和諧是貫穿處處的。比如我們時裝設計、服裝表演也是很講和諧的。在服裝設計中，要把很多要素搭配在一起，要把很多近的、遠的、相關的、不相關的材料、飾品由一定的方式組成一個「新形式」，它必須是和諧的，和諧就是有機聯繫在一起了，不是組合，不是拼湊。拼湊就不會和諧，就不是設計。服裝表演也是這樣，你如何在一個環境裏面，把各種服裝、各種隱含在服裝中的理念通過你的形體、神態恰如其分地表現，這就要和諧，過

573

網路篇

頭了，走樣了就不和諧。好的時裝表演應該是和諧的。

時尚應該是健康的

易周：你應該說是時尚界的尖端人物。被認為是引領時尚的「先進分子」吧，你如何理解太極拳和時尚的關係？

關琦：我覺得對於時尚的追求是人們的一種積極的生活態度。時尚的內容是包括很多方面的，不僅僅是穿衣戴帽。看一本新潮的雜誌是一種時尚，讀一本流行的書也可以是時尚，以一種方式去運動也是時尚。每個人對時尚的理解可能不完全一樣，每個時期時尚的標準也不相同。但我覺得有一點很重要，就是時尚應該是健康的。

易周：應該飽含著積極、激情、美好、樂觀的元素。

關琦：頹廢的東西不能成為時尚。時尚應該是引導人們嚮往、達到美好生活的橋樑。太極拳完全可以是一種時尚運動，它就飽含了許多積極的、健康的要素。它的健康效果也是現代人所迫切需求的。

易周：它的表現形式，如把緊張在舒緩中化掉，也是現代人樂於接受的方式。

關琦：時尚還應該是鮮活的，給人以新穎和活力。這一點上我覺得太極拳也具備條件。

易周：對，太極拳的節奏、變化、理論，對於緊張忙碌的現代人來說，是一種調節和恢復，在心理上會有一種別樣的感受。

關琦：時尚還必須有內涵，有可以挖掘的東西。就是你離它很遠時，有一種嚮往，你越接近它，越覺得願意接受，值得接受。

易周：太極拳不僅是一種運動形態，也是一種生活方式、生活態度。透過練習太極拳，你對生活、工作有所感悟，就實現了拳和人的結合。而且由於太極拳的開放性思維結構，這樣的感悟應該是緊密結合最新的知識、資訊的結果，就是思維的時尚化綻放。從這一點上來說，太極拳應該有更多的年輕人去練。

關琦：我覺得也是。年輕人比年紀大的人更需要練太極拳，既健康了身體，又進行了思維的體操鍛鍊，加強了對文化、對生活的感悟，增強了活力。太極拳的動作還很優美，練起來很舒服，年輕的女孩子、男孩子練挺有時尚感的。也是回歸自然，挺酷的。

易周：太極拳因為是古代的產物，有的人覺得歷史比較久遠，比較傳統，有點老和舊的味道。你認為如何？

關琦：老的、久的東西你要分開來看，看它對於當今還有沒有價值。有的只能作為陳列供大家參觀、回顧，有的是「青春永駐」。一些傳統的精華就變成了「經典」，經典永遠不落伍。

易周：很多經典反覆成為時尚。

太極拳修養之道淺識

源　易

健康為人生之寶，精神乃立身之本，人生之完成基於自覺，無論就其內在心性品質、人格心理或其外在事功、學問、成就上而言，要在能得修養之本。習練太極拳是一種有益身心的修養之道。

有言：「守常用經、處變用權、修己以道、對敵以術」，明乎此，斯可言拳；強諸己，斯能任事；明乎道，斯可言術。違道言術，坐困術中，心靈失去靈朗活潑，惑於外騖，忽於內省，錯於或然，不察當然，則強狀百出，累己累人，此非真得修養之道也。

何謂「修養之道」？

從字義上看，「修」為修飾、美好、長遠諸意；「養」為調養、薰陶、培養、積蓄諸意。「道」為可行之路，必通之途。「道」即盜也，天地盜萬物，萬物盜人，人回去再盜天地，生生不已，創進不息。故老子曰：「人法地，地法天，天法道，道法自然。」如何維繫其人生，廣大其人生，超越其人生，高尚其人生？方法上即為將個體生命沉潤涵泳於天地之間，籍修養之道，以變化氣質，光輝生命，點化人生，納於至善完美之最高價值統會之中。

太極拳其理主道家一脈，旁及儒、釋。太極拳是黃、

老、莊哲學在拳學上的體現。「靜中常養靈虛氣，動時繞有盤空意」，講求「以靜制動、以柔克剛、以慢勝快」，此則非有真工不辦，此中包括心性、傳授、學養、器識、悟性、實踐諸多方面的學養。

太極拳其動作：自然淡定、神氣內斂、體鬆勁柔，操之能使氣血流通，身心舒暢，無激烈之弊，此其修身言；其運氣：沉而不浮，斂而不露，凝而不滯，連續不斷，無器躁之弊，此其養性也；太極拳實為「大人之學」，或也可稱之為「身心體驗之學」。

太極拳以其深具修身之美、養性之善，得而習之，庶幾有益身心，造福人群，其益甚大！

孟子云：「人之所以異於禽獸者，幾稀。」此幾稀之異，只在禽獸只能有自然生命與自然生死，而人則從自降生之初的「生物人」成長而漸至「社會人」「文化人」，而有道德生命、精神生命、歷史生命、文化生命等宇宙文化意識，此一生命於地球同類的其他生物有獨一無二之不同，中國傳統文化於「天地之道」外，別立「人道」一格，將人提升到與天地相對等的地位，合之為天、地、人「三才之道」，中國傳統文化也由此轉進，個體生命、價值理想也得以文化之累積、浸潤而日就其篤實光輝、高明博厚之域。

「舊學商量加邃密，新知培養轉深沉」。一個入得太極之門的人是不應停滯於拳打腳踢、耳目手足的爭鬥境界，而應在此基礎上，主要向內發揮，修養一種心靈上的功夫，諸如象徵精神自由空靈起逸的藝術境界、巍然崇高之道德境界、妙造重玄之形上境界等。

網路篇

境界層面上，一步一重天，凡人生境界不克臻此者，必其內在秉賦有所不足而個人人格發展過程中不幸中道摧折，差之毫釐，謬之千里，雖咫尺之隔，辛苦一世，也未必夢見！太極本一氣，浩氣流轉，至剛至大，也至柔至虛，修養之功要在突破個體的「小我」達致與物通情，冀以充分領略宇宙大化流行之豐富意蘊，與夫一切圓成人之內在美善本性之篤實光輝與高明博厚之「大人」氣象，若此宛如珠走玉盤，觸處無滯，隨在皆活！

「易簡工夫終久大，支離事業竟浮沉」。功名富貴、道德文章若是能從我們人生的存在主體中創造生髮，是充實而光輝的，那就不僅有真實意義，而且實在值得我們嚮往。修養之功與現實生活可通，而必不盡合，時事之變，瞬息萬狀，而修養之功，必注重本源而得其正，盈科而進，如此個體生命、價值理想，才可能有所貞定，才不至於全套落物勢之外在力量中（所謂「氣沉丹田」也）。根蒂在吾，自能舒卷自如，在現實人生的提撕拉引中挺立起來（所謂「虛領頂勁」也）。

「識遠乾坤闊，心空意境新」。以拳養生，以拳娛性，由拳悟理，據理踐行，由此能「百尺竿頭，更進一步」，由「我練拳」漸至「拳煉我」，身心熔融，練拳即是練心，教拳即是育人，成就一種「終身學習型」的人生。太極拳與人生密不可分，且將造就人、成就人也！

碗喻——探討太極拳的虛實體用

黃衛龍

> 三十輻，共一轂，當其無，有車之用。
> 埏埴以爲器，當其無，有器之用。
> 鑿戶牖以爲室，當其無，有室之用。
> 故有之以爲利，無之以爲用。
>
> ——老子

譬如一個碗，有人認為所謂的碗就是實的碗壁，這是根本理解錯誤了。一個完整的碗是由實的碗壁和碗中的虛無部分共同組成的，碗中的虛無部分和實的碗壁一樣必不可少，而且以老子和王弼等貴無學派看來，這虛無部分遠比實的碗壁要重要。就是說實是虛有用的條件，而真正發揮作用的還是虛無的部分。正是這種虛無結合，而以虛無為用的觀點奠定了老子的無為思想的基礎。

很多人認為老子的「無為」就是什麼也不做，只躺在那兒睡大覺。但是，從上面的分析我們可以看到，這是對老子無為思想的誤解。

「無為」決不是什麼也不做，而是只做那屬於碗壁的部分。只要把碗壁部分做好了，不多做一點，也不少做一點，然後你才可以躺在那兒睡大覺。你若是少做了一點，碗就會漏水；你若是多做了一點，你就是用實的部分把虛

無部分填滿，此時，這個碗還盛得了水嗎？完全填滿了，不但盛不了水，而且根本不能算是碗了，只不過是一塊瓷塊而已。

在中國的傳統文化中，老子的無為思想影響更大，可以說無為思想促成了中國傳統文化的特有風格。在國畫中有一種基本的技巧叫做「留白」，這一點最能體現老子的無為思想了。一張白紙，可以說是個虛無，但是畫家在上面略點幾筆，虛無部分就馬上會變成畫中最有意義、最不可少的部分。在此，畫家的工作正是只完成碗壁的部分，正是無為。

大道其理相通。太極拳也是一樣。

碗壁為實（體），可喻為太極拳的理論、要求（規矩）。碗內的空間為虛（用），可喻為太極拳的技術、方法。這是個體用關係，碗壁為體，中虛為用。碗壁如同拳架，它還只是個表象，關鍵是這個拳架的功用，透過這個拳架來實現的效果。拳架本身並不是最重要的。功夫高級了，不看拳架，看神氣。

不同階段用不同的碗，才不浪費。未入門時就整日研究《周易》《道德經》《孫子兵法》等，對太極拳入門指導沒大用。這個時候要做「太極拳要領」這個小碗，入門後要做《太極拳論》等太極拳經典理論這只中碗，登堂入室就要做《孫子兵法》《周易》《道德經》等理論這樣的大碗。

試論太極拳的技擊要素

馬國相

　　技擊是武術的靈魂，是武術的對抗形式。長期以來，武術在宗教及民族虛無主義思想影響下，迷信與玄學滲入其中，技擊被蒙上了神秘的面紗。改革開放以來，武術振興，中華武術開始走出國門。同時，日本的空手道、韓國的跆拳道、泰拳等在中華武林中直接或間接派生出的搏擊術，開始衝擊著古老的中華武術。中華武術能否屹立於世界搏擊之林，能否經得起外來搏擊界的挑戰，中國武術界不得不重新認識自己。

　　20世紀70年代初期，國家體委為了破除武術界的迷信、玄學，邀請了武術界資深人士，其中也有知名的太極拳家，就武術界的現狀、武術的對抗規律進行了科學論證與研究。並在體育院校進行了技擊對抗試驗。

　　實踐表明，技擊能力是由多種要素構成的，有其自身的規律可循，決不是用某個指標或資料來衡量的。我們對古人太極功夫的描述也要採取客觀的、全面的、甚至是批判的態度來對待，不能迷信於媒體渲染的神功、絕技！

　　80年代初，國家体委相繼開展了太極拳推手對抗試驗，統一了太極拳界的認識：在瞬息萬變的技擊對抗中，要戰勝對手，掌握制勝的主動權，表現在有形與無形兩個方面。有形的為動作，即外在身體形態，包括身體姿勢、

位置、力量、速度、平衡等；無形的為精神、意識、氣勢、節奏等。按照不同屬性和層次，可將太極拳技擊概括為力量、速度、技術、戰術、心理五大要素，它是技擊能力的綜合體現，缺一不可。下面逐一闡釋。

一、力 量

力量在武術運動中是個綜合的概念，是技擊者絕對力、耐力、意志力的綜合體現。技擊的實施效果是透過力量體現的，一個沒有經過太極拳鍛鍊的人，身體的力量是散亂的、有限的。

據有關科學研究表明，正常健康的男性在十八歲之前力量是隨著年齡的增長而不斷增長的，十八歲以後力量增加變慢，到二十五歲時達到最大力量，其後隨著年齡的增加而逐漸減小。

透過太極拳鍛鍊，可以減緩力量的衰減速度，使人體經常保持充沛的體力。太極拳鍛鍊的另一個重要目的在於調動人體的力量潛能；

其一為肌肉的潛能，在螺旋纏繞中使肌肉的素質得到改善，彈性得到增強，收縮力明顯增大；

其二為全身肌肉的協調運動，即全身之力在意念的作用下向同一作用點彙集，從而產生巨大的爆發力，在技擊中稱之為整勁，整勁練成後即可產生多於常人幾倍乃至幾十倍的打擊力。

力量在武術中有不同的層次。由太極拳鍛鍊所獲得的勁稱為內勁，同樣是人體的內力，從這一點說，勁與力是一回事。所以《中國武術大辭典》對「勁」的解釋是：

（1）強：有力，（2）猶作「力」。民間勁、力多通用。
（3）經柔練之力。

武術界一般將經過反覆柔練，並與武術技法相融合的肌肉力量稱為「勁」。整勁善於變化，擅集全身之勁於一點，並能與全身技法緊密結合（《中國武術大辭典》316頁）。「勁」與「氣」的密切結合便成為「功」。這是武術力量表現的最高形式，是意氣相隨的力量境界。

勁力的大小決定技擊的勝負。太極拳屬功技拳，陰陽兼備，剛柔互用。試想激烈的技擊中拳腳相加、電閃雷鳴，容得你不用力而取勝嗎？一味柔弱就意味著被動、挨打。拳經云：「柔裏有剛攻不破，剛中無柔不為堅。」「用剛不可無柔，無柔環繞不速；用柔不可無剛，無剛催迫不捷。」（陳長興《太極拳十大要論》）太極拳技擊中所表現的剛勁是將全身之勁聚於一點剎那間如迅雷爆發出來的力量，是無堅不摧的力量，只要具備了這種疾用驟發、迅猛剛實的力量才能掌握技擊格鬥的主動權，給對方以重創，穩操勝券。

那麼，太極拳論提出的「用意不用力」又該作何解釋呢？

筆者認為：太極拳的「用意不用力」之說恰恰是為了長力，它是太極拳獲取內力的法門。太極拳在行功中，由放鬆入靜，以意灌注於招式之中，使周身氣血通暢，逐漸產生一種雄渾的內勁，這是太極拳內在的力量。陳發科前輩曾指出：「力與巧是應當結合的，但力是基礎，巧是拳法。」洪均生先生也曾說過：「應當承認，力是第一個應當具備的條件。」這兩位元大家精闢的語言道出了太極拳

技擊的基本要素———無力不成拳。

二、速　度

　　太極拳技擊對速度的要求與其他武術項目幾乎沒有區別，可以說太極拳的鍛鍊是刻意求快的，技擊中只有動作神速才能出奇制勝。為達到「疾迅誰能敵」的技擊目的，太極拳採取了獨特的鍛鍊方式———慢練。因為只有慢練，才能用腦細心體會、分析、領會要領，強化心理意識，增強內功，也便於熟悉勁法徑路及其變化，最後使量的積累達到質的飛躍———超乎尋常的應激反應速度。

　　速度，指人體的快速運動能力。也就是說在單位時間內，迅速完成某一動作或通過一定距離的能力。它包括三個方面內容：即快速通過某段距離的能力，稱移位元速度；人體快速反應能力，稱為反應速度；快速完成動作的能力，稱為動作速度。

　　太極拳技擊中對速度的要求突出體現在反應速度和動作速度上。其速度的快慢是取勝的關鍵因素。

　　反應速度，是指從出現刺激到作出應答反應之間的時間。在技擊實戰中的表現形式為：根據對手情況變化而變化，迅速改變動作的方向、路線、速度、方法等。它要求在競爭激烈、瞬息萬變的技擊中作出快速的反應。反應速度的快慢與神經中樞的機能狀態和人體感受器的敏感程度密切相關。人的精神狀態好反應速度快。人的感受器（視網膜、耳、皮膚等）越靈敏，接受資訊就越快。

　　在太極拳修練中「虛領頂勁」是鍛鍊神經中樞的機能。正如拳論所云：「精神能提得起，乃無遲滯之虞。」

太極拳練功中「鬆靜徐緩」「耳聽身後」「眼神兼顧左右」，太極推手中所採用的「聽勁」技術，都是敏感鍛鍊的有效手段。太極拳高深境界所達到的「一羽不能加，蠅蟲不能落」的高級境界，就是對太極拳敏感反應速度的最好注釋。

動作速度與力量、協調、耐力、技術等因素有關。它除了和資訊在反射弧各個環節中傳導速度快慢有關外，主要取決於神經系統對肌肉的指揮能力。

其指揮能力越強，引起肌肉收縮完成的動作速度越快，其中包括拳法、掌法、腿法進攻回收的速度、步法身法的移動、身法閃展騰挪等運動。

太極拳技擊中雖然主張以靜制動、後發制人，但制人的先決條件仍是速度。拳論云：「彼不動，我不動，彼欲動，我先動。」「動急則急應，動緩則緩隨。」「先動」與「急應」是要因敵而變的，技擊中對手出拳如風，迅猛快捷，你不比對手更快又如何「後發先至」、又如何「急應」呢？

所以，太極拳技擊不但要有先發制人的機智，更要具備後發制人的速度，要達到制人而不制於人就必須意速神玄，有備在先，速戰速決而不失制勝之本。

三、技　術

武術技擊技術豐富多彩。外家拳在技擊中講究閃展騰挪、竄蹦跳躍，快速勇猛，堅剛摧敵。而太極拳則主張柔中含剛，講究「皮肉之柔，固如軟棉，內氣之剛，尤如鋼鐵」。它克敵制勝所採取的戰略是以靜制動，順勢借力，

網路篇

避實擊虛，後發先至。就是說技擊中我要主動迎合沾黏，彼進我退，彼退我進，捨己從人，實現我順人背出奇制勝。

太極拳的技擊技術，其主要內容是太極十三勢，即「八門五步」，八門：掤、攦、擠、按、採、挒、肘、靠；五步：前進、後退、左顧、右盼，中定。八門五步陰陽倒轉，周而復始，隨機而行，這就是太極拳技擊特有的化發技巧。

這種技術是由螺旋運動來實現的，它包含了化打結合的技巧，當遇到進攻時，我必須在保持自身平衡的前提下接其勁路，阻止其改變我太極體的狀態，使其僅僅作用於我太極體的表層而不傷內。

因我太極體是立體的圓，「無凸凹處」，同時又是運動的圓，「如長江大河滔滔不絕」，對方的力加在我的身上，如同碰上飛轉的輪子上，打來的力越大，自損越嚴重，加之強大而忽隱忽現的內功勢能做後盾，就會實現「四兩撥千斤」的技擊效果。

所以說，圓運動是太極拳技擊技術運用的核心，並可變化出豐富多彩的拳法、腿法、摔法技術。

掌握這種螺旋運動的規律，就等於找到了使技用巧的金鑰匙，一切技術盡在圓的變化之中。如果我的肩、臂、肘、手被對方所控制，可通過圓轉走化達到反控制並打擊對方的目的，即以其人之道還制其人之身。

在太極拳技擊中還要充分運用截、拿、抓、閉的技術，截者，截絡；拿者，拿脈；抓者，抓筋；閉者，閉穴。絡若被截，血不周流；脈若被拿，氣難行走；筋若被

抓，身無主宰；穴若被閉，神氣頓無。

太極拳的技擊技術是內外結合的，是要經過長期而正確的太極拳修練而獲得的，掌握了良好的技擊技術可以說具備了技擊的物質基礎，可以說解決了「可以打」的問題，但要達到「會打」的水準，則必須要掌握並運用好技擊的戰術不可。

四、戰 術

戰術是根據交戰對方的身體狀況、攻防特點所作的力量分配、特長發揮所採取的合理有效的計策與行動的總稱。太極拳技擊中的戰術運用過程是鬥智鬥勇的過程，包括已形成的計謀、策略與實施計謀與策略兩大方面。戰術意識是在複雜、多變、困難重重的情況下，及時準確地作出判斷，隨機應變，迅速而正確地決定自己的戰術方案，是一種戰術思維能力的表現。

戰術思維反映出技擊的預見性、判斷的準確性、攻防的主動性、技術的目的性、動作的隱蔽性、配合的一致性、戰術的靈活性等各個方面。可以說技擊中每一個戰術的正確運用，完全是受戰術意識支配的，是根據技擊的具體情況，為戰勝對手所採取的計謀和方法。

太極拳技擊中常見的戰術形式有：

1. 以靜制動的戰術

太極拳技擊，以心靜意專為先決條件，內心鎮靜方能辨明對方的來龍去脈，才能迅速作出判斷，並利用巧妙的戰術給以還擊。如《用武要言》云：「察來勢之機會，揣敵人之短長，靜以待動。」只有「意念專注，靜中有動，

動中有靜」，才能保持自身的穩定、平衡，以不變應萬變。

太極拳技擊追求隨遇平衡，有賴於氣沉丹田和兩腿虛實轉換，同時千方百計去破壞對方的平衡，以逸待勞，勁不虛發，若發必中即為以靜制動戰術。

2.直取強攻的戰術

當對方有可乘之機時，可進行主動出擊，先發制人。《用武要言》云：「擊其不備，襲其不意」「逢擊單敵，似巨炮直轟之勢」。陳小旺先生也曾指出：「如果對方有可乘之機，或在蓄勁未發之時，要搶先進攻，擊其不意，攻其不備，絕非專一引勁落空、以靜待動。」（《世傳陳氏太極拳》）

3.閃進打顧的戰術

「何為閃，何為進，進即閃，閃即進，不必遠求。何為打，何為顧，顧即打，打即顧，發手便是。」（《用武要言》）

4.制長擊短戰術

技擊中要「察來勢之機會，揣敵人之短長」（《用武要言》）。制長即採取相應的方法抑制對方的技術長處，使其不能正常發揮。擊短，即攻擊對方的薄弱環節，如《用武要言》云「避實擊虛，取本求末」。

5.進攻轉換的戰術

進攻轉換，當接到對方的勁力後，即採用不規律的進攻頻率、不斷變化進攻方位、運用複合勁立體交叉進攻，或節節串擊，分散對方的注意力，使其防不勝防。《用武要言》云：「不拘提打、按打、擊打、沖打、膊打、肘

打、腿打、頭打、手打、高打、低打、順打、橫打、進步打、退步打、截氣打、借氣打，以及上下百般打法，總要一氣相貫。」

太極拳技擊除上述五項外，還有虛實變化戰術、消耗體力的戰術等等，就不一一贅述了。技擊戰術可透過「餵招」、類比、實戰等訓練方式逐漸得到提高。

五、心 理

心理素質，是技擊實戰中一系列心理活動和諸種行為的綜合反映，與攻防技術是同一矛盾的兩個方面。技擊技術是心理素質的外在表現，心理素質是攻防技術的實施保證。技擊中具有良好的心理素質，對於有效地發揮技、戰術，掌握技擊的主動權有十分重要的意義。

技擊心理包含技擊思維、技擊膽量、技擊意志三個方面，這三項心理機能在技擊中相互依存，相互制約，是不可分割的統一體。

1.技擊思維

技擊思維包括戰前思維與戰中思維。戰前思維一般是對已知或未知的技擊物件所作的客觀分析，如身材的高矮、強弱、技術特點等等，並在知己的基礎上盡可能地瞭解和掌握其技術實力和心理活動等情況，達到知彼。

透過掌握的初級資訊在頭腦中迅速反映出技術與戰術的預見性，從而制定出初步的可變性技擊方案。

如：是以靜待動還是主動進攻；是引誘欺敵還是乘襲而擊。只有戰前做到知己知彼，才能在技擊中揚長避短、百戰不殆。戰中思維是指技擊過程中能否通過對方的技擊

589

網路篇

特點，判斷出對方技術上的薄弱之處，從而制定出發揮自己與其相剋的技術與戰術，即以己之長克敵之短，機智多變地調整適應自己的技術與戰術的結構佈局，使技術與戰術得到密切有效的配合，以己心理優勢克敵心理不足。所以，一名優秀的太極拳技擊手除要具備較好的體魄和技術外，還要具備客觀、合理的技擊思維。

2.技擊膽量

膽量表現在技擊對抗中是調整心理平衡、保證情緒穩定的重要心理素質。技擊過程中能否做到沉著、冷靜、臨危不懼，能否將技擊技術有效發揮，無不依賴於技擊膽量這一心理素質。

俗話說：藝高人膽大。膽量要有高超的技術作後盾，技擊技術的正常發揮必須有相應的膽量作保證，即使猝然遇敵，也不至驚惶失措，做到「泰山崩於前而不變色，麋鹿興於左而目不瞬」。大敵當前，要有與敵爭生存的英雄氣概，內固精神，外示安逸，「意要勝人，身要攻人，步要過人，勢要欺人，神要逼人，藝要壓人，快刀斬亂麻，頭撞牙咬，肘打膝頂，拳打腳踢，全線出擊，決不留情」。

正如拳諺云「不勝必因心膽寒」，技擊中「計謀施運化，霹靂走精神，心毒稱上策，手腳方勝人」。技擊的膽量是一項不可忽視的心理素質，應引起足夠的重視。

3.技擊意志

意志是技擊者心理素質之本，是技擊者走向勝利的精神支柱。技擊對抗中堅忍不拔的韌性，頑強的拼搏精神皆依賴於堅強的技擊意志，它是一項不可忽視的精神力量。

網
路
篇

戰鬥篇云：「膽顫心寒者，必不能勝人。」堅強的意志會使技擊者在技擊最困難的時候爆發出一種超乎尋常的力量，甚至可挽回敗局。

堅強的技擊意志是相信自己的力量，對所面臨的各種困境能產生高度的適應性，而不會產生灰心、失望、放任等軟弱的心理障礙。

堅強的意志不僅在技擊對抗中體現它的威力，同時也是技戰術正常發揮的可靠保證。

技擊的心理素質，是經過推手、散手訓練中逐漸磨練和培養的，是經驗、技術、耐力的有機結合。只有不斷學習，刻苦訓練，總結經驗，吸取教訓，不斷在各種技擊環境中探索、磨練，才能造就出全面而過硬的心理素質。

太極拳的運動方法之我談

費發洲

引 言

運動生理學告訴我們，任何運動項目必須具有一定的強度，並且是持續時間比較長的強度，才可能對增進健康，特別是對人體的循環系統、呼吸系統產生較大的影響。運動強度和持續時間合理的結合，對提高循環系統、呼吸系統的功能是不可少的，而人體機能的提高，主要是指循環系統和呼吸系統功能的提高（及心、肺功能的提高）。

在體育鍛鍊中，參與活動的肌肉越多，對循環系統和呼吸系統的要求就越高，對心肺功能的提高也就越顯著。太極拳就是這樣一種較好的運動項目。

太極拳是一種柔和、緩慢、輕靈的拳術，動作圓活並處處帶有弧形，運動連綿不斷，前後貫穿。太極拳的主要方法有：掤、攦、擠、按、採、挒、肘、靠、雲、推等。

基本方法有「虛領頂勁」「氣沉丹田」「含胸拔背」「鬆腰斂臀」「圓襠鬆胯」「沉肩墜肘」「舒指坐腕」「尾閭中正」「內宜鼓蕩，外示安逸」「運勁如抽絲，邁步如貓行」等。

和許多太極拳愛好者在一起探討，太極拳的好處很

多，但是，怎麼才能練好太極拳？向武術前輩請教得知，一定要掌握正確的運動方法。練太極拳，除了要求頭部、軀幹和四肢的基本姿勢正確、動作合乎要領外，還要特別注意運動方法，這樣才能體現出太極拳的獨特風格，更好地提高鍛鍊效果和技術水準。

下面我結合參考資料和自己的體會談談運動方法。

打好太極拳，除了從技術上要做到姿勢正確，還要做到心靜體鬆，連貫圓活，柔緩均勻，上下相隨，虛實分明，意識、動作和呼吸要緊密配合。

1.心靜體鬆

心靜和體鬆是練好太極拳的兩個基本方法，它對於其他方法的運用和掌握起著一種保證作用。

所謂「心靜」，就是在練拳時思想上儘量排除一切雜念。無論動作簡單或複雜，姿勢高或低，心理上始終保持安靜狀態，使精神能貫注到每個細小的動作中去，做到專心練拳。從預備式開始，就要求思想集中，全部精神用到動作上，引導著動作，做到「意到身隨」。

比如，兩手前按時，就要先有向前按的想像，同樣，如意欲沉氣，就要有使氣下沉的想像，意不停，動作也隨之不停。在動作中，如果排除雜念，思想集中，首先能把動作想得細緻周到，並能把動作做得柔和連續而有節律，這種有節律的動作有利於調節大腦皮層和中樞神經系統的機能狀態，增強身體其他各部器官功能；其次，可使大腦的其他部分處於抑制的休息狀態，消除思維和其他局部單一工作所引起的疲勞，避免過度興奮和無謂的緊張，調整大腦的平衡作用；再次，能保證「用意不用力」（「不用

力」指不用拙力、僵力）的運用，和用意識引導動作，從而也就能調整呼吸，使意識、動作和呼吸三者密切結合，達到全身上下、內外全面鍛鍊的效果。

所謂「體鬆」，就是要求練拳時保持全身的肌肉、關節、韌帶和內臟都處於自然、舒展的狀態，使其不受任何拘束或壓迫。太極拳要求的「鬆」是「舒鬆」，不是鬆軟無力或鬆懈疲怠，而是在身體自然活動或穩定的情況下，使某些可能放鬆的肌肉和關節盡可能放鬆。

在練習中要求人體的脊柱按自然形態直立起來，使頭、軀幹、四肢等部分進行舒鬆自然的活動。具體來說，就是要避免造成一切不該用力的部位無謂的緊張。而用力的部位，也要保持自然開展的狀態，按照動作的要求，使姿勢正確，進退穩健。如維持平衡時，腿部要支持住重心，使進展變轉輕靈自如；兩臂該圓的要做到圓滿，腿該屈的，要屈到所要求的度數，肌肉不可表現僵滯，不能用生硬造作的拙力（即僵勁）。

「鬆」是完成姿勢正確、周身協調、動作舒展和變轉圓活的基礎和保證。有人練起拳來渾身僵硬、動作呆板。儘管他們手腳的部位擺對了，頭頸也放正了，看起來就是不舒服、不自然，主要是沒掌握「鬆」的要領。也有些人打拳時手腳動作不夠開展，如提手上式的前臂（右臂），本應保持自然微屈，腕部前引，肘部下垂，肩向下鬆沉，整個手臂在舒鬆中帶有沉著的勁。但往往因彎曲過大，上臂、前臂之間成了直角，結果造成肩部聳起，肘關節、二頭肌也隨之緊張。

太極拳的一招一式，伸腿打拳，都要自然，舒展，肌

肉的一張一弛也是相互交替進行，所以掌握了要領之後，在適當的速度下打上半小時太極拳，身體各部並不酸疼，反而感到輕鬆舒適，「氣不湧出，面不改色」。如果不是遵循這條原則，打起拳來必然容易疲勞，心跳氣喘，不能持久。

有些人把「鬆」體會成軟綿無力。如手向前按時，腕部不塌，指尖不挑，掌心也不前撐，手腕過於軟化無力，或做成搖盪飄浮，上下移動，這都是不好的。在「鬆」習練一段時間後，應向「沉」發展，渾身意氣下沉。

2.連貫圓活

所謂「連貫」，是指在各個拳式之間，或者各個動作之間，都要前後銜接，不可在銜接處有顯著的停頓或露出斷續的痕跡（在無形中用意識表示虛實輕重者不在此限，此謂「有形不見形，形在無形中」，乃功夫高深者），使全部動作節節貫穿，綿綿不絕，一氣呵成。

這一特點主要在於使各個姿勢的和諧動作連接起來，中間既有分節，又要連貫不停，形成一種節奏，來提高動作的效果。拳論中所說「如長江大海滔滔不絕」，就是指這種景象而言。

另外，這種有節奏的連續運動，動作異常細緻，前一動作的完成恰好是下一個動作的開始，好像是把所有的定式和過渡動作變成很多珠子，用線穿起來一樣，組成一個完整的拳套。比如「攬雀尾」動作，初學時可以把掤、攦、擠、按分成4個局部動作獨立開來，但熟練之後，就要把這4個動作銜接在一起，動作之間雖然仍要保持一定的節奏感，即一個動作做完了，微微一沉，似停非停，就

立即接下一個動作，整個過程精神貫注，意識集中，不可鬆懈間斷。簡化太極拳 24 式和 48 式的動作之間的節奏感都應這樣處理。

所謂「圓活」，是指練起來要靈活自然，銜接合順。臂部的本身不僅永久保持自然彎曲的狀態，而且行動的路線也都按不同的曲線反覆變轉。下肢也是隨時保持自然彎曲的狀態，重心穩定，姿勢似展似未展，曲中求直。認識和掌握這一規律，就能自覺地避免動作直來直往和轉死彎、拐直角的現象，使動作圓活不滯。在動作要領上，要特別注意運用腰脊帶動四肢進行活動，體會轉腕旋臂、鬆肩垂肘、屈膝鬆胯等要領。雖然強調走弧形、曲線，但要轉動自如，做到變轉圓活，輕靈順遂。

3.柔緩均勻

太極拳是以慢動作為主，所以「柔」「緩」是太極拳的動作特徵。

「運勁如抽絲」這一要求，說明在用勁時要同抽絲一樣綿綿不絕，用力不僵不拘，速度不忽快忽慢，使動作柔緩均勻（發力動作除外）。但動作也不是越慢越好，因為過慢則氣勢散漫。要以氣勢連貫，呼吸自然，動作不停為度。打一套簡化太極拳，正常速度以 4～6 分鐘為合適。

打太極拳時，在連續不斷當中要保持一定的勻速度（等速運動）。要使運動速度大體平均，必須首先是身體重心虛實變換得當。如果不能保持身體的平衡穩定，也難做到動作均勻。

另外，在動作的勻度上，可把整個套路的過程比作一條虛線的結構，由許多點連接而成。這些點比喻套路中的

各個動作，均勻的空隙比喻動作與動作之間的連接速度，這樣就能使動作在無形中按照虛線所示規律進行速度的分配，逐漸使身體動作能夠在柔和緩慢的運動過程中掌握好均勻的運動速度。

4.上下相隨

有人說，打太極拳時，全身「一動無有不動」。又說，練拳時全身「由腳而腿而腰」總須完成一氣。這些都是形容「上下相隨，周身協調」的要求。

初學太極拳的人，雖然在理論上知道許多動作要以腰部為軸，由軀幹帶動四肢進行活動，但因為意識與肢體動作還不能密切配合，想做到周身協調也是有困難的。最好先由單式練習，以求得軀幹與四肢動作的協調，同時也要練習步法，以鍛鍊下肢的支撐力量和熟練地掌握步法要領。然後再由全部動作的連貫練習使步法的進退轉換與軀幹的旋轉、手法的變化相互配合，逐漸達到全身既協調又完整，從而使身體各個部位都得到均衡的鍛鍊與發展。

一般來說，上下肢和軀幹之間的配合，這一動作和下一動作之間的密切聯繫，為外部協調；意識、呼吸與動作之間的配合，則為內部協調。要做到外部協調，首先在肢體的配合上，要做到「上下相隨」。不是擺好了手再擺腿，而是要使軀幹和四肢相應地進行活動。因此，必須以腰作軸，用軀幹帶動四肢，並與手、腳動作和眼神的變化互相配合，隨著方向和位置的改變，使全身各部不停地運動著，一直到結束為止。

5.虛實分明

運動本身就是矛盾。在太極拳練習中，常常把矛盾轉

換概括稱作虛實變化。太極拳從整體動作來分，除個別情況外，動作達到終點定式為「實」，動作變轉過程為「虛」。

從動作局部來分，主要支撐體重的腿為實，輔助支撐或移動換步腿為虛；體現動作主要內容的手臂為實，輔助、配合的手臂為虛。分清了動作的虛、實，我們用力的時候就要有張有弛，區別對待。

實的動作和部位，用力要求沉著、充實；虛的動作和部位，要求輕靈、含蓄。例如動作達到定式或趨於完成時，腰脊和關節要注意鬆沉、穩定。動作變轉運動時，全身各關節要注意舒鬆、靈活。上肢動作由虛而即時，前臂要沉著，手掌逐漸舒掌展指、塌腕；握拳由緊而鬆。這樣，結合動作的虛實變化，打起拳來就能做到既輕靈又沉著，避免了不分主次、平均用力和雙重、呆滯的毛病。

明白了虛和實、剛和柔的對立後，還要掌握二者的統一。太極拳所有的動作，都是矛盾雙方共處在一個統一體的運動轉化過程。就是動作做到終點時，也要求各部位關節、肌肉保持少許伸縮轉化餘地，稱為「虛中有實，實中有虛」。這就要求在用力上不要絕對化，既要明確矛盾的主要方面，也要注意矛盾的次要方面，做到柔中寓剛，剛中寓柔，剛柔相濟，避免僵化、軟化現象。

太極拳的每個動作和每個瞬間，都是處在幾個相反相成的力量作用下，在相互牽制和對抗中進行的。比如手臂前推時，掌根向前用力，同時肘部向下沉，肩窩向後縮，上體盡力放鬆，這樣，力量的運用就能做到沉而不僵。手臂後收時，肩部放鬆並向後帶，肘部外（內）引，手腕也

微微放鬆，使前臂自然而圓活地旋轉，既不要突然斷勁，又不要故意纏繞搖擺，使動作輕而不浮，活而不散。

動作的虛實和身體重心的轉移關係密切，因為一個姿勢與另一個姿勢連續，位置和方向的改變，處處都貫穿著步法的變換和移動重心的活動。在鍛鍊中也要注意身法和手法的運用，由虛到實，或由實到虛，既要分明，又要連貫不停，一氣呵成。如果虛實變化不清，進退變化就一定不靈，容易發生動作遲滯、重心不穩和左右歪斜的毛病。過去有人說「邁步如貓行，運勁如抽絲」就是形容練太極拳應當注意腳步輕靈和動作均勻。

太極拳的動作無論怎樣複雜，首先要把自己安排得舒適，這是太極拳「中正安舒」的基本要求。凡是旋轉的動作，應先把身體穩住再提腿換步。進退的動作，先落腳而後再慢慢地改變重心。同時，軀體做到了沉著、鬆腰、鬆胯以及手法上的虛實，也會幫助重心的穩定。這樣，動作無論快慢，就不會產生左右搖擺、上重下輕和穩定不住的毛病。

6. 意識、動作、呼吸三者結合

打太極拳時，肢體配合協調，動作之間連貫，僅僅是「協調完整」的一部分，而意識、動作和呼吸三者密切結合，才是達到全身上下內外統一和諧、完整一體的關鍵。

所謂意識、動作和呼吸三者密切結合，其實就是在意識的主導下，使動作和呼吸緊密結合起來。意識活動和呼吸過程都要配合動作的要求，反過來又要促進動作的完善；而意識在太極拳中始終起著主導作用。所以，太極拳要求「以意導體，以體導氣」，意思就是意識引導動作，

動作結合呼吸。

意識引導動作就是把想像和動作結合起來，隨想隨做，使想像引導著動作運行。當然，引導不是不分主次的絕對平均，而是把意識用在動作虛實轉換中的主要部位。比如做「雲手」動作時，眼睛雖然注視著右手不停的隨腰部轉動，但對於左手的擺動、重心的左右移動，也沒有放鬆不管，只是重點注意右手而已。等到左手轉到上邊時，注意力又轉移到左手上去。意識就是在這種不停的活動中，起著引導和調節的作用。

關於太極拳意識引導動作，特別要注意以下幾點：

第一，意識集中不是情緒緊張，動作呆板。意識活動要與勁力虛實、張弛相一致，形成有節奏有變化的運動。意識活動和勁力運用，是統一運動的兩個方面，都要體現「沉而不僵，輕而不浮」的特點。

第二，打拳時要情緒飽滿，精神貫注，這是意識活動的重要體現。練太極拳既不能精神表現緊張，也不能顯得疲疲塌塌，毫無生氣，而應在外示安逸的過程中，精神飽滿，自然生動，富有生氣。

第三，意識、勁力、動作三者是統一的，但它們的相互關係則有主有從。意識引導勁力，勁力產生運動。所以太極拳要求「先在心，後在身」，勢換勁連，勁換意連。但是不能把這種主從關係理解為脫節、割裂。意識的變化要表現在勁力和動作上。練太極拳不能片面追求「虛靜」，追求「有圈之意，無圈之形」，這樣就會把意識活動割裂架空，使人覺得莫測高深，無所適從。

動作怎樣結合呼吸呢？

　　關於動作結合呼吸問題，太極拳要求呼吸深長細勻，通順自然。初學時只要求自然呼吸。動作熟練後，可以根據個人鍛鍊的體會和需要，在合乎自然的原則下，有意識地引導呼吸叫「拳勢呼吸」。

　　比如太極拳動作接近完成時，大多數要求勁力沉著充實，動作穩定，要求沉肩、虛胸、實腹，這時就應有意識地呼氣，推動腹肌和膈肌運動。太極拳的動作轉變過程情況比較複雜，一般說來，凡是用力含蓄輕靈、肩胛開放、胸腔舒張時，應有意識吸氣；而用力沉穩堅實、肩胛內合、胸腔收縮時，應該呼氣。身體上起時一定要吸氣，下蹲時一定要呼氣；舉手時吸氣，臂下落時必定要呼氣。而拳勢呼吸就是要使這種自發的配合變成自覺的引導過程。也可以適當地運用逆式腹呼吸方法，以加大腹肌和肺肌的活動範圍，使呼吸更為加深、加長，動作更為沉穩、輕靈。

　　對開合的概念也是如此。當做到開、起、並、屈等動作時，就要有意識地深呼吸氣，同時要有輕靈向上提的意識。如「白鶴亮翅」「如封似閉」動作中，手向上提和雙手回收的動作，就屬於深吸氣。相反，當做到合、落、降、伸等動作時，就要有意識地、均勻地深呼氣，同時要有充實和下沉的意識，像「海底針」「攬雀尾」動作中的下蹲和向前擠、按的動作，是屬於深呼氣。

　　總之，一般由實轉入虛的動作，就當吸氣，同時要注意輕靈自然；由虛轉入實的動作，就當呼氣，同時要注意沉著穩定，慢慢就自然了。

　　有些動作開合不明顯，或兩臂一上一下、一前一後，

屈伸兼有，就要分清主次，以主要動作為準，結合呼吸，同時還要和兩腿的進退虛實結合起來。如「海底針」接「閃通臂」動作，右手提起開始上舉時，身體和手都要向上運動吸氣，等到左腳邁出向前弓腿和左手向前推的時候，雖然右臂仍在繼續上舉，但就要以左手前推和左腿落實前弓為主，結合深呼氣來完成動作。

　　「拳勢呼吸」的運用不是絕對的，因為太極拳套路的結構、動作的編排，都是考慮前後銜接連貫、全面鍛鍊的需要，在編排上不是僅從呼吸的節拍出發。不僅不同的太極拳套路練起來呼吸的次數和深度各有不同，就是同一套路、不同體質的人和不同速度練習時，呼吸也無法強求一律。可以這樣說，練拳時只能要求在主要動作和胸肩開合較明顯的動作上做到「拳勢呼吸」。

　　在練一些過渡動作及個人感到呼吸難以結合的動作時，仍需進行自然呼吸，或採用輔助呼吸加以過渡調節。所以，打太極拳無論什麼時候，無論技術如何熟練，總要「拳勢呼吸」和自然呼吸結合使用，才能保證呼吸與動作的結合順暢妥善，符合太極拳氣的原則要求。

　　不要簡單地開列「呼吸程度表」，使呼吸機械絕對，強求統一。尤其是病員或體質較弱的人練太極拳，更應因人制宜，保持呼吸的自然順遂，不能以力使氣，生硬勉強，違背呼吸的自然規律，以免有傷身體。

後　記

　　很早就有選編這麼一本書的想法。

　　在最近的十多年間，因為研究的緣故，閱讀了大量的太極拳文章，其中有不少當代人的作品，也走了全國很多地方，接觸到許多的太極拳研習者。深感太極拳人才濟濟，藏龍臥虎，他們的實踐、體悟、言談、文章，都是當代太極拳寶庫的重要組成部分。把其中的一些精華選編結集出版，相信對廣大太極拳愛好者的學習、研究具有一定的參考價值。這項工作現在終於得以實施。

　　整個選編過程歷時將近一年。先後在一些雜誌、網路等媒體刊登了編輯出版本書的徵稿消息，得到全國各地眾多作者的大力支持。許多朋友提供了自己多年寫作積累的多篇稿件，共積累備選稿件數千篇。有的還對文中的一些注解反覆修訂、考證，體現了嚴謹的學風。

　　編選本書的過程是對當代太極拳研究成果的一次全面掃描，更加體會到太極拳之博大精深，太極拳研究者們對傳統文化的一往情深，也是本人一次深有收穫的學習過程。

　　本書的選編中，面臨的最大問題是對許多文章難以取捨，它們同樣優秀，但又不可能完全盡收，只好綜合衡量，難免忍痛割愛。本書選編原則「惟文不惟名」，不是根據作者名氣的大小決定入選，而是完全就文論文。文章

要有水準，有特色，有觀點，要言之有物，不人云亦云。有的文章整體上看可能不十全十美，但某些方面具有獨到之處，也在入選之列。所以，本書收錄的論文中，既有許多名家作品，也有一些名氣還不很大的作者的作品。名家文章顯示了名副其實的老到精闢，部分作者名氣雖相對小些，但文章也同樣精彩，顯示不小的潛力。

根據本書的總體結構和風格特點的需要，對少量文章中的個別文字做了一定的修訂和調整。有些研究文章全文較長，本書篇幅所限，不得不做了一定的刪節。由於涉及作者眾多，全書定稿後未能一一與原作者取得聯繫、協商，在此向他們一併表示感謝。

需要說明的是，由於容量、體例和結構所限，還有許多有價值的太極拳研究文章，本書中未能納入。這一遺憾爭取在後續的工作中加以彌補。

希望這不僅僅是一個文集，一本書，而能成為一個學術沙龍，一個開放的結構。歡迎本書的文章作者、其他的朋友們今後多多開展有關太極拳的學術交流。

余功保

聯繫地址：100101 北京亞運村郵局 24 號信箱
電子郵箱：ygbao@vip.sina.com

後
記

大展出版社有限公司
品冠文化出版社　圖書目錄

地址：台北市北投區 (石牌)　　　電話：(02) 28236031
　　　致遠一路二段 12 巷 1 號　　　　　28236033
郵撥：01669551＜大展＞　　　　　　　28233123
　　　19346241＜品冠＞　　　　傳真：(02) 28272069

·熱門新知· 品冠編號 67

1.	圖解基因與 DNA	（精）	中原英臣主編	230 元
2.	圖解人體的神奇	（精）	米山公啟主編	230 元
3.	圖解腦與心的構造	（精）	永田和哉主編	230 元
4.	圖解科學的神奇	（精）	鳥海光弘主編	230 元
5.	圖解數學的神奇	（精）	柳谷晃著	250 元
6.	圖解基因操作	（精）	海老原充主編	230 元
7.	圖解後基因組	（精）	才園哲人著	230 元
8.	圖解再生醫療的構造與未來		才園哲人著	230 元
9.	圖解保護身體的免疫構造		才園哲人著	230 元
10.	90 分鐘了解尖端技術的結構		志村幸雄著	280 元

·名人選輯· 品冠編號 671

1.	佛洛伊德	傅陽主編	200 元

·圍棋輕鬆學· 品冠編號 68

1.	圍棋六日通	李曉佳編著	160 元
2.	布局的對策	吳玉林等編著	250 元
3.	定石的運用	吳玉林等編著	280 元

·象棋輕鬆學· 品冠編號 69

1.	象棋開局精要	方長勤審校	280 元

·生活廣場· 品冠編號 61

1.	366 天誕生星	李芳黛譯	280 元
2.	366 天誕生花與誕生石	李芳黛譯	280 元
3.	科學命相	淺野八郎著	220 元
4.	已知的他界科學	陳蒼杰譯	220 元
5.	開拓未來的他界科學	陳蒼杰譯	220 元
6.	世紀末變態心理犯罪檔案	沈永嘉譯	240 元

・女醫師系列・品冠編號 62

・傳統民俗療法・品冠編號 63

·常見病藥膳調養叢書· 品冠編號 631

1.	脂肪肝四季飲食	蕭守貴著	200 元
2.	高血壓四季飲食	秦玖剛著	200 元
3.	慢性腎炎四季飲食	魏從強著	200 元
4.	高脂血症四季飲食	薛輝著	200 元
5.	慢性胃炎四季飲食	馬秉祥著	200 元
6.	糖尿病四季飲食	王耀獻著	200 元
7.	癌症四季飲食	李忠著	200 元
8.	痛風四季飲食	魯焰主編	200 元
9.	肝炎四季飲食	王虹等著	200 元
10.	肥胖症四季飲食	李偉等著	200 元
11.	膽囊炎、膽石症四季飲食	謝春娥著	200 元

·彩色圖解保健· 品冠編號 64

1.	瘦身	主婦之友社	300 元
2.	腰痛	主婦之友社	300 元
3.	肩膀痠痛	主婦之友社	300 元
4.	腰、膝、腳的疼痛	主婦之友社	300 元
5.	壓力、精神疲勞	主婦之友社	300 元
6.	眼睛疲勞、視力減退	主婦之友社	300 元

·休閒保健叢書· 品冠編號 641

1.	瘦身保健按摩術	聞慶漢主編	200 元
2.	顏面美容保健按摩術	聞慶漢主編	200 元

·心 想 事 成· 品冠編號 65

1.	魔法愛情點心	結城莫拉著	120 元
2.	可愛手工飾品	結城莫拉著	120 元
3.	可愛打扮 & 髮型	結城莫拉著	120 元
4.	撲克牌算命	結城莫拉著	120 元

·少 年 偵 探· 品冠編號 66

1.	怪盜二十面相	（精）	江戶川亂步著	特價 189 元
2.	少年偵探團	（精）	江戶川亂步著	特價 189 元
3.	妖怪博士	（精）	江戶川亂步著	特價 189 元
4.	大金塊	（精）	江戶川亂步著	特價 230 元
5.	青銅魔人	（精）	江戶川亂步著	特價 230 元
6.	地底魔術王	（精）	江戶川亂步著	特價 230 元
7.	透明怪人	（精）	江戶川亂步著	特價 230 元

國家圖書館出版品預行編目資料

中國當代太極拳精論集／余功保　主編
——初版，——臺北市，大展，2006 年〔民 95〕
面；21 公分，——（武術特輯；87）
ISBN　978‑957‑468‑492‑2（平裝）

1.太極拳

528.972　　　　　　　　　　　95016317

中國當代太極拳精論集

ISBN 13 碼：978‑957‑468‑492‑2
10 碼：957‑468‑492‑x

主　　編／余 功 保
責任編輯／張 建 林
發 行 人／蔡 森 明
出 版 者／大展出版社有限公司
社　　址／台北市北投區（石牌）致遠一路 2 段 12 巷 1 號
電　　話／（02）28236031・28236033・28233123
傳　　眞／（02）28272069
郵政劃撥／01669551
網　　址／www.dah-jaan.com.tw
E‑mail／service@dah-jaan.com.tw
登 記 證／局版臺業字第 2171 號
承 印 者／國順文具印刷行
裝　　訂／建鑫印刷裝訂有限公司
排 版 者／弘益電腦排版有限公司
授 權 者／北京人民體育出版社
初版 1 刷／2006 年（民 95 年）11 月

定價／500 元